T5-AXO-741

Colección Támesis
SERIE A: MONOGRAFÍAS, 229

LOPE PINTADO POR SÍ MISMO

MITO E IMAGEN DEL AUTOR

EN LA POESÍA DE LOPE DE VEGA CARPIO

La obra poética de Lope de Vega se diferencia del resto de la producción del Siglo de Oro por una insistente singularidad: escenas y figuras de la vida del autor aparecen frecuentemente en sus poemas. La crítica y el público general ha respondido a esta característica desde una perspectiva post-romántica, considerando que Lope escribió con sinceridad e inspiración biográfica, impulsado por su apasionada vida personal.

En este libro se analiza lo que los post-románticos consideran 'sinceridad' como un recurso literario. Lope consigue una apariencia de sinceridad pero, de hecho, reaccionaba a los cambios de su entorno social y literario creando nuevas actitudes 'biográficas'. En su poesía amorosa y épica, su conocida vida amorosa le proporciona fama y reconocimiento. En el *Isidro*, se presenta como el genio defensor de lo castellano y español por antonomasia. En las *Rimas sacras* adopta la retórica religiosa de la época para contrarrestar el éxito de Góngora en los círculos cortesanos. Finalmente, en las *Rimas de Tomé de Burguillos* repasa irónicamente su carrera poética desde la perspectiva de un poeta inventado.

Lope asumió diversas facetas que se adaptaban a sus respectivos contextos y a sus necesidades para alcanzar fama poética y estabilidad económica. Amoldó su propio personaje 'Lope' para adecuarse, generalmente con éxito, a los cambios de su entorno.

ANTONIO SÁNCHEZ JIMÉNEZ es profesor de español en Miami University, Ohio.

Tamesis

Founding Editor
J. E. Varey

General Editor
Stephen M. Hart

Editorial Board
Alan Deyermond
Julian Weiss
Charles Davis

ANTONIO SÁNCHEZ JIMÉNEZ

LOPE PINTADO POR SÍ MISMO

MITO E IMAGEN DEL AUTOR
EN LA POESÍA DE LOPE DE VEGA CARPIO

TAMESIS

© Antonio Sánchez, Jiménez 2006

All Rights Reserved. Except as permitted under current legislation
no part of this work may be photocopied, stored in a retrieval system,
published, performed in public, adapted, broadcast,
transmitted, recorded or reproduced in any form or by any means,
without the prior permission of the copyright owner

The right of Antonio Sánchez Jiménez to be identified as
the author of this work has been asserted in accordance with
sections 77 and 78 of the Copyright, Designs and Patents Act 1988

First published 2006 by Tamesis, Woodbridge

ISBN 1 85566 133 0

Tamesis is an imprint of Boydell & Brewer Ltd
PO Box 9, Woodbridge, Suffolk IP12 3DF, UK
and of Boydell & Brewer Inc.
668 Mt Hope Avenue, Rochester, NY 14620, USA
website: www.boydellandbrewer.com

A CIP catalogue record for this book is available
from the British Library

This publication is printed on acid-free paper

Printed in Great Britain by
MPG Books Ltd, Bodmin, Cornwall

ÍNDICE

ÍNDICE DE ILUSTRACIONES

AGRADECIMIENTOS

Este libro no habría sido posible sin la paciente e inteligente colaboración de mi maestro, el insigne lopista Antonio Carreño. Su ayuda me deja en eterna deuda.

Igualmente esencial han sido los consejos y comentarios de dos de los más eruditos y perspicaces lectores que conozco: Geoffrey Ribbans y Lía Schwartz. También quiero agradecer la colaboración, en diversas etapas de esta obra, de Wadda Ríos-Font, Jennifer M. Rains, Enrique García Santo-Tomás, Charles Ganelin y los agudos lectores de Tamesis Books. Por su parte, Miami University me ha proporcionado inestimable apoyo logístico y económico durante la preparación del libro.

Asimismo quiero agradecer la ayuda del Laboratorio Fotográfico de la Biblioteca Nacional de Madrid, responsable de la reproducción de aquellas imágenes procedentes de los fondos de la dicha Biblioteca Nacional.

1
Introducción: imagen e imágenes de Lope

> Y toda su vida, desparramada, chorreada en su arte.
>
> (Dámaso Alonso, 'Lope', pág. 422)[1]

Presencia de Lope en su obra poética

Al enfrentarse a la poesía de Félix Lope de Vega Carpio el lector medio de nuestros días tiende a preguntarse cada pocas estrofas si el autor está hablando de sí mismo. Ello se debe a que Lope utiliza generalmente un narrador en primera persona, que prefiere a otro tipo de narrador más discreto, en tercera persona, que la crítica suele denominar 'omnisciente'. Este narrador adquiere una presencia abrumadora en todos los géneros poéticos en que escribió el Fénix: en la lírica amorosa, describe en detalle los sentimientos que el amor le despierta; en la lírica religiosa, traza su itinerario íntimo desde el pecado a la conversión; en los diversos modos de poesía narrativa (épica, caballeresca, mitológica, etc.), interrumpe la trama con desconcertante frecuencia para hablar de sus amores o de sus opiniones sobre los temas que trata; en las epís-tolas en verso, detalla minuciosamente los más íntimos detalles familiares de la vida personal del autor. Es decir, tanto en géneros tradicionalmente carac-terizados por una fuerte presencia del narrador —la lírica y la epístola— como en otros tendentes a ofrecer narradores más 'objetivos' y discretos —la poesía épica y narrativa—, el 'yo' de Lope se describe, se anuncia, y se inmiscuye en el discurso hasta llegar a dominarlo por completo.

Además, Lope presenta una serie de personajes poéticos ajenos al 'yo' del narrador que los contemporáneos del Fénix reconocían inmediatamente como claras representaciones del autor (Millé Giménez, pág. 23; Morley, 'The Pseu-donyms').[2] Así lo prueba una copia del *Romancero general*, en cuyo margen

---

[1] Dámaso Alonso, 'Lope de Vega, símbolo del barroco', en *Poesía española. Ensayo de métodos y límites estilísticos. Garcilaso, Fray Luis de León, San Juan de la Cruz, Gón-gora, Lope de Vega, Quevedo* (Madrid: Gredos, 1966), págs. 417–78.

[2] Juan Millé Giménez, 'La juventud de Lope de Vega', *Nosotros*, 153 (1922), 3–36; S. Griswold Morley, 'The Pseudonyms and Literary Disguises of Lope de Vega', *University of California Publications in Modern Philology*, 38 (1951), 421–84.

una mano del siglo XVII identifica a los personajes de un romance lopesco con las personas reales —el propio Lope, Elena Osorio y Francisco Perrenot de Granvela— que protagonizaron un conocido episodio de la vida del poeta (Rennert y Castro, pág. 53),[3] el escandaloso triángulo amoroso que le llevó al juzgado y al destierro. El lector identificaba estas figuras porque Lope utilizó y difundió seudónimos sumamente notorios, como por ejemplo el de 'Belardo', su nombre pastoril —que llegó a ser una especie de segundo nombre poético—, aunque también usó otros menos extendidos pero no por ello irreconocibles, como el de 'muy reverendo padre Gabriel Padecopeo', anagrama de su nombre, que otorgó al supuesto autor del 'original' latino de los *Soliloquios amorosos de un alma a Dios* (Madrid, 1629). Asimismo, el Fénix se enmascaró bajo personajes como el Zaide de los romances moriscos, el Belardo de los pastoriles, el Lucindo de *La hermosura de Angélica* (cant. XIX, estrs. 98–118),[4] etc. Por último, Lope publicó numerosas composiciones bajo su heterónimo, 'Tomé de Burguillos', con cuya identidad llegó a jugar en el 'Advertimiento al señor lector' de las *Rimas humanas y divinas del licenciado Tomé de Burguillos* al declarar 'que no es persona supuesta, como muchos presumen' (pág. 125),[5] y al incluir en la portada de la obra un retrato suyo —supuestamente copiado 'de un lienzo en que le trasladó al vivo el catalán Ribalta' (pág. 126)— adornado con los ridículos atributos del supuesto licenciado *utrumque* Burguillos.

Nuestro trabajo estudia cómo Lope de Vega se representó a sí mismo en su poesía, ya sea en la figura del narrador o en la de sus numerosos seudónimos. También investiga qué le movió a hacerlo, y cómo reaccionaron tanto sus contemporáneos como los lectores de siglos posteriores ante estas imágenes del poeta. En cierto sentido, analizamos el papel activo de Lope en la creación y difusión de su propio mito o mitos:[6] el mito del genio vital y pasional, capaz de increíbles extremos de amor y arrepentimiento; el mito del genio prolífico, irreflexivo e inspirado, 'Fénix de los ingenios', autor de innumerables obras en prosa y poesía, y capaz de improvisar fácilmente una comedia en 'horas veinticuatro', o incluso en una mañana; el mito del poeta humilde, que recoge en su obra la sencillez de su pueblo y defiende la pureza de la lengua nacional contra los excesos de los cultos; el mito del poeta español y castellano por

    [3] Hugo A. Rennert, y Américo Castro, *Vida de Lope de Vega (1562–1635)* (Salamanca: Anaya, 1968).

    [4] Lope de Vega Carpio, *La hermosura de Angélica*, en *Lope de Vega. Poesía, I. La Dragontea. Isidro. Fiestas de Denia. La hermosura de Angélica*, ed. Antonio Carreño (Madrid: Biblioteca Castro, 2002), págs. 609–970.

    [5] Lope de Vega Carpio, *Rimas humanas y divinas del licenciado Tomé de Burguillos y La Gatomaquia*, ed. Antonio Carreño (Salamanca: Almar, 2002).

    [6] Sin embargo, no seguimos el trabajo de John G. Weiger (John G. Weiger, 'Lope's Role in the Lope de Vega Myth', *Hispania*, 63 [1980], 658–65), que sólo analiza las referencias de Lope a dramaturgos anteriores para observar cómo el Fénix trató de aparecer como el creador del teatro nacional.

antonomasia, que sabe destilar en sus escritos la esencia de la nación, etc. Los lectores modernos reconocerán fácilmente estos tópicos, algunos de los cuales poseen resonancias claramente románticas. Sin embargo, estas ideas no provienen del siglo XIX, sino que surgen originalmente del modo en que Lope se describe a sí mismo simulando confesar una autobiografía en su obra, fundamentalmente en la poética, mucho más que en la prosística ni dramática. Esta predilección por los poemas se debe, en primer lugar, a que la poesía constituye un espacio privilegiado para crear un personaje que el público pueda identificar con el autor: como género mucho más prestigioso, y por tanto autoritario, la poesía es el vehículo en que más se representa Lope, que precisamente deseaba obtener esa ansiada autoridad o prestigio, como tendremos ocasión de comprobar a lo largo de este trabajo. Aunque las categorías de 'teatro' y 'poesía' estaban unidas en la época del Fénix —tanto dramaturgos como poetas se denominaban 'poetas'; el teatro se componía de 'poesía trágica' y 'poesía cómica', y la poesía de 'poesía lírica', 'poesía épica', etc.—, la autoridad de la segunda la convertía en el vehículo de la presentación del autor por excelencia. En segundo lugar, la creación de una imagen del autor presenta en la poesía una antiquísima tradición de la que carecen teatro y prosa: aunque en diversos modos y grados, Virgilio, Ovidio, Propercio, Dante, Petrarca, Garcilaso, Herrera, nos dejan creer que hablan de sí mismos en sus versos. Por tanto, resulta lógico que Lope escogiera preferentemente sus propios poemas para presentarse, y no otro género con menos tradición y prestigio. En tercer lugar, el estudio de la auto-representación poética presenta notables ventajas frente al de la dramática, pues en poesía el estudioso puede precisar cuándo el narrador pretende identificarse como el autor, una distinción que resulta mucho más dificultosa en una obra dramática, pues el teatro carece de narrador.

La respuesta de la crítica: 'románticos', 'estilistas' y 'postmodernos'

La crítica ha percibido debidamente la inusitada frecuencia con que el Fénix se pinta en su propia obra poética, y ha dedicado numerosos estudios a analizar el tema. Así, Joaquín de Entrambasaguas ha resaltado el 'continuo enlazar la literatura con la vida' (*Vivir*, pág. 191)[7] en la producción del Fénix y Karl Vossler ha hablado de una obra 'inundada de lirismo' (pág. 178).[8] Otros afamados lopistas como Amado Alonso (pág. 108),[9] Dámaso Alonso ('Lope',

---

[7] Joaquín de Entrambasaguas, *Vivir y crear de Lope de Vega*, vol. 1 (Madrid: CSIC, 1946).

[8] Karl Vossler, *Lope de Vega y su tiempo*, trad. Ramón Gómez de la Serna (Madrid: Revista de Occidente, 1940).

[9] Amado Alonso, *Materia y forma en poesía* (Madrid: Gredos, 1960).

pág. 420), Juan Manuel Rozas (pág. 18),[10] y Antonio Carreño ('Introducción', pág. ix)[11] también han insistido debidamente en el mismo punto. Sin embargo, los estudiosos no han sido tan unánimes a la hora de explicar los motivos de esta intromisión del narrador y de figuras *alter ego* del autor, aunque es posible clasificar las reacciones críticas en tres categorías, relacionadas casi exactamente con tres etapas históricas distintas.

Definiremos la primera categoría como de inspiración romántica en el sentido de que trata la poesía lopesca como una fuente de datos sobre la vida del autor y, por tanto, supone implícitamente que la poesía retrata con veracidad los sentimientos y vivencias del poeta. Esta idea cobró especial importancia en el romanticismo decimonónico, y por consiguiente aparece en la crítica lopesca de la primera mitad de siglo XIX, aunque también gozó de gran predicamento en la segunda mitad del siglo XIX y durante casi todo el siglo XX. De este modo, tanto las lecturas cronológicamente románticas como aquellas que son 'románticas' *lato sensu* entienden que la obra del Fénix dibuja episodios de la vida del poeta madrileño. Es decir, los críticos 'románticos' —como, por ejemplo, los biógrafos Cayetano Alberto de la Barrera o Hugo Rennert y Américo Castro (pág. 23)— leen la ficción poética de Lope como si fuera una autobiografía, y entienden las intervenciones del 'yo' narrador como confesiones sobre la vida del autor. Rozas califica acertadamente esta etapa de 'positivista', pues en ella 'priva la labor biográfica, documental y de fuentes' (pág. 18). En efecto, esta tendencia se asienta sobre una sólida labor de archivo, pues arranca históricamente con el hallazgo de la correspondencia entre Lope de Vega y su mecenas, el duque de Sessa, descubierta en 1860 en el archivo del conde de Altamira (González de Amezúa, pág. 5; La Barrera, vol. I, pág. 9; Calvo Valdivieso y Sánchez Giménez, pág. 273),[12] y cobra nuevos impulsos a comienzos del siglo XX con la publicación de los nuevos documentos, aparecidos en el archivo de Simancas, del *Proceso de Lope de Vega por libelos contra unos cómicos*.

Aunque esta tendencia romántica apareció a mediados del siglo XIX, su influencia pervive hasta nuestros días, hasta el punto de que algunos críticos no dudan en calificar a Lope mismo como 'romántico' (Rennert y Castro,

---

[10] Juan Manuel Rozas, *Estudios sobre Lope de Vega* (Madrid: Cátedra, 1990).

[11] Antonio Carreño, 'Introducción', en *Lope de Vega. Poesía, I. La Dragontea. El Isidro. Fiestas de Denia. La hermosura de Angélica*, ed. Antonio Carreño (Madrid: Biblioteca Castro, 2002), págs. ix–lv.

[12] Agustín González de Amezúa, *Lope de Vega en sus cartas. Introducción al epistolario de Lope de Vega Carpio*, vol. I (Madrid: Real Academia Española, 1935); Cayetano Alberto de La Barrera, *Nueva biografía de Lope de Vega*, 1864, BAE 262–63, 2 vols. (Madrid: BAE, 1973–74); Laura Calvo Valdivieso y Juan Sánchez Giménez, 'Navegar por las cartas: índice del epistolario de Lope de Vega', *Anuario Lope de Vega*, 5 (1999), 273–301.

pág. 337; Haro Tecglen, pág. 74),[13] proyectando sobre la obra del poeta áureo categorizaciones cronológicamente muy posteriores. Es más, la crítica de influencia romántica ha llegado a extremos y exageraciones notables, como es el desarrollo de un psicoanálisis de Lope basándose en datos extraídos de su obra y epistolario. Así, Carlos Rico-Avello dedica todo un libro a establecer una 'psicopatología lopesca' (pág. 11),[14] y Alan S. Trueblood califica a Lope clínicamente como 'histérico' (*Experience*, pág. 26).[15] Además de llegar a semejantes excesos, la búsqueda de esta 'biografía literaria' ha perjudicado tanto al estudio de la biografía como de la poesía del Fénix, según indica Carreño. En cuanto a la primera, el tomar la obra poética como fuente de datos biográficos sobre Lope ha provocado la aparición de falacias biográficas, pues la poesía del Fénix altera irreconociblemente la vida del poeta, aunque se base vagamente en ella (' "De mi vida" ', págs. 34–35).[16] En cuanto a la segunda, el énfasis en la búsqueda de datos vitales en la obra poética ha contribuido a crear una imagen negativa del Lope poeta, que se ha venido percibiendo como un ingenio simple y vital, dado a la confesión desbordante de sus experiencias íntimas, y no como un artífice coherente y cuidadoso (' "De mi vida" ', pág. 29), preocupado por las teorías literarias del momento.[17]

Debido a estos defectos, la crítica de inspiración romántica ha sido rechazada enérgicamente por estudiosos posteriores, especialmente a partir de 1935, fecha del tricentenario de la muerte de Lope. En 1935 se celebraron conferencias internacionales, se editaron muchas de las obras del Fénix y se imprimieron importantes estudios sobre Lope, entre los que se incluyen las grandes obras de algunas figuras clave del lopismo moderno, como Amado Alonso o José F. Montesinos. Estos insignes lopistas atacaron abiertamente la interpretación romántica de la poesía lopesca: el primero la calificó de 'torpe interpretación autobiográfica' (pág. 109) y de 'pecado de lesa poesía' (pág. 110), y el segundo de 'aberración inconcebible' (*Estudios*, pág. 64).[18] Éstas y otras críticas parecidas se enunciaron desde el campo de la estilística, que es otra

---

[13] Eduardo Haro Tecglen, *Vidas literarias. Lope de Vega* (Barcelona: Omega, 2001).

[14] Carlos Rico-Avello, *Lope de Vega (flaquezas y dolencias)* (Madrid: Aguilar, 1973).

[15] Alan S.Trueblood, *Experience and Artistic Expression in Lope de Vega. The Making of* La Dorotea (Cambridge: Harvard University Press, 1974).

[16] Antonio Carreño, ' "De mi vida, Amarilis, os he escrito / lo que nunca pensé": la biografía lírica de Lope de Vega', *Anuario Lope de Vega*, 2 (1996), 25–44.

[17] Lope reflexionó profunda y abundantemente sobre todas las modalidades literarias que utilizó. Así, examina su práctica teatral en el 'Arte nuevo de hacer comedias', que incluyó en la edición de 1609 de sus *Rimas*. Asimismo teoriza sobre diversos géneros poéticos —la epopeya, la epístola, los romances— en diversas dedicatorias, prólogos y epístolas. Para una madurísima reflexión lopesca sobre el arte de novelar, véanse sus *Novelas a Marcia Leonarda* (Lope de Vega, *Novelas a Marcia Leonarda*, ed. Antonio Carreño [Madrid: Cátedra, 2002]).

[18] José F. Montesinos, *Estudios sobre Lope de Vega* (Salamanca: Anaya, 1969).

de las categorías en las que se dividen los acercamientos al estudio del narrador en la poesía lopesca. La estilística constituye una rama del formalismo
típico del primer cuarto del siglo XX: Vossler, uno de los promotores del
movimiento en lo que respecta a la interpretación de la obra de Lope, incluso
procedía del campo de la lingüística, pionero en los estudios formalistas. De
acuerdo con esta tendencia, la estilística rechaza la lectura biográfica romántica, y asimismo todas aquellas interpretaciones que utilicen elementos externos al texto literario para interpretarlo. Por consiguiente, la estilística jamás
pretendió extraer datos biográficos objetivos de la poesía del Fénix. Más bien,
al estudiar la lírica de Lope la estilística se centró en la *Literarisierung des
Lebens*, en la 'literarización de la vida', como reza el título de la monografía
pionera de Leo Spitzer, de 1932.[19] Es decir, la estilística enfatizó los aspectos
artísticos, literarios (*poiesis*), de la obra del Fénix, dejando de lado la parte
que supuestamente tenía de vivencia (*Erlebnis*). Al señalar que Lope convierte
'en materia de arte la sustancia de su vida [. . .]' ('Lope', pág. 428), Dámaso
Alonso representa el sentir de una serie de críticos que debemos clasificar
dentro de la estilística, como Amado Alonso (pág. 137), Vossler (pág. 17),
Montesinos (*Estudios*), Edwin S. Morby, Juan Carlos Ghiano (pág. 20)[20] y,
más recientemente, Trueblood (*Experience*, pág. 3). Según estos estudiosos,
Lope transforma en tan alto grado los temas y emociones que extrae de su
experiencia personal que su biografía ya no resulta relevante para analizar su
poesía.

La interpretación estilística de muchos textos lopescos, como la que ofrece
Trueblood sobre *La Dorotea*, sigue prevaleciendo hoy en día. Sin embargo, la
irrupción en el hispanismo de las teorías literarias post-estructuralistas ha llamado la atención de los eruditos hacia aspectos relacionados con la intertex-
tualidad, la composición del discurso, y la ductilidad de la personalidad, que
han resultado en interesantes trabajos sobre la naturaleza de la representación
lopesca. Esta tercera corriente, que se puede denominar post-estructuralista o
postmoderna, ha estudiado en la auto-presentación poética de Lope dos aspectos íntimamente relacionados: la construcción del 'yo' o sujeto y el uso de sus
'máscaras'.

El post-estructuralismo entiende el sujeto humano o 'yo' como inexistente
en origen en cuanto a entidad abstracta unificada y coherente. De hecho, esta
corriente denuncia tal concepción del sujeto como una fabricación de René
Descartes y de otros filósofos racionalistas posteriores al francés. Michel

---

[19] Leo Spitzer, *Die Literarisierung des Lebens in Lope's* La Dorotea (Bonn: Kölner
Romanische Arbeiten, 1932).

[20] Edwin S. Morby, 'Persistence and Change in the Formation of *La Dorotea*', *Hispanic
Review*, 18 (1950), 108–25; 195–217; Juan Carlos Ghiano, 'Lope y la autobiografía', en
Lope de Vega. Estudios reunidos en conmemoración del IV centenario de su nacimiento,
ed. Raúl H. Castagninio (La plata: Universidad Nacional de la Plata, 1963), págs. 11–27.

Foucault ha sido el principal impulsor de esta idea, que sugiere que los intentos represores del poder produjeron la subjetividad unificada moderna. Foucault expone estas ideas en *The Archaeology of Knowledge*,[21] en *Discipline and Punish*,[22] en el primer volumen de *The History of Sexuality* (su opinión evoluciona hacia posiciones diferentes en los últimos dos volúmenes)[23] y en *The Order of Things*,[24] inaugurando una postura que ha sido adoptada con escasas variantes por muchos de los proponentes del 'Nuevo Historicismo' (Montrose, 'The Elizabethan', pág. 306),[25] y que aún disfruta de gran vigencia hoy en día. Desde esta posición post-estructuralista que lidera Foucault, resulta más preciso ver el sujeto como una ficción social, como un conglomerado de las diferentes e incluso contradictorias poses que un individuo va asumiendo a lo largo de su vida. Cada una de estas posiciones tiene su propia procedencia y discurso característico, de modo que resulta imposible reducirlas a una esencia unitaria.

Muchos estudiosos han insistido en que esta concepción de un sujeto no unificado resulta especialmente apropiada para describir el estado de la cuestión en el Siglo de Oro. Así, Thomas Greene sostiene que la subjetividad del hombre del siglo XVI y XVII dependía fuertemente del papel o papeles sociales asumidos por el individuo (pág. 245).[26] Además, Greene contrapone la visión medieval del sujeto como un *habitus* heredado y difícilmente alterable (*difficile mobilis*) con la idea voluntarista que defienden los humanistas del Renacimiento. A comienzos de la Edad Moderna, la subjetividad del individuo puede ser alterada a voluntad (pág. 244), algo en lo que insiste Michael C. Shoenfeldt estudiando el campo de la psicología galénica (pág. 2).[27] Es decir, aunque en el siglo XVI la subjetividad se constituía atendiendo a diferentes

---

[21] Michel Foucault, *The Archaeology of Knowledge and the Discourse on Language*, trad. A. M. Sheridan Smith (Nueva York: Pantheon, 1972).

[22] Michel Foucault, *Discipline and Punish. The Birth of the Prison*, trad. Alan Sheridan (Nueva York: Vintage, 1995).

[23] Michel Foucault, *The History of Sexuality*, trad. Robert Hurley, 3 vols. (Nueva York: Vintage, 1988–90).

[24] Michel Foucault, *The Order of Things. An Archaeology of the Human Sciences* (Nueva York: Vintage, 1994).

[25] Louis Adrian Montrose, 'The Elizabethan Subject and the Spenserian Text', en *Literary Theory / Renaissance Texts*, ed. Patricia Parker y David Quint (Baltimore: Johns Hopkins University Press, 1986), págs. 303–40.

[26] Thomas Greene, 'The Flexibility of the Self in Renaissance Literature', en *The Disciplines of Criticism. Essays in Literary Theory, Interpretation, and History*, ed. Peter Demetz, Thomas Greene y Lowry Nelson Jr. (New Haven: Yale University Press, 1968), págs. 241–64.

[27] Michael C. Schoenfeldt, *Bodies and Selves in Early Modern England. Physiology and Inwardness in Spenser, Shakespeare, Herbert, and Milton* (Cambridge: Cambridge University Press, 1999).

discursos prefijados (médico, nobiliario, religioso, moral, etc.), el individuo
tenía la capacidad de 'hacerse' a sí mismo usando uno u otro. Estas ideas
tenían perfecta vigencia en la España de los siglos XVI y XVII, como demuestra George Mariscal: los españoles de la época construían sus sujetos a través
de una variedad de discursos, de modo que el yo áureo no era en absoluto un
ente fijo (pág. 3).[28] Por tanto, también en la España de Lope se pensaba que
'Homines non nascuntur, sed finguntur', como expresa la sentencia de
Erasmo de Rotterdam (Greene, pág. 249).

A la hora de llevar estas ideas al estudio de la lírica renacentista y barroca,
los críticos han enfatizado cómo algunos poetas de la época usaron su obra
para crearse una identidad a su medida. Es el famoso 'self-fashioning'
acuñado por Stephen Greenblatt y utilizado, entre otros, por Richard Helgerson (aplicado al estudio de la literatura inglesa),[29] y por Mariscal (referido a
la obra de Miguel de Cervantes y Francisco de Quevedo). De hecho, algunos
estudiosos han usado estas ideas y terminología para analizar la poesía de
Lope y, más concretamente, la imagen de sí mismo que el Fénix presenta en
ella. Carreño traduce el término de Greenblatt como 'autofiguración', y
detecta el proceso en 'ese hablar continuamente de sí mismo (autobiografía),
y en sus numerosos seudónimos' ('"De mi vida"', pág. 35). Por su parte,
Egido, aunque sin usar esta terminología crítica, apunta que el propio Lope
contribuyó a formar su mítica imagen de 'Fénix de los ingenios' 'en una vida
encaminada a la construcción de su propia fama' ('La Fénix', pág. 11).[30] De
modo semejante, Harm den Boer detecta en las ediciones, portadas y preliminares de la obra del Fénix la 'conciencia en Lope de construirse [. . .] una
determinada imagen o identidad, diferente según las circunstancias personales
y las exigencias específicas de cada audiencia' (pág. 251).[31] Es decir, los críticos modernos han observado que Lope utiliza un 'yo' narrativo o un *alter ego*
diferente para conformar diversas identidades, adaptadas cada una a su contexto y tradición determinada.

Para referirse a la variedad de figuras *alter ego* de la poesía lopesca, los estudiosos han venido utilizando el término 'máscara' o '*persona*', uno de los
preferidos por los post-estructuralistas. Carreño ha trazado la historia crítica

---

[28] George Mariscal, *Contradictory Subjects. Quevedo, Cervantes, and Seventeenth-Century Spanish Culture* (Ithaca: Cornell University Press, 1991).

[29] Richard Helgerson, *Self-Crowned Laureates. Spenser, Jonson, Milton and the Literary System* (Berkeley: University of California Press, 1983).

[30] Aurora Egido, 'La Fénix y el Fénix. En el nombre de Lope', en *'Otro Lope no ha de haber'. Atti del convegno internazionale su Lope de Vega. 10–13 febbraio 1999*, ed. Maria Grazia Profeti, vol. 1 (Florencia: Alinea, 2000), págs. 11–49.

[31] Harm den Boer, 'Configuración de la persona en la poesía religiosa del XVII: Lope de Vega y Miguel de Barrios', en *Teoría del poema: la enunciación lírica*, ed. Fernando Cabo Aseguinolaza y Germán Gullón (Amsterdam: Rodopi, 1998), págs. 247–65.

del concepto[32] y lo ha definido como una faz lírica (*La dialéctica*, pág. 16).[33] También ha sido el primero en usarlo para definir las diferentes facetas adoptadas por los narradores y avatares lopescos (*La dialéctica*, págs. 26–28), y en relacionarlo explícitamente con el proceso de construcción del sujeto: 'El poeta constituye su Yo a través, pues, de una rica secuencia de analogías cuyos términos son con frecuencia fábulas míticas' ('Los mitos', pág. 70).[34] Asimismo, otros reconocidos eruditos han insistido sobre la capacidad del Lope poeta para usar diferentes y conocidas máscaras (Cabo Aseguinolaza, pág. 14; Ferrán, pág. 514; Kaplis-Hohwald, pág. 60; Pedraza Jiménez, 'Las *Rimas*', pág. 51; Terry, pág. 96):[35] los moros y pastores apasionados, el valeroso soldado, el pecador arrepentido, el filósofo reflexivo, el jocoso Burguillos, etc.

Existe un fondo de verdad que legitima los acercamientos al estudio de la auto-representación lopesca de la crítica que hemos denominado 'romántica' (un cauteloso uso del conocimiento de la biografía de Lope ayuda ciertamente a entender algunos de sus poemas), estilística (cualquier información biográfica presentada por el narrador ha pasado siempre por el poderoso tamiz de la literatura) y postmoderna (la idea áurea del sujeto era muy diferente a la actual, pues se entendía a un tiempo como algo móvil y como algo basado en una serie de discursos o 'máscaras' externos a la persona). La etapa 'romántica' o positivista ha producido insuperables biografías del Fénix, y ha realizado un titánico trabajo de archivo, sin el que cualquier estudio actual resultaría notablemente empobrecido. Sin embargo, a la hora de estudiar la imagen del autor en la poesía lopesca la teoría de inspiración romántica incurre en un defecto evidente, que ya señaló la estilística: no alcanza a diferenciar debidamente entre arte y vida.

La estilística logró puntualizar debidamente esta separación. No obstante, su énfasis en aspectos 'literarios' e inherentes al texto poético también provoca la

---

[32] Hay que tener en cuenta que los términos 'máscara' y '*persona*' fueron ya utilizados por T. S. Eliot y Ezra Pound, y más tarde por los miembros del *New Criticism*.

[33] Antonio Carreño, *La dialéctica de la identidad en la poesía contemporánea. La persona, la máscara. Unamuno, A. Machado, Fernando Pessoa, V. Aleixandre, J. L. Borges, Octavio Paz, Max Aub, Félix Grande* (Madrid: Gredos, 1982).

[34] Antonio Carreño, 'Los mitos del yo lírico: *Rimas* (1609) de Lope de Vega', *Edad de Oro*, 14 (1995), 55–72.

[35] Fernando Cabo Aseguinolaza, 'Entre Narciso y Filomela: enunciación y lenguaje poético', en *Teoría del poema: la enunciación lírica*, ed. Fernando Cabo Aseguinolaza y Germán Gullón (Amsterdam: Rodopi, 1998), págs. 11–39; Jaime Ferrán, 'Lope, poeta', en Criado de Val, págs. 513–22; Laurie Kaplis-Hohwald, 'La lírica sagrada de Lope de Vega y John Donne', *Anuario Lope de Vega*, 1 (1995), 59–74; Felipe B. Pedraza Jiménez, 'Las *Rimas sacras* y su trasfondo', en '*Otro Lope no ha de haber*'. *Atti del convegno internazionale su Lope de Vega. 10–13 febbraio 1999*, ed. Maria Grazia Profeti, vol. 1 (Florencia: Alinea, 2000), págs. 51–83; Arthur Terry, 'Lope de Vega, Rewriting a Life', en *Seventeenth-Century Spanish Poetry. The Power of Artifice* (Cambridge: Cambridge University Press, 1993), págs. 94–121.

aparición de algunos problemas críticos importantes: implica la exclusión de materiales externos (cartas del autor, grabados, elogios y sátiras de otros poetas,[36] etc.) que pueden resultar decisivos a la hora de contextualizar la representación lopesca en base a su recepción en la época. Además, la aproximación estilística adolece de otro defecto fundamental: no llega a preguntarse el porqué o el para qué de la insistente auto-representación de Lope.

La crítica post-estructuralista es la que más ha contribuido al estudio de esta representación, aportando una terminología adecuada ('máscara', 'autofiguración'), y señalando que la concepción de subjetividad en la época era diferente de la cartesiana y romántica. Sin embargo, también es preciso realizar algunas puntualizaciones, tanto al concepto de 'self-fashioning' como a las disquisiciones sobre la filosofía de la subjetividad en el Siglo de Oro. En primer lugar, la traslación directa de las teorías de Greenblatt resulta arriesgada, pues este estudioso llegó a ellas tras un análisis detallado de la literatura de la Inglaterra isabelina, y no de la producción de la España de los siglos XVI y XVII. Por ejemplo, Greenblatt sostiene que el 'self-fashioning' siempre se lleva a cabo en oposición a algo, un algo 'perceived as alien, strange, or hostile. This threatening Other [. . .] must be discovered or invented in order to be attacked and destroyed' (pág. 10). En el caso de la poesía de Lope, esta proposición funciona en numerosas ocasiones (en la auto-representación de Lope como poeta quintaesencialmente español, frente al 'Otro' de los 'culteranos' extranjerizantes), pero no siempre, o al menos no principalmente. En muchos otros casos, Lope no necesita oponerse explícitamente a nada para crear una imagen determinada de sí mismo, sino que más bien le basta asociarse a una tradición ya formada: es lo que ocurre con la imagen de Lope como poeta épico, o como penitente arrepentido. En momentos concretos de su carrera, Lope se enfrenta a algunos modos de escribir epopeya o poesía petrarquista, pero más que esa confrontación lo que el autor destaca es su asociación con otros autores, normalmente precedentes. Se trata de un movimiento lógico en una sociedad premoderna, y por tanto muy tradicional, como la España áurea.[37] En este tipo de sociedad no es necesario buscar una entidad a la que oponerse para manifestar individualidad, como ocurre a partir del romanticismo, puesto que lo que se buscaba en el Siglo de Oro no era exactamente la individualidad tal y como la entendemos hoy en día, sino más bien la pertenencia a una tradición prestigiosa. En este sentido, Lope tendría mucho en común con figuras como el Tomás Moro que describe Greenblatt

---

[36] No conviene olvidar que la notoriedad del Fénix hizo que tanto sus incondicionales como sus enemigos fueran 'legión' (Antonio Iglesias Laguna, 'Bernardino de Albornoz y su antilopesco poema *La Gaticida famosa*', *Cuadernos hispanoamericanos (Homenaje a Lope de Vega)*, 161–62 [1963], 647–72, pág. 647).

[37] La Inglaterra isabelina era una sociedad casi igualmente tradicional, por lo que es probable que también en ella existan casos que contradigan la formulación de Greenblatt.

(pág. 157), aunque siempre con la salvedad de que el Fénix rara vez veía nece-sario oponerse a algo para lograr su identidad personal.

Además, Greenblatt siente que la autofiguración otorga a ciertos escritores una intensa conciencia de la relatividad intrínseca de la idea de sujeto (pág. 18), revelación que implícitamente les coloca en la categoría de los genios, pues les eleva sobre el resto de sus contemporáneos. A base de usar continuamente más-caras diversas, estos autores comprenden que la personalidad humana es un todo variable y dúctil, como defiende hoy en día la filosofía postmoderna. Estas apre-ciaciones de Greenblatt resultan arriesgadas porque no analizan exactamente los textos, sino que más bien presentan juicios de valor (los autores que alcanzan la susodicha revelación sobre la naturaleza del sujeto son más 'actuales' que los otros, y se adelantan a su tiempo) muy frecuentes en el lopismo a la hora de estudiar las *Rimas de Tomé de Burguillos*. Igualmente imprudente es filosofar acerca de la concepción del sujeto en la época con datos extraídos del análisis de una representación poética. Hacerlo supondría caer en un error contra el que advierte Nathalie Dauvois: confundir lirismo poético con subjetividad personal, identificación que no es pertinente al hablar de poesía pre-romántica (pág. 5).[38] Teorizar sobre la concepción renacentista o barroca del sujeto no clarifica la poesía de Lope, pues ésta no constituye el retrato de un sujeto, y mucho menos de un sujeto que represente perfectamente su época. Es decir, al igual que sucedía con la estilística, los críticos postmodernos tampoco aclaran exacta-mente cómo, por qué y para qué se pinta Lope en su poesía.

Biographico modo legere: invitación a la autobiografía

Nuestro trabajo pretende usar las aportaciones de la crítica romántica, estilística y postmoderna para esclarecer las cuestiones susodichas. Para ello nos conviene primeramente especificar el origen de la tendencia crítica que se ha denominado arriba 'romántica', pues con ello se aclara enormemente la naturaleza de la auto-representación lopesca. No podemos rechazar sin más la interpretación biográ-fica de las apariciones del Fénix en su propio texto (identificar al autor con sus máscaras) sino que conviene, más bien, explicarla, pues constituye una poderosa corriente crítica que tiene su base en una lectura un tanto superficial de los tex-tos lopescos. Los estudiosos modernos han venido oponiendo la poesía 'sincera'

---

[38] Nathalie Dauvois, *Le sujet lyrique à la Renaissance* (París: Presses Universitaires de France, 2000). De hecho, esta identidad es la que aplaude Madame de Staël en la entonces innovadora poesía de los románticos alemanes: 'La poésie lyrique s'exprime au nom de l'auteur même; ce n'est plus dans un personnage qu'il se transporte, c'est en lui-même qu'il trouve les divers mouvements dont il est animé' (Madame de Staël, *De l'Allemagne* [París: Firmin Didot Frères, 1847], pág. 141). Es decir, Staël celebra una subjetividad poética romántica (que identifica yo lírico y sujeto) por contraposición al lirismo anterior, en que el autor se enmascara en diversas *personae* ('dans un personnage').

de Lope a la producción cuidada de Góngora, y a la 'profunda' o 'ingeniosa' (según se trate de poesía moral o satírica) de Quevedo. Así, los críticos califican los poemas de Lope de 'sinceros, sentidísimos' (Aragón Fernández, pág. 135),[39] y afirman que producen 'una sensación de sinceridad y de verdad, vivida, realísima' (Dámaso Alonso, 'Lope', pág. 422).

Esta interpretación de inspiración romántica ha prevalecido durante muchos años entre la crítica lopesca precisamente porque el propio Lope invita continuamente a identificar el omnipresente 'yo' poético y las diferentes *personae* con Lope Félix de Vega Carpio, escritor (Amado Alonso, pág. 109; den Boer, pág. 251; Montesinos, *Estudios*, pág. 143; Rozas, pág. 74). En efecto, muchos pasajes de la poesía de Lope trazan claramente esta identificación entre vida y quehacer poético que después enfatizaría la crítica de tendencia romántica. Es decir, Lope incita al lector a confundir al narrador con el Lope de Vega real, pero al hacerlo está construyendo un personaje tan ficticio como cualquier otro, no narrando su propia vida. Por tanto, debemos entender las diversas invitaciones a leer su poesía de modo biográfico, que son numerosísimas, como tantas llamadas de atención sobre la ficcionalidad de esa biografía.[40] Y, en efecto, estas supuestas identificaciones son legión. Así, el soneto primero de las *Rimas*,

> Versos de amor, conceptos esparcidos,
> engendrados del alma en mis cuidados [. . .].   (págs. 1–2),[41]

declara que los versos son parto directo de la emoción vital, como ha visto, entre otros, Terry (pág. 100). Otros sonetos de la misma colección, como son los números 66 y 70, insisten en esta artificiosa ecuación (Mascia, págs. 57–58),[42] que también expone Fernando en *La Dorotea* (act. IV, esc. i): 'Porque amar y hacer versos todo es uno'.[43] Incluso en una obra de teatro del Fénix, *Lo fingido verdadero*, se reincide en ello:

> El imitar es ser representante;
> pero como el poeta no es posible
> que escriba con afecto y con blandura

[39] A. Aragón Fernández, *Lope de Vega difamado en un libro con lenguaje muy suelto y acusaciones graves* (Barcelona: Lucet, 1932).

[40] Algunos estudiosos se han dado cuenta de ello, pues Mary Gaylord señala que 'Lope, of course, had a hand in predetermining this critical stance' (pág. 223) (Mary Gaylord Randel, 'Proper Language and Language as Property: the Personal Poetics of Lope's *Rimas*', *MLN*, 101 (1986), 220–46), y Arthur Terry incide en que 'Lope's art itself [. . .] seems positively to invite such an approach' (pág. 95).

[41] Lope de Vega Carpio, *Rimas humanas y otros versos*, ed. Antonio Carreño (Barcelona: Crítica, 1998).

[42] Mark J. Mascia, 'The Sonnet as Mirror: Metapoetry and Self-Referentiality in Lope de Vega's *Rimas*', *Calíope*, 7 (2001), 51–72.

[43] Lope de Vega Carpio, *La Dorotea*, ed. Edwin S. Morby (Madrid: Castalia, 1968).

sentimientos de amor, si no le tiene [. . .]
así el representante, si no siente
las pasiones de amor, es imposible
que pueda, gran señor, representarlas . . .

(Pedraza Jiménez, 'Las *Rimas sacras*', pág. 63)

Asertos semejantes aparecen frecuentemente en la obra poética de Lope, como prueban dos de sus epístolas a Liñán de Riaza que edita Entrambasaguas. En una, que comienza 'Riselo, ¡vive Dios que estoy mohíno!', el narrador declara que

Ayer con mis papeles hice cuenta
y hallé, sin otras muchas niñerías
cuyo perdido tiempo me atormenta,
cien sonetos, diez pares de elegías,
como zapatos viejos desechados,
vivos retratos de pasiones mías.

(*Estudios*, vol. III, págs. 97–102),[44]

enfatizando la sinceridad con que los versos retratan los sentimientos del poeta ('vivos retratos'). De modo semejante, la epístola que comienza 'A ti, divino ingenio, a ti la pluma' usa vocabulario procedente del campo pictórico ('figuras', 'retrató') para subrayar la fiel correspondencia entre poesía y vida:

No por cristal o vidrio transparente
se ven desotra parte las figuras
que retrató la mano diligente
como las amorosas desventuras
por tus coplas, Riselo, y mis sonetos,
testigos de tu llanto y mis locuras.

(Entrambasaguas, *Estudios*, vol. III, págs. 37–42)

El Fénix iguala las obras poéticas ('tus coplas' y 'mis sonetos') con un 'cristal o vidrio transparente' que deja ver perfectamente las vivencias del autor, aparentemente predicando exactamente lo contrario de lo que proponen las doctrinas vanguardistas del 'arte por el arte' en el siglo XX. Sin embargo, ninguna otra declaración poética de Lope es tan 'transparente' como la del soneto 66 de las *Rimas*, 'A Lupercio Leonardo':

Pasé la mar cuando creyó mi engaño
que en él mi antiguo fuego se templara,

---

[44] Joaquín de Entrambasaguas, *Estudios sobre Lope de Vega*, 3 vols. (Madrid: CSIC, 1946). Tanto en esta como en la siguiente epístola, alteramos ligeramente la puntuación de Entrambasaguas.

mudé mi natural, porque mudara
Naturaleza el uso y curso el daño.
   En otro cielo, en otro reino extraño,
mis trabajos se vieron en mi cara,
hallando, aunque otra tanta edad pasara,
incierto el bien y cierto el desengaño.
   El mismo amor me abrasa y atormenta,
y de razón y libertad me priva.
¿Por qué os quejáis del alma que le cuenta?
   ¿Que no escriba decís, o que no viva?
Haced vos con mi amor que yo no sienta,
que yo haré con mi pluma que no escriba.

Este soneto parece contestar a una crítica del Argensola, hoy perdida, en la que el aragonés le recriminaría al vate madrileño que se retratara tan obsesivamente en su obra.[45] El narrador lopesco responde a esa acusación identificando claramente en el último terceto 'amor', sentimiento, y escritura —obsérvese que el Fénix enfatiza esta correspondencia haciendo rimar las palabras 'viva' y 'escriba'—. Las emociones o sentimientos amorosos ('viva') producen indefectiblemente la poesía ('escriba'). De este modo, tanto el texto de Lope como la propia crítica de Argensola demuestran que el Fénix fomentó la interpretación biográfica de su poesía. Sin embargo, no debemos caer en la trampa que nos tiende en Fénix. Cuando Lope insiste en que escribe lo que siente, está empleando una técnica retórica, está pintando una imagen de sí mismo que influirá nuestra lectura.

De hecho, otros poetas de la época percibieron que Lope utilizaba esta técnica, e incluso se lo recriminaron. Tal es el caso del Luis de Góngora que parodia el romance morisco 'Ensíllenme el potro rucio' (Orozco, pág. 37; Terry, pág. 95),[46] o del Cristóbal Suárez de Figueroa de *El Pasajero*:

DOCTOR   Decís bien; mas, con todo eso no falta quien ha historiado sucesos suyos, dando a su corta calidad maravillosos realces y a su imaginada discreción inauditas alabanzas; que como estaba el

---

[45] En su edición de las *Rimas* (Lope de Vega Carpio, *Rimas*, ed. Felipe B. Pedraza Jiménez, 2 vols. [Ciudad Real: Universidad de Castilla la Mancha, 1993]), Felipe Pedraza Jiménez trae a la luz el siguiente texto del hermano de Lupercio Leonardo, Bartolomé Leonardo de Argensola, que también critica la insistente aparición del 'yo' del autor en la poesía lopesca:

   Hoy estuvimos yo y el Nuncio juntos,
   y tratamos de algunas parlerías,
   echando cantollano y contrapuntos.
   Mas no se han de contar como poesías,
   pues no eres Filis tú, ni yo Belardo,
   enfado general de nuestros días.   (vol. I, pág. 332)

[46] Emilio Orozco Díaz, *Lope y Góngora frente a frente* (Madrid: Gredos, 1975).

	paño en su poder, con facilidad podía aplicar la tisera por donde la guiaba el gusto.
MAESTRO	Y ¿qué fruto sacó de tan notable locura, de tan desatinada osadía?
DOCTOR	El que suele producir lo que no se forja en el crisol de la cordura: mofa, risa, mengua, escarnio. (vol. I, pág. 180)[47]

Suárez de Figueroa critica en general el afán de narrar supuestos hechos propios, sobre todo cuando se altera la realidad para dibujar una imagen favorable de la persona del autor: se trata, exactamente, de lo que hacía Lope tan insistentemente en su poesía. El autor de *El Pasajero* denuncia su rabia o amargura al augurar una gran vergüenza social para el osado poeta que hable de sí mismo: 'mofa, risa, mengua, escarnio'. Es decir, la lectura biográfica a que invitaba frecuentemente la representación lopesca molestaba en alto grado a algunos de los competidores contemporáneos del Fénix.

Estas agresivas reacciones se deben, probablemente, al hecho de que la interpretación biográfica era un método exegético consagrado en el estudio de los grandes poetas. Servio se lo aplicó a Virgilio, en una tendencia hermenéutica que Domenico Comparetti ha rastreado por toda la Edad Media.[48] Dauvois ha demostrado que el *Canzoniere* de Francesco Petrarca se leyó como un itinerario personal (pág. 38),[49] y Daniel L. Heiple ha descubierto que lo mismo realizaron los comentaristas de Garcilaso de la Vega con su obra poética (*Garcilaso*, pág. 16).[50] Al fomentar la interpretación biográfica, Lope se presenta implícitamente como un poeta a la misma altura de Virgilio, Petrarca y Garcilaso, ganando con ello para su poesía la autoridad que otorgaban esas figuras. Se trata de un mecanismo retórico porque afecta (o trata de afectar) al receptor: éste debe reaccionar otorgando inconscientemente prestigio poético al texto lopesco, o rebelándose, como es el caso de los detractores del Fénix.

Tal estrategia resulta clave para entender la presentación del autor en la poesía de Lope: como ocurre en el caso analizado, la auto-representación constituye un recurso literario —o retórico, pues probablemente Lope confundía, como muchos de sus contemporáneos, la retórica con la poética (Aaron, pág. 93)—[51]

---

47 Cristóbal Suárez de Figueroa, *El Pasajero*, ed. María Isabel López Bascuñana, 2 vols. (Barcelona: Promociones y Publicaciones Universitarias, 1988).

48 Domenico Comparetti, *Vergil in the Middle Ages*, trad. E. F. M. Benecke (Princeton: Princeton University Press, 1997).

49 De hecho, el ejemplar del *Canzonere* que poseía Lope venía acompañado de un comentario de Bernardino Daniello enfatizando el aspecto biográfico de la obra (Antonio Prieto, *La poesía española del siglo XVI*, 2 vols. [Madrid: Cátedra, 1984], vol. I, pág. 72).

50 Daniel L. Heiple, *Garcilaso de la Vega and the Italian Renaissance* (University Park: Pennsylvania State University Press, 1994).

51 Sor M. Audrey Aaron, *Cristo en la poesía lírica de Lope de Vega* (Madrid: Cultura hispánica, 1967).

que produce determinados efectos en el lector u oyente. Concretamente, la auto-representación busca crear en el receptor una sensación de respeto por la autori-dad, prestigio o 'capital cultural' del texto (Bourdieu, pág. 7).[52] La autoridad es un concepto fundamental para comprender la poesía del Siglo de Oro: cuando un poeta escribe, tiene que precisar qué le justifica para escribir, y qué hace de su poesía algo válido dentro del sistema literario. La autoridad respaldaba al poeta insertándole en una tradición respetable. Además, si el poeta lograba autoridad poética, ésta le podría llevar a cierta autoridad social y, quizás, económica: es decir, su 'capital simbólico' o 'cultural' se podía convertir en 'capital económico'. En el caso concreto de Lope, la ansiada autoridad poética parece tener por fin la obtención del capital social y económico que suponía un puesto al servicio de la Corona (que solicitó en varias ocasiones y que no con-siguió [Bershas, pág. 117])[53] y un buen mecenazgo (que consiguió en cierto grado con el duque de Sessa).

La imagen del autor como recurso literario

Nuestro trabajo va a estudiar la auto-representación en la poesía de Lope como un recurso literario más, cuyo objetivo prioritario es obtener autoridad para el texto y el poeta que lo escribe. Por tanto, se impone realizar un análisis deta-llado del funcionamiento de esta auto-representación en diversos textos poéti-cos. Para ello, estudiaremos tanto los casos en que aparezca un narrador que hable de sí mismo en primera persona como los casos en los que algunos per-sonajes que aparecen en el texto pudieran ser indudablemente reconocidos en el siglo XVII como máscaras o *personae* de Lope. No obstante, el que este tra-bajo defina la poesía lopesca como su corpus central no significa que no vayamos a tener en cuenta datos externos. También usaremos, en primer lugar, las reacciones de los contemporáneos del Fénix a la auto-representación del poeta. Así, tendremos en cuenta las sátiras mencionadas, especialmente las de Góngora y las conservadas de la *Spongia*, un libelo contra Lope publicado en 1618 por Pedro Torres de Rámila. Asimismo estudiaremos, como ejemplo de reacciones de la época, los elogios dirigidos al Fénix que se publicaron en diversos preliminares, en la *Expostulatio Spongiae*, réplica a la famosa *Spon-gia*, y en otras obras áureas de importancia, como los panegíricos que se publicaron tras la muerte del autor. En segundo lugar, también utilizaremos como apoyo del análisis de los textos básicos ejemplos de presentación del autor extraídos de obras novelísticas del Fénix (*La Dorotea*), de otros textos en

---

[52]   Pierre Bourdieu, *The Field of Cultural Production*, ed. Randal Johnson (Nueva York: Columbia University Press, 1993).

[53]   Henry N. Bershas, 'Lope de Vega and the Post of Royal Chronicler', *Hispanic Review*, 31 (1963), 109–17.

prosa (el *Epistolario*, las *Dedicatorias a las Partes de Comedias*)[54] e incluso de los diferentes grabados que encabezaron su obra impresa. Sin embargo, el centro de gravedad de nuestro trabajo será el análisis detallado de la imagen de sí mismo que Lope presentó en una serie concreta de textos poéticos. Hemos escogido estas obras como muestras representativas, entre la inmensa producción poética del Fénix, de los modos de presentación que el autor adoptó a lo largo de su carrera, y cada uno de ellos será objeto de un capítulo concreto.

Nuestro segundo capítulo se centrará en la primera imagen o *persona* de importancia que Lope asumió en su carrera poética: la de poeta enamorado. Fue la figura que el Fénix adoptó en los romances moriscos y pastoriles, que le catapultaron a la fama popular con la imagen de loco enamorado, y al mismo tiempo le llevaron a la fama poética. En este capítulo mostraremos cómo Lope fomenta en las *Rimas* (1604) la identificación de su narrador petrarquista con la persona real del autor. Como veremos en detalle, esta identificación de amor y poesía es de origen provenzal, y alcanza su mayor prestigio en la figura de Petrarca, cuyo *Canzoniere* iguala a su amada Laura y a su laurel poético.[55] No obstante, nuestro análisis de las *Rimas* evidenciará que el narrador petrarquista de la obra de Lope se aprovecha de la notoriedad que el autor se ganó con las lecturas '*à clef*' de sus romances tempranos, lectura que fomentó explícitamente en el caso de su novela pastoril *Arcadia*. Asimismo, en este capítulo comprobaremos cómo Lope intentó trasvasar su autoridad como poeta enamorado a un género más prestigioso, la épica de *La hermosura de Angélica* (1602) y de la *Jerusalén conquistada* (1609).[56] También prestaremos atención a la evolución de esta *persona* enamorada a lo largo de la carrera del autor. El narrador platónico utilizado en *La Circe* (1624)[57] idealiza sus amores (que identifica con los de Lope) para adquirir una autoridad filosófica más digna de los objetivos que pretende el poeta por esos años.

En el tercer capítulo estudiaremos la auto-representación de Lope como poeta popular, poeta llano, poeta de España y de Madrid en el ambicioso poema hagiográfico *Isidro* (1599).[58] Esta *persona* es una de las más recurrentes en la

---

54 Lope de Vega Carpio, *Epistolario de Lope de Vega Carpio*, ed. Agustín González de Amezúa, 4 vols. (Madrid: RAE, 1935–43); Lope de Vega Carpio, *Las dedicatorias de Partes XIII–XX de Lope de Vega*, ed. Thomas E. Case (Madrid: Castalia, 1975).

55 Francesco Petrarca, *Cancionero*, ed. Jacobo Cortines, 2 vols. (Madrid: Cátedra, 1997–99).

56 Lope de Vega Carpio, *Jerusalén conquistada. Epopeya trágica*, en *Lope de Vega. Poesía, III*, ed. Antonio Carreño (Madrid: Biblioteca Castro, 2003).

57 Lope de Vega Carpio, 'La Circe', en *Lope de Vega. Poesía, IV. La Filomena. La Circe*, ed. Antonio Carreño (Madrid: Biblioteca Castro, 2003), págs. 351–460.

58 Lope de Vega Carpio, *Isidro*, en *Lope de Vega. Poesía, I. La Dragontea. Isidro. Fiestas de Denia. La hermosura de Angélica*, ed. Antonio Carreño (Madrid: Biblioteca Castro, 2002), págs. 195–542.

carrera del Fénix, y una de las que más impronta ha dejado en su público. Este capítulo evidenciará cómo Lope se aprovecha de la tradición clásica del genio como inspiración divina (*enthousiasmós*), de la presencia de la corte real en Madrid y del supuesto esplendor del Imperio para obtener autoridad poética. Asimismo, nuestro análisis mostrará cómo esta *persona* contradice uno de los modelos tradicionales de autoridad de la época, el nobiliario (Lope también había utilizado este modelo aristocrático, señaladamente en la *Arcadia*,[59] a través de su apellido 'Carpio' y el origen montañés de su familia). El estudio del *Isidro* examinará cómo el Fénix trató de contrarrestar la tradición de la autoridad nobiliaria con un modelo paralelo de autoridad: la dignidad de lo humilde, basada en el tópico de la *aurea mediocritas* y de la limpieza de sangre.

El cuarto capítulo estará dedicado a la *persona* del pecador arrepentido, tal y como aparece en las *Rimas sacras* (1614) y otras obras religiosas del Fénix, como el 'Acto de contrición de Lope de Vega Carpio' (1615), los *Triunfos divinos* (1625)[60] y los *Soliloquios amorosos* (1629).[61] Estas páginas mostrarán cómo el 'yo' que enuncia estos textos se incorpora a una tradición que propone la inspiración divina (desde el arrepentimiento, el desengaño, etc.) como la fuente más efectiva de autoridad literaria. Así, estudiaremos cómo estos narradores se asocian a la figura biográfica de un Lope gran pecador cuyo arrepentimiento es igualmente magno, obteniendo con esta ecuación un *locus* de enunciación autoritario. Además, el capítulo demostrará que estas voces enfatizan la situación privilegiada de la poesía divina frente a los otros géneros literarios (alterando así el modelo tradicional de autoridad basado en la progresión de géneros, o *rota virgiliana*) y, en consecuencia, su propia situación privilegiada como voz narradora de una obra a lo divino.

El quinto y último capítulo será el dedicado al estudio de la más compleja *persona* poética de Lope: el Tomé de Burguillos de las *Rimas* epónimas (1634). Aquí mostraremos cómo este auténtico heterónimo parodia una amplia serie de mecanismos de obtención de autoridad. Precisamente, estos mecanismos son los que anteriormente había puesto en práctica la autorrepresentación de Lope: la *persona* enamorada, la *persona* popular, la religiosa, la filosófica, etc. Además, las *Rimas de Tomé de Burguillos* ponen en práctica un complejo juego de máscaras en que este heterónimo se burla abiertamente de las aspiraciones de capital cultural y simbólico de su autor. En este capítulo también analizaremos cómo, de este modo, el narrador de las *Rimas de Tomé de Burguillos* obtiene la autoridad que otorga el desengaño y la poesía satírica, que precisamente estaban de moda en el Madrid de la época.

---

[59] Lope de Vega Carpio, *Arcadia*, en *Lope de Vega. Prosa, I. Arcadia. El peregrino en su patria*, ed. Donald McGrady (Madrid: Biblioteca Castro, 1997), págs. 1–392.

[60] Lope de Vega Carpio, *Triunfos divinos con otras rimas sacras* (Madrid: Viuda de Alonso Martín, 1625).

[61] Lope de Vega Carpio, *Soliloquios amorosos de un alma a Dios*, en *Obras escogidas*, vol. 2, ed. Federico Carlos Sainz de Robles (Madrid: Aguilar, 1946), págs. 1609–45.

Ediciones citadas

En todo momento tratamos de utilizar ediciones críticas fiables de los textos que analizamos, ediciones que el curioso lector encontrará en la bibliografía final. Sin embargo, la cantidad de obras que aparecen en este estudio nos obliga a realizar una serie de pequeñas aclaraciones:

- Citamos las *Rimas* y las *Rimas humanas y divinas del licenciado Tomé de Burguillos* (*Rimas de Tomé de Burguillos*) por las ediciones críticas de Antonio Carreño publicadas en Crítica y Almar, respectivamente. Además, citamos algunos poemas largos de Lope por la antología que incluye la mencionada edición de Crítica.
- Citamos los romances de Lope por la susodicha edición de Crítica, cuando se encuentran en ella. Si no aparecen en la antología de Crítica, citamos por la edición de Montesinos.[62]
- En el caso de la poesía de Lope, citamos siempre la edición de Antonio Carreño publicada en la Biblioteca Castro, con las excepciones que se consignan arriba.
- Citamos los romances de Góngora por la edición de Carreño publicada en Cátedra,[63] excepto en el caso de romances atribuibles. Éstos, que no aparecen en la edición de Carreño, los tomamos de la edición de Juan e Isabel Millé y Giménez.[64]
- Citamos los sonetos de Góngora por la edición de Biruté Ciplijauskaité.[65]
- Usamos siempre la cronología de las obras teatrales de Lope que aporta el famoso estudio de S. Griswold Morley y Courtney Bruerton.[66]

---

[62] Lope de Vega Carpio, *Poesías líricas, I. Primeros romances. Letras para cantar. Sonetos*, ed. José F. Montesinos (Madrid: Espasa-Calpe, 1960).

[63] Luis de Góngora y Argote, *Romances*, ed. Antonio Carreño (Madrid: Cátedra, 2000).

[64] Luis de Góngora y Argote, *Obras completas*, ed. Juan e Isabel Millé y Giménez (Madrid: Aguilar, 1972).

[65] Luis de Góngora y Argote, *Sonetos completos*, ed. Biruté Ciplijauskaité (Madrid: Castalia, 1969).

[66] S. Griswold Morley, y Courtney Bruerton, *Cronología de las comedias de Lope de Vega. Con un examen de las atribuciones dudosas, basado todo ello en un estudio de su versificación estrófica*, trad. María Rosa Cartes (Madrid: Gredos, 1968).

2

Castellano portugués. El poeta enamorado

> Todo el mundo ha oído alguna vez, a propósito de
> poesías muy divulgadas, comentar luego con los
> ojos muy abiertos por la emoción: *¡y dicen que
> pasó de verdad!* Claro que esta comprobación
> histórica le produce al comentador una emoción
> intensa; pero tal emoción no tiene origen ni calidad
> poética; es la emoción que produce la biografía, no
> la poesía.
>
> (Amado Alonso, pág. 112)

Romances tempranos: la fama de Lope y la interpretación *à clef*

Pocos críticos literarios contradecirían hoy en día la afirmación de Amado
Alonso, pues a partir del triunfo del formalismo, la oposición a la interpretación biográfica se ha generalizado (López Grigera, pág. 181).[1] No
obstante, este rechazo se apoya en ideas sobre la independencia del arte que
sólo triunfaron en la segunda mitad del siglo XIX.[2] De hecho, los lectores de
siglos anteriores mostraban un gran interés al saber que cierta obra literaria
podía representar personajes reales (Walbridge, pág. 15).[3] Concretamente, en
la España del Siglo de Oro el tipo de emoción 'biográfica' que describe tan
vívidamente Amado Alonso constituía una tendencia vigorosa que debemos
tener en cuenta si queremos comprender correctamente la obra de Lope de

---

[1] María Luisa López Grigera, 'Teorías poéticas de Lope de Vega. Parte I', *Anuario Lope de Vega*, 4 (1998), 179–91.

[2] Las teorías literarias del siglo XX reaccionaron, en cierto sentido, ante el excesivo empleo del criterio biográfico que surgió con el Romanticismo. Antes del siglo XIX, el uso de la vida del autor como paradigma de lectura siempre mantuvo un cierto equilibrio con interpretaciones de orden retórico o aristotélico.

[3] Earle Walbridge, *Literary Characters Drawn from Life. 'Romans à Clef,' 'Drames à Clef,' Real People in Poetry, With Some Other Literary Diversions* (Nueva York: H. W. Wilson, 1936).

Vega, especialmente en sus inicios. Por ello, en este capítulo estudiaremos la primera imagen o *persona* que Lope asumió en su carrera poética, la de poeta enamorado. Esta imagen máscara autofigurativa se origina precisamente en una serie de tempranos romances moriscos y pastoriles que fomentaban invariablemente la identificación del narrador con la persona real del autor. El recurso literario obtuvo tan buena recepción que el Fénix volvió a adoptarlo en las *Rimas* (1604), en las que veremos cómo el tradicional narrador petrarquista contribuyó a solidificar la *persona* de loco enamorado de los romances. En las *Rimas* también observaremos cómo Lope se aprovechó de la notoriedad que se ganó con las lecturas 'à clef' de sus romances. Además, estudiaremos el modo en que el Fénix enfatizó la intensidad del amor de su narrador con el fin de subrayar la calidad de su poesía, pues en la época había varias teorías médicas y filosóficas que permitían esta conexión. Posteriormente, examinaremos cómo Lope intentó aprovecharse de su autoridad como poeta enamorado para triunfar en un género más prestigioso, la épica de *La hermosura de Angélica* (1602) y de la *Jerusalén conquistada* (1609). Por último, prestaremos atención a la evolución de esta *persona* enamorada a lo largo de la carrera del autor, examinando cómo el narrador platónico de *La Circe* (1624) idealiza sus amores (que identifica con los de Lope) para adquirir una autoridad filosófica más acorde con los nuevos tiempos y con la edad del poeta.

El Fénix comenzó su carrera literaria entre 1581 y 1582, de vuelta a Madrid tras su breve experiencia universitaria. En 1584 el joven Lope colaboró en el *Jardín espiritual* de Pedro de Padilla, y dos años más tarde en el *Cancionero* de López Maldonado (1586). En esa época ya aparece alabado en el 'Canto de Calíope' de *La Galatea* (1585), de Miguel de Cervantes:

> Muestra en un ingenio la experiencia
> que en años verdes y en edad temprana
> haze su habitación ansí la sciencia,
> como en la edad madura, antigua y cana.
> No entraré con alguno en competencia
> que contradiga una verdad tan llana,
> y más si acaso a sus oídos llega
> lo que digo por vos, Lope de Vega.   (págs. 437–38)[4]

En 1587, el *puer senex* ('en años verdes y en edad temprana') que describe Cervantes tradujo del latín un poema de Claudiano, *De raptu Proserpinae*

---

[4] Miguel de Cervantes Saavedra, *La Galatea*, ed. Juan Bautista Avalle-Arce (Madrid: Espasa-Calpe, 1987).

(Zamora Vicente, pág. 40).[5] Sin embargo, Lope no alcanzó la fama poética gracias a su producción erudita o a sus traducciones. Al contrario, el Fénix se dio a conocer como autor de romances moriscos y pastoriles que difundían transparentemente sus aventuras amorosas de estos años de juventud.

Durante el Siglo de Oro, el romance era una forma poética menos prestigiosa que los metros italianizantes, y los escritores de la época eran conscientes de ello. En el romance 'Hanme dicho, hermanas' Góngora acepta, burlescamente, la poca importancia social del género:

> compone romances
> que cantan y estiman
> los que cardan paños
> y ovejas desquilan.   (vv. 237–40)

De modo semejante habla del romance el propio Lope en el 'Prólogo' a las *Rimas*, en el que el Fénix coincide con su rival en reconocer la humildad en que se tenía la forma poética: 'Algunos quieren que sean la cartilla de los poetas' (pág. 107). A finales del siglo XVI la opinión general sostenía que el romance era un vehículo poco prestigioso, que servía de aprendizaje ('la cartilla') para el poeta neófito. El Fénix se dio a conocer como poeta por medio de esta forma humilde, y en poco tiempo su vida amorosa, difundida en sus romances, se convirtió en centro de las habladurías de la Corte (Carreño, *El romancero*, pág. 70).[6] La emoción 'biográfica' que reprende Amado Alonso debió de constituir uno de los incentivos principales para los receptores del romancero de Lope (Entrambasaguas, *Vivir*, pág. 194). Curiosamente, los romances del Fénix salieron en su mayoría impresos anónimos, difundidos en música, pliegos sueltos y diferentes partes de romanceros. Además, debieron de circular en manuscritos, como era costumbre en la época. Pese a este anonimato, el público madrileño, y aun español, reconocía fácilmente en ellos la mano de Lope, enmascarado en Zaides, Gazules o Belardos. En efecto, Rennert y Castro relatan que existe una copia del *Romancero general* con una nota manuscrita al margen de un romance del ciclo de Elena Osorio que, en letra de la época, identifica los seudónimos con la susodicha dama, Lope y Francisco Perrenot de Granvela (pág. 53).

No existen datos suficientes para juzgar si el Fénix procuró que sus romances se leyeran *biographico modo* o si esto fue una tendencia ajena a sus designios. Los poemas de Lope poseían muchos atractivos, como el preciosismo de las descripciones (Carreño, *El romancero*, pág. 83), o las tonadas que los acompañaban y difundían (Pastor Comín, pág. 301; Montesinos,

---

[5] Alonso Zamora Vicente, *Lope de Vega. Su vida y su obra* (Madrid: Gredos, 1969). Desgraciadamente, la traducción a la que alude Zamora Vicente se ha perdido.

[6] Antonio Carreño, *El romancero lírico de Lope de Vega* (Madrid: Gredos, 1979).

'Algunos').[7] Un testigo de la época, Juan Rufo, subrayó significativamente la unidad de romance y música en sus *Apotegmas* (1596): 'Sin duda este tiempo florece de poetas que hacen romances, y músicos que les dan sonadas, lo uno y lo otro con notable gracia y aviso' (pág. 94). De modo semejante, Luis Alfonso de Carballo señaló en 1602 que 'la principal gracia del Romance está en la tonada' (vol. I, pág. 213).[8] Los romances de Lope también iban acompañados de música, y el Fénix era consciente de que esto contribuía a su popularidad, tal y como expresa en la *Jerusalén conquistada*:

> Canta, Juan Blas, seguro (aunque lo impida
> la envidia) de la siempre verde rama,
> que mi letra en tus tonos conocida
> de tu solfa semínima se llama;
> si vivieren tus puntos tendré vida,
> si vivieren mis versos tendrás fama.   (canto XIX, estr. 87)

La octava recoge hábilmente los tópicos clásicos del laurel de Apolo ('la siempre verde rama'), premio de poetas, y de la eternidad de la obra literaria, al estilo del 'exegi monumentum aere perennius' horaciano (lib. III, núm. 30).[9] Lope usa los lugares clásicos para expresar un nuevo mensaje, adaptado al mundo poético áureo: la tonada de Juan Blas y los versos del poeta se aseguran mutuamente un lugar en la fama.

Pese a la indudable importancia de preciosismo y música, pocos dudan que el elemento decisivo en la difusión de los romances lopescos fue la interpretación biográfica. Así, hablando de 'Mira Zaide, que te aviso', Ramón Menéndez Pidal señala que:

> Todos sabían, al cantar y al oír este sonadísimo romance, que aludía a la prohibición impuesta a Lope de no pasar por la calle de Lavapiés, donde vivía Elena Osorio; y con este incentivo de actualidad, los lindísimos versos, por su garbo, por su pasión, por su fastuoso colorido morisco, alcanzaron boga sin igual.   ('El romancero', pág. 77)[10]

---

[7] Juan José Pastor Comín, 'Sobre el romancero musical de Lope de Vega', *Anuario Lope de Vega*, 4 (1998), 297–310; José F. Montesinos, 'Algunos problemas del "Romancero nuevo"', en *Ensayos y estudios de literatura española*, ed. Joseph H. Silverman (Madrid: Revista de Occidente, 1970), págs. 113–18. Es preciso tener en cuenta que durante el Siglo de Oro gran parte de la poesía lírica se conocía acompañada de música, de modo que muchos textos se hicieron famosos más bien gracias a la melodía que los acompañaba que a su calidad literaria. Juan Rufo incide en este fenómeno en dos de sus *Apotegmas* (Juan Rufo Gutiérrez, *Las seiscientas apotegmas y otras obras en verso*, ed. Alberto Blecua [Madrid: Espasa-Calpe, 1972], págs. 365, 436).

[8] Luis Alfonso de Carballo, *Cisne de Apolo*, ed. Alberto Porqueras Mayo, 2 vols. (Madrid: CSIC, 1958).

[9] Quinto Horacio Flaco, *Carmina / Odas*, ed. Jaume Juan (Barcelona: Bosch, 1988).

[10] Ramón Menéndez Pidal, 'El romancero nuevo', en *De primitiva lírica española y antigua épica* (Buenos Aires: Espasa-Calpe, 1949), págs. 73–112.

La vida del autor consistía, en efecto, un 'incentivo de actualidad', y Lope se dio cuenta de la popularidad que alcanzó su vida en estos años 80. Entre 1590 y 1595, en el acto tercero de la comedia *Los locos de Valencia*, el Fénix presenta a Belardo, su ostentoso seudónimo, como personaje que, parafraseando a Ovidio: 'escribe versos, es del mundo fábula / con los varios sucesos de su vida' (pág. 908).[11] Del mismo modo, el narrador-Fénix reconoce la notoriedad de su vida amorosa en la canción 'Ya, pues, que todo el mundo mis pasiones', publicada en las *Flores de poetas ilustres* de Pedro de Espinosa y reeditada en las *Rimas de Tomé de Burguillos* (págs. 363–73):

> Ya, pues, que todo el mundo mis pasiones
> de mis versos presume,
> culpa de mis hipérboles causada,
> quiero mudar de estilo y de razones.   (vv. 1–4)

Esta fama hizo de Lope el 'máximo creador del Romancero nuevo' (Carreño, *El romancero*, pág. 31), de modo que algunas de sus obras alcanzaron una difusión inigualada. Quizá el más famoso fuera el romance 'Sale la estrella de Venus', que 'fue cantado en toda España por grandes y chicos, cortesanos y labradores' (Menéndez Pidal, 'El romancero', pág. 75). De hecho, el Fénix domina con 108 composiciones la mayor compilación romanceril de la época, el *Romancero general* de 1600, 1604 y 1605 (Carreño, *El romancero*, pág. 46).

Los romances tempranos de Lope se pueden dividir en dos grandes categorías genéricas, que se suceden casi inmediata y exactamente en las décadas de los 80 y 90: los romances moriscos y los pastoriles. El romancero morisco tenía su origen en el fronterizo, desarrollado en el contexto de la Reconquista durante los siglos XIV y XV. La crítica considera que los antiguos romances fronterizos, del tipo 'Álora la bien cercada', tenían un fuerte carácter noticiero (Carreño, *El romancero*, pág. 57): se trataba de un método de difundir hechos históricos contemporáneos de una manera lírica. Por ello, los

---

[11] Una alusión semejante presenta, en 1604, el acto segundo de *La prueba de los amigos* (Lope de Vega Carpio, *La prueba de los amigos*, en *Lope de Vega. Comedias, XIII. La nueva victoria del marqués de Santa Cruz. La prueba de los amigos. El halcón de Federico. La noche toledana. El rústico del cielo. Los españoles en Flandes. La obediencia laureada y primer Carlos de Hungría. El mayordomo de la duquesa de Amalfi. Los guanches de Tenerife y conquista de Canaria. El hombre de bien*, ed. Jesús Gómez y Paloma Cuenca [Madrid: Biblioteca Castro, 1997], págs. 93–193, págs. 131–32). Sin embargo, la aparición de Belardo en *Los locos de Valencia* resulta mucho más rica gracias al contexto de la comedia, que juega conscientemente con el público y sus presuposiciones: el problema que pone en marcha la obra, el asesinato del príncipe Reinero, resulta ser una ficción que, a su vez, desencadena una serie de engaños metateatrales. En este ambiente, la aparición de Belardo puede leerse como una reflexión metaliteraria sobre el público que tiende a tomar al pie de la letra las indicaciones del autor, y que identifica totalmente a Lope con Belardo.

romances fronterizos contenían una mezcla de poesía e historia que heredarán sus sucesores en el romancero morisco. Por ejemplo, Ginés Pérez de Hita incluyó en sus *Guerras civiles de Granada* (1595, 1619), un texto en gran parte histórico, ciertos romances moriscos de Lope, como el difundido 'Sale la estrella de Venus'. De este modo, la convención morisca otorga a Lope una máscara de moro galán, apasionado y heroico (Carrasco Urgoiti; Carreño, *El romancero*, pág. 56),[12] pero también una zona de confluencia entre la historia y la lírica, que aprovecha el Fénix para situar dentro de estos parámetros su romancero morisco, que poetizará los amores del joven autor. El público de la época era consciente de esta infusión de la historia en la literatura, pues la convención genérica le incitaba a buscar en los romances moriscos sucesos reales de la vida del Fénix.

La biografía del autor se convirtió en una clave crítica para interpretar estos romances, de modo que todos contienen pistas que servirían para relacionarlos con diferentes sucesos de la historia de los amores de Lope y Elena Osorio: el enamoramiento del joven poeta y la atractiva cómica, los altibajos de su relación, la traición de la actriz al desechar a Lope en favor del adinerado Francisco Perrenot de Granvela, los insultos de Lope, el proceso judicial por libelos y, finalmente, el destierro del autor. Pedraza Jiménez ha resaltado debidamente la importancia de estas 'referencias en clave a amores y amoríos, fervores y desdenes, gustos y disgustos de la actividad erótica que siempre han fascinado a las masas' (*El universo*, pág. 23),[13] llegando a calificarlas de 'poéticas revistas del corazón' (*El universo*, pág. 44). Por su parte, Carreño ha dividido los poemas de esta época de juventud en tres etapas relacionadas directamente con la vida del Fénix y sus amores con Elena Osorio (*El romancero*, págs. 73–74). La primera corresponde a acontecimientos previos al proceso y destierro de Lope (1581–87), e incluye romances muy famosos, que Pérez de Hita también acogió en sus *Guerras civiles de Granada*, como la serie ' "Mira, Zaide, que te digo" ' y ' "Di, Zaida, ¿de qué me avisas?" '.[14] El lector u oyente de finales del siglo XVI reconocería en la acusación de Zaida ' "que eres pródigo de lengua" ' (v. 31) las quejas de Elena Osorio, opuesta a la difusión de sus amoríos con Lope.

Igualmente relacionada con la vida del autor, la segunda etapa se compone al calor del proceso judicial contra el Fénix (1587–88), y contiene acusaciones e insultos tan notorios como los que llevaron a Lope a juicio 'por libelos contra unos cómicos' —los Velázquez, familiares de Elena Osorio—. El más

---

[12] María Soledad Carrasco Urgoiti, *El moro de Granada en la literatura (del siglo XV al XX)* (Madrid: Revista de Occidente, 1956).

[13] Felipe B. Pedraza Jiménez, *El universo poético de Lope de Vega* (Madrid: Laberinto, 2003).

[14] Aunque ' "Mira Zaide, que te aviso" ' denota claramente el estilo de Lope, algunos críticos mantienen reservas sobre su autoría, expresando que podría tratarse de una imitación (Pedraza Jiménez, *El universo*, págs. 19–20).

difundido de todos es 'Sale la estrella de Venus', bello romance que proporciona datos que se leerían con la clave del triángulo amoroso Lope–Elena Osorio–Perrenot de Granvela. El 'fuerte moro' (v. 5), Gazul —Lope— le recrimina a Zaida —Elena— haberle dejado por un moro rico y poderoso, Abenzaide —Perrenot de Granvela, sobrino del cardenal Granvela que fue asesor de Felipe II—:

> 'Zaida, dice, más airada
> que el mar que las naves sorbe,
> [. . .]
>   '¿cómo permites, cruel,
> después de tantos favores,
> que de prendas de mi alma
> ajena mano se adorne?
> [. . .]
>   'Dejas un pobre muy rico
> y un rico muy pobre escoges,
> pues las riquezas del cuerpo
> a las del alma antepones'.   (vv. 25–44)

El poeta representa a su amada como una mujer feroz ('airada', 'cruel') y a la vez caprichosa, comparable solamente al mar tormentoso. Al mismo tiempo, la larga y apasionada apelación a la dama enuncia claramente los motivos de la traición amorosa: Zaida ha elegido a Abenzaide por su hacienda, abandonando a un Gazul moralmente superior a su rival. Lope expresa diestramente esta paradoja mediante un oxímoron ('pobre muy rico', 'rico muy pobre') que explica en los dos últimos versos citados, que resumen a un tiempo las quejas de Gazul y el contenido del poema. De hecho, en este grupo de romances el Fénix lamenta frecuentemente que la opulencia de su adversario llevara a la dama a preferirle al pobre moro-poeta: los moros lopescos acusan a sus amadas de codicia y superficialidad, como hace Gazul en el famoso romance de Lope.

Finalmente, la tercera y última etapa de los romances de juventud corresponde a la época de encarcelamiento y destierro del poeta tras el controvertido proceso 'por libelos contra unos cómicos'. Estos romances contienen referencias a exilios y embarcamientos de la voz narrativa, que se despide amargamente de su traicionera dama. Los primeros se leerían a la luz del destierro de Lope de la Corte y de Castilla —un auténtico y literal exilio—, y los segundos como referencia a su participación en la Armada Invencible, a la que se unió Lope despechado por el comportamiento de Elena Osorio. Entre ellos destaca ' "Ensíllenme el potro rucio" ', en el que el moro Azarque se embarca y parte a la guerra (v. 26) allende el mar (v. 67) tras despedirse emotivamente de su amada Adalifa (vv. 65–69).

Por su calidad intrínseca y por el añadido interés de la interpretación biográfica, los romances moriscos de Lope gozaron de gran popularidad (Orozco Díaz, pág. 28). Sin embargo, su vida literaria fue sorprendentemente corta: más o menos de 1581 a 1588 (Carreño, *El romancero*, pág. 74). Entre las causas de esta decadencia se encuentra, precisamente, uno de los síntomas de su fama (Pedraza Jiménez, *El universo*, pág. 23): la aparición de parodias. '"Ensíllenme el asno rucio"', de Góngora, es la más acertada y difundida de ellas.[15] Este romance ridiculiza uno a uno todos los tópicos del género morisco tal y como se presentan en '"Ensíllenme el potro rucio"' (Orozco Díaz, págs. 34–37; Rico Verdú),[16] de modo que los apasionados y elegantes moros de Lope se transforman en rústicos aldeanos de ridículos nombres: Antón Llorente, Pascual Vicente, Galayo y Bandurrio. Góngora también parodia mordazmente la clásica descripción de las brillantes ropas del moro, que era uno de los atractivos principales del romancero morisco:

> 'denme el tapador de corcho
> y el gabán de paño verde,
> 'el lanzón en cuyo hierro
> se han orinado los meses,
> el casco de calabaza,
> y el vizcaíno machete [. . .]'.   (vv. 3–8)

El atavío del rústico resulta risible por su vulgaridad, especialmente en comparación con el llamativo aderezo del moro lopesco: las ricas telas y bellas lanzas del personaje de Lope se han convertido en un vulgar 'gabán' de campesino y unas armas herrumbrosas. Como señala Pedraza Jiménez, 'cuanto hay de noble, brillante, elevado y trascendente en el texto lopesco queda rebajado en el gongorino a la más extrema vulgaridad, zafiedad y ridiculez, por medio de un humor degradante' (*El universo*, pág. 29). Asimismo, el cordobés Góngora se burla del exacerbado sentimentalismo y agresividad de los moros en los que se figuraba Lope, llamando a su Galayo 'yegüero llorón' (v. 31), y diciendo que:

> A dar, pues, se parte el bobo
> estocadas y reveses
> y tajos, orilla el Tajo,
> en mil hermosos broqueles.   (vv. 81–84)

La agresividad heroica del moro se transforma en el poema gongorino en una violencia ridícula e inútil, dirigida solamente a destruir 'hermosos broqueles' sin razón aparente. Por último, Góngora parodia las referencias autobiográficas que contenían los romances moriscos del Fénix, pues el poeta cordobés inserta en el discurso del aldeano Galayo un autorretrato burlesco:

---

[15] Carreño señala otros dos romances de Góngora que parodian el género morisco: 'Aquel rayo de la guerra' y 'Triste pisa y afligido' (*El romancero*, pág. 42).

[16] José Rico Verdú, 'Dos personalidades literarias enfrentadas: comentario a dos romances de Lope y Góngora', *Hispanística*, 1 (1993), 38–53.

'Cuando sola te imagines,
para que de mí te acuerdes,
ponle a un pantuflo aguileño
un reverendo bonete.
[. . .]
  'Mira, amiga, tu pantuflo,
porque verás, si lo vieres,
que se parece a mi cara
como una leche a otra leche'.   (vv. 57–72)

Los rasgos aguileños y el sombrero clerical del retrato corresponden a la imagen del propio Góngora, que también poseía una nariz curva y que era clérigo ordenado. De este modo, '"Ensíllenme el asno rucio"' pone en evidencia la interpretación *biographico modo* de los romances moriscos: Góngora se retrata burlescamente en el 'pantuflo' como Lope en sus gallardos moros. En suma, el poeta cordobés denuncia, parodia y ridiculiza en esta composición la abierta figuración lopesca en el romancero temprano.[17]

Otra parodia atribuible a Góngora es el romance '¡Ah, mis señores poetas!', probablemente escrito en torno a 1592. En él, el cordobés reprueba abiertamente el disfraz de moro:

¡Ah, mis señores poetas,
descúbranse ya esas caras,
desnúdense aquesos moros
y acábense ya esas zambras!   (vv. 1–4)

Góngora reclama el fin del género, y menciona directamente varias máscaras lopescas, como Gazul (v. 5) y Zaide (v. 20). Aparte de parodiar varias convenciones, como los vistosos ropajes (vv. 7–8) que ya ridiculizara en '"Ensíllenme el asno rucio"', el romance contrasta cómicamente la figura real del morisco pobre con la del moro idealizado de los poemas del Fénix:

¡Viene Arbolán todo el día
de cavar cien aranzadas
por un puñado de harina
y una tajada horadada,
   y viene otro delincuente,
y sácale a la mañana
'a la jineta vestido
de verde y flores de plata'!   (vv. 53–60)

---

[17] Conviene recordar que esta parodia de Góngora no fue la única que produjo '"Ensíllenme el potro rucio"': Pedraza Jiménez da noticia de otro romance igualmente mordaz titulado 'Lleve el diablo el potro rucio' (*El universo*, págs. 29–30).

Además, Góngora desprecia a las 'chusmas moras' (v. 85) en contraste a los
héroes cristianos de España: Bernardo del Carpio, el Cid, Diego Ordóñez, etc.
(vv. 73–80), y llega a acusar a los poetas del romancero morisco de 'invenci-
bles ignorancias' (v. 100). En esta parodia, el cordobés propina un golpe
directo al género que hizo famoso al Fénix, añadiendo graves acusaciones
raciales y religiosas a sus burlas anteriores.

El propio autor madrileño se dio cuenta del declive del género y, aunque de
un modo más benévolo que Góngora, también parodió la moda morisca en un
romance pastoril, 'Mil años ha que no canto':

> Los estrelleros de Venus
> le dan más priesa que al moro,
> que de Sidonia partía
> a impedir el desposorio.
> En fe de mi nombre antiguo
> cantan pensamientos de otros,
> quizá porque siendo males,
> yo triste los pague todos.   (vv. 29–36)

En esta composición el Fénix reconoce la popularidad de sus romances
moriscos, ejemplificados por el más notorio de ellos, 'Sale la estrella de
Venus'. Además, reconoce abiertamente que el moro de esos poemas era 'mi
nombre antiguo', aunque ahora los 'poetas mozos' (v. 18) lo usan para cantar
sus propios amores ('pensamientos de otros'). El poeta asegura que algunos
autores noveles están aprovechando el género y los personajes creados por
Lope para cultivar su propia fama. De este modo, los sucesos amorosos del
Fénix y Elena Osorio cobran nueva vida en las plumas de otros poetas: el éxito
de la auto-representación de Lope como moro apasionado a final del siglo XVI
fue, pues, indiscutible. En todo caso, quizás debido a las parodias gongorinas
o, simplemente, al fin de una moda pasajera (Montesinos, 'Introducción',
págs. xviii–xxiv),[18] la popularidad de los romances moriscos decayó rápidamente. Ya la cuarta y quinta parte de las *Flores de romances* (1592) presenta
mayor número de romances pastoriles que moriscos (López Estrada, pág.
311).[19] En ediciones posteriores de la misma compilación, la proporción de
romances pastoriles seguirá aumentando inexorablemente a costa de los
moriscos. Adaptándose al cambio de gustos del público, Lope utilizará este
nuevo cauce bucólico para representar sus amores, y se convertirá, de hecho,
en uno de los artífices directos del éxito del género.

Para comprender adecuadamente las motivaciones y entresijos del
romancero pastoril conviene contextualizarlo en la increíble difusión que la

---

[18] José F. Montesinos, 'Introducción', en Lope de Vega, *Poesías líricas, I*, ed. José F.
Montesinos (Madrid: Espasa-Calpe, 1960), págs. vii–lvi .
[19] Francisco López Estrada, *Los libros de pastores en la literatura española. La órbita
previa* (Madrid: Gredos, 1974).

literatura de pastores gozó en el Renacimiento. De hecho, gracias a las 'Églogas' de Juan de la Encina (Bayo; Trueblood, *Letter*, pág. 3),[20] Garcilaso[21] o Boscán y a los romances pastoriles de Lope, Góngora, etc., la lírica pastoril es más abundante que cualquier otra en el Siglo de Oro (Fernández-Morera, pág. 17).[22] Ya en el siglo XVI, 'el divino' Herrera trazó la historia del género tal y como se entendía en la época:

> Los más antiguos poetas bucoliógrafos [. . .] son Mosco, Teocrito y Bion. [. . .] A este [Teócrito] imitó Virgilio [. . .]. Despues de él tuvieron estimacion Tito Calpurnio y Olimpio Nemesiano. [. . .] Desde estos hasta la edad de Petrarca y Boccaccio no hubo poetas bucólicos. [. . .] Ultimamente florecieron Sannazaro, y Jeronimo Vida. (Gallego Morell, págs. 456–57)[23]

Aunque Herrera sólo menciona églogas en verso, una de las contribuciones principales de España a la literatura europea de la época fue la creación de la novela pastoril o 'libro de pastores', según la terminología del siglo. El hito inaugural de este género, mezcla de prosa y verso, fue la *Diana* de Jorge de Montemayor (1559) (Avalle-Arce, *La novela*, pág. 13),[24] que además vio un gran número de continuaciones —*Las auroras de Diana*, *Diana enamorada*, etc.—, de modo que casi todos los grandes novelistas del Siglo de Oro ensayaron el género pastoril: Cervantes produjo su *Galatea* (1585), el Fénix su *Arcadia* (1598) y su novela pastoril a lo divino *Pastores de Belén* (1612)[25] (Carreño, 'La otra'),[26] un libro 'a la traza de la Arcadia', según el propio Lope (*Epistolario*, vol. III, pág. 70).

La inmensa popularidad de esta literatura, tanto en prosa como en verso, ha provocado numerosos problemas para la crítica, pues el lector actual siente

---

[20] Marcial José Bayo, *Virgilio y la pastoral española del Renacimiento (1480–1550)* (Madrid: Gredos, 1970); Alan S. Trueblood, *Letter and Spirit in Hispanic Writers. Renaissance to Civil War. Selected Essays* (Londres: Tamesis, 1986).

[21] Garcilaso de la Vega, *Obra poética y textos en prosa*, ed. Bienvenido Morros (Barcelona: Crítica, 1995).

[22] Darío Fernández-Morera, *The Lyre and the Oaten Flute: Garcilaso and the Pastoral* (Londres: Tamesis, 1982).

[23] Antonio Gallego Morell, *Garcilaso de la Vega y sus comentaristas. Obras completas del poeta acompañadas de los textos íntegros de los comentarios de El Brocense, Fernando de Herrera, Tamayo de Vargas y Azara* (Granada: Universidad de Granada, 1966). Otro crítico literario de la época, Francisco de Cascales, también presenta una genealogía semejante (Francisco de Cascales, *Tablas poéticas*, ed. Benito Brancaforte [Madrid: Espasa-Calpe, 1975], págs. 173–74).

[24] Juan Bautista Avalle-Arce, *La novela pastoril española* (Madrid: Istmo, 1974).

[25] Lope de Vega Carpio, *Pastores de Belén*, ed. Antonio Carreño (Barcelona: Promociones y Publicaciones Universitarias, 1992).

[26] Antonio Carreño, 'La otra *Arcadia* de Lope de Vega: *Pastores de Belén*', en *Homenaje al profesor Antonio Vilanova*, vol. 1, ed. Marta Cristina Carbonell (Barcelona: Universidad de Barcelona, 1989), págs. 137–57.

incomodidad al enfrentarse a textos que le parecen artificiales y estilizados, llenos de convenciones. Los estudiosos han relacionado el género con una tendencia idealizante muy potente en el Renacimiento (Haber, pág. 1):[27] se trata de la búsqueda del pasado edénico, de la Edad de Oro perdida en que el hombre vivía con dignidad. Esta explicación parece bastante plausible, como también lo son otras más actuales.[28] Sin embargo, muchos otros factores debieron de contribuir a la difusión de lo pastoril: su interacción con la música —recordemos el caso de los villancicos de Juan de la Encina—; la mezcla de prosa y verso —en el caso de las novelas—, que convertía las obras en auténticas antologías poéticas; su condición de manual de costumbres cortesanas y de filosofía amorosa (Parker, *The Philosophy*, págs. 109–10),[29] etc. Además, si hacemos caso a abundantes testimonios de la época, la interpretación en clave (*à clef*) fue en buena parte causa de esa popularidad, pues ya desde los orígenes del género —los *Idilios* de Teócrito— y, sobre todo, desde el comentario del gramático latino Servio a las *Églogas* de Virgilio, el público consideró que los personajes literarios bucólicos representaban a personas reales de la época. Servio señaló que en las *Églogas* Virgilio 'per allegoriam agat gratias Augusto vel aliis nobilibus' (pág. 2) ('por medio de una alegoría le da las gracias a Augusto o a algunos otros nobles'),[30] y que el personaje Títiro constituye una máscara del poeta: 'et hoc loco Tityri sub persona Vergilium debemus accipere' (pág. 4) ('y en este lugar debemos entender a Virgilio bajo la persona de Títiro'). En la Edad Media, autores bucólicos como Alcuino o Pascasio continuaron esta tendencia a la interpretación y escritura en clave (Fernández-Morera, pág. 19).

El modo interpretativo *à clef* también se difundió por España: en la Castilla de comienzos del Renacimiento Juan de la Encina tradujo y comentó las *Églogas* de Virgilio, señalando en los pastores Melibeo y Títiro personajes españoles de finales del siglo XV (López Estrada, pág. 112; Trueblood, *Letter*, págs. 6–11). La propia *Arcadia* del napolitano Jacopo Sannazaro (1504), obra central en el resurgir del género en el siglo XVI español, se leyó en España como libro en clave (López Estrada, pág. 137), al igual que las 'Églogas' de Garcilaso. Así, Francisco Sánchez el Brocense anotó cándidamente en su comentario a la obra

[27] Judith Haber, *Pastoral and the Poetics of Self-Contradiction. Theocritus to Marvell* (Cambridge: Cambridge University Press, 1994).

[28] La crítica moderna ha interpretado el género de manera distinta. Por ejemplo, Judith Haber ha enfatizado cómo el bucolismo que surge de Teócrito no expresa un deseo de simplicidad. Más bien funciona como un medio de reconocer las limitaciones del poeta, que pretende distanciarse irónicamente, a sí mismo y a sus contemporáneos, de los poetas épicos y héroes que le precedieron (pág. 8).

[29] Alexander A. Parker, *The Philosophy of Love in Spanish Literature, 1480–1680* (Edimburgo: Edinburgh University Press, 1985).

[30] Servio, *Servii Grammatici qvi fervntvr in Vergilii bucolica et georgica commentarii*, ed. Georgivs Thilo (Lipsiae: B. G. Tevbneri, 1887).

del toledano Garcilaso que 'Salicio es Garci-Lasso. Nemoroso, Boscán: porque nemus es el bosque' (Gallego Morell, pág. 255), y Herrera que Salicio 'se entiende por G[arci] L[asso] mismo' (Gallego Morell, pág. 457). Además, existe toda una serie de novelas pastoriles españolas en las que el autor es 'historiador de sí mismo' (Avalle-Arce, *La novela*, pág. 142), pues esconde su persona y la de sus amantes o conocidos bajo las máscaras de personajes de su obra.

La producción pastoril de Lope también se leyó en clave (Parker, *The Philosophy*, pág. 134), fundamentalmente debido al hecho de que el propio autor se preocupó siempre de fomentar esta interpretación. Así, la *Arcadia* narra los amores desdichados del duque de Alba, disfrazado bajo la figura del pastor Anfriso (Avalle-Arce, *La novela*, pág. 159), y es el mismo Fénix quien abre la puerta a tal lectura en el prólogo a la obra:

> Esos rústicos pensamientos, aunque nacidos de ocasiones altas, pudieran darla para iguales discursos si, como yo fui testigo dellos, alguno de los floridos ingenios de nuestro Tajo lo hubiera sido; y si en esto, como en sus amores, fue desdichado su dueño, ser ajenos y no propios, de no haber acertado me disculpe, que nadie puede hablar bien en pensamientos de otro. (pág. 9)

Lope señala que ha sido 'testigo' de ciertos amores de unos nobles ('nacidos de ocasiones altas'), y que los ha retratado en su libro con la dificultad que entraña representar 'pensamientos de otro'. Esta oscura referencia excitaría la curiosidad del lector, que debió de llegar a satisfacerla plenamente al leer un soneto preliminar del mismísimo Anfriso:

> Mis penas sé que habéis encarecido,
> [. . .]
> Tajo os escuche, y mi famoso Tormes.
> A Apolo llaman el pastor de Anfriso;
> si soy Anfriso yo, vos sois mi Apolo. (pág. 11)

Anfriso es persona alta que habla de su 'famoso Tormes', lo que inmediatamente le revela como el duque de Alba, cuyos enormes estados rodeaban el río salmantino. Los lectores de la época hallarían interesados que la *Arcadia* relata en clave los amores de don Antonio Álvarez de Toledo, cuarto duque de Alba, a cuyo servicio estuvo Lope durante su estancia en Alba de Tormes (Osuna, pág. 46).[31] Entre las aventuras del Duque, el Fénix encubre las suyas propias bajo el ostentoso seudónimo de Belardo, como advierte en el mismo 'Prólogo': 'Si alguno no advirtiese que a vueltas de los ajenos he llorado los míos, tal en efeto como fui quise honrarme de escribirlos' (pág. 9). El propio autor incita abiertamente a leer la *Arcadia* con la clave de los amores reales de uno de los más poderosos nobles de la época y del mismo Fénix.

---

[31] Rafael Osuna, *La* Arcadia *de Lope de Vega: génesis, estructura y originalidad* (Madrid: Real Academia Española, 1972).

Lope intentó renovar el increíble éxito de su *Arcadia* proponiendo nuevas interpretaciones en clave para sus comedias pastoriles. Así, en la dedicatoria a *La pastoral de Jacinto*, publicada en la *Parte XVIII* (1623), indica que trata 'con mayor libertad, dulzura y gracia entre las soledades, árboles, ríos y fuentes; lo que por ventura pasaba en los suntuosos palacios de los príncipes' (pág. 198). Aquí Lope insinúa que bajo los disfraces pastoriles de su comedia se ocultaban hechos de 'los suntuosos palacios de los príncipes', como el del duque de Alba (Trueblood, *Letter*, pág. 86). Por consiguiente, como demuestran la *Arcadia* y *La pastoral de Jacinto* de Lope, en el Siglo de Oro la literatura pastoril solía interpretarse en clave, como referencia a hechos reales de la época —generalmente relacionados con personajes de la nobleza—. Lope conocía y dominaba esta tradición hermenéutica, y la fomentó sin reparos en los prólogos a sus obras de pastores.

Su romancero pastoril no es una excepción, pues ya Francisco López Estrada señala que el Fénix acudió a este género para 'referirse a sus amores y a los de sus amigos y protectores' (pág. 312). Los romances de pastores de Lope son unas cuarenta composiciones que presentan un substrato biográfico (Carreño, *El romancero*, pág. 119), y que constituyen una especie de biografía sentimental de Belardo, su seudónimo preferido y más exitoso. Se publicaron en gran parte en el *Romancero general de 1600* aunque, como era el caso del romancero morisco, también circularon en pliegos sueltos y manuscritos. En los pastores que protagonizan estos poemas, Lope se representa como un Belardo apasionadamente enamorado en diferentes etapas de su relación amorosa. Así, por ejemplo, en 'El lastimado Belardo', el protagonista aparece molesto 'con los celos de su ausencia' (v. 2), y en 'El tronco de ovas vestido' se muestra despechado por el rechazo de su amada Filis. En 'De una recia calentura' esta contrariedad amorosa le lleva a la muerte por 'celos' (v. 3), aludiendo claramente a la intromisión de Perrenot de Granvela en la relación entre Elena Osorio y el poeta. En contraste, en 'Por las riberas famosas' Lope describe una situación ideal, en la que Belardo se dirige, engalanado, a casarse con Filis:

> Va caballero brioso
> en una yegua alazana,
> la silla lleva de frisa,
> y de hiladillo la franja,
>   sombrero nuevo de feria,
> capa de capilla larga,
> con un sayo verde escuro
> agironado de grana.
>   *¡Dichoso el pastor que alcanza*
> *tan regalado fin de su esperanza!*   (vv. 31–40)

El tono regocijado de 'Por las riberas famosas' es la excepción dentro del romancero pastoril del Fénix, pues la voz de un pastor dolido y despechado domina la mayoría de los poemas. El único caso semejante lo encontramos en el famoso 'Hortelano era Belardo', en el que la máscara lopesca contempla burlescamente el pasado del poeta (Carreño, 'Figuración')[32] en la forma de un ridículo espantapájaros vestido con ropa de galán:

> De los vestidos que un tiempo
> trujo en la Corte, de seda,
> ha hecho para las aves
> un espantajo de higuera.   (vv. 33–36)

La visión de estos 'ricos despojos / de mi edad primera' (vv. 49–50) desencadena en Belardo una reflexión sobre su pasado amoroso que los lectores de la época interpretarían con la clave de su relación con Elena Osorio. Sin embargo, Belardo transforma y recrea su biografía de un modo notable. Tras haberse casado (v. 70) —el público vería aquí una alusión a la boda de Lope con Isabel de Urbina—, 'aquella morena / que reinaba en Troya' (vv. 74–75), es decir, Helena–Elena Osorio,[33] responde celosa quemando las pertenencias del poeta:

> 'Hizo de mis cosas
> una grande hoguera,
> tomando venganza
> en plumas y en letras'.   (vv. 77–80)

La expresión 'tomando venganza / en plumas y en letras' puede también aludir a libelos infamatorios escritos por la dama.[34] Lope escribió muchos contra Elena Osorio y su familia, siendo procesado y consecuentemente desterrado por ello, en un gran escándalo que se difundió por todo Madrid. En 'Hortelano era Belardo' Lope se auto-retrata como un hortelano casado[35] que está en Valencia, que ha habitado en la corte y que ha tenido allí amores con una 'Helena'. Estos datos corresponden con precisión a la vida del poeta, y se reconocerían como tales en la época. Belardo les añade el decisivo detalle de los libelos, pero atribuyéndoselos a la 'bella'. Es decir, el romance le da la vuelta a la historia

---

[32] Antonio Carreño, 'Figuración lírica y lúdica: el romance "Hortelano era Belardo" de Lope de Vega', *Hispanófila*, 76 (1982), 33–45.

[33] La asociación de la bella madrileña con la argiva se evidencia en el romance 'Después que rompiste, ingrata', y en la serie de sonetos de las *Rimas* que tratan el tema de Troya. En los romances, la identificación de Elena Osorio con una figura claramente literaria —Helena de Troya— pone en evidencia la mezcla de realidad y ficción que presentan estos textos, supuestamente biográficos, de Lope.

[34] Otra posible interpretación es entender que la 'venganza' se lleva a cabo quemando las 'plumas y letras' que dejó el poeta, los instrumentos y efectos de su oficio.

[35] La referencia al 'hortelano' no representa el oficio del poeta, sino más bien una traslación de la tópica máscara de pastor al contexto valenciano en el que se desenvuelve Lope por aquellos años.

real: en realidad, fue Lope quien escribió los libelos, no Elena Osorio. El público áureo, dispuesto a la interpretación en clave del género pastoril, apreciaría que Lope estaba transformando su historia, y debió de leer el romance como un texto burlesco. De hecho, ya la imagen del 'espantajo' que domina el poema desde el comienzo apuntaba hacia esta lectura paródica.

Filis no es la única pastora con quien trata Belardo. También existe un ciclo de romances dedicados a Belisa, anagrama de 'Isabel' —por Isabel de Urbina, esposa del poeta en los años inmediatamente posteriores al destierro—. Esta serie no destaca por la novedosa auto-representación del poeta, ya que continúa en la línea del pastor triste del ciclo de Filis. Además, los poemas otorgan quizás mayor protagonismo a la figura de Belisa que a la del pastor. Lo que es necesario resaltar en los romances a Belisa son las abundantes referencias a sucesos de la vida del poeta. Así, en 'Llenos de lágrimas tristes' el motor del poema son los celos de Belisa ante la atención que Belardo todavía dedica a Filis:

> Celos mortales han sido
> la causa injusta de todo,
> y porque lo aprenda dice
> con lágrimas y sollozos:
> '*El cielo me condene a eterno lloro,*
> *si no aborrezco a Filis y te adoro*'.   (vv. 5–10)

El romance se desarrolla con gran abundancia de vocabulario jurídico ('pleitos', 'testimonio', 'jure falso', 'juez', 'lado parcial' [vv. 22–28]), que evocaría inmediatamente el proceso por libelos de Lope. También se leerían en clave las menciones al destierro que se encuentran en el texto (vv. 31–34): en los años en que se difundió el romance, Lope aún estaba desterrado de Castilla. Por último, el romance contiene referencias intertextuales a otro conocido romance pastoril del Fénix, 'El tronco de ovas vestido': ' "enviuden las tortolillas / viendo que gozas a otro" ' (vv. 35–36). Tanto esta alusión a las tórtolas como el propio nombre de Filis que incluye el estribillo reforzarían la interpretación *biographico modo* del poema: el lector interpretaría 'Llenos de lágrimas tristes' con la misma clave biográfica de 'El tronco de ovas vestido'. Es decir, el romancero pastoril de Lope constituye una unidad textual: el público lo leería como una biografía lírica repartida en diferentes episodios. Otros romances a Belisa inciden en semejantes alusiones biográficas. En 'De pechos sobre una torre' el pastor —¿Belardo?— ha marchado a 'Ingalaterra' (v. 4), como el Lope que se embarcó con la Armada, dejando embarazada a Belisa (vv. 13–14).[36] Es un escenario que

---

[36] La Belisa embarazada se interpretaría *biographico modo* como Isabel de Urbina. Sin embargo, también cabe la posibilidad de que un lector culto apreciara en esta escena un eco de la Dido 'grauida' que despide a Eneas en las *Heroidas* de Ovidio (Publio Ovidio Nasón, *Heroides and Amores*, ed. Grant Showerman [Londres: William Heinemann, 1914], lib. VII, vv. 133–38).

se repite en una canción alirada incluida en la *Arcadia*, 'En una playa amena'. De modo semejante, en 'Cuando las secas encinas' el pastor Albano —nombre que evoca la estancia de Lope e Isabel en Alba de Tormes— llora tristemente la muerte de su Belisa —Isabel murió de parto en 1595—.

Al igual que los romances moriscos, los pastoriles gozaron de gran e inmediata popularidad (Carreño, *El romancero*, pág. 134). De nuevo, la emoción de la interpretación en clave debió de ser fundamental para este éxito. El gran número de parodias y críticas de tales poemas es uno de los mejores indicios de su difusión, aunque es cierto que tales censuras suelen centrarse en la falta de verosimilitud del género pastoril: es el caso del *Coloquio de los perros* cervantino (pág. 251).[37] También incluye una famosa crítica de lo pastoril *La Dorotea*, del propio Lope, que resulta especialmente interesante porque presenta alusiones a la producción del autor. Tras escuchar un poema pastoril, don Bela responde:

> BEL. Es excelente; pero yo me atengo al moro.
> DOR. ¿Por qué, señor don Bela?
> BEL. Porque esto de pastores, todo es arroyuelos y márgenes, y siempre cantan ellos o sus pastoras; deseo ver un día un pastor que esté asentado en banco, y no siempre en una peña o junto a una fuente. [. . .] Sea verdad que Teócrito y Virgilio, uno griego y otro latino, escribieron bucólicas.   (act. II, esc. V)

Don Bela repudia inicialmente esta variedad poética, dentro de la que se pueden clasificar el romancero pastoril y la *Arcadia* de Lope, en favor del romancero morisco que también cultivó el Fénix ('me atengo al moro'). A continuación, el personaje lopesco entra en una palinodia que justifica el género pastoril en base la autoridad de los clásicos, ante la cual la crítica anterior parece bastante ambigua. Más directos fueron los ataques de otros poetas de la época: Góngora también parodia brutalmente el género con su romance 'En un pastoral albergue', donde el cordobés trata el escenario de 'pobre' y lo usa como marco de los amoríos de Angélica y el musulmán Medoro; de modo semejante, Francisco de Quevedo satiriza los romances moriscos y pastoriles en sus *Premáticas del Desengaño contra los poetas güeros* (*Prosa*, pág. 187).[38] Como los romances moriscos y como cualquier género de poesía que alcanzaba gran popularidad, la literatura pastoril que propugnó Lope en torno al cambio de siglo tuvo bastantes críticos.

El reproche humanista de Cervantes y la amable parodia de *La Dorotea*, e incluso las sátiras de Góngora y Quevedo, tocan puntos genéricos de las obras

---

[37] Miguel de Cervantes Saavedra, *El coloquio de los perros*, en *Novelas ejemplares, III*, ed. Juan Bautista Avalle-Arce (Madrid: Castalia, 1987), págs. 239–322.

[38] Francisco de Quevedo y Villegas, *Prosa festiva completa*, ed. Celsa Carmen García-Valdés (Madrid: Cátedra, 1993).

de pastores, pero también hubo una serie de literatos que censuró específicamente la auto-representación de los poetas —léase de Lope, el más famoso de
ellos— en apasionados pastores. En sus *Apotegmas*, Juan Rufo critica tales
disfraces, supuestamente confesionales:

> Oyendo cantar los romances de poetas enamorados, con relación especial
> de sus deseos y pensamientos, y aun de sus obras, dijo: 'Locos están estos
> hombres, pues se confiesan a gritos'.   (pág. 8)

Rufo compara esta literatura con una confesión religiosa, por su carácter privado y personal, y aprovecha la naturaleza secreta del sacramento para tachar
a los poetas de 'locos', pues no respetan el carácter privado de la confesión.
Sin embargo, la crítica más importante a la auto-representación de Lope en la
literatura pastoril vino de mano de Góngora, y tuvo como desencadenante no
un romance, sino el grabado que encabezaba la *Arcadia*. El joven Lope se hizo
famoso gracias a sus romances en clave, por mucho que protestaran eruditos
como Rufo. Luego intentó dar un paso adelante y alterar levemente su conocida *persona* pastoril con la publicación de la *Arcadia* (1598). Como veremos
en detalle más adelante, podemos interpretar la impresión de la *Arcadia* como
un intento de Lope por presentarse como un nuevo Virgilio: como el mantuano con sus *Églogas*, el Fénix difundió un texto pastoril para luego escribir
su peculiar *Eneida*, *La Dragontea* (1598).[39] Además, la *Arcadia* es importante
como libro autofigurativo porque en él aparece un grabado con un retrato del
autor (ilustración 1). El retrato representa a un joven Lope vestido de
galán cortesano, sobre el lema latino 'Quid humilitate, Invidia?' La frase corresponde a una de las auto-representaciones preferidas del Fénix: la de poeta
brillante acosado por la envidia de sus contemporáneos.[40] Además, el retrato
iba acompañado del blasón nobiliario de la familia del Carpio, descendiente
del famoso Bernardo del mismo nombre. Avalle-Arce sostiene que con esta
portada blasonada comenzó Lope su ostentación de nobleza ('Dos notas').[41]
Sin embargo, el Fénix había usado —e inventado— el escudo algunos años
antes en *El casamiento en la muerte* (1595–97) (McCready, pág. 196):[42]

[39] Lope de Vega Carpio, *La Dragontea*, en *Lope de Vega. Poesía, I. La Dragontea.
Isidro. Fiestas de Denia. La hermosura de Angélica*, ed. Antonio Carreño (Madrid:
Biblioteca Castro, 2002), págs. 1–194.
[40] Un buen ejemplo de esta presentación ofrece el grabado de portada de la primera edición de *El peregrino en su patria* (1604), que ofrece una figura de la Envidia en actitud de
atravesar un corazón con su daga (Miguel Romera-Navarro, *La preceptiva dramática de
Lope de Vega y otros ensayos sobre el Fénix* [Madrid: Yunque, 1935], pág. 279).
[41] Juan Bautista Avalle-Arce, 'Dos notas a Lope de Vega', *Nueva Revista de Filología
Hispánica*, 7 (1953), 426–32.
[42] Warren T. McCready, *La heráldica en las obras de Lope de Vega y sus contemporáneos* (Toronto, 1962).

Retrato de Lope de Vega. *La Arcadia.*

REY ALFONSO   Pues porque esté seguro,
              en rojo campo de sangrientas olas,
              leonado claro o leonado oscuro,
              en tu escudo pondrás, por armas solas,
              diez y nueve castillos de oro.   (pág. 361)[43]

---

[43] Lope de Vega Carpio, *El casamiento en la muerte*, en *Lope de Vega. Comedias, IV. El perseguido. La serrana de Tormes. Jorge toledano. El casamiento en la muerte. El*

Con el retrato de la *Arcadia*, el poeta, hijo de bordador y por tanto plebeyo, se presenta como noble con escudo de armas. Se trataba de un paso lógico en su obra pastoril: los libros y poemas de pastores solían disfrazar personas nobles bajo nombres pastoriles. El Fénix usó este recurso en la *Arcadia*, en la que aparece como Belardo junto a representaciones del duque de Alba y sus amores. Era natural que Lope intentara adjudicarse la nobleza de las otras personas que normalmente escondía la clave pastoral y que aparecen junto a él en la *Arcadia*. El joven poeta empleó una tradición establecida para presentarse como noble, con todo el prestigio que esta posición suponía en la época (Mariscal, pág. 32).

Las ínfulas de nobleza de Lope provocaron una agresiva respuesta en un soneto de su rival Góngora, titulado 'A la *Arcadia* de Lope de Vega Carpio':

> Por tu villa, Lopillo, que me borres
> las diez y nueve torres del escudo,
> porque, aunque todas son de viento, dudo
> que tengas viento para tantas torres.   (vv. 1–4)

El poeta cordobés revela y destruye la estrategia de auto-representación lopesca con este mordaz soneto. Góngora declara primeramente que el Fénix debe 'borrar' su blasón porque es simplemente falso, hecho 'de viento'. Además, el apelativo familiar de 'Lopillo' rebaja al Fénix de su imaginada posición de noble Carpio a la de plebeyo hijo de bordador, oficio poco prestigioso que ejercía el padre de Lope. El mismo sentido tienen las abundantes referencias al oficio 'mecánico'[44] de abastecedor. Tal era el trabajo del padre de Juana de Guardo, segunda mujer ('segunda vez casado') del poeta.

> ¡Válgante los del *Arcadia*! ¿No te corres
> armar de un pavés noble a un pastor rudo?
> ¡Oh tronco de Micol, Nabal barbudo,
> oh brazos leganeses y vinorres,
>   no le dejéis en el blasón almena!   (vv. 5–9)

Góngora habla sutilmente de coles, nabos ('Micol', 'Nabal'), y 'torreznos', que el blasón trata de convertir en 'torres' nobiliarias: el escudo del Fénix se

---

enemigo engañado. El mármol de Felisardo. La bella malmaridada. La francesilla. El galán escarmentado. El remedio en la desdicha, ed. Jesús Gómez y Paloma Cuenca (Madrid: Biblioteca Castro, 1993), págs. 325–409.

[44] Sebastián de Covarrubias aclara el sentido que la palabra tenía en el Siglo de Oro. Un 'mecánico' es 'el que exercita arte iliberal, que juntamente con el discurso es necesario aplicar las manos' (Sebastián Covarrubias, *Tesoro de la lengua castellana o española*, ed. Martín de Riquer [Barcelona: Alta Fulla, 1998], pág. 795). Tales oficios estaban mal vistos según la ideología aristocrática de la época. De hecho, el ejercerlos, o incluso el tener un antepasado cercano que los hubiera ejercido, suponía la exclusión de ciertas órdenes honoríficas normalmente reservadas a miembros de la clase alta.

basa en las 'mecánicas' riquezas de su suegro, que abastecía lucrativamente los mercados madrileños con productos alimenticios como los que enumera Góngora. Unas líneas más adelante, el cordobés enfatiza lo plebeyo de Lope y le trata de comediante, pues la comedia era un género bajo en la época, y de loco ('brazos leganeses y vinorres', aludiendo a dos célebres dementes del Madrid de la época, Juan de Leganés y Vinorre).

> Vuelva a su oficio, y al rocín alado
> en el teatro sáquele los reznos.
> No fabrique más torres sobre arena,
> si no es que ya, segunda vez casado,
> nos quiere hacer torres los torreznos.[45]   (vv. 10–14; núm. 252)

El soneto gongorino revela mediante estas sangrientas pullas que las torres del escudo de la *Arcadia* son 'de viento', es decir, falsas, y que Lope no es noble. El fulminante y feroz ataque de Góngora revela el desprecio de un poeta que se consideraba aristocrático y que gozaba del favor de la nobleza ante los intentos de un autor plebeyo, ídolo de las clases populares del país.

Aunque Lope imprimió el escudo del Carpio bajo su retrato en el *Isidro* (1599), *La hermosura de Angélica* (1602), *El peregrino en su patria* (1604)[46] y la *Jerusalén conquistada* (1609), y volvió a referirse a él en otras obras,[47] parece que sus contemporáneos no se tomaron muy en serio sus pretensiones de nobleza: jamás se le concedió hábito de orden militar alguna,[48] ni llegó a ser señor de vasallos, como Quevedo. La auto-representación nobiliaria que desencadenó la interpretación en clave de sus romances no fue demasiado efectiva. Quizás debido precisamente a este ataque de Góngora que acabamos de analizar,[49] Lope continuó siendo un plebeyo a ojos de sus compatriotas. Lo

---

[45] Hemos alterado ligeramente la puntuación de Biruté Ciplijauskaité.

[46] Lope de Vega Carpio, *El peregrino en su patria*, en *Prosa, I. Arcadia. El peregrino en su patria*, ed. Donald McGrady (Madrid: Biblioteca Castro, 1997), págs. 393–784.

[47] Es el caso de las *Rimas*, donde en la epístola 'Al contador Gaspar de Barrionuevo' señala: 'Pobre nací, bien hayan mis mayores, / decinueve castillos me han honrado' (vv. 236–37). Warren T. McCready enumera otra serie de textos dramáticos y poéticos en que se menciona el fantástico escudo (págs. 128–29).

[48] La única distinción que Lope alcanzó en vida fue la de la Orden de San Juan de Jerusalén, que le concedió el papa Urbano VIII en 1627 en agradecimiento por la dedicatoria de la *Corona trágica*: 'Ayer me enbió Su Santidad vn Breue en que me haze gracia de vn háuito de San Juan. Yo le despaché a Malta para que el Gran Maestre le confirme' (*Epistolario*, vol. IV, págs. 93–94). El nombramiento le permitió a Lope anteponer a su nombre el título de 'frey' y ostentar en su pecho la cruz de San Juan, lo que hizo con orgullo a partir de entonces. Sin embargo, este hábito no tenía en España el prestigio de los de las órdenes de Santiago, Calatrava, etc., y no constituía garantía de nobleza.

[49] McCready documenta otros ataques semejantes de algunos contemporáneos del Fénix (pág. 200).

único que extrajo el Fénix de sus poemas tempranos y de los escándalos que les acompañaron fue fama como especialista en un género bajo como el romance, y notoriedad en toda España como amante apasionado.

Autoridad en el amor

En los años finales de la década de los 90 y en la primera década del siglo XVII, Lope insistió en representarse de manera acorde con la *persona* apasionada que difundieron sus romances moriscos y pastoriles. Ya hemos visto cómo en la *Arcadia* el Fénix declara haber 'llorado' sus amores 'a vueltas de los ajenos'. En ese mismo año de 1598, el narrador de *La Dragontea* interrumpe en numerosas ocasiones la epopeya para declararse perdidamente enamorado:

> Déjeme un rato Amor, afloje el arco,
> esté en su fuerza un hora el albedrío.   (cant. I, estr. 6)

> Pasó la primavera de mis años;
> lo que he dejado miro con vergüenza,
> y al blanquear los mismos desengaños
> parece que otra vez tu ardor comienza.   (cant. IV, estr. 3)

Amor, su 'arco' y su 'ardor' persiguen a la voz narrativa con pertinacia, doblegando su voluntad y llevándole de infortunio en infortunio. Tales intervenciones del narrador se vuelven a repetir, aunque con menos frecuencia que en *La Dragontea*, en el *Isidro*, publicado un año después. Incluso en este poema hagiográfico Lope presenta un 'yo' narrativo que corresponde con su *persona* de enamorado. El narrador comienza quejándose de la aparición del amor en un libro cuyo tema sacro debía servirle de refugio (de 'sagrado') contra el 'rigor' implacable del amor 'tirano':

> Amor ¿quién te trujo aquí,
> cuando más lejos, tirano,
> estaba mi pluma y mano,
> de mezclar aquí por ti
> lo adivino a lo profano?
>   Si en este templo guardado
> huyendo de tu cuidado,
> me acogí de tu rigor,
> ¿por qué no me vale, amor,
> la inmunidad del sagrado?   (libr. VII, estrs. 1–2)

De hecho, el amor constituye una plaga, un destino terrible ('duro hado, estrella fiera') que persigue inexorablemente al narrador:

> Duro hado, estrella fiera,
> más que influencia, castigo,
> ¿qué es esto, amor enemigo,
> que de cualquiera manera
> tengo de encontrar contigo?   (libr. VII, estr. 3)

La apelación directa al amor que sirve de estructura retórica a estas quintillas dramatiza la situación de la voz narrativa, que se retrata como inevitablemente encadenada al amor. De hecho, el narrador recuerda que había prometido al comienzo de la obra (libr. I, estr. 2) que no iba a cantar de Venus, pero confiesa que no ha podido evitar la aparición del tema:

> Al principio prometí
> cantar, fiero amor, sin ti;
> déjame seguir mi estilo,
> y no me rompas el hilo
> con que de Creta salí.   (libr. VII, estr. 6)

Merece la pena observar que la imagen de amor como laberinto cretense, que tanta fuerza cobra en las *Rimas* y en las *Rimas sacras*, aparece por primera vez en la lírica de Lope precisamente en esta quintilla, dentro de un poema hagiográfico sobre un santo medieval. A continuación, la misma voz narrativa hace un recuento de los terribles problemas que le ha causado amor, 'mentiras', 'engaños', 'desengaños':

> ¿Qué tengo de tu favor,
> al cabo de tantos años,
> sino mentiras y engaños?;
> no mas, lisonjero amor,
> a recoger desengaños.   (libr. VII, estr. 7)

Sin embargo, el 'yo' confiesa haber nacido 'amando' bajo la 'estrella' de amor, y que amor es su 'centro': el amor es el destino y esencia del narrador. Por ello, acaba introduciendo un largo episodio amoroso en una obra dedicada a narrar la ejemplar vida del santo patrón madrileño:

> Cada año en el mismo día,   *Valer. Maximus.*[50]
> que Antipatro había nacido
> era de una fiebre herido;
> ésta fue la estrella mía
> contigo, amor atrevido.
>   Nací amando, y cuantas veces
> el día infausto me ofreces,
> vuelve aquella ardiente furia,
> y para mayor injuria

---

[50] El *Isidro* incorpora en sus marginalia estas apostillas indicando los autores que utiliza Lope en el cuerpo del texto.

mi vida mengua y tú creces.
[. . .]
    Así amor mi cuerpo tiene
en el aire de aquel bien,
que ya es furor, ya desdén,
y como a su centro viene,
voy a mi centro también.   (libr. VII, estrs. 9–65)

Aunque ésta es solamente una de las dos ocasiones en las que aparece la figura del poeta enamorado en la obra,[51] su gran longitud demuestra la importancia de tal auto-representación en el *Isidro*. Amor ha influido sobre el narrador desde el comienzo de su existencia, pues está predestinado a seguirle haga lo que haga: el narrador repite lo que había confesado en el libro VIII, estrofa 3, que el amor es su 'estrella'. El autorretrato de la voz narrativa delinea claramente la figura de un amante apasionado, que no puede escapar a su terrible destino. Por consiguiente, tras el éxito de sus primeros romances, Lope adopta sin reservas la *persona* de enamorado que le hizo famoso a comienzos de su carrera. Esta representación está presente tanto en géneros en los que sería de esperar —la novela pastoril, que al fin y al cabo trata de amores—, como en otros en los que era relativamente infrecuente —una épica como *La Dragontea*—, o incluso inusitada —una hagiografía como el *Isidro*—.

Tras la tríada publicada entre 1598 y 1599, el Fénix da a la imprenta sus inmortales *Rimas* (1602). La obra se dividió en tres partes: la primera contenía *La hermosura de Angélica*, mientras que la segunda constaba de los doscientos sonetos y la tercera de una reimpresión castellana de *La Dragontea* —la edición de 1598 había salido en Valencia (Profeti, *Per una*, pág. 111)—.[52] Como testifica un poder notarial firmado por el autor, Lope llevaba intentando publicar *La hermosura de Angélica* desde octubre de 1598. Sin embargo, esta continuación del *Orlando furioso* de Ariosto alcanzó mucho menos éxito que los doscientos sonetos. Los sonetos se reimprimieron en Sevilla (1604) bajo el título de *Rimas* y acompañados de una 'segunda parte' compuesta de 'tres églogas, un diálogo, dos epístolas, algunas estancias, sonetos y epitafios fúnebres, y dos romances', según describe el propio autor en el prólogo a la obra. Bajo esta forma básica, las *Rimas* conocieron varias ediciones: Lisboa (1605 y 1609), Milán (1611), Barcelona (1612), Madrid (1621) y Huesca (1623) (Carreño, 'Prólogo', pág. cx; Pedraza Jiménez, 'Las primeras'; Profeti, *Per una*, págs. 280–98).[53]

---

[51] La otra se encuentra en el libro V, estrofas 1–2, y hace referencia a un amor divino.

[52] Maria Grazia Profeti, *Per una bibliografia di Lope de Vega. Opere non drammatiche a stampa* (Kassel: Reichenberger, 2002).

[53] Antonio Carreño, 'Prólogo', en *Rimas humanas y otros versos*, de Lope de Vega, ed. Antonio Carreño (Barcelona: Crítica, 1998), págs. xxii–cv; Felipe B. Pedraza Jiménez, 'Las primeras ediciones de las *Rimas* de Lope de Vega y sus circunstancias', *Edad de Oro*, 14 (1995), 235–45.

La auto-representación del Fénix en las *Rimas*[54] se adapta con bastante exactitud a la de los cancioneros petrarquistas de la España áurea: el libro pretende narrar un proceso vital, más o menos autobiográfico, centrado en una relación con una amada a la que se dirige el poeta (Prieto, vol. I, pág. 33). De acuerdo con estos cancioneros, e incluso con el mismo *Canzoniere* de Petrarca,[55] las *Rimas* constituyen un mesurado ejercicio de introspección por parte del sujeto narrativo:[56] ofrecen más bien un análisis minucioso del estado del narrador-amante que una descripción de la amada. Siguiendo este modelo, las *Rimas* incluyen una especie de calendario del proceso amoroso que conforma la *persona* del poeta enamorado dando la impresión de seguir paso a paso la biografía amorosa del autor: el libro detalla cuándo y dónde se enamoró el poeta y rememora esta ocasión desde el presente, desde el momento de la escritura. Por tanto, las *Rimas* siguen una tradición petrarquista muy extendida al presentar diversas facetas en la auto-representación del poeta: la reflexión sobre el tiempo pasado ya supone una escisión de la *persona* del narrador, que se describe en un momento previo y uno presente. El soneto 7 constituye una muestra exacta de este mecanismo: el narrador asegura pintar detalladamente el lugar donde se enamoró, y alude líricamente a ese momento inicial. La meditación en torno a ese espacio y al tiempo pasado sirve para enunciar una reflexión moral presente que trasciende el estado de desesperación del narrador/autor. Dentro del proceso de autoanálisis típicamente petrarquista, destacan en las *Rimas* los clásicos contrastes —fuego–hielo, calor–frío, bien–mal, salud–enfermedad— que describen el amor de la voz narrativa, como se puede apreciar en el soneto 11, que ejemplifica modélicamente las susodichas contraposiciones. Asimismo, destacan las apelaciones a la amada a aliviar el sufrimiento amoroso del 'yo', siempre basadas en el tópico *carpe diem*, que aparece en los sonetos 14 y 25. Esta figuración petrarquista se puede resumir señalando que las *Rimas* presentan un sujeto perennemente triste a causa de los efectos de amor, como el que enuncia los poemas arriba citados. De hecho, el narrador entristecido que se queja de que la amada no corresponde su amor domina completamente la tradición petrarquista (Heiple,

[54] Otorgamos este nombre de *Rimas* al texto tal y como se formó a partir de 1604, es decir, los doscientos sonetos y otras obras cortas misceláneas, excluyendo *La Dragontea* y *La hermosura de Angélica*. El texto que citamos, el de Carreño, se basa en la edición de 1609, más completa que la príncipe de 1604 que edita Pedraza Jiménez.

[55] En este sentido, las *Rimas* demuestran que Lope tenía un 'conocimiento íntimo de las obras de Petrarca' (Joseph G. Fucilla, *Estudios sobre el petrarquismo en España* [Madrid: CSIC, 1960], pág. 236).

[56] Yolanda Novo caracteriza con precisión los libros áureos encabezados por el título 'Rimas' con la lírica meditativa petrarquista, en colecciones 'marcadas por la variedad argumental, de modos de la voz poética y de módulos retóricos, si bien con el predominio en ellas de una dicción meditativa y personalizada, opuesta, en este sentido, a la propia de la épica culta' (Yolanda Novo, 'Sobre el marbete *Rimas*. A propósito de Lope, y el estatuto de la poesía lírica en el Siglo de Oro', *Revista de literatura*, 107 [1992], 129–48, págs. 129, 132, 135).

'Lope's', pág. 106),[57] al igual que el libro de Lope. Así, en el soneto 93 de las *Rimas* el narrador compara sus males o penas con las cabezas de la Hidra de Lerna, que se multiplicaban al cortársele una: 'mas donde quiero remediar alguna, / resultan tantas, que es mejor dejallas' (vv. 13–14). De modo semejante, en el número 23 la voz narrativa trata de engañar su 'loco pensamiento' (v. 1) con alguna esperanza, pero sin obtener el resultado deseado:

> Mas él, que sabe bien que cuanto intento
> es apariencia de placer fingido,
> se espanta de que estando al alma asido,
> le engañe con fingir lo que no siento.   (vv. 5–8)

Quizás el ejemplo más logrado e impresionante de la auto-representación de la voz narrativa como amante triste sea el soneto 19, en el que el 'yo' presencia su propio entierro:

> Pasando un valle escuro al fin del día,
> tal que jamás para su pie dorado
> el Sol hizo tapete de su prado,
> llantos crecieron la tristeza mía.
>   Entrando en fin por una selva fría,
> vi un túmulo de adelfas coronado,
> y un cuerpo en él vestido aunque mojado,
> con una tabla en que del mar salía.   (vv. 1–8)

En este soneto el narrador aparece llorando 'la tristeza mía' por un *locus horribilis* contrapuesto al *locus amoenus* de los amores felices: el valle es 'escuro',[58] jamás tocado del sol, y se describe como una 'selva fría' en la que se observa un túmulo con 'adelfas', planta de mal agüero. La 'selva' dantesca anticipa una especie de catábasis, pues esconde un espeluznante túmulo. El cuerpo que contiene el monumento funerario —que luego resulta estar dedicado al propio narrador—[59] se presenta con atributos del tópico 'náufrago de

---

57 Daniel L. Heiple, 'Lope's *Arte poética*', en *Renaissance and Golden Age Essays in Honor of D. W. McPheeters*, ed. Bruno M. Damiani (Potomac: Scripta Humanistica, 1986), págs. 106–19.

58 Pedraza Jiménez ve connotaciones eróticas en este 'valle escuro' y, en general, en todo el soneto (*El universo*, pág. 109).

59 Podemos encontrar una imagen semejante en un poeta conocido por Lope, el francés Ronsard (Ronsard, *Oeuvres complètes*, vol I, ed. Jean Céard, Daniel Ménager y Michel Simonin [París: Gallimard, 1993]), que en su soneto XLIII ('Quand vous serez bien vielle, au soir à la chandelle') describe su persona tras la muerte:

> Je seray sous la terre et fantôme sans os
> Par les ombres myrteux je prendray mon repos.   (vv. 10–11)

En este caso, los mirtos desempeñan la función de plantas ominosas, al igual que las 'adelfas' de Lope. Sin embargo, los dos sonetos presentan significados muy diferentes,

amor' petrarquista:[60] está 'mojado' y le acompaña 'una tabla en que del mar salía'. A continuación, las últimas estrofas presentan la conclusión del poema:

> Díjome un viejo de dolor cubierto:
> 'Éste es un muerto vivo (¡extraño caso!),
> anda en el mar y nunca toma puerto'.
> Como vi que era yo detuve el paso;
> que aun no me quise ver después de muerto
> por no acordarme del dolor que paso.   (vv. 9–14)

Los tercetos finales aclaran la imagen que apareció anteriormente: el difunto es un peregrino de amor, cuyos sufrimientos le mantienen en un estado entre la vida y la muerte y jamás le permiten alcanzar su descanso ('puerto').

Aunque el 'yo' amante desgraciado prevalece absolutamente en las *Rimas*, el poeta también usa esporádicamente otras auto-representaciones. Por ejemplo, el prólogo presenta la *persona* del autor español, que estudiaremos con más detalle en el capítulo siguiente: 'Y soy tan de veras español, que por ser en nuestro idioma natural este género, no me puedo persuadir que no sea digno de toda estimación.' Otra máscara que aparece en la obra es la neoestoica, que hunde sus raíces en el tópico de la *aurea mediocritas* horaciana. Se trata de una faceta que Lope desarrollará más adelante, primero dentro del contexto del furor neoestoico de los primeros años del gobierno de Olivares (*La Circe*), y después en el marco del cancionero del desengaño que son las *Rimas de Tomé de Burguillos*. Antes de ello, en las *Rimas*, el 'yo' neoestoico domina el soneto 54, 'A Pedro Liñán', cuyo tono y mesurado estilo, que citamos a continuación, recuerdan muchos pasajes de la celebérrima *Epístola moral a Fabio*:[61]

> No ha menester fortuna el virtuoso,
> la virtud no se da ni se recibe,
> ni en naufragio se pierde ni es impropia.
> ¡Mal haya quien adula al poderoso,
> aunque fortuna humilde le derribe,
> pues la virtud es premio de sí propia!   (vv. 9–14)

---

pues el poema de Ronsard contiene un 'carpe diem' y está desde la primera línea dirigido a la dama. El tono elegíaco de Lope y Ronsard revela que sus semejanzas se deben a que están imitando un modelo común, probablemente el Propercio de la elegía 17 del libro primero (Propercio, *Elegías*, ed. Antonio Ramírez de Verger [Madrid: Gredos, 1989]).

[60] Se pueden hallar ejemplos de náufrago de amor en los respectivos protagonistas de *El peregrino en su patria* y las *Soledades* (Luis de Góngora y Argote, *Soledades*, ed. Robert Jammes [Madrid: Castalia, 1994]).

[61] Andrés Fernández de Andrada, *Epístola moral a Fabio y otros escritos*, ed. Dámaso Alonso (Barcelona: Crítica, 1993).

Según este soneto abiertamente neoestoico, la verdadera virtud se halla en la impávida resistencia senequista a los golpes del destino, que el ser humano jamás puede controlar o siquiera prever. El famoso soneto 150 presenta una auto-representación semejante:

> Rota barquilla mía, que arrojada
> de tanta envidia y amistad fingida,
> de mi paciencia por el mar regida
> con remos de mi pluma y de mi espada,
>   una sin corte y otra mal cortada,
> conservaste las fuerzas de la vida
> entre los puertos del favor rompida,
> y entre las esperanzas quebrantada;
>   sigue tu estrella en tantos desengaños,
> que quien no los creyó sin duda es loco;
> ni hay enemigo vil ni amigo cierto.
>   Pues has pasado los mejores años,
> ya para lo que queda, pues es poco,
> ni temas a la mar ni esperes puerto.

Aunque este poema se basa en la misma ideología neoestoica que el anterior, con él la forma en que Lope se representa ante sus lectores alcanza nuevos niveles, que el autor desarrollará en *La Dorotea* (1632). El poeta no escoge una máscara morisca o pastoril; ni siquiera se figura como un 'yo' con determinadas características —enamorado, inspirado, arrepentido—. En su lugar, Lope opta por una imagen marítima: la humilde 'barquilla', inspirada seguramente por una famosa metáfora horaciana (Jiménez Belmonte, pág. 8),[62] asume las cualidades del poeta y soldado pretendiente ('con remos de mi pluma y de mi espada') que ha fracasado en sus demandas. El narrador apela patéticamente a la barquilla azotada por la tormenta del destino a perseverar en su rumbo, sin darse a las emociones negativas: no debe albergar temor de 'la mar', ni esperanza de alcanzar un refugio. Debe mantenerse en un justo medio emocional alabado por las doctrinas estoicas.

Pese a la originalidad de la 'barquilla', la aparición de diferentes facetas en la auto-representación del poeta —incluyendo la neoestoica— es relativamente común en el cancionero petrarquista de la época. El petrarquismo implica de entrada la escisión de la personalidad del poeta en al menos dos facetas, la presente y la pasada. El propio Petrarca indica abiertamente que su colección relata la reflexión de un sujeto sobre su estado anterior: 'quand'era in parte altr'uom da quel ch'i' sono' (núm. I, v. 4). Se trata de un tipo de variedad auto-representativa que responde a la diversidad métrica característica de estas obras: es el 'vario stile' que anunciaba Petrarca en el *Canzoniere*

---

[62] Javier Jiménez Belmonte, 'Lope por Lope en la *Epístola a Claudio*', *Caliope*, 7 (2002), 5–21.

(núm. I, v. 5). Al presentar diferentes facetas del narrador, el cancionero describía adecuadamente los variados efectos de amor en el 'yo'. Estamos ante una virtud que Lope había alabado pocos años atrás en la canción preliminar al *Cancionero* de Juan de Maldonado (1586):

> Diuinamente variays el canto
> de vuestros pensamientos amorosos
> y del Amor, la variedad de los efetos.
> [. . .]
> Como pintor discreto aueys dispuesto
> sobre la tabla de passiones proprias
> aquí el violado, allí el azul y el verde
> [. . .]
> una esperança muerta un verde claro
> ya del desdén el único reparo
> y en otra parte los rabiosos celos.   (*Poesías preliminares*, pág. 3)[63]

Siguiendo el conocido tópico *ut pictura poesis*, Lope encomia la flexibilidad de los poemas de Maldonado comparándolos a una variada paleta de pintura que retrata con propiedad las emociones que provoca el amor. Debemos suponer que el Fénix buscaría este efecto en su propio cancionero: desde Petrarca, la variedad de emociones personales es una característica esencial de la literatura amorosa. Además, la aparición de facetas personales no relacionadas con la amorosa mostraba la pericia del poeta en diversos géneros, y hacía del cancionero una especie de antología poética. Por tanto, debemos considerar la auto-representación variada, aunque dominada por la *persona* del amante desdichado, como una característica propia del género del cancionero petrarquista.

En este sentido, la imagen del autor y de sí mismo que Lope presenta en las *Rimas* resulta bastante tradicional. Probablemente, el Fénix no pretendió alterar los patrones del cancionero petrarquista, sino más bien construir una compilación de acuerdo con los prestigiosos cánones establecidos por Petrarca, Garcilaso, Herrera, etc. La voz narrativa de las *Rimas* sólo destaca porque exagera una característica que ya existía en los cancioneros anteriores: la intromisión de la biografía del autor en la obra, presente en la tradición desde el *Canzoniere* (Prieto, vol. I, pág. 34), que pretende narrar una relación amorosa entre Petrarca y Laura. En esta línea, el narrador de las *Rimas* se identifica con Lope de Vega en numerosas ocasiones. La más clara es la 'Epístola al contador Gaspar de Barrionuevo', pues ya desde el título del poema se evidencia la aparición de la vida real en la literatura: Gaspar de Barrionuevo era un personaje toledano identificable entre los lectores de comienzos del siglo XVII como amigo del Fénix. Puesto que el narrador se dirige a él en tono amistoso, el público interpretaría

---

[63] Lope de Vega Carpio, *Lope de Vega: Poesías preliminares de libros*, ed. Florentino Zamora Lucas (Madrid: CSIC, 1960).

que la voz narrativa correspondía al Lope de Vega que firmaba la obra. Además, en este texto existen varias referencias biográficas características del género de la epístola (Jiménez Belmonte, pág. 6). En primer lugar, tenemos una clara alusión a la patria del autor hacia el comienzo del poema:

> Viniendo yo de la desierta villa
> donde nací, como otras cosas viles
> que arroja Manzanares en su orilla [. . .].   (vv. 58–60)

El lugar donde nació el narrador se encuentra a orillas del Manzanares y está desierto, como el Madrid abandonado por la corte de Felipe III, que se había trasladado a Valladolid en el momento de redacción de la epístola. En segundo lugar, en los versos finales aparece la vida familiar del poeta real, recordando que el texto es, efectivamente, una 'epístola', una carta en verso:

> Mariana y Angelilla mil mañanas
> se acuerdan de Hametillo, que a la tienda
> las llevaba por chochos y avellanas;
>   y Lucinda os suplica no se venda
> sin que primero la aviséis del precio.
> Quedaos con Dios, Gaspar, y no os ofenda
> este discurso tan prolijo y necio.   (vv. 364–70)

Las hijas ('Mariana y Angelilla') y amante ('Lucinda') de Lope expresan un encargo doméstico a través de la voz del narrador, solicitando que se les venda un esclavo moro ('Hametillo') al que habían tomado cariño. Tal intromisión de los parientes del autor en la obra literaria otorga al texto la condición de correspondencia personal ('epístola') que implica el título.

Otros poemas del volumen reinciden en presentar ante el público la persona privada del autor, ya que, por ejemplo, existe toda una serie de sonetos dedicada a la vida del poeta en Alba de Tormes, cuando todavía estaba desterrado de la Corte. El lector de la época conocía estos sucesos gracias a los romances pastoriles a Belisa y a la *Arcadia*, por lo que no tardaría en interpretar biográficamente los textos de las *Rimas*. Por ello, el público debió de leer el soneto 178, titulado 'A la sepultura de Teodora de Urbina', de acuerdo con las pistas biográficas que suministraban el propio título y el familiar nombre de 'Belisa', que aparece en el segundo verso del poema:

> Mi bien nacido de mis propios males,
> retrato celestial de mi Belisa,
> que en mudas voces y con dulce risa
> mi destierro y consuelo hiciste iguales;
>   segunda vez de mis entrañas sales,
> mas pues tu blanco pie los Cielos pisa
> ¿por qué el de un hombre en tierra tan aprisa
> quebranta tus estrellas celestiales?   (vv. 1–8)

En este poderoso soneto, Lope se figura como un narrador padre que ha perdido a su hija, del mismo modo que en el soneto 163, 'A la muerte de Félix de Vega Carpio', se representa como un narrador hijo cuyo padre acaba de morir. El resto de sonetos dedicados a la estancia en Alba no presenta los familiares seudónimos 'Belisa' o 'Belardo', ni tampoco títulos claramente biográficos, como los de los dos poemas anteriormente citados. En ellos —se trata de los sonetos 30, 'A la muerte de Albania', y 31—, Lope retrata el dolor del pastor Fabio por la muerte de Albania. El nombre de la dama haría al lector evocar los sucesos de Alba de Tormes, el 'destierro' y muerte de Belisa que menciona el ya citado soneto 178. Además, la aparición de las riberas del Tajo (núm. 30, vv. 5–6; núm. 31, v. 5) le traería a mente la ribera o 'vega' del apellido Lope, poeta madrileño pero fuertemente identificado con Toledo, ciudad de la vega del Tajo. Por último, el soneto 142 también contiene alusiones que el público de la época inmediatamente interpretaría biográficamente:

> Hermosa Babilonia en que he nacido
> para fábula tuya tantos años,
> sepultura de propios y de extraños,
> centro apacible, dulce y patrio nido;
>   cárcel de la razón y del sentido,
> escuela de lisonjas y de engaños,
> campo de alarbes con diversos paños,
> Elisio entre las aguas del olvido;
>   cueva de la ignorancia y de la ira,
> de la murmuración y de la injuria,
> donde es la lengua espada de la ira.
>   A lavarme de ti me parto al Turia;
> que reír el loco lo que al sabio admira,
> mi ofendida paciencia vuelve en furia.

La 'hermosa Babilonia' es, por supuesto, Madrid, la otra ciudad española con la que se identificaba Lope en su obra. El soneto es en su mayor parte un menosprecio de la corte —en este caso la villa y corte de Madrid—: mediante un hábil uso de la *enumeratio*, el texto enfatiza el caos de la ciudad ('Babilonia', 'campo de alarbes', que puede ser una oculta alusión al Campo del Moro madrileño), sus 'lisonjas' y 'engaños'. Aunque estas críticas corresponden al tópico del menosprecio de la corte, la frase 'para fábula tuya tantos años' y el rechazo a la 'murmuración' harían leer el poema como una queja de Lope ante la difusión de su vida privada entre los habitantes de Madrid. La interpretación biográfica se reforzaría con el último terceto, que el lector entendería como una alusión al famoso destierro del poeta a Valencia ('me parto al Turia').

Tanto en éste como en otros textos de la colección, el narrador de las *Rimas* adquiere características del Lope real que el público de la época interpretaría *biographico modo*: en este sentido, las *Rimas* se sitúan en la tradición hermenéutica de los romances moriscos y pastoriles. Ahora bien, ¿qué logra esta auto-representación del autor?, o ¿por qué se incluyó Lope en su propia obra como un 'yo' que el lector reconocería como equivalente a su persona real? Para responder a esta pregunta es necesario primeramente delimitar la concepción de la poesía que aparece en las *Rimas*, pues sólo así comprenderemos las motivaciones del libro. Durante el Siglo de Oro, la poesía se entendía de tres maneras diferentes pero relacionadas: o bien, según los preceptos de Cicerón, como una imitación de modelos previos, o bien como mímesis aristotélica —imitación de la naturaleza—, o bien como invención en el sentido retórico del término —*inventio* como parte del proceso de *inventio, dispositio* y *elocutio*— (Weinberg, pág. 2).[64] Según Luis C. Pérez y Fernando Sánchez Escribano (pág. 33),[65] Lope tendía a describir la poesía como invención, por lo que se inclinaría por esta última concepción. No obstante, un estudio atento de sus afirmaciones sobre la naturaleza de la creación poética hallará que el Fénix usa indistintamente las tres definiciones anteriores, e incluso alguna más, como veremos en el capítulo siguiente. En las *Rimas*, Lope parece concebir claramente la poesía, más que como imitación o invención, como producto del sentimiento amoroso. Tal es el sentido de la primera sextina alirada del poema 'A Juan de Arguijo', que encabeza la compilación:

> ¿A quién daré mis *Rimas*
> y amorosos cuidados,
> de aquella luz traslados,
> de aquella esfinge enimas?
> ¿A quién mis escarmientos?
> ¿A quién mis castigados pensamientos?   (vv. 1–6)

Lope iguala sutilmente sus *Rimas* con 'amorosos cuidados', 'escarmientos' y 'castigados pensamientos', todos ellos provocados por 'aquella esfinge', es decir, la misteriosa e impredecible dama amada: la obra es muestra y consecuencia de los variados efectos de amor, desde la adoración y el sufrimiento hasta el desengaño. Otros sonetos de la colección insisten en esta ecuación, empleando para describirla imágenes semejantes. Tal es el caso del soneto primero, que abre el cancionero y que por tanto debe ser estudiado con especial atención: en la tradición petrarquista los sonetos iniciales constituían una especie de poemas prólogo que ofrecían la clave interpretativa de la obra y que tendían a tratar temas metaliterarios. Tanto el soneto primero del *Canzoniere* ('Voi ch'ascoltate in rime sparse il suono'), como el soneto primero de Garcilaso ('Cuando me paro a contemplar mi 'stado'),[66] o el que encabeza

---

[64] Bernard Weinberg, *A History of Literary Criticism in the Italian Renaissance*, vol. 1 (Chicago: University of Chicago Press, 1961).

[65] Luis C. Pérez y Fernando Sánchez Escribano, *Afirmaciones de Lope de Vega sobre preceptiva dramática a base de cien comedias* (Madrid: CSIC, 1961).

[66] Fernando de Herrera, *Algunas obras (Sevilla, 1582)*, El ayre de la almena XVII (Valencia: Soler, 1967). Antonio Prieto considera que Garcilaso no tuvo tiempo de ordenar

las *Algunas obras* de Fernando de Herrera ('Osè, i temi; mas pudo la osadia') constituyen ejemplos de sonetos prólogo: el de Petrarca avanza el carácter de palinodia del *Canzoniere*, el de Garcilaso incide en los aspectos de autocontemplación de su poesía, y el de Herrera delinea la terminología neoplatónica del 'furor' que domina su obra. El soneto primero de las *Rimas* se inserta en esta rica tradición metaliteraria:

> Versos de amor, conceptos esparcidos,
> engendrados del alma en mis cuidados,
> partos de mis sentidos abrasados,
> con más dolor que libertad nacidos;
>   expósitos al mundo en que perdidos
> tan rotos anduvistes y trocados,
> que sólo donde fuistes engendrados,
> fuérades por la sangre conocidos;   (vv. 1–8)

Probablemente a imitación del soneto primero de Garcilaso, el de Lope se construye sobre una apelación, esta vez no a los 'pasos', sino a los 'versos', en un intenso vocativo que sostiene retóricamente los dos primeros cuartetos. El narrador define su poesía como esencialmente amorosa, y revela su filiación petrarquista (Mascia, pág. 53): el adjetivo 'esparcidos' evoca inmediatamente el 'sparse' del florentino. Además, la voz narrativa identifica sus versos con el 'concepto', en una ecuación que el Fénix repetirá en numerosas ocasiones a lo largo de su carrera, especialmente al referirse a la poética del soneto. Sin embargo, lo esencial del texto es que el narrador entiende su poesía como fruto directo de su amor, o más bien de las emociones que éste provoca. Los versos han sido 'engendrados' en los 'cuidados' del alma, y son 'parto de mis sentidos abrasados'.

> pues que le hurtáis el laberinto a Creta,
> a Dédalo los altos pensamientos,
> la furia al mar, las llamas al abismo,
>   si aquél áspid hermoso no os aceta
> dejad la tierra, entretened los vientos;
> descansaréis en vuestro centro mismo.   (vv. 9–14)

El resto del soneto elabora la poderosa metáfora del alumbramiento ('parto', 'nacidos', 'expósitos', 'engendrados', 'sangre') e incide de nuevo en

---

coherentemente su cancionero y que, por tanto, 'Cuando me paro a contemplar mi 'stado' no es un soneto prólogo (vol. I, pág. 82). No obstante, lo cierto es que los poetas áureos lo leyeron como tal: Herrera describe el poema como 'prefacion de toda la obra y de sus amores' (Gallego Morell, pág. 291), y Lope lo tomó como modelo del soneto prólogo de sus *Rimas sacras*.

la excepcionalidad del amor, que Lope compara a una serie de elementos físicos y mitológicos caracterizados por su fuerza, como el 'mar' o los 'vientos'. Otros sonetos del Fénix presentan la misma concepción de la poesía como efecto directo del sentimiento del escritor. Así, el número 70 trata el tema de las lágrimas, que cobrará tantísima importancia en la producción sacra del autor:

> Quiero escribir y el llanto no me deja;
> pruebo a llorar y no descanso tanto;
> vuelvo a tomar la pluma y vuelve el llanto;
> todo me impide el bien, todo me aqueja;
>   si el llanto dura, el alma se me queja;
> si el escribir, mis ojos; y si en tanto
> por muerte o por consuelo me levanto,
> de entrambos la esperanza se me aleja.   (vv. 1–8)

Aunque Lope también utiliza la imagen de las lágrimas en los sonetos 8 y 140, el 70 constituye la elaboración más completa y elegante del tema. El llanto domina el soneto de principio a fin, organizando el poema en torno a sus formas y contradicciones. En los dos cuartetos, el poeta presenta la situación de partida: las lágrimas que causa el amor no correspondido impiden la creación poética. Una serie de oposiciones sintácticas repetidas expresan muy acertadamente la resistencia a la voluntad del poeta, impotente ante la fuerza del 'llanto'. Sin embargo, los tercetos le dan la vuelta a la situación de modo espectacular e inesperado:

> Ve, blanco, al fin, papel, y a quien penetra
> el centro deste pecho que me enciende,
> le di (si en tanto bien pudieres verte),
>   que haga de mis lágrimas la letra,
> pues ya que no lo siente, bien entiende
> que cuanto escribo y lloro todo es muerte.   (vv. 9–14)

Retóricamente, las últimas dos estrofas constituyen un *envoi* o *commiato* (Cascales, pág. 239) típico de la canción petrarquista: el narrador apela al propio poema —en este caso concreto, se dirige al papel en blanco—, encargándole que le diga algo a la dama. Todo este dramático escenario sirve para resaltar el mensaje final del soneto, el concepto principal que sostiene la composición: el texto propone el llanto —es decir, la emoción del amor— como génesis de la escritura. Desde principio a fin, este soneto 70 afirma que las lágrimas del autor conforman físicamente la 'letra' del poema. Otras obras del Fénix reiteran la idea de que la poesía nace de la emoción, pues en el *Laurel de Apolo* el narrador expresa que:

> ¿Quién pudo amar de veras
> que versos no emprendiese?
> Las acciones primeras
> de amor es lamentarse en armonía.   (cant. IV)

Según estos versos, el amor se relaciona abiertamente a la composición poética desde sus comienzos, desde sus 'acciones primeras'. Del mismo modo, el Fernando de *La Dorotea* establece claramente la ecuación que hemos estudiado en los sonetos de las *Rimas*: 'Porque amar y hacer versos todo es uno' (act. IV, esc. i).

La implicación que subyace a esta teoría poética es que cuanto mayor el amor, mejor la poesía. De hecho, en la época había una explicación médica de este fenómeno, que enuncia claramente Carballo en el *Cisne de Apolo*, obra estrictamente contemporánea de las *Rimas* (1602):

> Lect[ura].— Si y qua[n]do mas seco fuere el calor sera mejor Poeta, y de aqui se colige, que en el verano se compone mejor que en hibierno, por ser tiempo caliente y seco: y los mancebos enamorados, por esta razon dan en poetas, que con la intensa afficion del amoroso fuego, bienen al grado de calor, que para serlo es necessario. Y con la colera biene tambien a escalentarse el celebro de tal suerte, que solo con esto sin otra ayuda de la naturaleza, se pueden hazer versos [. . .]. (vol. I, pág. 71)

Según este valioso testimonio, la literatura surge de la emoción ('afficion del amoroso fuego', 'colera'), por lo que cuanto mayor es la pasión amorosa, la poesía resulta de más calidad. De este modo, los numerosos encarecimientos del amor del poeta que aparecen en las *Rimas* deben interpretarse también como reafirmaciones del valor literario de la obra. Por ello, el narrador antepone su amor a las Siete Maravillas de la Antigüedad (núm. 6) y a la ambición de Midas (núm. 21); lo compara a una herida de muerte recibida en un torneo de esgrima (núm. 44), e incluso afirma, en el poderoso soneto 46, que dará suficiente munición a los cañones de la Armada que parte en la 'jornada de Inglaterra':

> id y abrasad el mundo, que bien llevan
> las velas viento y alquitrán los tiros,
> que a mis suspiros y a mi pecho deban.   (vv. 9–11)

Los ejemplos se multiplican. El amor del narrador merece un lugar entre las constelaciones celestes (núm. 106), y los suspiros que provoca exceden toda comparación posible (núm. 170):

> No tiene tanta miel Ática hermosa,
> algas la orilla de la mar, ni encierra
> tantas encinas la montaña y sierra,
> flores la primavera deleitosa;
>   lluvias el triste invierno, y la copiosa
> mano del seco otoño por la tierra
> graves racimos, ni en la fiera guerra
> más flechas Media, en arcos belicosa;
>   ni con más ojos mira el firmamento
> cuando la noche calla más serena,
> ni más olas levanta el Oceano;

> peces sustenta el mar, aves el viento,
> ni en Libia hay granos de menuda arena,
> que doy suspiros por Lucinda en vano.

Lope logra concentrar en este soneto una tensa enumeración de lugares clásicos de cantidad y excelencia, que en el verso final de la obra ceden colectivamente ante la enorme fuerza del sentir del poeta. Aparte de la *enumeratio*, la figura retórica que domina el texto es la hipérbole, que exagera hasta lo imposible el amor de la voz narrativa y, por tanto, se adapta perfectamente a las necesidades de Lope en las *Rimas*. En otro soneto, el narrador declara abiertamente que lo inusitado de este amor —y de la poesía que produce— le aportará la ansiada fama literaria que persigue como autor:

> en fama vence de mi fe el ejemplo:
> que es mayor maravilla mi amor solo.   (núm. 6, vv. 13–14)

De hecho, la búsqueda de la fama poética, simbolizada por el laurel y por la dama indistintamente, siguiendo el modelo del *Canzoniere*, es uno de los temas principales de las *Rimas*, y aparece destacadamente en los sonetos 37 y 133. En el primero de ellos, Lope trata el mito de Apolo y Dafne para rematar el soneto con la imagen del laurel:

> Céfiro blando, que mis quejas tristes
> tantas veces llevaste, claras fuentes,
> que con mis tiernas lágrimas ardientes
> vuestro dulce licor ponzoña hicistes;
>   selvas que mis querellas esparcistes,
> ásperos montes a mi mal presentes;
> ríos que de mis ojos siempre ausentes,
> veneno al mar como a tirano distes;
>   pues la aspereza de rigor tan fiero
> no me permite voz articulada,
> decid a mi desdén que por él muero.   (vv. 1–11)

Los primeros once versos constituyen una introducción maravillosa, muy típica de la poesía petrarquista: el narrador se dirige a los lugares por donde ha pasado la amada con un mensaje triste para ella. Sin embargo, estas líneas no contienen el verdadero mensaje del poema, que se encuentra en el último terceto.

> Que si la viere el mundo transformada
> en el laurel que por dureza espero,
> della veréis mi frente coronada.   (vv. 12–14)

El texto conecta hábilmente las tristes emociones del narrador ('quejas', de nuevo 'lágrimas', querellas') con su excelencia literaria como poeta: la dureza de la amada, que provoca el sufrimiento del narrador, la transformará en el laurel que éste merece por su quehacer literario. En los últimos tres versos la dama se convierte, en una metamorfosis ovidiana, en la recompensa de la labor del escritor: la corona de laurel. En cuanto al soneto 133, es un poema que adopta la misma temática con una imaginería ligeramente diferente:

> Ya no quiero más bien que sólo amaros,
> ni más vida, Lucinda, que ofreceros
> la que me dais cuando merezco veros,
> ni ver más luz que vuestros ojos claros.
>   Para vivir me basta desearos,
> para ser venturoso, conoceros,
> para admirar el mundo, engrandeceros,
> y para ser Eróstrato, abrasaros.   (vv. 1–8)

En vez de acudir al tópico laurel petrarquista, este texto simboliza la búsqueda de la fama mediante el elegante mito del infame pastor griego Eróstrato, que incendió el templo de Diana en Éfeso para dar a conocer su nombre.[67] El poeta logrará la admiración de 'el mundo' alabando a Lucinda, o enamorándola ('abrasaros'), algo que hará de él un émulo del pastor incendiario, en una metáfora de enorme fuerza, muy digna de la pluma de Lope. Los dos tercetos retoman la idea de la emoción del poeta, su sufrimiento, su labor, y su fama:

> La pluma y lengua respondiendo a coros
> quieren al cielo espléndido subiros,
> donde están los espíritus más puros;
>   que entre tales riquezas y tesoros
> mis lágrimas, mis versos, mis suspiros
> de olvido y tiempo vivirán seguros.   (vv. 9–14)

En estas líneas, la literatura que aspira a la gloria poética se equipara de nuevo a la emoción amorosa: los 'versos' son 'lágrimas' y 'suspiros' que alcanzarán la eternidad ('de olvido y tiempo vivirán seguros'). En suma, en estos poderosos sonetos el narrador sostiene que la poesía nace de la emoción amorosa al tiempo que encarece su amor, construyendo de este modo una sólida base desde la que aspirar a la fama poética.

El soneto 66, 'A Lupercio Leonardo', retoma la temática metaliteraria en torno a la emoción y a la fama para llevarla a una nueva dimensión, muy característica de Lope. El poema relaciona la concepción emocional de la poesía

---

[67] Don Quijote narra la historia de Eróstrato en el capítulo VIII de la segunda parte (Miguel de Cervantes Saavedra, *Don Quijote de la Mancha*, ed. Instituto Cervantes [Barcelona: Crítica, 1998]). Sobre este episodio y sus implicaciones, conviene consultar el reciente artículo de Geoffrey Ribbans (Geoffrey Ribbans, 'Herostratus: Notes on the Cult of Fame in Cervantes', en *Cervantes for the 21st Century/Cervantes para el siglo XXI. Studies in Honor of Edward Dudley*, ed. Francisco La Rubia Prado [Newark: Juan de la Cuesta, 2000], págs. 185–98).

con la interpretación biográfica de las *Rimas*. De este modo, el soneto 'A Lupercio Leonardo' contiene la clave para entender la auto-representación de Lope en la obra:

> Pasé la mar cuando creyó mi engaño
> que en él mi antiguo fuego se templara,
> mudé mi natural, porque mudara
> Naturaleza el uso y curso el daño.
>   En otro cielo, en otro Reino extraño,
> mis trabajos se vieron en mi cara,
> hallando, aunque otra tanta edad pasara,
> incierto el bien y cierto el desengaño.   (vv. 1–8)

En este texto el Fénix insiste en comunicarle al lector que las *Rimas* nacieron en el extremado sentimiento amoroso del narrador. El amor es excepcional —ni siquiera 'la mar' puede templar su 'antiguo fuego'—, y desencadena la poesía: el 'alma' 'cuenta' el amor, que se equipara a la 'pluma' en la estructura sintáctica del último terceto. Estamos ante una ecuación que ya aparecía en los poemas anteriormente analizados. El soneto 66 conecta esta definición del quehacer poético con las alusiones biográficas que caracterizan la auto-representación del autor de las *Rimas*. El paso del mar evoca inmediatamente el 'allende el mar' de ' "Ensíllenme el potro rucio" ', la jornada a 'Ingalaterra' de 'De pechos sobre una torre', o la 'mar furiosa' de 'En una playa amena'. Es decir, el público de la época interpretaría la susodicha frase del soneto de las *Rimas* como una referencia a la participación de Lope en la Armada Invencible. Por el 'Reino extraño' del verso 5 el lector entendería la Valencia en la que estuvo desterrado el Fénix. Sobre todo, el tono epistolar y la respuesta a Argensola revelan en el narrador al Lope real: la voz narrativa corresponde exactamente al autor contestando al reproche de un colega ('os quejáis'):

> El mismo amor me abrasa y atormenta,
> y de razón y libertad me priva.
> ¿Por qué os quejáis del alma que le cuenta?
>   ¿Que no escriba decís, o que no viva?
> Haced vos con mi amor que yo no sienta,
> que yo haré con mi pluma que no escriba.   (vv. 9–14)

En efecto, este soneto parece contestar a una crítica de Argensola, hoy perdida, en la que el aragonés le recriminaría a Lope su obsesiva auto-representación biográfica.[68] El narrador lopesco responde a esa acusación

---

[68] En su edición de las *Rimas*, Felipe Pedraza Jiménez trae a la luz el siguiente texto del hermano de Lupercio Leonardo, Bartolomé Leonardo de Argensola, que también critica la insistente aparición del 'yo' del autor en la poesía lopesca:
> Hoy estuvimos yo y el Nuncio juntos,
> y tratamos de algunas parlerías,

identificando claramente en el último terceto 'amor', sentimiento, y escritura. La poesía nace inevitablemente de las experiencias amorosas que vive el escritor, y el Fénix, que afirma vivir con intensidad su pasión amorosa, se limita a transcribirla en su poesía. Según este texto, las *Rimas* retratan las emociones del poeta real: Lope equipara su vida a la escritura porque la escritura es vida. De este modo, el soneto 66 responde a las críticas de Argensola al tiempo que propone una de las más claras defensas de la interpretación biográfica que se pueden encontrar en la obra del Fénix.[69]

Las invitaciones a la lectura *biographico modo* de las *Rimas* constituyen un recurso literario que asegura la efectividad de la obra. El público de la época conocía a Lope por sus escandalosas aventuras amorosas, difundidas por el romancero morisco y pastoril, en el que el Fénix aparecía como un personaje apasionado y especializado en amores. En las *Rimas*, Lope se acoge a la tradición petrarquista al retratarse como un amante desdeñado, cuya poesía surge de su emoción. Ahora bien, al incitar al lector a confundir la voz narrativa que enuncia la obra con la persona real del poeta, toda la experiencia amorosa del famoso Lope se transfiere al narrador de las *Rimas*. La auto-representación del Fénix desencadena una clara serie de asociaciones inevitables en la mente del lector: la poesía nace de la pasión, por lo que cuanto mayor es la pasión, mejor es la poesía; Lope es una persona apasionada, e inmensamente famosa por ello; Lope es el narrador de las *Rimas*, luego este texto contiene excelente poesía amorosa. De este modo, la auto-representación del Fénix en las *Rimas* funciona magistralmente como un mecanismo complejo y efectivo que aprovecha la notoriedad que ganó Lope con las lecturas *à clef* de sus romances tempranos.

Venus y Marte: el 'yo' enamorado en la épica

Las *Rimas* obtuvieron gran éxito de público, como testimonia el elevado número de ediciones de que disfrutaron en un breve periodo de tiempo. De este modo, cuando aparece en Valladolid la influyente antología de Pedro de Espinosa (1605), un auténtico canon poético de la época, Lope ya se ha convertido en un poeta consagrado en la lírica amorosa italianizante (Villar Amador, pág. 396):[70] el Fénix había conseguido trasvasar su fama como autor

> echando cantollano y contrapuntos.
>   Mas no se han de contar como poesías,
> pues no eres Filis tú, ni yo Belardo,
> enfado general de nuestros días.   (vol. I, pág. 332)

69 Es por ello que Pedraza Jiménez ha calificado el soneto de 'romántica ecuación de vida y literatura' (*El universo*, pág. 97).

70 Pablo Villar Amador, *Estudio de las* Flores de poetas ilustres de España, *de Pedro de Espinosa* (Granada: Universidad de Granada, 1994).

de romances moriscos y pastoriles a unos metros más prestigiosos. No obstante, su ambición no se detenía en la lírica petrarquista: Lope también deseaba darse a conocer como poeta épico, pues la epopeya era el género literario más elevado de la época (Pierce, 'La *Jerusalén*', pág. 34; 'Some', pág. 95; Spingarn, pág. 67).[71] De hecho, el propio texto de las *Rimas* contiene numerosas alusiones a la épica, como era propio del *vario stile* de los cancioneros petrarquistas.[72] Las apariciones de la épica en los sonetos de las *Rimas* se manifiestan en forma de promesas de adoptar el estilo épico más adelante, o bien en forma de *recusationes* retóricas —cuando el poeta rechaza la epopeya (núms. 49; 82; 117)— o de elogios —cuando anuncia la inminente *Jerusalén conquistada*—. Además, las *Rimas* presentan otro aspecto que refuerza su relación con la epopeya: la primera edición (1602) de los doscientos sonetos, que luego formaron la base de las *Rimas*, salió rodeada de dos poemas épicos, *La hermosura de Angélica* y *La Dragontea*. Ya hemos señalado que el segundo es simplemente una reedición castellana de la obra, pero a pesar de ello esta narración poética del último viaje de Sir Francis Drake tiene una característica en común con los doscientos sonetos: la *persona* del poeta enamorado. Por su parte, *La hermosura de Angélica* de 1602 es una primera edición que antecede a los doscientos sonetos. Por ello, es lícito preguntarse si los sonetos comparten con la dicha epopeya todavía más rasgos que con *La Dragontea*, y qué significa tal coincidencia.

La hermosura de Angélica y los doscientos sonetos salieron juntos la primera vez que se publicaron, pues Lope sólo los separó en 1604 porque ciertos lectores le expresaron que los sonetos tenían más interés que el poema épico, según declara el propio autor en uno de los prólogos de la obra: 'A persuasión de algunas personas que deseaban estas *Rimas*, solas y manuales, salen otra vez a luz' ('A don Juan de Arguillo [*sic*], veinticuatro de Sevilla', pág. 104). Sin embargo, ningún estudioso ha examinado estos dos textos conjuntamente, pese a su clara relación editorial y temática. En cuanto a la epopeya, *La hermosura de Angélica*, 'una de las producciones poéticas más ignoradas del Fénix' (Trambaioli, pág. 359),[73] es una continuación del *Orlando furioso* (1516, 1521, 1532) de Ludovico Ariosto.[74] El poeta italiano había logrado gran fama al elevar el

---

[71] Frank Pierce, 'The *Jerusalén conquistada* of Lope de Vega: a Reappraisal', *Bulletin of Hispanic Studies*, 20 (1943), 11–35; 'Some Themes and their Sources in the Heroic Poem of the Golden Age', *Hispanic Review*, 14 (1946), 95–103; Joel E. Spingarn, *Literary Criticism in the Renaissance*, 1899 (Nueva York: Harbinger, 1963).

[72] Recordemos, por ejemplo, el comienzo de la 'Égloga I' de Garcilaso (vv. 7–26), o el soneto 'Señor, si este dolor d'el mal que siento' de Herrera.

[73] Marcella Trambaioli, 'La dispositio y la técnica compositiva en *La hermosura de Angélica* de Lope', *Anuario Lope de Vega*, 4 (1998), 359–73.

[74] Ludovico Ariosto, *Orlando furioso*, ed. Marcello Turchi, 2 vols. (Milán: Garzanti, 2000).

romanzo, o poema caballeresco, a la dignidad de la poesía épica (Chevalier, pág. 58),[75] pese a sus divergencias del modelo de la epopeya clásica. Una de las principales características del peculiar *romanzo* de Ariosto es la utilización de una voz narrativa persistente y concreta, identificable con el poeta mismo (Chevalier, pág. 223). Este narrador constituye una innovación de los *romanzieri* italianos del Renacimiento —destacadamente de Ariosto, que llevó a su máxima expresión los descubrimientos de Matteo Boiardo—, pues la voz narrativa de la épica clásica era abstracta y tendía a relatar los hechos en tercera persona (Durling, pág. 10).[76] Por ejemplo, frente al discurso fluido de la *Eneida* o la *Farsalia*, el narrador del *Orlando furioso* interviene al final de casi todos los cantos para indicar que está cansado o para solicitar la atención del lector en el libro siguiente. También aparece dialogando con su dedicatario, Hipolito d'Este (cant. I, estrs. 1–4), a quien apela tanto que el libro llega a producir la impresión de ser una conversación íntima entre señor y poeta. Asimismo, en el *Orlando* hay intervenciones metanarrativas del tipo 'che non mi par bisogno esser raccolte' (cant. I, estr. 48), o del estilo de 'Se mi domanda alcun' (cant. I, estr. 45), 'come io narrava' (cant. XIV, estr. 115) o 'Per dirvi chel ch'io non vi dissi inante' (cant. VII, estr. 66), junto con numerosas e irónicas defensas de la credibilidad de su obra (cant. VII, estrs. 1–2). Por último, el narrador del *Orlando furioso* se presenta como un amante de corte petrarquista, despreciado por su dama:

> Gravi pene in amor si provan molte,
> di che patito io n'ho la maggior parte,
> e quelle in danno mio sì ben raccolte,
> ch'io ne posso parlar come per arte.
> Però s'io dico e s'ho detto altre volte,
> e quando in voce e quando in vive carte,
> ch'un mal sia lieve, un altro acerbo e fiero,
> date credenza al mio giudicio vero.   (cant. XVI, estr. 1)

El narrador confiesa que las penas amorosas son graves y le acosan incesablemente. Es más, el amor le ha llevado a tal extremo que le ha hecho enloquecer (Durling, pág. 160), dejándole en el mismo estado 'furioso' del propio Orlando: 'Non men son fuor di me, che fosse Orlando; / e non son men di lui di scusa degno [. . .]' (cant. XXX, estr. 4). En suma, el innovador narrador de Ariosto domina completamente el mundo del poema, interviniendo en numerosísimas ocasiones, generalmente para hacer comentarios irónicos. También se presenta como la voz del propio poeta, y se auto-representa frecuentemente como un enamorado desgraciado.

---

[75] Maxime Chevalier, *L'Arioste en Espagne (1530–1650). Recherches sur l'influence du* Roland furieux (Burdeos: Institut d'Études Ibériques et Ibéro-Américaines de l'Université de Bordeaux, 1966).

[76] Robert M. Durling, *The Figure of the Poet in Renaissance Epic* (Cambridge: Harvard University Press, 1965).

No cabe duda alguna acerca de la deuda de *La hermosura de Angélica* con el *Orlando furioso*,[77] ya que el propio Lope la confiesa abiertamente en el 'Prólogo del autor':

> [. . .] fue intención de Ariosto que otros ingenios prosiguiesen su historia [. . .]; pues como en todo su *Orlando* no tenga cosa más notable que el suceso de Angélica, argumento y sujeto de su *Furioso*, y ésta dejase casada con Medoro, y advirtiese que otros lo perseguirían, aunque imposible, con mejor plectro, como él por humildad dice; yo aficionado a su poema, libre y deseoso de saber lo que adelante había sucedido a Angélica, hallé que la mayor parte fue en España, y por comunicarlo a todos los deseosos de aquel suceso, en una jornada de mar, donde con pocos años iba a ejercitar las armas, forzado de mi inclinación ejercité la pluma.[78]   (págs. 613–14)

El Fénix retoma el argumento del *romanzo* según la voluntad ('intención') del italiano, pero subrayando en su versión el protagonismo de su patria, España. De hecho, la influencia del innovador poema de Ariosto es evidente en la obra de Lope: *La hermosura de Angélica* adopta la trama entrelazada del *romanziere* italiano,[79] mezcla episodios bélicos y amorosos —algunos de elevado erotismo—, no duda en incluir elementos sobrenaturales —especialmente magia—, etc. Además, el texto lopesco presenta un narrador muy semejante al de Ariosto, ya que, por ejemplo, la voz narrativa de *La hermosura de Angélica* aparece frecuentemente a final de canto: 'a nueva voz y aliento me remito, / y aquí la pluma descansar permito' (cant. IV, estr. 50). Siguiendo el modelo del *Orlando furioso*, el narrador también dialoga con el destinatario ideal de la obra, en este caso el rey Felipe III:

> ¡Oh gran Filipo heroico, a quien concede
> la mano liberal, del cielo autora,
> edad conforme a este sujeto tierno,
> y espera de dos mundos el gobierno!   (cant. I, estr. 6)

El narrador lopesco llega incluso a imitar los comentarios metanarrativos del *Orlando furioso*, citando en varias ocasiones la famosa 'tela' o 'tapiz' de Ariosto (*Orlando*, cant. II, estr. 30; cant. XIII, estr. 81; *et passim*):

> No os espanten, señor, las digresiones,
> que como describir de todo punto

---

[77] De hecho, la epopeya de Lope le debe mucho más a la de Ariosto que a *Las lágrimas de Angélica* de Barahona de Soto (Chevalier, pág. 352).

[78] En este mismo prólogo el Fénix afirma haber acabado la obra al final de la 'empresa' de Inglaterra —la expedición de la Armada Invencible—, y haberla escrito 'entre jarcias del galeón San Juan y las banderas del Rey Católico'.

[79] Algunos críticos aristotélicos de la época, como Torres Rámila, criticaron su desorden (Entrambasaguas, *Estudios*, vol. I, págs. 309–10).

de una mujer las bellas perfecciones
ha sido de mis versos el asunto,
es fuerza aprovechar las ocasiones,
para que del angélico trasunto
se esfuercen los colores necesarios,
que todo se conoce por contrarios.   (cant. III, estr. 39)

Por esto digo, que esta varia tela
me lleva agora al reino de Granada.   (cant. XIII, estr. 3)

Sin embargo, la innovación ariostesca que más llamó la atención del Fénix fue la auto-representación del autor como narrador enamorado:

¡Oh vida, que los años hace instantes!
a lo menos paréceme dichosa,
[. . .]
que en la Scitia que más el norte hiela,
o en la Libia más seca y encendida
viviera yo con quien mi suerte ordena,
contento en bien o en mal, en gloria o pena.   (cant. XVIII, estrs. 11–12)

[. . .] durmiose,
(yo nunca, triste, con el sueño encuentro).   (cant. XX, estr. 72)

La voz narrativa aparece en estos versos para expresar su deseo de habitar junto a Lucinda, aunque sea en lugares tópicamente inhóspitos ('Scitia', 'Libia'), o para lamentar sus penalidades amorosas. Se trata de interrupciones totales de la trama de la obra, pues introducen a un narrador que no desempeña papel alguno en la acción de la misma. De hecho, el poema de Lope presenta esta característica con mucha mayor frecuencia y concreción que el *Orlando furioso*, llevando a las últimas consecuencias la innovación estilística del modelo italiano. Por ejemplo, Lucinda, la amada de los doscientos sonetos, aparece en *La hermosura de Angélica* como la otra dedicataria —junto a Felipe III— de la obra:

Bellas armas de amor, estrellas puras
divino resplandor de mi sentido,
que por mis versos viviréis seguras
que vuestra clara luz sepulte olvido;
puesto que estéis por larga ausencia oscuras
que blandamente me miréis os pido,
para que el sol, como en cristal pequeño,
me abrase el alma, de quien fuistes dueño.
    Que en él ardiendo aquel humilde ingenio
que os consagré desde mis tiernos años;
y siendo vos mi luz, Euterpe, y Genio,
causa fatal de mis dichosos daños,
sin otro aliento ni favor cilenio,

otra Dafnes laurel propios y extraños,
oirán cantar en disfrazado velo
la hermosura mayor que ha visto el suelo.   (cant. I, estrs. 1–2)

El 'disfrazado velo' al que alude Lope cumple en este caso dos funciones: sugerir que 'la hermosura mayor que ha visto el suelo' —Angélica— es un
trasunto de Lucinda (Lara Garrido, 'Fusión', pág. 193; Prieto, vol. II, pág.
805),[80] e invitar a una interpretación *à clef* de la figura de la amada. Además,
Lucinda aparece en muchas otras ocasiones en *La hermosura de Angélica*. Por
ejemplo, el narrador interrumpe el relato de un concurso de belleza para adju-
dicarle el trofeo a su querida:

> Si en aquella famosa edad vivieras,
> hermosura inmortal, bella Lucinda,
> ¿quien dudó que de Angélica vencieras
> la que hoy con el tercer planeta alinda?   (cant. V, estr. 11)

También se alude a la patria de Lucinda en el canto VII, estrofa 9, y de nuevo
a su belleza en el canto III, estrofa 29; en el canto III, estrofa 40; en el canto
XIV, estrofas 56–58 y en el canto XVIII, estrofas 57–58. La aparición de la
Lucinda de los doscientos sonetos se complementa en *La hermosura de
Angélica* con otra concomitancia con los poemas que forman la base de las
Rimas, la auto-representación del narrador como Troya ardiendo:

> Amor, Troya fui yo, que por mí mismo,
> como por Etna entraran al abismo.
>   Yo ardí, yo me abrasé, yo pretendía
> salir cual mariposa por la llama.
> Gracias te doy que Dafne no corría,
> laurel tuviera a transformarse en rama;
> bendiga el Cielo aquel sereno día,
> y en los que el mundo venturosos llama,
> le escriba y le celebre, ¡oh claros ojos!,
> que trocaste en paz tantos enojos.
>   ¿Quién sino vos, en quien mi bien consiste,
> con más valor de aquel Argel pudiera
> la libertad, que vuestras armas viste,
> sacar al cielo azul de vuestra esfera?   (cant. III, estrs. 3–5)

El narrador experimenta un fuego amoroso metafóricamente semejante al que
consumió Troya, debido a la belleza ígnea de su amada. Asimismo, se compara
a la tópica polilla atraída trágicamente por la llama de la vela, en una metáfora

---

[80] José Lara Garrido, 'Fusión novelesca y épica culta en Lope (de *La hermosura de
Angélica* a la *Jerusalén conquistada*)', *Analecta Malacitana*, 4 (1981), 187–202.

que mantiene magistralmente el texto dentro de la hipérbole y del campo semántico del fuego. Es más, en otro episodio de la obra, Lope llega a introducir en mitad de la narración a una máscara suya: un pastor que ostenta la mayoría de las cualidades con que se auto-representaba el Fénix. El pastor se llama 'Lucindo' —aludiendo de nuevo a la amada, 'Lucinda'—, y se declara perseguido injustamente por la '"cruel envidia"' (cant. XIX, estr. 94). Es natural de los alrededores de Madrid, de la '"ribera hermosa / donde Tajo se junta con Jarama"', aunque sus padres '"son de la famosa / montaña y tierra que de León se llama"' (cant. XIX, estr. 95), en este caso 'León', y no la 'Montaña' por antonomasia, Cantabria-Asturias, patria de los padres de Lope. También se presenta como poeta, pues ha compuesto textos bucólicos, como el propio Fénix:

> 'Yo celebré con verso tosco y rudo
> del Tajo las pastoras y pastores,
> aunque otros muchos de mi edad no dudo
> que escribieron bucólicas mejores'.   (cant. XIX, estr. 96)

Asimismo, el pastor es famoso por '"la publicidad de unos amores"' (cant. XIX, estr. 96), pues ha amado tan furiosamente, '"como lo sabe el vulgo, que me tuvo / por fábula gran tiempo"' (cant. XIX, estr. 99). Todas estas referencias le debían de ser familiares al público de la época, pues correspondían a la auto-representación de Lope que hemos estudiado en los romances tempranos, en *La Dragontea*, el *Isidro* y los doscientos sonetos. De hecho, algunas líneas de indudable corte ovidiano —'"que me tuvo / por fábula"', '"Dejé la patria"' (cant. XIX, estr. 112)— parecen citas directas de esos otros textos lopescos. En suma, en *La hermosura de Angélica* el Fénix imita y exagera el narrador omnipresente, enamorado e imagen del poeta del *Orlando furioso* de Ariosto. Por tanto, Lope también adopta en su *romanzo* de 1602 la imagen del autor característica de sus obras anteriores y contemporáneas, especialmente la de los doscientos sonetos, que revelan de este modo su intensa relación con *La hermosura de Angélica*.

   La hermosura de Angélica no fue el proyecto épico más importante del Fénix, pues este honor le corresponde a la *Jerusalén conquistada* (Madrid y Barcelona, 1609),[81] 'el más ambicioso y célebre de los de Lope' (Pierce, *La poesía*, pág. 300).[82] En carta al duque de Sessa fechada en Toledo a 3 de diciembre de 1605, Lope afirma orgulloso que: 'Mi Jerusalen enbié a Valledolid para que el Consejo me diesse liçençia; ymprimirela muy apriassa, y el primero tendra Vex.ª; es cosa que he escrito en mi mexor edad y con estudio differente que otras de mi

---

[81] Se reeditó en Lisboa en 1611 y en Barcelona en 1619 (*Catálogo de la exposición bibliográfica Lope de Vega* [Madrid: Biblioteca Nacional, 1935], pág. 199; Profeti, *Per una*, pág. 180–83).

[82] Frank Pierce, *La poesía épica del Siglo de Oro*, trad. J. C. Cayol de Bethencourt (Madrid: Gredos, 1961).

jubentud, donde tiene más poder el apetito que la razon' (*Epistolario*, vol. III, pág. 6). El poeta llevaba años trabajando en esta obra, imitando autoridades clásicas y corrigiéndola 'con rigor', según confiesa en la 'Epístola al contador Gaspar de Barrionuevo' que aparece en las *Rimas*. Si *La hermosura de Angélica* se inspiraba en un *romanzo* italiano, la *Jerusalén conquistada* sigue una obra también italiana, pero muy diferente de la de Ariosto. Se trata de la *Gerusalemme liberata* (1581, 1593) de Torquato Tasso,[83] indudablemente el modelo de épica culta más prestigioso de su tiempo, que gozaba de gran difusión en España (Entrambasaguas, *Jerusalén*, págs. 197–98).[84] En efecto, la epopeya de Tasso constituía un intento de recuperar la tradición épica clásica frente a los excesos cometidos por Ariosto:[85] las situaciones cómicas y fantásticas, las numerosas intervenciones del narrador, etc., que Tasso rechaza abierta y conscientemente. De acuerdo con estas características clasicistas, el narrador de Tasso tiene menos presencia en la obra, pues frente a los cientos de intervenciones de la voz narrativa en el *Orlando furioso*, en la *Gerusalemme* sólo se cuentan unas pocas decenas. Concretamente, el narrador aparece en la dedicatoria a Alfonso II d'Este, duque de Ferrara (cant. I, estrs. 1–5), y en un puñado de ocasiones más. Sólo en una de ellas existe una mínima figuración autorial, con una referencia al Tasso histórico (Durling, pág. 209), aunque formulada mediante la tópica imagen del poeta náufrago entre los peligros del mundo:

> Tu, magnanimo Alfonso, il qual ritogli
> al furor di fortuna e guidi in porto
> me peregrino errante, e fra gli scogli
> e fra l'onde agitato e quasi absorto,
> queste mie carte in lieta fronde accogli,
> che quasi in voto a te sacrate i' porto.
> Forse un di fia che la presaga penna
> osi scriver di te quel ch'or n'accenna.   (cant. I, estr. 4)

En el resto de los casos, el narrador es una simple marca de primera persona, que no se atribuye cualidad alguna: estamos, por tanto, muy lejos del narrador enamorado e irónico que domina los poemas épicos de Ariosto.

Lope comprendió bien la problemática en torno a la naturaleza de la épica que movía la obra de Tasso. Prueba de ello es el prólogo a la *Jerusalén*

---

[83] Torquato Tasso, *Gerusalemme liberata*, ed. Giorgio Cerboni Baiardi (Módena: Franco Cosimo Panini, 1991).

[84] Joaquín de Entrambasaguas, *Jerusalén conquistada. Epopeya trágica. Estudio crítico*, vol. 3 (Madrid: CSIC, 1954).

[85] En torno a 1600, Bartolomé Cairasco de Figueroa describió positivamente la *Gerusalemme* como 'grave, yerto y pomposo, y tan observante de la antigüedad poética' (Bartolomé Cairasco de Figueroa, *Torcuato Tasso. Jerusalén libertada. Traducción de Bartolomé Cairasco de Figueroa*, ed. Alejandro Cioranescu [Santa Cruz de Tenerife: Aula de Cultura de Tenerife, 1967], pág. 45), incidiendo en el clasicismo del poema.

conquistada, que dedica a defender la verosimilitud histórica de su epopeya, y en el que da muestras de conocer los *Discorsi del poema eroico* del italiano. Sin embargo, la imitación del Fénix resulta totalmente personal, ya que el español trata un asunto diferente con un estilo muy peculiar. Una diferencia fundamental es la materia lopesca —la participación ahistórica de Alfonso VIII y un grupo de caballeros españoles en las cruzadas—, pues esta temática ya es indicio de la obsesión patriótica del autor, que estudiaremos en detalle en el capítulo siguiente. El móvil de la obra del madrileño parece ser la defensa de la reputación nacional, según manifiesta en el prólogo: 'que aun en Italia fue culpado el Tasso de no haber puesto en su *Jerusalén* español alguno' (pág. 17). En cuanto al estilo, lo más peculiar de la *Jerusalén conquistada* es la auto-representación del autor, porque se podría afirmar que al imitar la *Gerusalemme* Lope poetiza una materia 'histórica' propia de Tasso con una voz narrativa inspirada en Ariosto. El narrador de la epopeya del Fénix aparece en menos ocasiones que en *La hermosura de Angélica*,[86] pero aun así cobra mucha mayor presencia que en la obra de Tasso, irrumpiendo frecuentemente en la trama (Lara Garrido, 'Fusión', pág. 192; Pierce, 'The Literary', pág. 96).[87] Además, lo que es más importante, frente a la discreta voz narrativa de la *Gerusalemme*, Lope se decide por un narrador mediante el que se puede auto-representar a voluntad. El Fénix también dedica su obra a un potentado —otra vez a Felipe III—, como su modelo italiano, pero utiliza, en oposición a Tasso, una voz narrativa que se identifica claramente con su autor mediante una referencia a *La hermosura de Angélica*:

> Yo que canté para la tierna vuestra
> los amores de Angélica y Medoro,
> en otra edad, con otra voz más diestra
> de vuestro sol el vivo rayo adoro;
> en tanto, pues, que a la marcial palestra
> la Fama os llama en el metal sonoro,
> oíd Felipe las heroicas sumas,
> de España triunfos, de la fama plumas.   (cant. I, estr. 7)

El narrador de esta estrofa carece de la discreción anónima del de Tasso, pues confiesa ser el Lope que escribió epopeyas anteriores, ya conocidas por el público: la voz narrativa se confunde con la del propio Fénix, personaje de carne y hueso. Siguiendo la línea de las *Rimas* y *La hermosura de Angélica*, en ésta y otras octavas de la *Jerusalén conquistada* Lope incita a la lectura biográfica de su obra, interpretación que refuerza al hablar de Madrid como su patria en varias ocasiones (cant. II, estrs. 23–24; cant. VII, estr. 3). Además,

---

[86] Pedraza Jiménez apunta en este sentido que en la *Jerusalén conquistada* 'incluso parece que el autor se recata algo y reduce la presencia de su vida sentimental en el tejido épico' (*El universo*, pág. 85).

[87] Frank Pierce, 'The Literary Epic and Lope's *Jerusalén conquistada*', *Bulletin of Hispanic Studies*, 33 (1953), 93–98.

y al igual que en su epopeya anterior, en la *Jerusalén conquistada* el Fénix recurre a un narrador que se describe a sí mismo como amante entristecido:

> Canta llorando esta famosa historia,
> y tan digna de trágicas endechas,
> ¡oh, Musa, tú para llorar nacida
> desde el principio de mi triste vida!   (cant. VI, estr. 131)

Con una apelación dramática a la 'Musa', el narrador equipara la tristeza de la materia de la obra ('trágicas endechas') con su propia y perenne melancolía, inherente en él ('para llorar nacida'). Como hiciera en el *Isidro*, en la *Jerusalén conquistada* Lope usa esta auto-representación para justificar la introducción o exclusión de escenas amorosas:

> Calló con esto Ismenia vergonzosa
> mirando a Garcerán con un suspiro,
> y de su cara más que el alba hermosa
> bañó la nieve en púrpura de Tiro;
> aquí, si la trompeta belicosa
> que de Belén sobre los campos miro
> diera lugar, o fuera mi argumento,
> cantara yo de amor al instrumento.   (cant. XVIII, estr. 46)

El narrador parece reconocer que un interludio amoroso estaría fuera de lugar en su obra, contraponiendo la 'trompeta belicosa' de la épica con el suave y melodioso 'instrumento' del amor, presumiblemente una lira. Sin embargo, parte del daño ya está hecho: la voz narrativa ha interrumpido el discurso para hablar de sí misma y de sus problemas artísticos, muy al estilo de Ariosto y de *La hermosura de Angélica*. Además, la estrofa siguiente agranda el paréntesis en la narración:

> Perdona, niño más que el tiempo cano,
> que me han cansado ya tus desvaríos;
> templando voy aquel Argel tirano,
> oscura cárcel de los años míos;
> ya en el Toisón de Hermenegildo hispano,
> y en los dioses que echándose en los ríos
> del temor de Titán, se hicieron Peces,
> al sol he visto treinta y ocho veces.   (cant. XVIII, estr. 47)

El narrador dedica una estrofa a apelar directamente a Amor ('niño más que el tiempo cano'), y a describir sus tribulaciones con él, que describe tópicamente como una prisión ('Argel tirano', 'cárcel'). La voz narrativa llega incluso a anunciar su edad, treinta y ocho años que, por cierto, no corresponden con los cuarenta y siete que contaba el Fénix en el momento de escritura. Es más, Lope rompe con mayor brusquedad todavía la línea impersonal de la obra de Tasso al introducir en la obra a su amada Lucinda:

> Lavando estaba al rayo de la luna
> hermosa y solitaria labradora.
> [. . .]
> Hablola Ismenia y respondió Lucinda
> alzando la cabeza y, como fueron
> espejo cada cual de la más linda,
> a un tiempo de su sol reflejos dieron;
> ¿qué habrá que amor no desvanezca y rinda?
> Perdónenme las armas que pudieron
> mover mi pluma, que de aquella espuma
> también tomé para cantar la pluma.
> Lleva Lucinda a Ismenia finalmente
> [. . .]. 　(cant. XVI, estrs. 127–29)

En estas estrofas, el personaje ficticio que protagoniza la epopeya —Ismenia— interacciona normalmente con el famoso seudónimo de la querida del autor, Micaela de Luján —Lucinda—, en una interrupción flagrante de la trama narrativa. El narrador reconoce abiertamente que el episodio constituye un paréntesis en la obra, pues se disculpa achacándola al poder irresistible que el amor ejerce sobre él, y reconociendo que siempre escribe mojando su pluma en la 'espuma' del amor. De acuerdo con esta predilección por la 'espuma' de Venus, en otras ocasiones la voz narrativa identifica directamente la inspiración amorosa con Lucinda. Entonces se dirige directamente a ella como si fuera una musa, creando la impresión de un diálogo íntimo y personal:

> Bien fuera justo que pasara el arco
> por ámbar puro en vez de la resina
> las cerdas otra vez, aunque Aristarco
> su envidia oponga a la virtud divina;
> y tú, que de mi roto humilde barco
> que en mares tan profundos peregrina
> fuiste mi sol, si en mi ascendente luce,
> al puerto de tu Cielo me conduce. 　(cant. XVII, estr. 92)

La aparición de la amada del poeta fuera de contexto e interrumpiendo la narración principal es tan insistente que conservamos un testimonio de la época que la critica: 'Estas octauas que dize esta pastora son fuera de la Historia y propósito, pues non haze mención dello más' (Entrambasaguas, *Jerusalén*, pág. 414). Es decir, tanto en *La hermosura de Angélica* como en la *Jerusalén conquistada* Lope recurre a una auto-representación semejante a la usada en los romances tempranos y en las *Rimas*: invita a confundir narrador y autor al incluir referencias autobiográficas, se describe como enamorado apasionado y no tiene reparos en interrumpir constantemente su obra con la narración de sus amores. Sus contemporáneos notaron las insistentes apariciones de la vida personal del autor en la epopeya, y algunos de ellos llegaron a criticarlas.

Ya hemos analizado los efectos que este recurso tendría en el lector de las *Rimas*: puesto que Lope era conocido como amante alocado gracias a sus romances, al presentarse como el narrador de un cancionero petrarquista logra perfecta autoridad poética en ese género. *La hermosura de Angélica* y la *Jerusalén conquistada* siguen una estrategia semejante, pues al hablar continuamente de amores y al recordarle al lector que el apasionado narrador es el alocado amante Lope de Vega, las dos epopeyas tratan de transvasar el prestigio que el poeta obtuvo en la lírica amorosa anterior a la narrativa épica. De hecho, el Fénix escogió el modelo de Ariosto, incluso al tratar la materia de Tasso, porque el *Orlando furioso* era la única autoridad que le permitía introducir en la epopeya el gran porcentaje de temática amorosa y la auto-representación como poeta enamorado que le habían hecho famoso.

Queda por decidir si con esta estrategia Lope obtuvo lo que deseaba: el respeto de sus contemporáneos como poeta serio (Lapesa, págs. 273–74; Lara Garrido, 'La hermosura', pág. 347).[88] Todo parece indicar que no fue así, pues casi desde su publicación, y pese a su éxito de público (Davis, pág. 3; Pierce, 'The *Jerusalén*', pág. 14),[89] la *Jerusalén conquistada* provocó una tormenta de críticas de poetas y eruditos (Entrambasaguas, *Jerusalén*, pág. 87). La mayoría de estas represiones vinieron de la mano de los 'preceptistas aristotélicos', como documenta magistralmente Entrambasaguas (*Estudios*, vol. I, págs. 63–580). Por ejemplo, la famosa e infame *Spongia* dedicaba una cuarta parte del texto total a criticar la epopeya de Lope (*Estudios*, vol. I, págs. 309–10). Los aristotélicos como el autor de la *Spongia* censuraban fundamentalmente la inverosimilitud histórica de la materia y el supuesto desorden de la obra. Así, en su *Poética de Aristóteles traducida del latín, ilustrada y comentada* (1623) Juan Pablo Mártir Rizo anota la *Jerusalén conquistada* observando, crítico, que 'cosa maravillosa es que se moviese para esta conquista de Jerusalén el Rey de España [. . .]', y que 'en este poema de ninguna manera se puede conocer cual es el principio, medio o fin' (Pierce, *La poesía*, pág. 26). De modo semejante, y haciéndose eco de censuras publicadas en España en vida del autor, René Rapin subraya en sus *Réflexions sur l'Éloquence, la Poétique,*

---

[88] Rafael Lapesa, 'La *Jerusalén* del Tasso y la de Lope', en *De la Edad Media a nuestros días. Estudios de historia literaria* (Madrid: Gredos, 1967), págs. 264–85; José Lara Garrido, '*La hermosura de Angélica*, entre romanzo y cancionero', en *Los mejores plectros. Teoría y práctica de la épica culta en el Siglo de Oro* (Málaga: Analecta Malacitana, 1999), págs. 347–71.

[89] Elizabeth B. Davis, *Myth and Identity in the Epic of Imperial Spain* (Columbia: University of Missouri Press, 2000).

l'Histoire et la Philosophie (1674) que no hubo españoles en la cruzada y que Lope no podía 's'assujettir aux règles' (Pierce, *La poesía*, pág. 32).

El Fénix contestó a estas críticas en varias ocasiones, como por ejemplo en la dedicatoria a *El cuerdo loco* (1620), donde las rechaza por puristas: 'Algunos no tienen por poema el que no sigue a Virgilio' (pág. 109). Sin embargo, lo cierto es que las censuras de los eruditos de la época afectaron seriamente el prestigio de las epopeyas del Fénix, neutralizando de este modo los efectos de la auto-representación del poeta. Según Orozco Díaz, antes de acometer la empresa de la épica, Lope ya tenía 'la fama popular [. . .]. Su afán se cifraba en atraer también a los doctos y a los nobles' (pág. 107). En cierta medida, la imagen del autor que encontramos en *La hermosura de Angélica* y la *Jerusalén conquistada* no alcanzó el objetivo de convencer a los 'doctos y a los nobles' de que Lope era un gran autor erudito, pues gran parte de los poetas españoles siguió considerando al Fénix como a un escritor popular, especialista en comedias y amoríos pero indigno del género elitista de la epopeya. Así lo demuestra, de nuevo, un 'sonetazo' implacable de su más formidable rival, don Luis de Góngora:

> '"¡Aquí del Conde Claros!"', dijo, y luego
> se agregaron a Lope sus secuaces:
> con *La Estrella de Venus* cien rapaces,
> y con mil *Soliloquios* sólo un ciego;
>   con *La Epopeya* un lanudazo lego;
> con *La Arcadia* dos dueñas incapaces,
> tres monjas con *La Angélica* locuaces,
> y con *El Peregrino* un fray borrego.
>   Con *El Isidro* un cura de una aldea;
> con *Los Pastores de Belén* Burguillo,
> y con *La Filomena* un idïota.
>   Vinorre, Tifis de *La Dragontea*,
> Candil, farol de la estampada flota
> de *Las Comedias*, siguen su caudillo.   (núm. 287)

El texto se construye en forma de un catálogo épico burlesco que parodia los famosos de la *Ilíada* (cant. II, vv. 485–877)[90] y *Eneida* (lib. VII, vv. 540–815):[91] los partidarios del Fénix responden uno por uno al grito de guerra del poeta, avanzando como si fueran hacia la línea de batalla. Ya esta primera consigna ('"¡Aquí del Conde Claros"'!) constituye una crítica, pues Lope, que se preciaba de la claridad de su poesía, apela a un héroe de romance tradicional, género claro como su protagonista, pero poco prestigioso y popular.

---

90 Homero, *Ilíada*, ed. y trad. Antonio López Eire (Madrid: Cátedra, 1989).
91 Publio Virgilio Marón, *Opera*, ed. R. A. B. Mynors (Oxford: Oxford Classical Texts, 1969).

De nuevo, estas puyas revelan el talante aristocrático del cordobés, y su enfado ante el intento de ascenso social de su rival. Por ello, durante el resto del soneto Góngora relaciona toda la producción del Fénix con un público bajo e ignorante: 'rapaces' para los romances, eclesiásticos de poca educación para la *Jerusalén conquistada*, o '*La Epopeya*' —pues Lope subtituló la *Jerusalén conquistada* 'epopeya trágica'—,[92] la *Arcadia, La hermosura de Angélica, El peregrino en su patria* y el *Isidro*. Góngora también asocia la lírica sacra —los *Soliloquios*— con los plebeyos cantares de ciego, y *La Filomena, La Dragontea* y las comedias con una serie de locos de la época y criados del autor ('Vinorre', 'Tifis', 'Candil').

Debido a ésta y a otras críticas, las epopeyas de Lope no obtuvieron el respeto unánime de sus contemporáneos. Como resume sagazmente Pedraza Jiménez,

> estas obras no tuvieron todo el eco que el poeta esperaba. Se imprimieron bastante menos que otros textos suyos (*Arcadia, Rimas, Comedias. Primera parte* . . .), no alcanzaron más que un discreto crédito entre los entendidos e intelectuales y merecieron críticas, unas veces fundadas y otras arbitrarias. (*El universo*, págs. 70–71)

No obstante, los esfuerzos de Lope alcanzaron cierta recompensa. Su insistente auto-representación como amante apasionado le granjeó en torno a agosto de 1605 (La Barrera, pág. 101; Rennert y Castro, pág. 160) el favor de un aristócrata peculiar pero poderoso: don Luis Fernández de Córdoba, sexto duque de Sessa, descendiente del Gran Capitán y pariente del duque de Lerma y el conde-duque de Olivares (González de Amezúa, págs. 1–195). Lope actuó como secretario no oficial del Duque hasta el final de su carrera (Lope de Vega, *Epistolario*, vol. IV, pág. 144),[93] obteniendo del grande su protección y cierto apoyo económico. La reputación amorosa del Fénix debió de ser decisiva a la hora de ganarse el favor del duque de Sessa, pues el extravagante aristócrata hizo de Lope un confidente con el que consultar sus aventuras eróticas y un poeta particular que le escribiera apasionadas e ingeniosas cartas de amor para sus queridas (González de Amezúa, págs. 347, 351). El Fénix era consciente de su peculiar papel al servicio del Duque: en una carta de 1612 le aseguró que 'soy su Ouidio hasta el postrer capitulo de este *Arte amandi*'

---

[92] En el oscuro soneto 'A la *Jerusalém conquistada* que compuso Lope de Vega' (núm. 264), escrito imitando el dialecto de los negros portugueses, Góngora vuelve a insistir en la ignorancia y baja clase social de los lectores de la *Jerusalén conquistada*.

[93] Agustín González de Amezúa presenta el más completo recuento en torno a la profesión de secretario en el Siglo de Oro (págs. 209–38). También reseña que Lope actuó como secretario o gentilhombre de cámara de otros nobles antes del duque de Sessa: el obispo Manrique, el marqués de las Navas, el duque de Alba y marqués de Sarria (vol. I, págs. 239–57).

(*Epistolario*, vol. III, pág. 113). En este sentido, Lope se benefició, al menos moderadamente, de la *persona* de experto amante que difundió con los romances, las *Rimas* y su obra épica.

Amor platónico y el puesto de cronista real

El 31 de marzo de 1621, cuando murió Felipe III y accedió su heredero al trono español, el joven Felipe IV, Lope debió de renovar sus viejas ambiciones de conseguir una posición en la corte. Probablemente, el Fénix tenía en mente el prestigioso puesto de cronista real (Weiner, pág. 727).[94] Según Henry N. Bershas, Lope había estado pretendiendo esta posición en los años 1610–14, y luego otra vez en 1620 (pág. 117). Sin embargo, parece que Lope venía solicitando la plaza desde comienzos del reinado de Felipe III, en concreto desde su entrevista con el Rey en las fiestas de Denia (McCready, pág. 211; Wright, 'Galleys', pág. 32).[95] Posteriormente, una serie de documentos y unas alusiones halladas en sus comedias[96] demuestran que el poeta jamás olvidó lo que denomina, en carta al duque de Sessa del 13–18 de julio de 1611, 'mi pretension antigua de Coronista' (vol. III, pág. 45). La 'pretensión' reaparece con fuerza en abril de 1620 —al quedar vacante el puesto (Piqué Angordans, pág. 48)—,[97] en 1621 —con el cambio de reinado y de gobierno—, y en 1625 —para el puesto de cronista general de Indias (Weiner, pág. 730)—. Pese a estas esperanzas, el ambiente que caracterizaba el Alcázar real en los años iniciales del gobierno del conde-duque de Olivares no favorecía la causa de Lope: las primeras medidas que tomó la nueva administración pretendían dar la impresión de purificación y renovación moral. En los *Grandes anales de quince días*, Quevedo deja constancia de que Olivares y sus allegados prometían 'volver el estilo de gobierno al tiempo de Felipe II' (pág. 741).[98] Son

---

[94] Jack Weiner, 'Lope de Vega, un puesto de cronista y *La hermosa Ester* (1610–1621)', en *Actas del VIII Congreso de la Asociación Internacional de Hispanistas. 22–27 agosto 1983. Brown University, Providence, Rhode Island*, vol. 2, ed. A. David Kossoff *et al.* (Madrid: Istmo, 1986), págs. 723–30.

[95] Elizabeth R. Wright, 'Galleys to Glory: Lope de Vega's Paradoxical Itinerary of Authorship', *Explorations in Renaissance Culture*, 27 (2001), 31–59.

[96] McCready encuentra estas referencias en el acto III de *La hermosa Ester* (1610), en *La ventura sin buscalla* (1606–12), en *El Perseo* (1611), en *La humildad y la soberbia* (1612–14) y en *El premio de la hermosura* (1610–15) (págs. 212–13).

[97] J. Piqué Angordans, 'Una fiesta barroca: Lope de Vega y las *Relaciones de Fiestas*', *Crítica hispánica*, 12 (1990), 47–63. Se conserva el memorial por el que Lope solicita el puesto, publicado por Anastasio Tomillo y Cristóbal Pérez Pastor (Anastasio Tomillo y Cristóbal Pérez Pastor, *Proceso de Lope de Vega por libelos contra unos cómicos* [Madrid: Fortanet, 1901], págs. 288–89).

[98] Francisco de Quevedo y Villegas, *Grandes anales de quince días*, en *Obras Completas. Tomo I. Obras en prosa*, ed. Felicidad Buendía (Madrid: Aguilar, 1969), págs. 730–65.

los años en que se crea la famosa Junta de Reformación con el fin de elevar la moral pública (Elliott, págs. 132–33),[99] y en que Felipe IV entra a la monarquía con 'el castigo ejemplarísimo' de Rodrigo Calderón (Quevedo, *Grandes*, pág. 751), personaje que simbolizaba la corrupción del régimen anterior. Como afirma José Enrique Laplana Gil, 'la reforma moral se consideraba requisito indispensable para la regeneración del cuerpo enfermo de Castilla' (pág. 89).[100]

Rodeado de esta atmósfera neoestoica (Elliott, pág. 55), el Fénix se debió de dar cuenta de que, pese a sus méritos literarios y personales, su fama no hacía de él un candidato ideal. De hecho, Lope llevaba tiempo intentando modificar o incluso abandonar su *persona* de experto amoroso, como veremos en el capítulo cuarto. Sin embargo, la nueva auto-representación como pecador arrepentido y sacerdote devoto no consiguió borrar el recuerdo de los escándalos amorosos del poeta, cuya vida privada, por otra parte, seguía sin ser ejemplar. El Fénix era consciente de que en Madrid aún se murmuraba sobre su vida privada, y de que esto le perjudicaba en su pretensión: en una carta al duque de Sessa de octubre de 1616 afirma que 'no debo nada a la ociosidad de la Corte, donde el que más piensa que tiene secreto su gusto, es más murmurado que las cossas más públicas; y quando en esto fuera culpado por mi reputaçion, años y offiçio, tal está el mundo' (*Epistolario*, vol. III, págs. 260–61). Por ello, cuando en la década de los veinte inicia su nueva campaña para conseguir un puesto real en el gobierno de Olivares, Lope recurre a una nueva imagen.

El vehículo principal de la flamante *persona* del poeta es *La Circe con otras rimas y prosas* (1624), que dedica precisamente a Olivares,[101] el hombre fuerte del nuevo gobierno. *La Circe* contiene las ya habituales invitaciones a identificar al narrador con el autor, características de la poesía de Lope. El volumen presenta una abundante presencia de referencias biográficas, concentradas principalmente en dos epístolas, la 'Epístola primera a don Antonio Hurtado de Mendoza, caballero del hábito de Calatrava, secretario de su Majestad' (págs. 616–25), y la 'Epístola quinta al doctor Matías de Porras, corregidor y justicia mayor en la provincia de Canta en el Perú' (págs. 660–71), donde el autor trata de la muerte de sus hijos y de su vida familiar con ellos. Sin embargo, lo más destacado de la obra es la nueva transformación del narrador-autor en 'platónico cisne' ('La Circe', cant. I, estr. 2) que canta pudorosamente unos amores castos. *La Circe* se abre con la fábula homónima en tres cantos

---

[99] J. H. Elliott, *El conde-duque de Olivares. El político en una época de decadencia*, trad. Teófilo de Lozoya (Barcelona: Mondadori, 1998).

[100] José Enrique Laplana Gil, 'Lope y los *Sucesos y prodigios de amor*, de Juan Pérez de Montalbán con una nota al *Orfeo en lengua castellana*', *Anuario Lope de Vega*, 2 (1996), 87–101.

[101] Ya la rica portada de *La Circe* es indicio de la importancia de la obra en la producción del autor (María Marsá, *La imprenta en los Siglos de Oro (1520–1700)* [Madrid: Laberinto, 2001], pág. 94).

que resulta ser el más ambicioso poema mitológico del Fénix (Cossío, pág. 340).[102] Según confiesa el propio Lope, 'La Circe' narra 'la virtud de Ulises, resistiendo por la obligación de Penélope el loco amor de Circe' ('Prólogo', pág. 560). Conviene recordar que el Ulises original, homérico y ovidiano, no se caracterizaba precisamente por su castidad, pues tuvo aventuras amorosas con la ninfa Calipso y con la propia Circe. Es decir, en su versión de 1624 Lope altera la leyenda homérica para crear un héroe casto a medida de la nueva política moralizante de Olivares:

> Yo prometí, señor, que cantaría
> la resistencia del varón prudente,
> cuyo valor divino le desvía
> que amor lascivo divertirle intente;
> ya por esta moral filosofía
> se ve el ejemplo y la virtud presente
> de quien, jamás amado y perseguido,
> la patria celestial puso en olvido.
>   Mirad, Guzmán heroico, a quien el arte
> labró el diamante de ese ingenio ilustre,
> que puede a Venus resistirse Marte
> sin que las armas y el valor deslustre.
> La porción superior, la excelsa parte
> del alma luz, de las potencias lustre,
> la razón soberana, es gran delito
> que la sujete el cuerpo al apetito.   (cant. III, estrs. 30–31)

En una apelación directa que le sitúa en una conversación personal con el privado de Felipe IV ('señor'; 'Mirad, Guzmán heroico'), el narrador contrapone la 'moral filosofía' y la 'virtud' con el 'amor lascivo'. Frente a la tentación amorosa, estas octavas destacan el poder de la 'razón soberana', que describen con una imaginería triunfal ('porción superior', 'excelsa parte', 'luz', 'lustre', 'soberana'). En efecto, el Ulises de 'La Circe' no goza el amor de la diosa, como el homérico, sino que resiste heroicamente los encantos de la bellísima Circe:

> Circe tenía en el marfil un velo
> transparente y sutil, que descubría
> nieve animada como muestra el suelo
> con arena de plata fuente fría.

---

[102] José María de Cossío, *Fábulas mitológicas en España* (Madrid: Espasa-Calpe, 1952). Pedraza Jiménez especifica el alcance competitivo de las ambiciones que Lope albergaba para 'La Circe': 'El poema que da título al volumen es una réplica y, en cierto modo, una superación del modelo de fábula mitológica fijado por Góngora. En dos sentidos: en su extensión y complejidad (tres cantos con 1232, 848 y 1232 versos) y en su alcance moral' (*El universo*, pág. 168).

Tal suele puro arroyo a medio hielo,
que por nevados mármoles corría,
las anchas mangas descubrían los brazos:
todo prisión de amor, redes y lazos.   (cant. III, estr. 54)

El erotismo de la descripción de Circe, vestida con ropas transparentes que
dejaban ver 'nieve animada' y mostrando los blanquísimos brazos desnudos,
sólo sirve para realzar la virtuosa contención del héroe de Ítaca, que permanece casto e impávido ante los avances de la diosa y no cae en esta 'prisión
de amor'. Además, Ulises no es el único amante casto de 'La Circe', ya que
el propio narrador interviene en numerosas ocasiones para afirmar su identidad con el héroe:

aunque esté en el amor Venus ociosa,
tan grande fuerza la razón adquiere,
que se puede querer sin su deseo,
y porque yo lo sé, también lo creo.   (cant. III, estr. 10)

El amor de la voz narrativa es tan encomiable como el de Ulises, ya que se
encuentra siempre sometido bajo el imperio de la 'razón'. Sorprendentemente, el narrador del poema se presenta como un enamorado platónico y
casto, en evidente contraste con los narradores de las obras anteriores. Al igual
que ocurría en las *Rimas* y la épica, en 'La Circe' Lope vuelve a introducir el
tema de sus amores y el personaje de su querida:

Tú sabes que es verdad, ¡oh claro objeto
de este!, cual es entendimiento mío,
y que no tengo a esta pasión sujeto
(sino sólo a tu amor) el albedrío;
tan alta causa es digna de este efeto,
de cuanto no es amarte me desvío,
pues no es virtud, que amor que a eterno aspira
la hermosura del alma atiende y mira.
Oírte hablar, amar tu compañía,
conocer tu virtud honesta y grave,
son centro de mi amor, filosofía
que con mayor edad se adquiere y sabe.
Mas ¿dónde me llevó la fantasía
dilatado en materia tan suave?   (cant. III, estrs. 15–16)

En este claro *excursus*, reconocido abiertamente como tal ('¿dónde me llevó
la fantasía?'), el narrador vuelve a recurrir a la apelación directa a su amada
que tanto usó en obras como la *Jerusalén conquistada*. Sin embargo, esta
auto-representación es totalmente diferente de la de los romances, las *Rimas*
o las dos epopeyas, pues el narrador se describe como un hombre más viejo
('con mayor edad'), y por tanto más sabio y atento a los dictámenes de la

razón. El 'fuego' del amor ya no se atreve a penetrar la 'helada nieve' de sus canas (cant. III, estr. 99). En suma, el narrador de 'La Circe' se presenta como un amante platónico y virtuoso como el propio Ulises.

El resto de poemas de *La Circe* refuerzan la imagen del autor que ofrece la fábula inicial. Es más, estos otros textos presentan una detallada teoría del tipo de amor platónico que propugna el narrador. Así, la 'Epístola segunda al reverendísimo señor don fray Plácido de Tosantos, obispo de Oviedo, del Consejo de su Majestad' describe el ascenso de la mente desde la belleza de la amada a las ideas universales (págs. 88–111). De modo semejante, los sonetos incluidos en la obra narran y explican el nuevo tipo de amor:

> Amor con tan honesto pensamiento
> arde en mi pecho, y con tan dulce pena
> que haciendo grave honor de la cadena,
> para cantar me sirve de instrumento.
>   No al fuego humano, al celestial atento,
> en alabanza de Amarilis suena
> con esta voz que el curso al agua enfrena,
> mueve la selva y enamora al viento.   (vv. 1–8)

Estos dos cuartetos usan una paradoja básica —el amor es honesto— como base de otra serie de afirmaciones oximorónicas: el sentimiento del poeta es una 'dulce pena', un 'fuego celestial'. Tal amor se constituye en alimento de la creación del poeta, produciendo un efecto que recuerda inequívocamente las consecuencias del canto de Orfeo: detiene la corriente de las aguas, y conmueve a los bosques y vientos. Al final, los dos tercetos contienen el 'concepto' que remata y resume el poema. Se trata de una descripción filosófica de la belleza de la amada como idea de lo Bello:

> La luz primera del primero día,
> luego que el sol nació, toda la encierra,
> círculo ardiente de su lumbre pura;
>   y así también, cuando tu sol nacía,
> todas las hermosuras de la tierra
> remitieron su luz a tu hermosura.   (vv. 9–14)

Si el amor apasionado era la fuerza que inspiraba las *Rimas*, en *La Circe* este nuevo amor 'honesto' sirve de 'instrumento' para 'cantar'. La pasión que describe el soneto es 'celestial', pero no por ello inferior a la terrenal: el poema utiliza una serie de imágenes lumínicas en progresión para demostrar que este sentimiento es también un 'fuego'. De hecho, el amor platónico que propugna la obra de 1624 supera con creces al anterior:

> Quien dice que es Amor cuerpo visible,
> ¡qué poco del amor perfecto sabe!   (vv. 1–2)

Los ejemplos procedentes de los sonetos se podrían multiplicar ('Como es el sol la causa conficiente', 'Canta Amarilis, y su voz levanta', 'De la beldad divina incomprehensible', 'La parte doce de los Peces de oro'), pero todos ofrecen la misma auto-representación del narrador-autor como un amante platónico. De hecho, algunos de estos poemas traen epígrafes del mismo Platón y sus comentaristas del Renacimiento. 'Pasaba el claro Eveno a Deyanira' va acompañado de una frase del *De amore* del filósofo ateniense, que enfatiza la diferencia entre el amor del cuerpo y el del alma ('Pravus est amator ille vulgaris, qui corpus magis quam animum amat'), ('Peor es incluso aquel amante vulgar que ama más el cuerpo que el alma') y 'Como de aquella imagen que recibe' cita el famoso comentario *In convivio Platonis*, del filósofo florentino Marsilio Ficino.

Estas referencias cultas demuestran que Lope utiliza *La Circe* no sólo para representarse como un amante casto, sino también como un poeta erudito cuya obra se basa sólidamente en la filosofía antigua (Cossío, pág. 319). El volumen de 1624 contiene versiones de fábulas mitológicas, sonetos plagados de referencias eruditas y filosóficas, y epístolas neohoracianas. Como veremos más adelante, el Fénix contrapone esta nueva *persona* de poeta filosófico y profundo a la 'nueva poesía' gongorina que triunfaba entonces en Madrid. El texto abanderado de las tendencias platónica y filosófica es el famoso soneto 'La calidad elementar resiste':

> La calidad elementar resiste
> mi amor, que a la virtud celeste aspira,
> y en las mentes angélicas se mira,
> donde la idea del calor consiste.
>   No ya como elemento el fuego viste
> el alma, cuyo vuelo al sol admira,
> que de inferiores mundos se retira,
> adonde el querubín ardiendo asiste.
>   No puede elementar fuego abrasarme;
> la virtud celestial que vivifica,
> envidia el verme a la suprema alzarme;
>   que adonde el fuego angélico me aplica,
> ¿cómo podrá mortal poder tocarme?;
> que eterno y fin contradicción implica.

El poema contrasta un fuego 'elementar' —es decir, terreno, pues el fuego es uno de los cuatro elementos que conforman la creación— con la 'idea del calor' celeste que habita en el mundo de las ideas platónico ('en las mentes angélicas'). El fuego elemental representa el amor físico, y el calor celeste el ideal, casto, racional o platónico. Son los dos contrarios que se oponían en los sonetos de *La Circe* que acabamos de comentar: el falso amor corporal y el nuevo amor espiritual que domina la auto-representación del autor en la obra. Lope incluye por primera vez el soneto en *La dama boba* (1613), donde lo comentan con detalle los mismos personajes. El propio comentario dialógico, y el contexto academicista y artificioso en que aparece el soneto en *La dama boba*, relativizan el valor del poema y dificultan la posibilidad de utilizarlo como lema de una filosofía amorosa. Sin embargo, Lope lo vuelve a imprimir en *La Filomena con otras diversas rimas, prosas y versos* (1621) bajo el lema latino 'Castitas est res' ('Lo esencial es la castidad'). Por último, aparece en *La Circe*, concretamente en la 'Epístola nona a don Francisco López de Aguilar'. En el libro de 1624, el poema viene acompañado de un extenso y erudito comentario, donde el narrador explica que 'la intención de este soneto (llamemos así al argumento) fue pintar un hombre que habiendo algunos años seguido sus pasiones, abiertos los ojos del entendimiento, se desnudaba de ellas, y reducido a la contemplación del divino Amor, de todo punto se hallaba libre de sus afectos'. La posición destacada del soneto al final de *La Filomena* y *La Circe* es indicio de su importancia en la auto-representación del autor en estos volúmenes. Especialmente en el caso de *La Circe*, 'La calidad elementar resiste' resume el contenido de los sonetos platónicos y las intervenciones del narrador en 'La Circe' y las epístolas del volumen. Es decir, el contexto en que aparece 'La calidad elementar resiste' en *La Filomena* y *La Circe* es muy diferente al de *La dama boba*. En las colecciones poéticas el narrador (que nos invita a que le identifiquemos con Lope) lo analiza y asume como parte de una filosofía vital neoplatónica que enfatiza la castidad, de acuerdo con el nuevo rumbo que Lope le quería dar a su carrera e imagen pública. En este sentido, la reutilización del soneto es una perfecta muestra de cómo el Fénix recreó y reformó su *persona* dependiendo de las circunstancias en que se encontraba. Lope recicló 'La calidad elementar resiste' para adaptar su persistente imagen de poeta enamorado a sus nuevas aspiraciones profesionales y literarias.

Pese a sus intentos de agradar al nuevo régimen, Lope no consiguió el puesto de cronista real, ni ninguna otra posición al servicio de la Corona. Su escandalosa fama, confirmada por su vida privada, se contraponía abiertamente a la imagen de amante platónico que ofrecía en *La Circe* (Parker, *The Philosophy*, pág. 127), neutralizando los posibles efectos de esta nueva imagen autorial.[103] Por tanto, es necesario concluir que la *persona* de amante apasionado fue la más exitosa y persistente faceta del Fénix en el plano amoroso, superando con creces la de amante platónico. Nació con los romances moriscos y pastoriles, en los que el poeta se ocultaba tras máscaras de ardientes moros y pastores que sus contemporáneos reconocían inmediatamente como figuraciones del autor. Lope confirmó tal auto-representación en las *Rimas*, utilizándola para ganar autoridad en la poesía petrarquista, más

---

[103] Marcel Bataillon opina que el factor decisivo en el fracaso de Lope no fue su escandalosa fama, sino su expediente de limpieza de sangre (Marcel Bataillon, '*La desdicha por la honra*: génesis y sentido de una novela de Lope', *Nueva revista de filología hispánica*, 1 [1947], 13–42).

prestigiosa que los romances. Asimismo, intentó trasladar la notoriedad obtenida con esta *persona* al género épico con el narrador omnipresente y enamorado de *La hermosura de Angélica* y la *Jerusalén conquistada*. Por último, con el cambio de aires que trajo el nuevo gobierno en 1621, el Fénix trató de transformar su *persona* de enamorado vehemente en un amante platónico. La pasión de Gazules y Belardos se torna en *La Circe* en la razón y autocontrol que otorgaba la filosofía platónica del amor. Sin embargo, no parece que Lope lograra escapar el éxito de su imagen de juventud: no obtuvo el reconocimiento de la corte, y continuó siendo criticado por sus escandalosos amoríos. En una época que supuestamente albergaba una idea móvil y fluida del sujeto (Greene, pág. 244; Mariscal, pág. 3), y en un autor que afirmaba 'sucederse a sí mismo' (*Si no vieran las mujeres*),[104] hallamos que la *persona* de los romances tempranos persiguió a Lope como un fantasma a lo largo de toda su carrera. De hecho, la *persona* de enamorado aún prevalecía con toda su fuerza entre los críticos del siglo XIX, como La Barrera: 'El amor era en Lope [. . .] la más imperiosa necesidad, el sol vivificador de aquella imaginación tan prodigiosamente fecunda' (vol. I, pág. 69).

---

[104] Lope de Vega Carpio, *Si no vieran las mujeres*, en *La Vega del Parnaso* (Madrid, 1637).

3

La vega llana. El poeta del pueblo

[El *Isidro*] es tan típico, tan madrileño, que todavía
hoy, en las fiestas de San Isidro, se ven ediciones
modernas en las manos de los labradores de
Castilla.

(Rubinos, pág. 32)[1]

Los críticos y lectores de hoy en día estamos acostumbrados a identificar a Lope
con una serie de imágenes comúnmente aceptadas. El poeta madrileño es el
'Fénix de los ingenios' —expresión que hemos venido utilizando en nuestro trabajo como sinónimo de 'Lope'—, el 'monstruo de la naturaleza', la fértil 'vega',
etc. (Profeti, 'La "Vega"').[2] Estas calificaciones acarrean importantes connotaciones que se suelen asumir sin mayor reflexión, pero que retratan a Lope como
un escritor genial, apasionado e intuitivo. Su obra recogería la verdadera
inspiración del pueblo, hasta el punto de llegar a resumir admirablemente las
características esenciales del espíritu español.

Semejantes concepciones hacen sonar un timbre claramente romántico,
porque las ideas de genio, poesía 'popular' y esencia nacional gozaron de gran
predicamento en el siglo XIX, tanto que estas nociones originalmente decimonónicas aún ejercen una enorme influencia en la actualidad. Sin embargo,
resulta sorprendente comprobar que tales ideas, o más bien ideas muy semejantes, aparecían ya en el pensamiento del Siglo de Oro en general y en la
auto-representación de Lope en particular, especialmente en el *Isidro* (1599).
En efecto, las teorías sobre el genio, el arte popular y las diferencias entre las
diversas naciones no nacieron de la nada a comienzos del siglo XIX. Los
autores decimonónicos las recogieron de la tradición clásica, que se había
mantenido viva a través de la Edad Media, el Renacimiento, el Barroco, y el
siglo XVIII. Situada en la frontera entre los siglos XVI y XVII, el *Isidro* constituye una obra privilegiada: en ella se puede observar claramente cómo se ori-
ginaron todas estas ideas sobre Lope en la imagen que el Fénix ofrece de sí

[1] José Rubinos, *Lope de Vega como poeta religioso. Estudio crítico de sus obras épicas y líricas religiosas* (La Habana: Habana Cultural, 1935).
[2] Maria Grazia Profeti, 'La "Vega" di Lope', en *Varia Hispanica. Homenaje a Alberto
Porqueras Mayo* (Kassel: Reichenberger, 1989), págs. 443–53.

mismo a lo largo del volumen. En otras palabras, podemos emplear el *Isidro* para comprobar cómo Lope forjó su propio mito.

En este capítulo examinaremos el *Isidro* como muestra de la auto-representación de Lope como poeta popular, poeta llano, poeta de España y de Madrid. Para ello, repasaremos cómo Lope utiliza la tradición clásica del genio, basada en la posesión de furor poético o *enthousiasmós*. Estudiaremos cómo el Fénix se atribuye ese furor poético, y además cómo refuerza el *enthousiasmós* asociándolo con una tradición cristiana: la inspiración divina y la santa ignorancia, una idea de genio típica del pensamiento franciscano. Con esta apelación al franciscanismo, Lope renueva y re-figura una de las *personae* que había utilizado anteriormente, la de poeta noble, que había enfatizado en la *Arcadia* a través de su apellido 'Carpio' y el origen montañés de su familia. El énfasis popular del *Isidro* le permite al Fénix contrarrestar la tradición de la autoridad nobiliaria con la dignidad de lo humilde, basada en el tópico de la *aurea mediocritas* y de la limpieza de sangre. Posteriormente, estudiaremos cómo en el *Isidro* Lope se presenta como abanderado de todo lo madrileño, castellano y español, y cómo esta nueva imagen le sitúa en una posición destacada desde la que podrá atacar, más de diez años después, a los poetas nuevos. Por último, al final del capítulo examinaremos el impacto de estas nuevas máscaras de Lope, y la resistencia que contra ellas mostraron los enemigos del autor.

Est genium in nobis: *enthousiasmós* y autoridad

La imagen del poeta madrileño que ha resultado más exitosa y persistente desde el siglo XVII hasta nuestros días se puede resumir con la conocida expresión 'monstruo de la naturaleza'. Se trata de un epíteto acuñado por Cervantes en el prólogo a sus *Ocho comedias y ocho entremeses nuevos nunca representados*: 'Tuve otras cosas en que ocuparme; dejé la pluma y las comedias, y entró luego el monstruo de la naturaleza, el gran Lope de Vega, y alzose con la monarquía cómica [. . .]' (pág. 12).[3] El apodo tuvo éxito, ya que también

---

[3] Miguel de Cervantes Saavedra, *Entremeses*, ed. Florencio Sevilla Arroyo y Antonio Rey Hazas (Madrid: Alianza, 1998). El elogio de Cervantes es cuando menos irónico, pues contiene una serie de palabras de tinte claramente negativo. La frase 'alzose con la monarquía cómica' evoca, en primer lugar, la imagen de un Lope sublevándose en rebelión violenta contra un régimen —literario— establecido. Para una sociedad conservadora y monárquica como la barroca, la idea no podía ser más funesta. En segundo lugar, Cervantes contrarresta esta connotación grave con un toque de humor que aligera el sentido de la frase y que busca la carcajada del lector. La expresión 'monarquía cómica' yuxtapone un sustantivo elevado y un adjetivo risible. La palabra 'cómica' ridiculiza de inmediato la 'monarquía' que ha ganado Lope, minimizando su valor. De este modo, Cervantes no alaba a su rival por haber alcanzado el laurel de la poesía dramática, sino que rebaja su logro usando una expresión jocosa. 'Monstruo de la naturaleza' presenta un doble sentido semejante, pues

lo usaron en la época Guillén de Castro, en *El curioso impertinente* (act. I, vv. 40–41),[4] y Vélez de Guevara en *El diablo cojuelo* (pág. 132).[5] Incluso hoy en día los críticos siguen recurriendo a él, aunque a menudo sin darse cuenta de que evoca una idea de escritor que conlleva implicaciones desfavorables para nuestro autor.

En principio, la expresión 'monstruo de la naturaleza' supone un escritor increíblemente prolífico y rápido, un genio, pues la base del apodo se halla en la fabulosa cantidad de textos que produjo el Fénix. Como comprobaremos en detalle más adelante, el adjetivo 'monstruoso' de la frase cervantina alude precisamente a la cantidad, y no a la calidad, de la obra del madrileño. El origen de la idea parece remontarse al Siglo de Oro; al menos, los testimonios del siglo XVII que enfatizan la fecundidad de Lope como su cualidad principal y más asombrosa son numerosísimos. De hecho, el propio autor exhibió a menudo esta fecundidad con orgullo, pues declaró en la dedicatoria de *El verdadero amante* (1620): 'Y he escrito novecientas comedias, doce libros de diversos sujetos, prosa y verso, y tantos papeles sueltos de varios sujetos, que no llegará jamás lo impreso a lo que está sin imprimir' (*Las dedicatorias*, pág. 105). Además, el Fénix se preocupó de asociar esta feracidad con su propio apellido 'Vega' (Egido, 'La Fénix'), en una especie de emblema fácilmente recordable y reconocible. La afortunada imagen de la 'fértil vega' tuvo gran éxito y aparece en numerosos escritores de la época, ya que, por ejemplo, el licenciado Antonio de León afirma en su poema 'El Phénix mantuano' que:

> y en prodigioso modo
> admiro de tu vega generosa
> tanta flor, tanto fruto,
> y de la fuente de tu ingenio solo
> inundacion del uno al otro polo.   (Pérez de Montalbán, pág. 290)[6]

El texto relaciona la 'vega generosa' y la 'inundacion' castálida del numen del poeta con la admiración y el prodigio que también evocaba la expresión 'monstruo de la naturaleza'.[7] Otra asociación similar aparece en el 'Epitaphio en la

---

la palabra 'monstruo' evoca la admiración —la 'suspensión'— que tanto apreciaban los escritores barrocos; sin embargo, también implica falta de armonía, e incluso deformidad.

    [4] Guillén de Castro, *El curioso impertinente*, ed. Christiane Faliu-Lacourt y María Luisa Lobato (Kassel: Reichenberger, 1991).

    [5] Luis Vélez de Guevara, *El diablo cojuelo*, ed. Ángel Raimundo Fernández González e Ignacio Arellano (Madrid: Castalia, 1988).

    [6] Juan Pérez de Montalbán, *Fama póstuma a la vida y muerte del doctor frey Lope Félix de Vega Carpio, y elogios panegíricos a la inmortalidad de su nombre*, ed. Enrico di Pastena (Pisa: ETS, 2001).

    [7] La *Fama póstuma* incluye otras menciones literales de la 'fértil Vega', como la del 'Epigrama' de don Pedro Messía de Tovar y Paz (Pérez de Montalbán, pág. 73) y la del panegírico de don Francisco de Villagómez Vivanco (pág. 78).

muerte de frey Lope Félix de Vega Carpio' de Barnabé Salazar y Salcedo, pues este escritor se dirige a Lope con la exclamación 'o peregrino ingenio, o sol fecundo' (Pérez de Montalbán, pág. 419), ligando mediante un hábil quiasmo la abundante obra del Fénix con lo 'peregrino' o excepcional de la misma. Como afirmaba ingeniosamente con un juego de palabras Alessio Pulci en su poema 'In lode del signor Lope de Vega', 'L'OPEre sue infinite' (*Essequie poetiche*, pág. 75)[8] constituían la monstruosidad del escritor. De modo semejante, Joseph de Valdivieso sostiene en su 'Censura panegyrica' que Lope ganó al mismísimo Tostado, paradigma de fecundidad literaria, 'en la multiplicidad de pliegos que escribió con desigual exceso' (Pérez de Montalbán, pág. 14). Las palabras 'desigual exceso' ejemplifican el hecho de que fue precisamente la abundancia de obras —el 'exceso' en el número de las mismas— la que hizo que los contemporáneos percibieran al autor como 'desigual' y por tanto semejante a un monstruo.[9] En suma, estos textos atestiguan que, desde el siglo XVII, los lectores conocieron a Lope como el 'monstruo de la naturaleza' por su asombrosa feracidad, y no debido a ninguna otra de sus cualidades.

La consecuencia necesaria de tal abundancia y velocidad de escritura es que el 'monstruo' produce su obra irreflexivamente, con poco cuidado. Por supuesto, esta vez no fue el Fénix quien se dedicó a difundir tal conclusión negativa. No obstante, varios escritores áureos la expresan con meridiana claridad. Uno de ellos es Diego de Saavedra y Fajardo, quien en su *Juicio de artes y sciencias* (1655) sostiene que: 'Lope de Vega es una ilustre vega del Parnaso, tan fecundo, que la elección se confundió en su fertilidad, y la naturaleza enamorada de su misma abundancia, despreció las sequedades y estrecheces del arte' (Herrero García, *Estimaciones*, pág. 125).[10] Saavedra y Fajardo alaba al Fénix por su fecundidad, afirmando que es tal que Lope de Vega merece ser una 'vega' del monte 'Parnaso'. El aparente elogio del tratadista esconde un reproche sutil pero serio: el poeta madrileño produce tanto a costa de la calidad artística de sus obras. En palabras del propio Saavedra y Fajardo, la 'vega' de Lope confunde a la 'elección', es decir, a la capacidad de escoger cuidadosamente unas y otras palabras o estructuras para elaborar la obra de arte.[11]

---

8 *Essequie poetiche ovvero lamento delle muse italiane in morte del signor Lope de Vega insigne, ed incomparabile poeta spagnuolo. Rime, e prose raccolte dal signor Fabio Franchi Perugino*, en *Coleccion de las obras sueltas assi en prosa, como en verso, de D. frey Lope Felix de Vega Carpio, del habito de san Juan*, vol. 21, 1779, ed. [Francisco Cerdá y Rico] y Antonio de Sancha (Madrid: ArcoLibros, 1989), págs. 1–165.

9 El comentario antes aludido de Vélez de Guevara también compara a Lope con el Tostado, relacionando el apelativo de 'monstruo' con la abundancia de la obra del Fénix (pág. 133).

10 Miguel Herrero García, *Estimaciones literarias del siglo XVII* (Madrid: Voluntad, 1930).

11 El mismo sentido de 'elección' tiene el adjetivo 'elegante', usado comúnmente para describir un estilo literario cuidado. No en vano 'elegante' está etimológicamente relacionado con el verbo 'elegir'.

El Fénix es un poeta inspirado, pero que no consigue proporcionar un buen acabado a sus obras porque ignora continuamente los requisitos de la preceptiva poética.

Saavedra y Fajardo recoge en esta frase una concepción muy extendida, que ha pasado desde el siglo XVII a nuestros días. De acuerdo con ella, incluso los manuales de literatura actuales suelen contraponer el teatro de Lope, caracterizado por sus aciertos 'instintivos', por su cercanía al espíritu del pueblo, etc., con los dramas de Calderón, más cuidados y de mejor estructura. En poesía, los mismos manuales enfrentan al Fénix con la figura de Góngora (Jameson, pág. 124),[12] afirmando que los poemas del primero parecen espontáneos, cercanos a la poesía tradicional, conocidos y apreciados por el pueblo, mientras que la obra del segundo se revela más profunda, más cuidada, y hace las delicias de los nobles y literatos de la época. En suma, Lope sería un poeta vital, apasionado (Trueblood, *Letter*, pág. 123); Góngora un erudito frío y metódico (Dámaso Alonso, 'Escila', pág. 2).[13] Dejando aparte lo que haya de acertado en tales oposiciones,[14] lo cierto es que perjudican injustamente la obra del Fénix, pues hacen que el público la perciba como el producto de un 'ingenio lego',[15] genial y brillante pero poco organizado y cualificado. Por ejemplo, Gerardo Diego sostiene, en una contraposición muy habitual en la crítica, que 'Góngora representa frente a Lope la perfección frente a la desigualdad' (pág. 21).

Más que rechazar absolutamente estas ideas tan comunes entre la crítica áurea y contemporánea, conviene analizarlas con cuidado, pues constituyen una rica vena de información acerca de la auto-representación del autor. Revelan una línea que conecta el sentido de la frase 'monstruo de la naturaleza' en el siglo XVII con la teoría poética clásica, por una parte, y con ciertas ideas decimonónicas, por otra. En efecto, la actual concepción de Lope como poeta genial le debe mucho, en principio, al pensamiento romántico. Sin embargo, como indicamos arriba, también tiene una sólida base en la ideología del Renacimiento y Barroco, e incluso en la propia manera en que se presentaba el Fénix en sus escritos. La filiación decimonónica de semejantes concepciones resulta evidente, pues la imagen que evoca el 'monstruo de los ingenios', pese a su origen áureo, contiene claros elementos románticos: implica que la verdadera poesía —la del apasionado y febril 'monstruo' (Carayon,

---

[12] A. K. Jameson, 'The Sources of Lope de Vega's Erudition', *Hispanic Review*, 5 (1937), 124–39.

[13] Dámaso Alonso, 'Escila y Caribdis de la literatura española', en *Ensayos sobre poesía española* (Madrid: Revista de Occidente, 1944), págs. 2–27.

[14] Por otra parte, la crítica actual tiende a puntualizar dichas contraposiciones. Una lectura atenta tanto de Góngora como de Lope demuestra que ambos autores usaron diversos estilos, más o menos cultos o elaborados, según la ocasión requería.

[15] Existe toda una corriente crítica que caracteriza a varios escritores españoles (Gonzalo de Berceo, Teresa de Ávila, Miguel de Cervantes) como autores inspirados pero de poca erudición.

pág. 5)—[16] se opone a la fría razón. También sitúa la figura del poeta como una persona superior al resto de los mortales en base a su sensibilidad especial, a la pasión vital que alimenta su 'monstruosa' producción (Boedo, pág. 46).[17] Por decimonónicas que resulten estas calificaciones, la idea romántica del genio que reflejan se basa en una tradición de raigambre clásica que gozaba de gran vigencia en el Siglo de Oro: el famoso entusiasmo.

El *enthousiasmós* —en griego, la palabra significa etimológicamente 'posesión divina'—[18] aparece aludido por primera vez en los diálogos platónicos, concretamente en el *Ión* y el *Fedro*. En estos textos, Platón compara el estado psíquico del poeta 'allo stato di possessione in cui cadono gli invasati dai Coribanti e, per gli uni come per gli altri, questo stato coincide con l'abbandono all'armonia e al ritmo' (Velardi, pág. 50).[19] Platón usa la metáfora del coribantismo para explicar aquellos aspectos de la creación poética que resultan oscuros y difícilmente justificables mediante la razón. Es decir, el oficio literario se puede dividir en dos vertientes separadas. Por una parte, los escritores ostentan una habilidad artística que se puede enseñar y aprender, como cualquier otra *téchne* o *epistéme*. Sin embargo, los artistas también poseen algo más que parecen no adquirir durante su formación: se trata de la misteriosa cualidad que el padre Benito Jerónimo Feijoo calificó felizmente de 'el no sé qué' (pág. 225).[20] Al acudir a una expresión paradójica, el erudito dieciochesco coincide precisamente con los clásicos que imita: usa argumentos irracionalistas para explicar la naturaleza esencial de lo estético. La idea del genio, o ingenio, o habilidad innata —'genio' procede del verbo latino 'geno' o 'gigno', que significa 'engendrar'—, es una de las muchas que griegos y romanos utilizaron para referirse a dicha esencia. Constituye una concepción paralela a la de la inspiración: algunas personas lo tienen desde su nacimiento, y otras no, sin que sea posible explicar por qué.

Otra idea clásica aun más relacionada con el entusiasmo es el 'furor poético'. El furor es un estado de trance en que la inspiración divina sitúa al individuo. La teoría de los furores, dentro de la que ocupa un lugar destacado el poético, aparece por primera vez en el *Fedro* de Platón (Trabado Cabado, pág. 347),[21]

---

[16] Marcel Carayon, *Lope de Vega* (París: Rieder, 1929).

[17] Fernando Boedo, *Iberismo de Lope de Vega (dos Españas). Segismundo, ¿es el Contraquijote?* (Madrid: Sáez Hermanos, 1935).

[18] Según Carballo, el término 'quiere dezir *afflatio numinis*, y en nuestra lengua inspiracion diuina' (vol. II, pág. 200).

[19] Roberto Velardi, *Enthousiasmòs. Possessione rituale e teoria della comunicazione poetica in Platone* (Roma: Ateneo, 1989). En la Grecia clásica, estos coribantes formaban parte de un ritual terapéutico que se utilizaba para curar la locura (Velardi, pág. 78).

[20] Benito Jerónimo Feijoo, 'El no sé qué', en *Teatro crítico universal*, ed. Ángel-Raimundo Fernández González (Madrid: Cátedra, 1998), págs. 225–39.

[21] José Manuel Trabado Cabado, 'Poética y manierismo en *La Arcadia* de Lope de Vega', *Anuario Lope de Vega*, 4 (1998), 347–57.

y desde ahí se difundió rápidamente por muchos autores de la Antigüedad, como Plotino, llegando también al Siglo de Oro. La gran celebridad y aceptación de esta concepción platónica en la España de la época permite que un tratadista áureo como Baltasar Elisio de Medinilla, gran amigo de Lope, detalle hábil y claramente cómo accede el poeta al estado de inspiración furiosa:

> El cual furor (que ciegamente el vulgo llama locura y sin el cual no hay grandes poetas, como refiere de Demócrito, Cicerón y Horacio) tiene Platón por rapto o infusión de los espíritus superiores en los nuestros o alienación, con que se aparta el entendimiento de lo ordinario, y que sinifica elevación de lo material a lo invisible.   (Giuliani y Pineda, págs. 264–65)[22]

Según esta descripción, el 'furor' supone que el cuerpo del poeta o recitante se impregna de una entidad superior, que lo posee —lo 'aliena', pues introduce en él algo ajeno— mientras dura la experiencia poética. Tales ideas nos parecen extrañas en la actualidad, pero debieron de adquirir la condición de verdades científicas en el Siglo de Oro. El tecnicismo 'espíritus' que aparece en el texto de Medinilla procede de la filosofía neoplatónica: los espíritus eran vapores muy sutiles, emanaciones aéreas de humores corporales.[23] Se trata además de un término íntimamente ligado a la teoría humoral que aún estaba vigente en los ambientes científicos de la España del siglo XVII.

Si el detalle técnico concede gran autoridad a la definición, además Medinilla la aprovecha plenamente para caracterizar a los poetas como seres fuera de lo común. En efecto, los preceptistas áureos usaron la doctrina del entusiasmo en numerosas ocasiones para defender la causa de la dignidad de la poesía (Carballo, vol. I, pág. 47). Tal conclusión se deriva fácilmente de la fuente platónica, pues el *Ión* concluye afirmando que, mediante el entusiasmo, los poetas se convierten intérpretes (*hermeneúein*) de los dioses. Esto explica que los escritores clásicos —y también sus imitadores posteriores— abrieran sus obras con invocaciones a Apolo, las Musas, o incluso a algún otro dios, para que les inspirara mediante su posesión y les revelara verdades divinas que cantar en los poemas. El enaltecimiento del oficio poético en la doctrina de los furores no acaba aquí. Además, los diálogos platónicos postulan que el entusiasmo produce una verdadera correspondencia entre el estado de ánimo del poeta y la materia narrada (Velardi, págs. 52–54), elevando al creador

---

[22] Luigi Giuliani y Victoria Pineda (eds.), 'Baltasar Elisio de Medinilla. *El Vega de la poética española*', *Anuario Lope de Vega*, 3 (1997), 235–72.

[23] Tal es el significado técnico que la palabra adquiere, por ejemplo, en el soneto VIII de Garcilaso (v. 2; v. 10). Según Bienvenido Morros (Morros, Bienvenido [ed.], *Obra poética y textos en prosa*, de Garcilaso de la Vega [Barcelona: Crítica, 1995]), 'la doctrina del *pneuma* o *spiritus* se remonta a Aristóteles, *De generatione animalium* (736b), que pudo hallarlo en textos médicos anteriores [. . .]. Según esa tradición, el *pneuma* es un soplo caliente que tiene origen en las exhalaciones de la sangre o, según otros, en el aire externo que continuamente respiramos' (pág. 379).

hasta que llega a alcanzarla. Medinilla aclara este punto afirmando que el furor poético supone 'levantar el alma a la contemplación, sacándola de sí misma con el furor sagrado, pues no por otro artificio que por la fuerza de los cielos se agitan [los poetas] a escribir cosas no oídas y nuevas, fuera de la opinión humana, como de Arato se lee en Cicerón, que, inorante de l'astrología, la cantó levantadamente' (Giuliani y Pineda, págs. 264–65). De este modo, la inspiración divina justifica que los poemas traten materias sublimes totalmente extrañas al autor, o que describan correcta y fielmente escenas que el poeta no ha presenciado. Carballo insiste en este punto con una frasis que delata la pasión que siente por su materia: durante el trance 'viene a inflamarse el cuerpo, como con la ira y con esta inflamacion, y ardiente furor, casi desasido del espiritu, y como fuera de si, viene a traçar y componer tanta variedad, no solo de versos y coplas, pero mil inuenciones altas y subidas, todas con sonora y admirable correspondencia y perfecta proporcion' (vol. II, pág. 216). La posesión divina enardece al poeta furioso, que se encuentra alienado —en tanto que ocupado por el dios—, 'desasido del espiritu, y como fuera de si'. De este modo, el creador produce una gran diversidad de obras dignas y admirables —'altas y subidas'—, con un estilo igualmente elevado. Tanto el tono apasionado como el contenido de declaraciones semejantes a la de Carballo han hecho que Joel E. Spingarn afirme, sin duda consciente del paradójico anacronismo de sus palabras, que la doctrina renacentista del entusiasmo presenta claros rasgos románticos (pág. 97). Esta curiosa concomitancia explica que la imagen barroca del 'monstruo de los ingenios' y la caracterización decimonónica y actual de Lope como genio romántico tengan tanto en común.

Por otra parte, el propio poeta madrileño conocía perfectamente la tradición del furor poético, y la usó abundamente en su obra para retratarse como genio literario. Existen dos ejemplos procedentes de textos tardíos del Fénix que se inscriben en esta ideología. Así, en el *Laurel de Apolo*, un volumen fundamental para estudiar las ideas de Lope en torno a la poesía de su época, el autor se presenta como un escritor genial:

> Efectos de mi genio y mi fortuna,
> que me enseñasteis versos en la cuna.   (silva IV, vv. 259–60)

El poeta utiliza directamente la palabra 'genio', que coloca en una situación cuasi sinonímica con respecto al término 'fortuna'. Por consiguiente, el Fénix entiende que el 'genio' es una cualidad innata otorgada por el destino ('fortuna') a ciertos individuos especiales. Además, el poeta madrileño relaciona claramente el genio con la actividad poética: el destino le otorgó la habilidad de componer 'versos' ya desde su misma 'cuna'. El segundo pasaje tardío que se apoya en la idea del genio poético se encuentra en la dedicatoria a la *Historia de Tobías* (1620). Aquí, Lope le declara a su dedicatario que en las *Rimas* verá:

que se me ofrecían casi atropellados los pensamientos, y como dijo Ovidio:

> Venían a mis versos
> acomodados números
> de propia voluntad, que no forzados,
> hallándose la pluma
> dicho cuanto quería.   (*Las dedicatorias*, pág. 132)

Esta vez, el Fénix recurre directamente a la literatura clásica, pues su cita de Publio Ovidio Nasón constituye una traducción libre de la elegía décima del libro cuarto de los *Tristia*. Se trata del famoso 'Quod temptabam scribere versus erat' (v. 26)[24] mediante el cual Ovidio se figuró como un genio inspirado, como un individuo con una facilidad innata para la poesía. Lope recoge la frase del escritor latino y la adorna con el fin de exagerar su propia disposición poética. Según afirma el autor madrileño, la poesía le llegaba a la mente directamente, ya lista para que 'la pluma' la pasara de inmediato al papel. Lope domina los 'versos' como el Orfeo clásico los ríos y bosques, pues asegura que acudían a él con 'acomodados números' y de propia voluntad. Es más, el Fénix amplía la cita de Ovidio señalando que los 'pensamientos' —es decir, los conceptos que formaban la esencia del poema— se presentaban 'casi atropellados', debido a la velocidad con que aparecían en su cerebro. En suma, en la *Historia de Tobías* Lope utiliza efectivamente una prestigiosa fuente latina para presentarse ante los lectores como un poeta inspirado y genial.

Pese a que fue el propio autor madrileño quien tradujo y utilizó la sentencia ovidiana, los críticos actuales solamente la han venido relacionando con la figura de Lope desde que el erudito dieciochesco Francisco Cerdá y Rico la imprimiera en la portada de todos y cada uno de los tomos de su *Colección de las obras sueltas* de Lope. De este modo, los volúmenes que prepararon Cerdá y Rico y el gran impresor Antonio de Sancha difundieron la obra del Fénix conjuntamente con la idea de genio que conllevaba el texto ovidiano. De hecho, el estudioso valenciano llegó incluso a comentar la frase en el vigésimoprimero y último tomo de la colección, señalando que:

> Por ellas solas [las obra sueltas], sin contar el increible numero de piezas de Theatro, que compuso su Autor, podrá conocerse quan apropiadamente le aplicamos lo que decia de sí Ovidio:
>
> *Quod conabar dicere versus erat*;
>
> pues solo las obras varias causarán admiracion en todas las edades y Naciones del Orbe a los que saben, quanto cuesta el escribir en verso, y quan poco nos dejaron en este genero el mismo Ovidio, que tanto exageró

---

[24] Publio Ovidio Nasón, *Tristia, Ex Ponto*, ed. Arthur Leslie Wheeler (Londres: William Heinemann, 1924).

su facilidad en el metro, y otros, que en la antiguedad merecieron igual concepto.   (pág. iii)[25]

El sabio editor emplea la cita para exaltar al poeta español por encima del latino, en base precisamente a dos aspectos en que el Fénix supera claramente a su predecesor: la cantidad monstruosa ('increible numero') y la variedad genérica y temática ('las obras varias') de su producción.[26] Además, Cerdá y Rico encarece la dificultad del oficio poético ('quanto cuesta el escribir en verso') con la intención de asentar aun más el mérito del madrileño ante sus eruditos lectores. Como ya hemos indicado, la edición de Cerdá y Rico constituyó el vehículo fundamental de difusión de la obra de Lope hasta la aparición de los volúmenes de la Biblioteca de Autores Castellanos, por lo que la inclusión de la cita ovidiana debió de ejercer una gran influencia sobre la lectura romántica del Fénix. Pese a ello, es necesario insistir en que fue el propio Lope el primero en usarla para describir su genio, en la anteriormente comentada dedicatoria a la *Historia de Tobías*.

En otros muchos textos a lo largo de su carrera literaria, el Fénix acude todavía más directamente a la idea del entusiasmo y el furor poético. Por ejemplo, en 'La Andrómeda', una fábula mitológica incluida en *La Filomena* (1621), el poeta usa el mito de la fuente Castalia para aludir a la inspiración. Castalia manaba del monte Parnaso, y había obtenido su nombre de una ninfa que se arrojó a ella para evitar las atenciones amorosas de Apolo. Estaba, por tanto, relacionada con la divinidad: concretamente, la fuente estaba dedicada al propio Apolo, dios de la poesía y rector del Parnaso. Por ello, el agua de Castalia otorgaba a quien la bebía el entusiasmo del dios. En el texto de *La Filomena*, el Fénix utiliza una aparición de la famosa fuente parnasiana para enfatizar la importancia de la inspiración en la poesía:

> Despídase de ser jamás poeta
> quien no bebiere aquí, por más que el arte
> le esfuerce, le envanezca y le prometa,
> que el natural es la primera parte;
> bien es verdad que le ha de estar sujeta,
> y no pensar que ha de vivir aparte:

---

[25] [Francisco Cerdá y Rico], 'Prologo del editor', en *Coleccion de las obras sueltas assi en prosa, como en verso, de D. frey Lope Felix de Vega Carpio, del habito de san Juan*, vol. 21, 1779, ed. [Francisco Cerdá y Rico] y Antonio de Sancha (Madrid: ArcoLibros, 1989), págs. iii–xiii.

[26] Cerdá y Rico puede haberse inspirado en unos versos de Juan de Piña —que conocía perfectamente, pues los había editado en el tomo 20 de las *Obras sueltas*— incluidos en el 'Romance a la muerte del insigne y esclarecido varon, esplendor del orbe, don frey Lope de Vega Carpio':

que si arte y natural juntos no escriben,
sin ojos andan y sin alma viven.   (estr. 42)[27]

La construcción retórica de esta octava otorga un énfasis especial a una idea
generalizada en la época: los críticos del XVI estaban de acuerdo en que el
poeta debía de poseer genio, pero opinaban que también debía cultivarlo con
la disciplina de la erudición (Spingarn, pág. 99). En la terminología literaria
del siglo XVII, el 'natural' es la habilidad innata del creador, su genio; el 'arte'
son las reglas y experiencia de la escritura. Un buen autor armoniza ambas
cualidades, la inspiración y la retórica, en un todo impecable. Es lo que afirma
Carballo utilizando un simétrico adagio latino, 'Ars naturam adiuuat' (vol. II,
pág. 187), pues también los poetas y tratadistas áureos aceptaban unánimemente esta idea. Lo curioso es que en el texto de Lope el espíritu de la máxima sólo aparece al final de la estrofa, y como una concesión —se trata de una
oración subordinada concesiva introducida por 'bien'—. Aunque el final de la
octava sostenga que la cualidad innata debe estar 'sujeta' al arte, el peso de la
sentencia se halla en los primeros cuatro versos. En ellos el Fénix se inclina
claramente por la inspiración, que representa mediante la metáfora de la
fuente Castalia. La frase describe 'el natural' como una condición *sine qua
non* para llegar a ser poeta ('Despídase de ser jamás poeta / quien no bebiere
aquí'). En este contexto, el 'arte' resulta mucho menos importante. Aparece
como una cualidad secundaria, que puede incluso provocar el defecto de hacer
del poeta un ser engreído, como los escritores cultos a los que se enfrentaba
Lope cuando escribió 'La Andrómeda'. De este modo, al representar el oficio
poético que practicaba como producto fundamentalmente de la inspiración, el
Fénix se auto-representa como un poeta genial.

El madrileño también acude a la tradición del entusiasmo en diversos
momentos del *Isidro* (1599), consiguiendo que sus defensas del furor artístico
dibujen una prestigiosa imagen del propio Lope poeta. De hecho, este famoso
libro constituye la más ambiciosa producción poética del Fénix desde los
comienzos de su carrera hasta la publicación de la *Jerusalén conquistada*
(Wright, 'Virtuous', pág. 226).[28] El *Isidro* es una poetización de la vida del

---

Perdone el arte de Ovidio
amores y sutilezas,
que LOPE escribió mas artes,
que el de Ovidio tiene letras.   (Pérez de Montalbán, pág. 216)
    Como se puede apreciar, en estas líneas el panegirista áureo también exalta a Lope sobre
Ovidio en base a su mayor producción poética.
    27 Lope de Vega Carpio, *La Filomena*, en *Lope de Vega. Poesía, IV. La Filomena. La
Circe*, ed. Antonio Carreño (Madrid: Biblioteca Castro, 2003), págs. 1–349.
    28 Elizabeth R. Wright, 'Virtuous Labor, Courtly Laborer: Canonization and a Literary
Career in Lope de Vega's *Isidro*', *MLN*, 114.2 (1999), 223–40.

santo homónimo[29] que Lope escribió por encargo de fray Domingo de Mendoza, responsable de instruir la causa de canonización del piadoso labrador madrileño.[30] El monje suministró al Fénix documentos con datos 'históricos' de la vida del santo (Aaron, pág. 69; Hoyo),[31] por lo que el *Isidro* se halla a medio camino entre la hagiografía y la historiografía poetizada,[32] géneros ambos muy prestigiosos en la época. No es extraño, pues, que Lope utilice un volumen tan autorizado para auto-representarse y asentar así su propia posición en una época delicada. En efecto, los últimos años del siglo XVI fueron muy importantes para la carrera del poeta, debido principalmente a la muerte de Felipe II y el acceso al trono de Felipe III. Lope vio en el cambio de reinado, que siguió inmediatamente a una etapa de prohibición de las comedias en el reino de Castilla, una oportunidad única para configurarse como un poeta respetado, y no como un simple autor de obras dramáticas. El *Isidro*, publicado en sucesión virgiliana tras *La Arcadia* y *La Dragontea*, constituye una pieza clave en la auto-representación del Fénix por estos años de transición y de ilusiones literarias.

En varias ocasiones durante el *Isidro* Lope se describe clásicamente como un poeta inspirado, como ocurre en la siguiente quintilla:

> Por esto no es sin provecho,
> describirla, pues se ofrece
> ocasión que lo merece,
> si Apolo me anima el pecho,
> y en mí su espíritu crece.   (canto V, vv. 31–35)

La voz narrativa se presenta en este caso como autor de la obra, que es el 'Lope de Vega' que aparece en la portada. En efecto, tanto la quintilla citada como el *Isidro* en general están dominados por la voz de un poeta que expresa sus problemas durante el proceso de creación. Interviene en este preciso momento

---

[29] Francisco Márquez Villanueva, que se muestra injusta y visceralmente hostil a la obra e incluso al propio Lope, califica la versión artística del Fénix de 'desaforada y medio neurótica mitificación de San Isidro' (Francisco Márquez Villanueva, *Lope: vida y valores* [Río Piedras: Universidad de Puerto Rico, 1988], pág. 9).

[30] La intervención de Lope fue fundamental a la hora de obtener una decisión papal favorable a la canonización del santo. De hecho, un ejemplar del *Isidro* quedó incorporado a la documentación del proceso (Timoteo Rojo Orcajo, *El pajarillo en la enramada o algo inédito y desconocido de Lope de Vega Carpio* [Madrid: Tipografía católica, 1935], pág. 17). Noël Salomon recoge en detalle los altibajos del mismo (Noël Salomon, *Lo villano en el teatro de Lope de Vega*, trad. Beatriz Chenot [Madrid: Castalia, 1985], págs. 213–21), en el que llegó a comparecer el propio Lope (Rojo Orcajo, pág. 19).

[31] Arturo del Hoyo, 'El *Isidro*, poema castellano de Lope de Vega', en *Isidro*, de Lope de Vega (Madrid, 1935), sin paginación.

[32] De hecho, el poeta italiano Giambattista Marino, un gran imitador de Lope que participó destacadamente en las *Essequie Poetiche* en su honor, denomina al *Isidro* 'Poema Istorico', que permite comparar a Lope con Lucano (*Essequie*, pág. 15).

porque se halla ante un pasaje especialmente sublime —la descripción de Tierra Santa—. Le es necesario 'levantar el alma a la contemplación' (Giuliani y Pineda, págs. 264–65), como afirmaba Medinilla, o elevarse 'a otro mas alto juyzio', como explicaba Carballo (vol. II, págs. 192–93). Por ello, el narrador acude sin dudarlo a la imaginería clásica del entusiasmo. El dios Apolo, que tradicionalmente inspira a los poetas, debe 'animar' —etimológicamente 'hacer vivir'— el 'pecho' del autor con su propio 'espíritu'. En estas líneas, Lope utiliza hábilmente varias palabras clave de la teoría del furor poético ('Apolo', 'animar', 'pecho', 'espíritu') para evocar la imagen del poeta inspirado. De este modo, en ciertas escenas del *Isidro* el Fénix apoya su prestigio como escritor precisamente en la base de la tradición del genio que también sostiene la idea del 'monstruo de la naturaleza'.

El poeta inspirado es una caracterización que aparece en muchos otros momentos de la obra, aunque con la peculiaridad de que en ellos Lope acude a san Isidro y otras figuras católicas en vez de a Apolo o a las Musas, habitantes originales del monte Parnaso en la mitología grecorromana. En estos peculiares pasajes el escritor madrileño adorna su poema con toda la imaginería parnasiana solamente para rechazarla inmediatamente:

> Para este punto previne,
> mi labrador soberano,
> el nuevo Helicón cristiano,
> a que es razón que se incline
> pluma y voz, estilo y mano.   (canto VIII, vv. 431–35)

En esta curiosa quintilla el narrador apela directamente a san Isidro con el epíteto 'Labrador soberano'. Se trata de una construcción oximorónica muy significativa, que configura retóricamente la estrofa de modo magistral. Evidentemente, dentro de la estructura social de la época un labrador no puede ser jamás 'soberano', pues la ideología dominante durante el Siglo de Oro era fundamentalmente aristocrática, y por tanto muy desfavorable a los labradores.[33] La organización paradójica de la estrofa continúa en el verso siguiente, al aparecer otro oxímoron: un 'nuevo Helicón cristiano'. Con esta referencia, Lope logra aludir a la tradición del entusiasmo al tiempo que la rechaza. El monte Helicón, junto al Parnaso, estaba como su vecino dedicado a Apolo y las Musas. No obstante, el Helicón del *Isidro* es 'cristiano', adjetivo que deja de lado a estas deidades paganas. De este modo, el Fénix usa una especie de *recusatio* para evocar la idea clásica del furor poético, con todo el prestigio que implicaba, y también para repudiarla en favor de una tradición cristiana más

---

[33] Sin embargo, como explicaremos en detalle más adelante, el *Isidro* aprovecha toda una tradición paralela que permite la exaltación de personajes humildes e ignorantes, como este 'labrador soberano'.

adecuada al tema de la obra. Lope usa una estrategia muy parecida en la siguiente quintilla:

> No hay Pimpla y Bibetro aquí,
> vuestra fuente, Isidro, sí,
> con que prosigo mi canto.   (canto VIII, vv. 436–38)

El poeta madrileño alude esta vez a las fuentes parnasianas que, como Castalia, proporcionaban al poeta la deseada inspiración divina. Sin embargo, asevera que las fuentes clásicas no se pueden comparar al manantial provocado por un milagro de Isidro en los resecos campos de Madrid. En efecto, según Lope había indicado al comienzo del canto, la fuente de Isidro produce un nuevo entusiasmo mucho más efectivo que el castálido:

> Dejad, humano Parnaso,
> la fuente y la gracia infusa
> de la versífera musa,
> y el engendrado Pegaso,   Ovid. libr. 4
> de la sangre de Medusa.   *Metha.*
>
> (canto VIII, vv. 1–5)

El Fénix construye la quintilla como una invocación al 'humano Parnaso' —los poetas que escriben obras de inspiración pagana— para que rechace el furor poético clásico y pagano. En este sentido, el calificativo 'humano' resulta fundamental, pues contrapone implícitamente este Parnaso con uno divino. Pese a repudiarlos, Lope continúa enumerando en cada uno de los versos citados los elementos que componen el entusiasmo: la parnasiana 'fuente' Hipocrene —de ahí la referencia a Pegaso, 'engendrado [. . .] de la sangre de Medusa', que creó este manantial inspirador de una sola coz en la roca—, la 'gracia infusa' —una acertada traducción castellana de la palabra griega 'entusiasmo'—, y la 'musa' que hace brotar los versos en el poeta ('versífera'). La quintilla siguiente prosigue brevemente con la enumeración para luego concluir aportando el sentido de la misma:

> Cese el agua cristalina,
> no sirva la Cabalina,   Pers. *Satyr.* I.
> ya para mojar los labios,
> que para hacerlos mas sabios,
> hay otra fuente divina.   (canto VIII, vv. 6–10)

La fuente 'Cabalina', apoyada en la marginalia del *Isidro* por la autoridad del erudito poeta latino Persio, es la última en la serie de manantiales productores de entusiasmo. Con esta lista, acompañada de eruditas anotaciones al margen, Lope logra demostrar efectivamente su conocimiento de la tradición clásica. Además, la fuente 'Cabalina' también alude a la concepción grecolatina del furor poético, aunque sólo sea para rechazarla en favor de una inspiración cristiana ('fuente divina'). De nuevo, el Fénix acude al recurso retórico de la *recusatio* para expresar su relación con el entusiasmo clásico: demuestra conocerlo, pero no lo acepta en su totalidad. Este mecanismo obtiene, pues, un resultado triple. En primer lugar, asienta la erudición del poeta —en las enumeraciones mitológicas, en la marginalia, etc.—. En segundo lugar, le presenta como un autor inspirado, pues la voz narrativa, identificable con Lope, siempre afirma poseer el prestigioso furor poético. En tercer lugar, puntualiza que esa posesión divina procede de fuentes cristianas propias del tema devoto de la obra. Por tanto, en el *Isidro* el Fénix ofrece una imagen de sí mismo como poeta inspirado usando el vocabulario procedente de la tradición del entusiasmo, a la que añade además otros elementos de su propia cosecha.

Esta auto-representación obtuvo un gran éxito en el siglo XVIII —al menos en la edición de Cerdá y Rico— y, más tarde, en la imagen romántica y postromántica del autor. Así, George Ticknor afirma de Lope que 'no poet of any considerable reputation ever had a genius so nearly related to that of an improvisator' (pág. 234).[34] El erudito norteamericano, profesor de Harvard y autor de la primera historia de la literatura española a mediados del siglo XIX, ejerció una notable influencia sobre la crítica durante el resto del siglo. Por ello, es significativo que Ticknor conciba a Lope como un genio cuya inspiración le permite improvisar poemas y obras dramáticas: el bostoniano representa la opinión más extendida entre los románticos. Sin embargo, los autores de los siglos XVIII y XIX no fueron los únicos en concebir al Fénix como un poeta inspirado; dos siglos antes, los contemporáneos de Lope también aceptaron esta concepción. Por ejemplo, varios poemas incluidos en la *Fama póstuma* (1636), que compiló Juan Pérez de Montalbán, presentan al Fénix como a un genio. Así, en su 'Oración fúnebre en la muerte del doctor frey Lope Félix de Vega Carpio', el doctor Phelipe Godínez exclama: '¡Qué fáciles, qué espontaneos eran sus versos! ellos se nacian, ellos se daban sin la afanada cultura de aquellos numeros, donde casi siempre el concepto está quejoso del consonante, sin olor de una voz indigna, sin sabor de palabra ociosa, manaban, corrian, y deleytaban como el agua eran naturales' (pág. 158). Godínez alaba la poesía de Lope por su facilidad y naturalidad —que expresa mediante el uso reflexivo de los verbos 'nacer' y 'dar'—, que opone a la 'afanada cultura' que atormenta los versos de otros poetas. Aunque Godínez no acude explícitamente a la tradición del entusiasmo, sí que alude a ella. Por ejemplo, el adjetivo 'naturales' que aplica a las líneas del autor evoca inmediatamente el 'natural' o genio del poeta. Además, la acertada comparación de los versos de Lope con agua que mana y corre recuerda las fuentes del Parnaso, que provocaban la inspiración en los escritores. De hecho, la

---

[34] George Ticknor, *History of Spanish Literature*, 1849, vol. 2 (Nueva York: Frederick Ungar, 1965).

alabanza de la espontaneidad frente a la 'cultura' supone necesariamente enfatizar la parte irracional del proceso de creación: un poeta 'natural' se limita a escribir lo que le dicta su numen, su inspiración poética.

Otros ingenios que forman parte de la antología de Pérez de Montalbán describen a Lope con términos semejantes. No obstante, son los diversos poetas italianos de las eruditas *Essequie poetiche* (1635) que preparó Fabio Franchi los que adscriben más claramente al Fénix a la imagen clásica del poeta inspirado. Así, la colección italiana incluye una 'Orazione fatta in Parnasso' del caballero Marino en la que el italiano afirma que con Lope Apolo demostraba 'a' mortali perfettamente il suo sacro furore' (pág. 13), con lo que retrata al autor madrileño como un genio clásico dentro de la tradición platónica. También sostiene que el Fénix poseía 'un impulso naturale a nessun altro concesso' (pág. 19), donde la palabra 'naturale' alude, como el castellano 'natural', a la capacidad innata —el genio— del poeta. Otro autor incluido en las *Essequie poetiche*, Guido Casoni, sitúa al autor madrileño en la tradición del entusiasmo en su oda 'In lode del signor Lope de Vega':

> Sacro furor, che le purgate menti
> Rendi divine, e le sollevi al Cielo,
> E con le fila de' canori accenti
> Misterioso velo
> Tessi, che copre i sensi alti; e fai degni
> Del tuo favor solo i sublimi ingegni.
> Del gran Lope immortal così infondesti
> Nell'alta mente i semi tuoi divini,
> Quindi i concetti suoi furon celesti.   (*Essequie poetiche*, pág. 99)

Las líneas citadas corresponden al comienzo de la oda, en el que Casoni apela directamente al 'sacro furor'. Con esa expresión el erudito panegirista italiano consigue recordar el origen divino de la inspiración poética, que luego enfatiza claramente en el segundo verso, al atribuir al furor la capacidad de hacer las mentes 'divine' y elevarlas al Cielo. Por su parte, la frase 'purgate menti' continúa dentro de esta línea arqueológica al evocar la tradición coribántica del entusiasmo. Tras una serie de versos que enfatiza la excelencia del furor, con que remata la estrofa, Casoni introduce dramáticamente la figura de Lope. La 'alta mente' del escritor madrileño es el objeto directo de la larga frase del italiano: el furor poético plantó ('infondesti') en el Fénix sus semillas divinas, de modo que hizo los conceptos ('concetti') del poeta brillantemente 'celesti'. Según Casoni, el entusiasmo elevó al máximo posible las creaciones del sublime poeta español. Es decir, tanto los panegiristas de la *Fama póstuma* como, especialmente, los más clasicistas de las *Essequie poetiche* retrataron a Lope como un genio inspirado, demostrando que la imagen de sí mismo que propagó el Fénix tuvo bastante éxito entre algunos de sus contemporáneos.

En suma, resulta que ciertas connotaciones al parecer románticas y post-románticas de la expresión 'monstruo de la naturaleza' se encuentran ya en la auto-representación del autor en el *Isidro*, al menos en lo que se refiere al aspecto de la inspiración. De modo semejante, existe otra serie de implicaciones del apodo que, aunque presentan un carácter aparentemente romántico, nacen del modo en que Lope se presentaba en su obra. De nuevo, el *Isidro* será el vehículo principal de esta auto-representación, conformando una tras otra el resto de las facetas del 'monstruo'.

Poeta del pueblo. *Stultitia et charitas*: **el franciscanismo del** *Isidro*

Una de las ideas más extendidas en torno a la obra de Lope, tanto la dramática como lo poética, es que el autor madrileño era un escritor esencialmente 'popular', en cuanto a que representaba el espíritu del pueblo, en el que se inspiraba decididamente (Ticknor, págs. 153, 171). De este modo, críticos y lectores tienden a subrayar que el Fénix reutilizaba cancioncillas orales en sus comedias y poemas líricos, y que reescribía antiguas leyendas españolas que usaba como base de sus obras teatrales. Esta concepción parece resistir tercamente dos hechos comúnmente poco apreciados: el que el uso de tonadas anónimas estuviera extendido entre los poetas cultos de la época, al menos ya desde tiempos de los Reyes Católicos, y el que Lope tomara a menudo las antiguas leyendas de fuentes escritas,[35] a veces incluso latinas —de seguro conocía la *Historia de rebus Hispaniae*—. Pese a hechos como éstos, como indicamos arriba, los críticos acuden sin dudarlo al criterio de la 'inspiración popular' para distinguir las comedias de Lope de las del sesudo y culto Calderón. Por ejemplo, Ticknor afirma que en sus comedias Lope 'gave himself up to the leading of the national spirit [. . .] completely' (pág. 155). De modo semejante, al tratar de poesía se suele pensar que: 'Junto al popular Lope se mantiene Góngora, poeta de poetas' (Green, 'On the Attitude', pág. 200).[36]

La persistente imagen actual del Fénix como poeta popular se apoya en la concepción romántica de la poesía como emanación del espíritu del pueblo,[37] y en este sentido su aplicación al estudio de un escritor del Siglo de Oro resulta totalmente anacrónica. Por ello Márquez Villanueva señala acertadamente que es muy probable que un autor áureo como Lope se ofendiera

---

[35] Por ejemplo, la *Estoria de España*, que probablemente conoció en alguna de sus refundiciones, o la *Historia de España* de su contemporáneo, el padre Mariana.

[36] Otis H. Green, 'On the Attitude toward the *Vulgo* in the Spanish *Siglo de Oro*', *Studies in the Renaissance*, 4 (1957), 190–200.

[37] A veces, la visión del Fénix como autor 'popular' tiene fuentes incluso más modernas. Por ejemplo, en el clima altamente politizado que precedió a la Guerra Civil española existió toda una tradición que insistía en ofrecer la imagen de un Lope 'popular' en el sentido marxista y revolucionario de la palabra. Desde una posición política conservadora, Entrambasaguas se rebeló contra esta concepción en un artículo publicado en el diario *El Debate* el 8 de junio de 1935 (Francisco Florit Durán, 'La recepción de Lope en 1935: ideología y literatura', *Anuario Lope de Vega*, 5 [2000], 107–24, págs. 112–17).

si oyera calificar su producción de 'popular' (pág. 17).[38] De hecho, durante los aristocráticos siglos XVI y XVII los intelectuales veían el 'pueblo' que luego idealizaron los románticos como el 'vulgo' que tantas veces desprecia el Fénix en sus obras. Sin embargo, la idea actual de Lope como poeta popular presenta algunos aspectos que, expresados con una retórica muy diferente a la romántica, tienen cierta base en las ideas áureas y en la auto-representación del Fénix en el *Isidro*.

En el Siglo de Oro existía una prestigiosa tradición que defendía ciertas facetas de lo que el siglo XIX consideró 'popular'. Se trata de toda una corriente de pensamiento eclesiástico que exaltaba la sencillez, e incluso la pobreza, como vehículos apropiados para alcanzar el auténtico estado de los primeros discípulos de Cristo (Caro Baroja, págs. 342, 347, 463).[39] Esta filosofía populista alcanzó su expresión más lograda y conocida en el movimiento franciscano del siglo XIII. La retórica franciscana permitía alabar aquellas clases sociales excluidas por el discurso aristocrático del feudalismo. Es más, el énfasis en la sencillez de los 'pobres de espíritu' evangélicos llegaba a extremos irracionalistas, voluntaristas y anti-intelectualistas que acercan las ideas franciscanas a la concepción del furor poético: según cierto pensamiento franciscano, de nada valían el estudio erudito o la razón humana frente a la ciencia infusa proporcionada por Dios.[40] Esta tendencia explica la aparición de

---

[38] Sin embargo, Lope no hallaría afrentoso que se le calificara de 'popular' según otra de las acepciones actuales del término, como 'famoso' o 'comúnmente apreciado'. De hecho, el Fénix era enormemente 'popular' en este sentido. Su discípulo y amigo Pérez de Montalbán certifica la fama de que gozó en vida, pues afirma que 'Enseñabanle en Madrid a los forasteros, como en otras partes un templo, un palacio, y un edificio' (pág. 47). Una expresión de la época atestigua cuánto le apreciaban sus contemporáneos. La frase 'ser de Lope' significaba generalmente excelencia:

> Alcanzó por sus aciertos un modo de alabanza, que aun no pudo imaginarse de hombre mortal: pues creció tanto la opinión de que era bueno quanto escribia, que se hizo adagio comun para alabar una cosa de buena, decir que era de LOPE: de suerte que las joyas, los diamantes, las pinturas, las galas, las telas, las flores, las frutas, las comidas, y los pescados, y quantas cosas hay criadas se encarecian de buenas solamente con decir que eran suyas, porque su nombre las calificaba. (Pérez de Montalbán, pág. 53)

El entierro del poeta en loor de multitudes, tan concurrido que recuerda los decimonónicos de José Zorrilla, Víctor Hugo o Giuseppe Verdi, constituye la última prueba de la popularidad de Lope: 'Las calles estaban tan pobladas de gente, que casi se embarazaba el passo al entierro, sin haver balcon ocioso, ventada desocupada, ni coche vacio' (Pérez de Montalbán, pág. 42).

[39] Julio Caro Baroja, *Las formas complejas de la vida religiosa (siglos XVI y XVII)* (Madrid: SARPE, 1985).

[40] El mensaje se desprende de numerosos pasajes en que san Buenaventura expone las ideas del santo fundador (*Seraphici doctoris S. Bonaventurae Legendae duae de Vita S. Francisci Seraphici* [Ad Claras Aquas: Ad Claras Aquas, 1923], cap. XI, 1, *et passim*).

los 'juglares de Dios' (Chesterton, pág. 89),[41] personajes como el famoso fray Junípero Serra que exhibían un comportamiento extraño e ilógico, semejante en muchos aspectos al de los filósofos cínicos de la Antigüedad. Esta retórica franciscana, muy difundida en la España del Siglo de Oro, subrayaba bastantes elementos que en el siglo XIX y en la actualidad serían considerados como 'populares': la pobreza frente a la abundancia, la sencillez frente a la opulencia, la sana ignorancia frente a la erudición, y el amor incondicional e incluso aparentemente irracional a Dios frente a la confianza en la razón humana.

Lope era muy adepto al pensamiento franciscano, como muchos otros grandes personajes de su época. No olvidemos que el poeta perteneció a la Orden Tercera de San Francisco,[42] y que se hizo enterrar en hábito franciscano, algo que por otra parte constituía una práctica bastante corriente en la España del Siglo de Oro. Es más, el Fénix utilizó en varias ocasiones la retórica de la humildad, ya que, por ejemplo, en los preliminares de los *Triunfos divinos* hay un prólogo titulado 'El licenciado don Luis de la Carrera a los desapasionados y doctos' que describe la actitud de Lope como ejemplarmente humilde: 'Sin esto, es digno de alabanza un hombre que ha igualado la humildad a la fama, con desesperación de la envidia, que vanamente y tarde se opone a sus escritos, no habiéndose oído en su boca cosa que excediese jamás los límites de la modestia.' Las virtudes que destaca este encomio que el Fénix hizo imprimir al comienzo de su libro son singularmente apropiadas para un sacerdote, como lo era el Lope que publicó los *Triunfos divinos*: la 'humildad' y la 'modestia'. La humildad y la modestia también son propias de la retórica franciscana de exaltación de lo sencillo. La presencia de este discurso es aun más clara en la obra que centra nuestro análisis en estos momentos: el *Isidro*. De hecho, Aaron (pág. 72) y Márquez Villanueva (pág. 32) ya han apreciado matices franciscanos en la obra, pues estos estudiosos destacan en el *Isidro* el voluntarismo o anti-intelectualismo de la piedad afectiva y la ciencia infusa, el énfasis en el papel de la pobreza, y la presencia de un acercamiento fraternal a la naturaleza. Según Aaron, semejantes características hacen que el enfoque de lo divino en la obra sea 'ingenuo, sencillo y humilde, esencialmente popular' (pág. 67).

En efecto, la retórica de la obra justifica que tanto Aaron como muchos otros críticos la calificaran de 'popular'. De hecho, uno de los mensajes principales del *Isidro* es que existe gran mérito, e incluso heroísmo, en un personaje humilde. Es por ello que Arturo del Hoyo afirma que el tema de la obra es 'la humildad de Isidro, la suya propia', aludiendo a la del mismo Lope. Una parte fundamental de esa humildad singular es la ignorancia, que Isidro

---

[41] Gilbert Keith Chesterton, *San Francisco de Asís*, trad. Marià Manent (Barcelona: Juventud, 1994).

[42] Los franciscanos crearon la Orden Tercera —'Tercera' por la preeminencia de la Orden de Frailes Menores y de las Clarisas, primera y segunda, respectivamente— precisamente para involucrar a seglares como Lope en su movimiento.

exhibe con generosidad. Desde los primeros versos del poema el Fénix presenta a San Isidro Labrador como un hombre sin educación:

> Canto al varón celebrado,
> sin armas, letras ni amor [. . .].   (canto I, vv. 1–2)

La apertura del libro tiene un indudable tono épico (Aaron, pág. 69) que hace especialmente efectivo su contenido. Lope recurre a un comienzo que presenta el tema que se 'canta' en la obra con una fraseología que evoca rápidamente las grandes épicas clásicas: la *Ilíada*, la *Odisea* y la *Eneida*. Los parecidos del *Isidro* con esta última epopeya son particularmente singulares.[43] El Fénix recoge en sus dos versos las tres palabras principales del famoso hexámetro que abre la *Eneida*: 'canto' ('cano'), 'varón' ('uirum') y 'armas' ('arma'). La referencia a Eneas sirve para resaltar el contraste de Isidro con los héroes clásicos de la epopeya latina. Fundamentalmente, el santo madrileño no era en absoluto un gran guerrero. De hecho, tampoco era famoso ('celebrado') por su erudición ('letras') o, por supuesto, por sus aventuras amorosas. Sin embargo, el *Isidro* utiliza la apertura épica para afirmar que un hombre humilde como Isidro —un 'varón celebrado'— merece tanto o más loor que los grandes héroes de la Antigüedad, los protagonistas de las grandes epopeyas de Homero y Virgilio.

Lope insistirá en muchos otros pasajes de la obra en la santa ignorancia de su personaje. Los más destacados por su efectividad son los que contrastan a san Isidro con su sabio homónimo, san Isidoro de Sevilla. La de san Isidoro era la forma culta del nombre, y la de san Isidro la popular y patrimonial, de modo que los nombres propios de los santos sirven para contrastar las principales virtudes de ambos: san Isidoro era sabio y erudito; san Isidro, simple e ignorante. De hecho, el Fénix especula en el canto primero del *Isidro* que los padres del santo le deben de haber puesto ese nombre en honor de san Isidoro, cuyo cuerpo fue transportado en años cercanos al nacimiento de Isidro de Sevilla a León —Lope dedica una amplia digresión a narrar la invención de la tumba original y su traslado a la capital cristiana—. El poeta madrileño sólo presenta esa explicación como una hipótesis, pues le convenía mantener un tono de cierta objetividad. No conviene olvidar que construyó el *Isidro* sobre la base documental para el proceso de canonización del luego santo, y que el libro fue usado posteriormente como prueba en la propia causa. Los

---

[43] Por ejemplo, tanto la *Eneida* como el *Isidro* contienen un fuerte mensaje nacionalista. De hecho, podemos interpretar la profunda implicación de Lope en la canonización de san Isidro como un intento del Fénix por colocarse al frente de un bando de literatos esencialmente castellanos bajo la invocación de un santo madrileño. Para más información sobre el proceso de canonización, y sobre la imagen de Madrid en las comedias lopescas sobre san Isidro, consúltese el libro de Elaine M. Canning, especialmente en su segundo capítulo (Elaine M. Canning, *Lope de Vega's Comedias de Tema Religioso: Re-creations and Re-presentations* [Londres: Tamesis, 2004]).

documentos de que disponía no debían de aclarar cuándo decidieron darle el nombre de Isidro sus padres, por lo que Lope no afirma nada contundentemente. Sin embargo, el Fénix sí que insiste en la hábil contraposición en paranomasia —Isidoro/Isidro— del santo sevillano y el madrileño:

> O fuese tiempo después,
> al fin este Isidro es
> del nombre de aquel pastor,
> no sabio, mas labrador,
> que tuvo el mundo a sus pies.   (canto I, vv. 276–80)

Esta quintilla declara que Isidro no fue 'sabio' como el santo de quien toma su nombre, pero sí que logró como éste la mayor gloria posible. Tal es el sentido de la frase 'tuvo el mundo a sus pies', especialmente afortunada por connotar a un tiempo un gran éxito y una actitud cristiana de desprecio por lo terreno. La riqueza poética de la estrofa no acaba aquí, pues la palabra 'pastor' esconde un concepto que refuerza aun más el sentido de los versos. Isidro es 'pastor' literalmente, porque es un 'labrador' que cuida de algunas cabezas de ganado —por ejemplo, tiene bueyes para arar los campos—. Al mismo tiempo, Isidro también es 'pastor' en el sentido eclesiástico de la palabra: es un guía para los fieles, que deben imitar su comportamiento ejemplar. Por ello, Lope especifica que es un pastor 'no sabio, mas labrador', en oposición a san Isidoro. El Fénix clarifica la relación entre ambos santos hispanos en la quintilla siguiente:

> Que aunque el nombre fue verdad,
> que le vino de su herencia,
> por su humildad e inocencia
> imitó su santidad,
> pero no imitó su ciencia.   (canto I, vv. 281–85)

Isidro es, ciertamente, epónimo de san Isidoro ('el nombre fue verdad, / que le vino de su herencia'). También tiene en común con el sevillano 'su santidad', cuya esencia es precisamente la 'humildad e inocencia' que ostenta Isidro, y no la 'ciencia' del obispo visigodo. Lope subraya que aunque los dos santos poseían virtudes diferentes, el madrileño también logró alcanzar la gloria divina:

> No supo filosofía,   *Placuit Deo per stultitiam praedicationis*
> física, ni teología,   *salvos facere credentes.*   1. *Corinth* 1.
> como Isidro, luz del suelo,
> pero supo hallar el cielo
> llevando la fe por guía.   (canto I, vv. 286–90)

'Isidro' en este caso es san Isidoro, ducho en materias filosóficas que Lope divide en 'física' —conocimientos relativos al mundo— y 'teología' —saberes acerca de Dios—. La sabiduría que divulga san Isidoro le convierte en 'luz del suelo', calificativo altamente favorable con el que el Fénix aprueba sin reservas la labor del santo sevillano. Sin embargo, la quintilla presenta todos estos elogios en una frase negativa: se trata siempre de saberes que no posee san Isidro. Pese a ello, el santo madrileño alcanzó el mismo objetivo que el sevillano, 'el Cielo', aunque solamente usando a la 'fe' como 'guía'. De nuevo, estos versos contienen un concepto poético que hace especialmente efectivo su mensaje. La imagen que emplea Lope es la de una búsqueda en la oscuridad: san Isidoro, como 'luz del suelo', no tuvo problemas para encontrar lo que perseguía; san Isidro, pese a no poseer la 'luz' de la sabiduría, utilizó la fe para 'hallar el Cielo' con igual efectividad.

En este sentido, la estrofa citada insiste en la contraposición entre san Isidoro y san Isidro usando una estructura retórica y unos tropos muy semejantes a los que aparecen en otras quintillas anteriormente analizadas. Por ello, estos versos concluyen una progresión temática que Lope había desarrollado a lo largo del canto, con su comparación y contraposición de los santos. Además, la estrofa contribuye decisivamente a aclarar la fuente y el significado de su elogio de la ignorancia con la cita de la marginalia. El Fénix presenta la autoridad de *Ad Corinthios* I, 1 para sostener su presentación de san Isidro como personaje 'stultus'.[44] La elección de Lope es acertadísima, pues la epístola paulina constituye la base principal del pensamiento cristiano irracionalista y anti-intelectualista que luego adoptarían los franciscanos. De hecho, san Pablo construye su carta sobre una estructura paradójica como la que imita el Fénix en las quintillas que acabamos de analizar: la sabiduría del mundo no es verdadera sabiduría, pues no logra explicar a Dios; frente a ella resulta más aconsejable la 'stultitia' divina, que sí que pone al hombre en contacto con la divinidad. San Pablo se pregunta retóricamente: 'Nonne stultam fecit Deus sapientiam huius mundi?' y afirma que 'quae stulta sunt mundi elegit Deus, ut confundat sapientes: et infirma mundi elegit Deus, ut confundat fortia: et ignobilia mundi et contemptibilia mundi elegit Deus [. . .]' (1, 1) ('¿No hizo acaso Dios estúpida la sabiduría de este mundo?'),[45] relacionando claramente la ignorancia con la humildad, incluida la humildad social del 'pueblo' ('infirma mundi'; 'ignobilia mundi et contemptibilia mundi'). En todo caso, el mensaje principal de los párrafos iniciales de la carta es que la sabiduría humana resulta ignorancia frente a Dios, de modo que al hombre le conviene ser ignorante en la tierra para resultar así sabio a ojos del Cielo: 'Nemo se seducat: si quis videtur inter vos sapiens esse in hoc saeculo, stultus fiat ut sit sapiens. Sapientia enim huius mundi,

---

[44] San Pablo parece basarse, a su vez, en pasajes como Mateo 5, 3.
[45] *Biblia Sacra iuxta Vulgatam Clementinam Nova Editio*, ed. Alberto Colunga y Laurencio Turrado (Madrid: Biblioteca de Autores Cristianos, 1977).

stultitia est apud Deum' (1, 3) ('Que nadie se engañe: si veis a alguien entre vosotros que parece sabio en este mundo, el ser sabio le hace estúpido. Pues la sabiduría de este mundo es estupidez ante Dios'). Por consiguiente, Lope usa la anotación al margen del *Isidro* con el fin de aclarar su defensa de la humildad y la ignorancia y de adquirir para su obra toda la autoridad de la doctrina paulina.

Precisamente esta epístola primera *Ad Corinthios* contiene otros pasajes que contribuyen a explicar el irracionalismo del *Isidro*. Se trata de la famosa alabanza de la *charitas*, el párrafo más citado de las cartas paulinas. El término 'charitas' se suele traducir hoy en día al castellano como 'amor' —divino, se sobreentiende—, aunque también podría interpretarse como 'gracia', de acuerdo con el significado habitual de la palabra griega ''η ' αριϭ, ιτοϭ'. En cualquier caso, *charitas* alude a un don inefable e inexplicable que san Pablo contrapone claramente con la sabiduría: 'Si linguis hominum loquar, et angelorum, charitatem autem non habeam, factus sum velut aes resonans, aut cymbalum tinniens. Et si habuero prophetiam, et noverim mysteria omnia, et omnem scientiam [. . .], charitatem autem non habuero, nihil sum' (1, 13) ('Si hablara todas las lenguas de los hombres, e incluso de los ángeles, pero no tuviera caridad, sería como un vacío bronce resonante o un címbalo que vibra. Y si tuviera el don de la profecía y conociera todos los misterios y todas las artes, pero sin embargo no tuviera caridad, no sería nada'). Es decir, la *charitas* no es ningún conocimiento adquirido que se pueda procesar mediante la razón, como son las lenguas extranjeras ('linguis hominum'), la capacidad de interpretar la Escritura ('prophetiam'; 'mysteria omnia'), o la 'scientia' en general. Aunque san Pablo no llega a definir *charitas* rigurosamente, la opone a todos los saberes anteriormente citados con una gran insistencia que marca con la estructura simétrica de las oraciones ('et . . . et; autem non . . .'). En este sentido, las conocidas frases paulinas mantienen el tono general del mensaje irracionalista de *Ad Corinthios*.

Ya hemos observado cómo el Fénix había usado en el *Isidro* argumentos sobre la simpleza y la pobreza procedentes de la epístola de san Pablo. Además, en el mismo volumen Lope atribuye a su labrador protagonista ciertos méritos que resultan muy semejantes a la *charitas* paulina. Aparte de su beata ignorancia, Isidro ostenta un 'amoroso celo' cuyos efectos describe la siguiente quintilla:

> Con este amoroso celo
> subió tan alto su vuelo,
> tan gran privilegio goza,
> que fue Guzmán y Mendoza,
> de los linajes del Cielo.   (canto I, vv. 416–20)

Gracias a esta cualidad, tan inefable como la *charitas*, el santo madrileño obtuvo su lugar de favor junto a Dios. El 'amoroso celo' alude al 'amor' del

Creador, que el Fénix había descrito unos versos más atrás (canto I, v. 410). Por tanto, las credenciales de Isidro —al igual que las del propio san Francisco (Buenaventura, cap. IX, 1)— consisten simplemente en un intensísimo amor ('celo') de Dios. En este sentido, la caracterización del santo labrador es coherente con la del resto del poema: se basa en el irracionalismo paulista y franciscano que domina el libro de Lope. Además, el Fénix no se limita a atribuir estas cualidades a su protagonista. Curiosamente, también las usa para describir al narrador, es decir, para auto-representarse:

> Yo, aunque indigno llego tarde,
> a hacer de la vuestra [ciencia infusa] alarde
> en el teatro del mundo,
> tan rústico, que me fundo
> en que amor me abrasa y arde.   (canto IV, v. 26–30)

Ya hemos indicado que la voz narrativa que aparece en el *Isidro* pretende que la identifiquemos con la del propio autor: pertenece a un poeta madrileño que está en trance de componer el *Isidro*. Por consiguiente, debemos considerar todas aquellas ocasiones en que habla de su persona como instancias de auto-representación de Lope, y la quintilla recién citada es sin duda una de ellas. Presenta abiertamente al autor como 'rústico' y apasionado ('amor me abrasa y arde'). Por tanto, el narrador declara que comparte su ignorancia con la del santo que describe; no sólo porque la rusticidad es, etimológicamente, la cualidad de aquéllos que habitan en el campo, como Isidro, sino también porque el Fénix ha caracterizado al labrador madrileño como un hombre ignorante (canto I, v. 2; canto I, v. 279; *et passim*). Esta confesión de simpleza reaparece en otros pasajes de la obra, como por ejemplo en el canto V, donde el poeta califica su mismo volumen de 'versos incultos' (v. 55). De hecho, la propia elección del metro del *Isidro* —quintillas castellanas en vez de octavas reales italianas— podría ser otra declaración de falta de erudición. En cualquier caso, en la estrofa anteriormente citada, además de 'rústico', Lope se describe como un poeta cuya principal virtud es un 'amor' que recuerda inmediatamente al 'amoroso celo' de Isidro.[46] Este amor resulta ser la credencial que presenta el Fénix para llevar a cabo su tarea poética, pues la labor es tan ardua para un poeta 'rústico' como él que Lope 'se funda' únicamente en su gran afición por el santo. De nuevo, la coincidencia con el caso de san Isidro resulta evidente, ya que también el labrador madrileño tenía en el amor divino su virtud principal. El Fénix refuerza hábilmente su caracterización evocando el mito de Ícaro en otra quintilla del mismo canto cuarto:

---

[46] La alusión al amor también evoca la caracterización de Lope como poeta apasionado que hemos estudiado en el capítulo previo. De hecho, en el capítulo siguiente analizaremos precisamente cómo el Fénix intentó aprovechar su fama de escritor amoroso para darse a conocer como autor de poesía religiosa confesional.

Y así de fama y de vista
yo soy vuestro coronista,
que amor que corta la pluma,
quiere que volar presuma
hasta el sol, y al rayo asista.   (canto IV, vv. 46–50)

En esta estrofa, Lope emplea hábilmente para describirse la rica palabra 'coronista'. El vocablo alude, en primer lugar, al hecho de que el Fénix es, efectivamente, el narrador de los hechos de Isidro, como hacían los narradores de las crónicas. Además, 'coronista' también implica que el *Isidro* es una obra histórica, una 'corónica': no olvidemos que para escribirla el poeta madrileño empleó la documentación del proceso de canonización. Lope se refiere a estos documentos cuando afirma que es cronista 'de fama': ha oído lo que la gente de Madrid cuenta sobre el santo, y ha leído atentamente lo que otros habían escrito sobre Isidro. También le acredita el vivir en Madrid y haber visto ('de vista') los escenarios donde transcurrió la vida del santo. Pese a poseer esta información, el Fénix afirma que escribir la vida de Isidro resulta dificultoso debido a la elevación del tema. Usando diestramente las palabras 'pluma', 'volar' y 'sol', Lope logra evocar con sutileza el mito de Ícaro: escribir sobre alguien tan sublime como Isidro equivale a volar demasiado cerca del sol, o incluso a algo más peligroso, pues el santo madrileño es uno de los 'rayos' del astro, y puede fulminar las alas del audaz escritor.[47] De nuevo, la cualidad que el Fénix presenta como credencial fundamental para llevar a cabo su obra es el 'amor': de hecho, la quintilla sostiene que el amor mismo prepara el trabajo del poeta ('corta la pluma').

Al exaltar la ignorancia y vindicar solamente un amor a Dios sin medida, Lope acude a una tradición irracionalista principalmente franciscana que tiene mucho en común con la imagen romántica y actual del Fénix como poeta popular, que también enfatiza elementos irracionalistas como el genio y la inspiración. Además, el *Isidro* se mantiene dentro de una ideología cercana a los franciscanos al encomiar la nobleza de los simples labradores y contrastarla abiertamente con la nobleza de sangre que se aprecia en el mundo. Tal tendencia se puede apreciar en una estrofa ya citada anteriormente por otros motivos:

Con este amoroso celo
subió tan alto su vuelo,
tan gran privilegio goza,
que fue Guzmán y Mendoza,
de los linajes del Cielo   (canto I, vv. 416–20)

Esta vez nos interesa destacar la metáfora que Lope usa para expresar el éxito de san Isidro. Al alcanzar la gloria divina, el santo madrileño obtuvo un puesto

---

[47] El mito de Ícaro aparece frecuentemente en la poesía del Siglo de Oro, a menudo con gran ambivalencia, pues evoca un gran riesgo al tiempo que la eterna fama (John H. Turner, *The Myth of Icarus in Spanish Renaissance Poetry* [Londres: Tamesis, 1976]).

de favor ('gran privilegio goza'), que el poeta compara con el de dos de las familias castellanas más prestigiosas en la época: los Guzmán, a quienes pertenecían el ducado de Medina Sidonia y el condado de Olivares, y los Mendoza, a cuya familia pertenecían los marqueses de Santillana y los duques del Infantado. Es decir, el Fénix utiliza la mejor nobleza española para encarecer la posición esclarecida de su personaje. Además, la metáfora tiene un segundo sentido, mucho más sorprendente e importante: Lope contrasta implícitamente los 'Guzmán y Mendoza' terrenos con 'los linajes del Cielo'. Por supuesto, estos últimos aparecen como mucho más importantes e inmensamente superiores. Ello se debe a varias razones de peso. En primer lugar, cada vez que en el Siglo de Oro se opone algo mundano a una perteneciente al 'Cielo', la segunda es la que prevalece claramente, como parte del mundo de la Verdad y lo eterno frente a las apariencias terrenas. Por otra parte, en la estructura de la oración lopesca la nobleza terrestre sólo sirve como término de calificación de la nobleza verdadera, la divina, que constituye el centro del sentido de la oración. En tercer lugar, el Fénix subraya retóricamente la importancia de la frase 'los linajes del Cielo' al situarla en un lugar privilegiado de la quintilla, pues aparece en la última línea de la estrofa y rima con 'celo' y 'vuelo', en una correlación que sirve para delinear el camino de la salvación del santo protagonista: su 'celo' amoroso le lleva, en un 'vuelo' glorioso, a alcanzar un lugar de privilegio en el 'Cielo'. Es decir, en la estrofa citada Lope no llega a despreciar la nobleza humana, aunque sí que la hace palidecer ante la nobleza divina que ostenta su personaje principal.

Otras quintillas de la obra refuerzan esta singular alteración de las jerarquías del mundo. Isidro es un simple villano que obtiene precisamente gracias a su humildad un lugar de honor en la sociedad divina, la única permanente, la verdadera. De nuevo, el *Isidro* está utilizando la base ideológica del Nuevo Testamento, concretamente lugares como San Lucas 4, 18 y, sobre todo, 6, 20 ('Beati pauperes, qua vestrum est regnum Dei') y 18, 25, que se opone abiertamente a la salvación de los poderosos: 'Facilius est enim camelum per foramen acus transire quam divitem intrare in regnum Dei'.[48] Además, Lope sabe reforzar hábilmente la autoridad de su argumento mediante la construcción retórica del *Isidro*. En efecto, el único personaje de la obra que expone una opinión contraria a la gloria de un humilde labrador es la figura alegórica de la Envidia, que se está quejando a Luzbel del menoscabo que sufre debido a las acciones del santo:

> '¿Quién sufre que un aldeano,
> con una azada en la mano,
> alcance opinión mayor,
> más estimación y honor
> que el más galán cortesano?'   (canto II, vv. 626–30)

---

[48] San Mateo 19, 23 y San Marcos 10, 25 son pasajes muy semejantes.

La quintilla presenta una queja que debían de compartir naturalmente muchos de los lectores áureos que vieran en la glorificación de Isidro un ataque a la estructura de la sociedad aristocrática. Los dos primeros versos exponen la imagen del rústico 'aldeano', que ostenta 'en la mano' el instrumento propio de su trabajo 'mecánico', la 'azada'. La visión del villano se contrapone a un pulido 'cortesano', a quien sólo caracteriza positivamente el adjetivo 'galán', al final de la estrofa. Ésta se asienta sobre la estructura de una interrogativa retórica expresada en términos bastante fuertes: la preeminencia de labradores como Isidro le parece insufrible a la voz que emite la frase ('¿Quién sufre?'). La quintilla describe el dominio antinatural de los villanos con una gradación de términos que revela el enardecimiento progresivo de la Envidia: de 'opinión' y 'estimación' se sube a 'honor', cualidad precisamente característica de la clase nobiliaria.[49] Dentro de la lógica de la frase, el hecho de que un labrador alcance estos premios resulta chocante. La construcción retórica del argumento es perfecta: toca efectivamente todos los puntos a que recurriría un verdadero defensor de la estructura nobiliaria a ultranza. Sin embargo, la apología de la Envidia queda invalidada desde el mismo momento de su enunciación, por el peso negativo que conlleva la identidad del hablante, su *ethos* (Aristóteles I, 2.2.5–10).[50] Por muy adecuados que sean los argumentos que expone, la falta de credibilidad de la Envidia los anula sin paliativos, de modo que Lope consigue salvar la dignidad del labrador y asentar con fuerza una tradición paralela al aristocratismo.

Resulta más difícil relacionar la apología del villano de las quintillas analizadas con la auto-representación de Lope en la obra. Por una parte, la voz narrativa expresa en varias ocasiones que tiene muchas cualidades en común con Isidro. Ya hemos señalado, por ejemplo, que ambos se presentan como simples. Además, como veremos en detalle más abajo, los dos son naturales de Madrid. Ahora bien, es más arriesgado afirmar que el Fénix se presentara como un labrador plebeyo como su personaje. La palabra 'rústico' (canto IV, v. 28) que el poeta se aplica a sí mismo parecería sugerirlo. Por otra parte, el Lope real era villano, en el sentido de que no era noble —su padre ejerció el oficio mecánico de bordador— y habitaba una villa —la 'Villa y Corte'—. En este sentido, la apología de una manera de obtener éxito paralela a la que proponía la aristocracia de sangre le convenía sobremanera.

Por ello, Márquez Villanueva sostiene insistentemente que con el *Isidro* el Fénix comienza una visceral campaña 'goticista' que defiende los privilegios de los simples campesinos en base a la limpieza de su sangre 'goda', a menudo

---

[49] Por supuesto, en el Siglo de Oro existía una tradición semejante al franciscanismo que utiliza Lope en el *Isidro*, que sostenía que los villanos también poseían honor (Salomon, págs. 674–85). Dian Fox ha estudiado la influencia de esta tradición en el teatro de Pedro Calderón de la Barca y del propio Lope (*Refiguring the Hero. From Peasant to Noble in hope de Vega and Calderón* (University Park: Pennsylvania State University Press, 1991).

[50] Aristóteles, *Retórica*, ed. Quintín Racionero (Madrid: Gredos, 2000).

menos 'contaminada' de mezcla de musulmanes y judíos que la de los propios nobles (pág. 129).[51] La teoría de Márquez Villanueva no hace sino recordar la vieja caracterización de Lope como personaje intolerante e inquisitorial, situado siempre al lado de la clase dominante, una visión que cobró gran fuerza en los años inmediatamente anteriores a la Guerra Civil y que hoy se está comenzando a rebatir con efectividad alegando numerosas pruebas textuales (McKendrick).[52] El caso es que no se puede afirmar que en el *Isidro* el Fénix se presente como un campesino de pura sangre goda, puesto que la más clara instancia de auto-representación del volumen le sitúa dentro de la nobleza a la que supuestamente criticaba la ideología 'goticista'. En efecto, la primera aparición de Lope en la obra, tras el título, es el grabado con su retrato y el escudo de los Carpio. Ya hemos comentado que los enemigos del Fénix le criticaron cruelmente este intento de asimilarse a la nobleza castellana desde la impresión de la *Arcadia*. Pese a esas sátiras, Lope vuelve a usar el blasón en el *Isidro*, e incluso en otras obras después de él. Por consiguiente, aunque es evidente que el libro defiende a través del santo madrileño el prestigio de los simples villanos, no está claro que el propio autor se presente como tal.

En suma, a lo largo de la obra el Fénix se apoya en una tradición fundamentalmente franciscana para defender una serie de características ignoradas por el pensamiento aristocrático y erudito de su época. El *Isidro* exalta estas paradójicas virtudes mediante el ejemplo del santo protagonista: Isidro era un labrador villano, simple pero con un enorme amor por Dios. El poeta narrador de la obra, identificable con Lope, confiesa compartir muchas de estas características: también es ignorante pero apasionado —comparte el celo de los franciscanos 'juglares de Dios'—, e incluso se podría sostener que se retrata como un plebeyo. Tales cualidades —simplicidad, pasión, humildad social— resultan muy semejantes a la idea romántica del 'pueblo', por lo que la imagen decimonónica de Lope como poeta de inspiración popular tiene un sólido precedente precisamente en la imagen del Fénix en el *Isidro*.

'Tan de veras español'

Existe una última faceta de la noción actual de Lope como escritor popular que hunde sus raíces en la auto-representación del autor en el *Isidro*: la idea

---

[51] Márquez Villanueva se refiere a una concepción que Américo Castro ejemplifica citando un manuscrito del siglo XVII, 'En España hay dos géneros de nobleza; una mayor, que es la hidalguía; y otra menor, que es la limpieza, que llamamos christianos viejos. Y aunque la primera, de la hidalguía, es más honrado tenerla, pero muy más afrentoso es faltar a la segunda; porque en España muy más estimamos a un hombre pechero y limpio que a un hidalgo que no es limpio' (Américo Castro, *De la edad conflictiva* [Madrid: Taurus, 1963], pág. 79).

[52] Melveena McKendrick, *Playing the King. Lope de Vega and the Limits of Conformity* (Londres: Tamesis, 2000).

de que la obra del Fénix recoge la esencia del pueblo español. Se trata de un concepto especialmente extendido entre la crítica contemporánea, sobre todo en la de la primera mitad del siglo XX. Por ejemplo, Juan Millé Giménez afirma que 'Lope supo penetrar [. . .] en la médula de muchos sentimientos peculiares y característicos [. . .] del pueblo español' ('La juventud', pág. 4). También insiste en este aspecto Ángel Valbuena Prat, que titula una sección de su libro *La religiosidad popular en Lope de Vega* 'Lope de Vega, poeta nacional',[53] idea que repite en *De la imaginería sacra de Lope de Vega a la teología sistemática de Calderón* (pág. 11).[54] Muchos otros estudiosos inciden en este tópico, con mayor o menor conciencia de lo que implica para la caracterización del autor (Campo, pág. 7; Romera-Navarro, pág. 148).[55] No obstante la persistencia de la idea en el siglo XX, conviene precisar que la crítica moderna no creó esta imagen, sino que más bien la tomó de la obra del propio escritor madrileño, que se presentaba complacido en sus libros como el poeta español por antonomasia.

Quizás el capítulo más conocido de esta auto-representación sea el 'Prólogo' a las *Rimas* de 1604. En él, Lope anuncia los moldes poéticos que conforman la compilación: 'tres églogas, un diálogo, dos epístolas, algunas estancias, sonetos, y epitafios fúnebres, y dos romances' (pág. 107). Como ya comentamos en el capítulo segundo, al llegar a los romances el Fénix se ve obligado a justificarse —los romances no solían formar parte de cancioneros petrarquistas como las *Rimas*—, interpolando a este efecto un *excursus* explicativo. De los argumentos que emplea en la digresión, el que más nos interesa en este momento es el que afirma que el romance es un cauce digno precisamente por ser de origen ('natural') español: 'Y soy tan de veras español, que por ser en nuestro idioma natural este género, no me puedo persuadir que no sea digno de toda estimación' (pág. 107). Esta afirmación incluye una autodescripción aparentemente innecesaria: la fama de Lope, su nombre propio y el idioma en que escribe ya le proporcionan al público la nacionalidad del poeta, indudablemente española. Pese a ello, el Fénix cree necesario anunciarla, acompañándola además de una calificación de grado: él es 'tan de veras español'. Evidentemente, la sentencia no es accesoria, sino que constituye, más bien, un atrevido recurso literario. La frase del 'Prólogo' de las *Rimas* implica que existen diferentes grados de 'españolidad', y que el Fénix posee el máximo. Al describirse de este modo, Lope pretende ganarse a sus lectores —que, por supuesto, son en su mayoría

---

[53] Ángel Valbuena Prat, *La religiosidad popular en Lope de Vega* (Madrid: Editora Nacional, 1963).

[54] Ángel Valbuena Prat, *De la imaginería sacra de Lope de Vega a la teología sistemática de Calderón. Discurso leído en la solemne apertura del curso académico de 1945–46* (Murcia: Universidad de Murcia, 1945).

[55] José del Campo, *Lope y Madrid* (Madrid: Artes gráficas municipales, 1935).

españoles— identificándose con ellos. La afirmación supone, por tanto, una hábil *captatio benevolentiae* muy apropiada para un texto preliminar como el 'Prólogo' que nos ocupa. Además, con semejante imagen el poeta también intenta rodearse de toda la autoridad que en su contexto original implicaba la palabra 'español': el término que el Fénix utiliza de modo tan optimista evocaría en un público precisamente español el poderío del rey de España y la magnitud de sus dominios.

El 'Prólogo' de las *Rimas* puede ser la instancia más conocida de este tipo de auto-representación lopesca. Sin embargo, no es la única, ni siquiera la primera, pues tal honor le corresponde precisamente al *Isidro*, ya que también el 'Prólogo' de este libro contiene una apología de las formas poéticas españolas. El párrafo en sí resulta muy semejante al de 1604: 'y de ser en este genero, que ya los españoles llaman humilde, no doy ninguna, [disculpa] porque no pienso que el verso largo italiano haga ventaja al nuestro; que si en España lo dicen, es porque no sabiendo hacer el suyo, se pasan al extranjero, como mas largo y licencioso' (pág. 209). En esta ocasión, el Fénix rompe una lanza por la quintilla, y no por el romance, aunque con unos términos muy parecidos a los que usará para defender este último en 1604: la quintilla es válida para cualquier tipo de tema por su origen español. Lo más interesante, empero, es el hecho de que también aquí aprovecha el autor para presentarse como español, pues Lope introduce sutilmente el adjetivo pronominalizado 'nuestro', que se refiere al 'verso' español en oposición al 'verso largo italiano'. La función de esta auto-representación resulta muy semejante a la del 'Prólogo' de las *Rimas*, ya que actúa como una *captatio benevolentiae* retórica al tiempo que como una afirmación de autoridad. Lope refuerza el segundo propósito unas líneas más abajo, al trazar cuidadosamente la genealogía de la 'maravillosa agudeza española': el madrileño presenta una lista de prestigiosos poetas castellanos cuya profundidad y habilidad opone implícitamente al verso 'largo y licencioso' de los italianos. El autor menciona a Garci Sánchez de Badajoz, Diego Hurtado de Mendoza, Garcilaso de la Vega, Cristóbal de Castillejo, Luis Gálvez Montalvo, el 'excelente portugués Camoens' (pág. 209),[56] Jorge Manrique y Lope de Rueda, por este orden. Además, los elogia en términos perfectamente aplicables a su propia obra. Por ejemplo, de Manrique dice que sus 'coplas castellanas', como las que forman el *Isidro*, 'admiran los ingenios extranjeros, y merecen estar escritas con letras de oro'. En cuanto a Garci Sánchez, Lope pregunta '¿qué cosa iguala a una redondilla de Garci Sánchez?' (pág. 209), insistiendo en una alabanza de la estrofa del *Isidro* que había comenzado unas líneas atrás: 'y yo sé que algunos italianos envidian la gracia, dificultad y sonido de nuestras redondillas, y aún

---

[56] Miguel Herrero García nos confirma que los castellanos del momento veían a los portugueses como españoles (*Ideas de los españoles del siglo XVII* [Madrid: Voluntad, 1928], págs. 141–49).

han querido imitarlas' (pág. 209). En suma, al haberse descrito como un escritor español, el Fénix se adhiere a este magnífico catálogo de compatriotas, aprovechando su inmensa autoridad poética.

Ya dentro del cuerpo mismo del *Isidro*, Lope continúa insistiendo en la autorepresentación de poeta español. A diferencia del 'Prólogo', estos pasajes presentan la peculiaridad de localizar la identidad española en el Reino de Castilla, en el que había nacido y habitaba el poeta. El proceso de desplazamiento metonímico que ello supone resulta evidente en la siguiente quintilla:

> Si os pusiere por objeto
> de tantos algún discreto,
> que sois humildes y llanos,
> decid que sois castellanos
> los versos, como el sujeto.   (canto I, vv. 26–30)

El narrador/Lope dialoga aquí con sus propios 'versos', que aparecen de ese modo personalizados. Está presentando una disculpa o apología de los mismos, sugiriéndoles qué decir en el caso hipotético de que fueran criticados por ser 'humildes y llanos'. Es decir, las líneas suponen una vindicación de la forma poética de arte menor idéntica a la que ya analizamos en el 'Prólogo', sólo que en aquel caso el Fénix había calificado las quintillas como españolas, no simplemente como castellanas. La estrofa es la misma, pero cambia el adjetivo que las define: lo castellano desplaza y engloba de este modo a lo español. Lope reitera la dislocación en otros momentos del poema:

> Mas ya es tiempo, musa mía,
> no retórica ni vana
> sino humilde y castellana,
> que con humilde osadía
> paséis el punto de humana.   (canto VII, vv. 581–85)

La 'musa', como fuente originaria de los versos, comparte la nacionalidad de éstos. Pues bien, el poeta especifica ahora que es 'castellana', de modo que lo castellano aparece como sinónimo o sustituto de lo español. Además, la quintilla insiste en un punto que también aparecía en la estrofa citada anteriormente: lo castellano equivale a lo humilde ('humilde y castellana'). Antes, Lope había contrapuesto los adjetivos 'humildes y llanos', en acertada rima con 'castellanos', con la irónica figura de 'algún discreto'. Ahora, el poeta enfrenta abiertamente una 'musa' 'humilde y castellana' con los calificativos opuestos de 'retórica' y 'vana'. Es decir, la humildad y la sencillez caracterizan esencialmente lo castellano, frente a los defectos que implica una erudición ('retórica') excesiva ('vana'), presumiblemente extranjera o extranjerizante. La ecuación ya es enormemente favorable a Castilla, pero lo es aun más dentro del ambiente particular del *Isidro*, que, recordemos, exalta la simplicidad. Por tanto, los párrafos comentados están en perfecta consonancia con otros momentos de la obra, estudiados arriba, en que el autor aparece con los atributos del humilde y sencillo san Isidro. En suma, dentro de este contexto, la auto-representación lopesca obtiene varios resultados positivos: logra la benevolencia del público, la autoridad de las armas y letras españolas, y también una aureola de santa humildad. Además, obtiene para la poesía del Fénix la españolidad/castellanidad en exclusiva: puesto que su producción proclama tener esta nacionalidad, toda escritura que no comparta sus características deberá necesariamente de proceder de otro origen.

Probablemente, la efectividad de la estrategia de Lope se basaba en un alto grado en el conocimiento previo que los lectores tenían de la figura del autor. El público sabía que el Fénix había nacido en Castilla, dato que el poeta aprovecha para atribuir a este reino ibérico, con el que se le podía identificar más fácilmente, la esencia de la españolidad. Es más, Lope juega a menudo con su concreto origen madrileño. En efecto, los lectores también debían de saber que el Fénix había nacido en la Villa y Corte, cerca de la puerta de Guadalajara.[57] Por si acaso lo olvidaban, el autor se preocupa de recordárselo en numerosas ocasiones en sus obras. Por ejemplo, incluso en un libro de temática tan poco propicia a la introducción de un *excursus* sobre la patria del escritor como los *Triunfos divinos*, Lope consigue mencionar su procedencia madrileña:

> Aquí, patria, permíteme que muestre
> de Dámaso el valor, que, aunque glorioso,
> la parte noble estimará terrestre.
>   Tú que supiste en verso numeroso,
> Apolo del humilde Manzanares
> y sagrado pastor del Tajo undoso,

---

[57] Pese a ello, el poeta madrileño se presentaba en muchas ocasiones como 'montañés', aludiendo al origen asturiano o cántabro de sus padres, como especifica en el *Laurel de Apolo* en el contexto de una apelación al río Manzanares:
> Mas ya Lope de Vega humilde llega,
> que aunque de su fortuna
> fue tu ribera la primera cuna,
> le dieron las montañas otra vega.   (silva VIII, vv. 597–600)
Con sus alusiones a 'La Montaña', Lope pretendía adjudicarse la fama de hidalgos de que gozaban los oriundos de aquellas tierras, cuna de la Reconquista. Prueba de ello es que, de nuevo en el *Laurel de Apolo*, el Fénix yuxtaponga la hidalguía de los montañeses con su propia ascendencia:
> Mas ya la gran montaña, en quien guardada
> la fe, la sangre y la lealtad estuvo,
> que limpia y no manchada
> más pura que su nieve la mantuvo,
> primera patria mía [. . .].   (silva III, vv. 231–35)
Por ello, estas afirmaciones del autor deben relacionarse con su autofiguración como noble. De hecho, Lope siempre acudía a su origen montañés en ocasiones solemnes, como cuando juraba: 'a ffe de saçerdote y de montañés' (*Epistolario*, vol. III, pág. 193); 'A ffe de montañés' (*Epistolario*, vol. III, pág. 265).

en epigramas, himnos y cantares
celebrar este Pan, a cuya gloria
fundaste fiestas, consagraste altares.   (canto III, fol. 21v)

Siguiendo el modelo que asentaron los *Triomphi* de Petrarca, los *Triunfos divinos* narran un desfile —en el caso de la obra del español, se trata de una procesión de figuras cristianas—, y por tanto adoptan la forma de un catálogo de personajes. Concretamente, los tercetos que nos ocupan describen el paso del madrileño san Dámaso, que Lope aprovecha para informar al lector de que comparte la procedencia del personaje. El primer terceto citado es el que se ocupa de hacerlo, pues constituye una apelación directa a la 'patria' madrileña, a quien el autor solicita permiso para celebrar el 'valor' de Dámaso. Los dos siguientes tercetos mantienen la forma de interpelación, pero esta vez se dirigen al propio santo. El Fénix alaba a Dámaso por haber compuesto 'epigramas, himnos y cantares' en 'verso numeroso' para celebrar a Cristo —el 'Pan' cuyo desfile culmina los *Triunfos divinos*—. Con la mención del 'humilde Manzanares' y el 'Tajo undoso' el lector localiza por primera vez la ciudad de origen del santo, y también del propio autor, pues hasta este momento la 'patria' concreta de ambos permanecía indefinida: tan sólo se sabía que la compartían. De hecho, esta tardanza debió de crear cierta expectación en aquéllos que desconocieran el origen de Lope, subrayando así la importancia del dato. Además, la nueva información aparece dentro de un apelativo ('Apolo del humilde Manzanares') que también puede calificar al mismo Fénix: tanto él como su personaje podrían ser 'Apolos' del río madrileño, pues ambos son poetas sacros procedentes de la Villa y Corte, hecho que no podía pasar desapercibido al lector. En efecto, el autor ya había tenido la precaución de incluir en el libro un retrato suyo vestido de sacerdote (ilustración 2). Se trata de una imagen muy apropiada para el tema religioso de la obra, y que debió de grabarse profundamente en la retina de los lectores. El poeta autor de la obra que muestra el grabado está ordenado, como podemos observar fijándonos en la pulcra sotana que luce. Además, es de Madrid, por lo que merece tanto como san Dámaso el epíteto de 'Apolo del humilde Manzanares'. Por consiguiente, el caso de los *Triunfos divinos* demuestra cómo Lope utilizaba sus obras para presentarse como oriundo de Madrid, atribuyéndose incluso la aureola de sus modélicos personajes.

Los tercetos citados también resultan especialmente relevantes para el análisis del *Isidro*, pues el Fénix había comenzado a subrayar su origen madrileño precisamente en la obra de 1599. De hecho, el autor comparte su procedencia con la de los protagonistas tanto en el pasaje de los *Triunfos divinos* que acabamos de analizar como en el propio *Isidro*. Es más, dentro de la producción poética de Lope, el *Isidro* destaca por ser el volumen que más insiste en que Madrid era la ciudad natal del autor. Por este motivo, Márquez Villanueva ha relacionado el 'entusiasmo isidrista' de la hagiografía lopesca con la pugna por el afincamiento de la corte real en Madrid (pág. 26), en disputa por aquellos años. En efecto, el santo labrador simbolizaba en gran

Retrato de Lope de Vega. *Triunfos divinos con otras rimas sacras.*

medida los intereses de la Villa y Corte, e incluso la ciudad misma. Es por ello que un crítico como José Rubinos llegó a identificar tan cándidamente esta obra del Fénix con el pueblo madrileño: 'Es tan típico, tan madrileño, que todavía hoy, en las fiestas de San Isidro, se ven ediciones modernas en las manos de los labradores de Castilla' (pág. 32). Dejando aparte el grado de probabilidad de la afirmación de Rubinos, lo cierto es que la frase recoge una faceta del tópico 'Lope de Vega, escritor popular' que nos ocupa en estos momentos: el Fénix es el poeta de Madrid, el representante indiscutible de la Villa y Corte y el autor preferido por los madrileños.

Como ya esbozamos arriba, la persistente imagen surge en gran medida de la representación del autor en el *Isidro*. En efecto, Madrid adquiere una enorme presencia en el libro ya desde sus mismísimos comienzos. El poema va precedido de dos dedicatorias, una dirigida a Felipe III y otra 'A la muy insigne Villa de Madrid, Lope de Vega Carpio'. El Fénix hizo acompañar la segunda, la más extensa de las dos, de un grabado con el escudo madrileño. De este modo, el oso y el madroño presiden el *Isidro*, que trata del santo patrón de Madrid. Además, en el texto preliminar Lope justifica del siguiente modo la dedicatoria de la obra: 'ésta presento a mi patria en reconocimiento de ser su hijo'. Es decir, el poeta alaba la ciudad al tiempo que se describe como natural de ella ('su hijo'). En el tercer —y último— 'Prólogo del autor' del *Isidro* el Fénix vuelve a anunciar su procedencia, comenzando precisamente así: 'Disculpa tengo de este atrevimiento por la dulzura del amor de la patria.' La frase citada constituye una *captatio benevolentiae*, como cabría esperar en una pieza prologal como la que nos ocupa (Curtius, págs. 409, 411).[58] Lope la abre con una protesta de humildad: la primera palabra de la oración, 'disculpa', enfatiza el perdón que declara perseguir el autor. Se trata de una hábil y consciente elección retórica, índice del virtuosismo poético de Lope: nótese que el autor construye la frase con un violento hipérbaton, pues la abre con el objeto directo ('disculpa') del verbo ('tengo'). Además, separa dramáticamente el objeto de su complemento preposicional ('de este atrevimiento'), creando con tal postergación una comprensible expectación: ¿de qué se excusa el autor? La duda se aclara unas palabras más adelante, cuando el Fénix califica humildemente su libro de 'atrevimiento'. Con ello consigue a un tiempo rechazar toda posible acusación de arrogancia y resaltar la dignidad de su temática, tanta que alguien le podría tildar de atrevido por intentar poetizarla. Para finalizar adecuadamente esta rica frase, Lope elige una conocida sentencia latina ('la dulzura del amor de la patria'),[59] que constituye la motivación de su proyecto. De este modo, el poeta destaca su intensa relación con Madrid. De hecho, el Fénix sitúa hábilmente la palabra 'patria' al final de la oración, con lo que el sustantivo permanece resonando en la mente del lector.

Lope emplea el decisivo vocablo 'patria' en otros pasajes del *Isidro*. Así, al comienzo del canto primero el autor incluye una nueva búsqueda de la benevolencia del público, recurso que en esta ocasión toma la forma de una apelación directa a la Villa y Corte:

> Vos, Madrid, patria dichosa
> de este labrador y mía,
> oíd mi dulce Talía,
> que ya en mar tan espaciosa
> llevo vuestra luz por guía.   (canto I, vv. 41–44)

---

[58] Ernst Robert Curtius, *European Literature and the Latin Middle Ages*, trad. Willard R. Trask (Princeton: Princeton University Press, 1990).

[59] Concretamente, el autor afirma tomar el sintagma del libro I del *De Ponto* ovidiano. Sin embargo, no he encontrado la referencia exacta en ninguna de las diez epístolas del *Ex Ponto*.

El Fénix califica a Madrid de 'dichosa' con el propósito de halagar a sus habitantes y de enfatizar la importancia de su materia: la Villa y Corte es dichosa por haber engendrado a un santo como Isidro. Además, resalta ser hijo de la ciudad ('Madrid, patria [. . .] mía'), al igual que el glorioso protagonista de la obra: Lope es un poeta madrileño. Se trata de una coincidencia que el Fénix repite en muchas ocasiones en el *Isidro*, pues el autor pretende obtener también para sí parte del mérito que le corresponde a Madrid por haber sido la cuna del santo: el poeta se enorgullece de tener un compatriota como Isidro. Por último, el Fénix emplea la quintilla para situar su libro bajo la protección de la Villa y Corte: la temática elegida es dificultosa ('en mar tan espaciosa'), de modo que el escritor ha recurrido al auxilio de la ciudad ('llevo vuestra luz por guía'). La impresionante metáfora describe al poeta como un barco extraviado en un amplio mar, con la única esperanza que le proporciona la luz que emite el faro de Madrid. El *Isidro*, obra de un madrileño, sale a la mar sólo mediante la advocación de la ciudad natal. Los temas que aparecen en la quintilla citada se mantienen en la siguiente, que extiende así la *captatio benevolentiae* iniciada:

> Si de un hijo vuestro escribo,
> y de serlo yo recibo
> tal bien por él y por vos,
> de mí recibid los dos
> aqueste don primitivo.   (canto I, vv. 46–50)

En esta ocasión, el recurso retórico consta de una declaración de humildad —el narrador describe su obra como un 'don primitivo'—, una expresión de agradecimiento —Lope presenta el haber nacido en Madrid como un 'bien'—, y el ofrecimiento de un presente —el propio *Isidro*— para el santo y la ciudad. El Fénix liga diestramente los tres componentes usando palabras pertenecientes al campo semántico del regalo ('recibo / tal bien'; 'recibid los dos / aqueste don'). En cualquier caso, lo que más nos interesa de esta lucida quintilla es que repite la figuración de Lope como hijo de Madrid, en perfecta armonía con el protagonista de la obra y la propia Villa y Corte ('y de serlo yo recibo / tal bien por él y por vos').

Otros muchos pasajes del libro le recuerdan al lector que tanto Isidro como el autor de su hagiografía son madrileños. En la mayoría de estas ocasiones, Lope resalta que la coincidencia supone para él un motivo de orgullo:

> y yo agradezco este día,
> como por Grecia Platón,
> que fue Madrid patria mía.   (canto I, vv. 533–35)

El Fénix recurre en este caso a una vaga referencia clásica que le sirve para enaltecer conjuntamente a Madrid —que compara a 'Grecia'—, y a su santo patrón —que equipara a 'Platón'—. Además, el paralelismo también funciona como un mecanismo de exaltación del propio autor: su Madrid es equivalente a Grecia, cuna de famosísimos hombres de letras. De este modo, Isidro constituye una especie de valedor literario del poeta madrileño. Se trata de una caracterización en la que Lope insiste en otros momentos de la obra, pues en otra ocasión el Fénix aprovecha la narración de un milagro del santo, que creó una fuente en los campos de su amo, para aludir a su propia capacidad como poeta:

> Yo a lo menos de una cosa
> me alegro en la fuente hermosa,
> que tal Helicona adquieren,
> los poetas que nacieren
> en vuestra patria dichosa.   (canto VIII, vv. 56–60)

Lope compara la 'hermosa' fuente isidril con la 'Helicona' clásica, productora de entusiasmo y furor poético. La expresión 'patria dichosa', antes comentada, asocia el nuevo Parnaso con la procedencia del santo y del propio autor de la obra. Además, la relación entre inspiración y madrileñismo aparece aun más claramente en los versos en que se encuadra la 'patria': los 'poetas' que como el autor nacen en Madrid, cuna del santo, disfrutan de su milagrosa Helicona. Lope vuelve a reiterar esta asociación entre origen madrileño y calidad poética en una de las últimas quintillas del *Isidro*:

> Esto os ofrece una Vega
> que en las que Isidro pisó,
> humildemente nació:
> quien lo que tiene no niega,
> todo lo que pudo dio.   (canto X, vv. 981–85)

En la estrofa citada, el Fénix explota la bisemia de su apellido, 'Vega': por una parte, la palabra es parte de su nombre y por tanto denota necesariamente al autor; por otra, designa un espacio fértil irrigado por un curso acuático. En este caso, Lope declara ser 'una Vega' que 'ofrece' al lector el fruto del poema. Estamos ante una nueva alusión a la 'fértil vega', expresión clave en la presentación del autor como poeta prolífico (Egido, 'La Fénix'). La asociación con Madrid y su santo patrón viene en este caso a partir de la segunda acepción del vocablo: el Fénix, procedente de Madrid, nació en una 'Vega' del Manzanares que también recorrió Isidro. En esta quintilla, la aparición de la ciudad y el santo permiten que Lope presente su imagen como fecundo poeta madrileño.

Hasta el momento presente, hemos observado cómo el Fénix se presenta como natural de Madrid con el fin de compartir el prestigio de su protagonista, de afirmar su condición de poeta inspirado por el santo, y de introducir alguna de sus facetas habituales, como la de 'fértil vega'. Además, la autorepresentación como madrileño desencadena otra serie de consecuencias beneficiosas para la imagen del autor. En primer lugar, le otorga cierta credibilidad al relato, cuestión fundamental en el caso del *Isidro*. La historia del santo madrileño, un personaje de época remotamente medieval, estaba lo bastante alejada en el tiempo como para ser susceptible de provocar cierto escepticismo a finales del siglo XVI. Por ello, Lope se preocupa bastante por afirmar que usó fuentes documentales. Ya hemos señalado que, en concreto, el autor usó papeles del proceso de canonización que incoaba por aquellas fechas fray Domingo de Mendoza. De hecho, el Fénix se encarga de incluir en los preliminares del *Isidro* una carta del religioso en que éste le pedía que estudiara los papeles y originales 'verdaderos y fidedignos' que le remitía. Pues bien, Lope usa su origen madrileño para demostrar su validez como cronista de la vida del santo:

> No nací yo (cuando en mí
> cupiera poder loar
> vuestro valor singular)
> en vuestra edad, mas nací
> en vuestro mismo lugar.   (canto IV, vv. 31–35)

El autor refuta astutamente una posible crítica: es cierto que no es coetáneo de su protagonista, y que, por tanto, no es testigo de vista de los hechos que narra ('loar / vuestro valor singular'). No obstante, el autor cuenta con la ventaja de ser compatriota de Isidro ('nací / en vuestro mismo lugar'). Lope sitúa su apología al final de la quintilla, como conviene para que el argumento se superponga en la mente del lector a la acusación que antes expresó de forma mucho más débil —el autor lo situó al comienzo de la estrofa y en forma negativa—. De hecho, en el pasaje citado el Fénix utiliza un argumento que ya había esgrimido más ampliamente en los preliminares del *Isidro*, en el 'Prólogo del autor': 'Todo lo que escribo es auténtico, y cosas hay que los que nacimos en esta villa las sabemos en naciendo, sin que nadie nos las enseñe y diga' (pág. 210). Los madrileños como Lope tienen conocimiento innato de muchos de los milagros y hechos del santo patrón. El propio poeta es prueba de ello: 'y por mí mismo saco yo esta verdad, pues supe que la fuente de su ermita la hizo con su aguijada y que araba en aquellos campos con los ángeles sin otro maestro que haber nacido en ellos' (pág. 210). En suma, el 'haber nacido' en Madrid, una de las principales facetas de la imagen del Fénix en el *Isidro*, sirve para confirmar la veracidad de la obra.

En segundo lugar, el madrileñismo funciona para asociar al autor con la grandeza de la ciudad natal como corte del rey de España. Lope usaría este recurso claramente unos años más tarde —probablemente en julio de 1610—, en una carta a un personaje desconocido: 'porque yo naçi en Madrid, pared y medio de donde puso Carlos quinto la soberbia de Francia entre dos paredes' (*Epistolario*, vol. III, pág. 25). El poeta alude a la famosa Torre de los Lujanes, donde el Emperador tuvo preso a Francisco I de Francia casi durante un año

(Fernández Álvarez, págs. 318–19).[60] El suceso histórico se citaba en la época para demostrar la importancia de Madrid (Quintana, pág. 336),[61] y ésa debía de ser también la intención de Lope al mencionarlo. Además, la afirmación del Fénix trasluce un enorme orgullo que indica que el autor consideraba que compartía parte de la gloria de la ciudad por haber nacido en ella. El *Isidro* contiene dos pasajes que expresan un sentimiento parecido. El primero de ellos alude a la condición de Corte de Madrid:

> Si la Corte no alcanzando
> que el rey Filipo Segundo
> hizo corazón del mundo,
> en su tiempo despertando
> de aquel olvido profundo.   (canto I, vv. 81–85)

Lope habla de los tiempos de Isidro, en que Madrid aún no era el lugar fijo de residencia del rey de España. De hecho, el poeta señala que precisamente gracias al santo la ciudad comenzó a ser conocida ('despertando / de aquel olvido profundo'). El Fénix aprovecha esa afirmación para resaltar la importancia actual de la Villa y Corte, que es nada menos que 'corazón del mundo' merced a uno de los más gloriosos reyes de España, 'el rey Filipo Segundo'. El segundo pasaje, procedente del soneto preliminar 'Al Rey nuestro Señor' (pág. 200), también subraya la gloria que la presencia de la monarquía española otorga a Madrid:

> Aquí, donde mi Isidro fue nacido,
> nacisteis vos, tan bienaventurado.   (vv. 9–10)

El 'Alcides nuevo' —Felipe III— al que se dirige el soneto también es madrileño, como Isidro y como el propio autor, que se introduce en el terceto con el adjetivo posesivo 'mi' que antepone al nombre del santo. Los reyes españoles, poseedores de unos ejércitos que dominaban el mundo, habían elegido a Castilla y a Madrid, la patria de Lope, como asiento de su corte. De este modo, cada vez que el autor expone su procedencia adquiere para sí parte del prestigio de su ciudad de nacimiento.

En tercer lugar, el Fénix utiliza su patria chica para conectarla con el tema principal de la obra, la exaltación de la humildad:

> Más huelgo de haber nacido
> pobre en tu tierra, abatido

---

[60] Manuel Fernández Álvarez, *Carlos V, el César y el Hombre* (Madrid: Espasa-Calpe, 2000).

[61] Jerónimo Quintana, *De la grandeza de Madrid*, 1629 (Madrid: Artes Gráficas Municipales, 1984).

entre los pies de la gente,
que en otra alguna altamente
honrado y favorecido.   (canto V, vv. 746–50)

De este modo, Lope consigue relacionar los dos aspectos fundamentales de su imagen en el *Isidro*: se presenta como un autor madrileño —afirma 'haber nacido' en la patria del santo— que procede de ascendencia humilde —es 'pobre' y está 'abatido / entre los pies de la gente'—. Existe algo de exagerado en esta imagen, que no corresponde exactamente con la situación real del poeta. Más bien, se trata de una libre adaptación de su realidad personal a la retórica del *Isidro*, que glorifica a los simples y desposeídos. Los últimos versos de la quintilla confirman tal impresión, pues constituyen una hipérbole que sólo puede entenderse acudiendo al discurso franciscano que domina la obra: nacer en Madrid en una situación ínfima resulta preferible a hacerlo en otra ciudad en la que se goce de todos los privilegios posibles. El motivo de ello es doble: por una parte, Lope se beneficia de la gloria que produce el ser compatriota de tan destacado santo; por otra, el Fénix recurre a la lógica del tipo 'los últimos serán los primeros' que sostiene el poeta con el ejemplo de Isidro. En suma, con esta serie de pasajes comentados Lope se retrató en el *Isidro* como el poeta de Madrid, de Castilla, y de España.

Las afirmaciones de la crítica actual, que hemos venido citando a lo largo de esta sección, atestiguan que tal imagen del poeta ha llegado hasta nuestros días, pasando por la interpretación romántica en el siglo XIX, y anteriormente por los comentarios de Cerdá y Rico, a finales del siglo XVIII. Tal longevidad constituye una prueba del éxito de la presentación del Fénix en obras como el *Isidro*. Además, existen testimonios del siglo XVII que demuestran que muchos contemporáneos del autor asumieron la imagen que éste proyectaba en sus obras. Al menos tenemos constancia de que la visión de Lope como poeta esencialmente español existía en la expresión 'Fénix de España', que aparece con inusitada frecuencia entre los panegiristas que escribieron en la *Fama póstuma* de Pérez de Montalbán. Así, la mención al 'Phenix de la patria' se encuentra en el 'Epigrama' de María de Zayas Sotomayor (pág. 283). Otros textos utilizan la variante 'Phénix de España', como el soneto de doña Bernarda Ferreyra de la Cerda (pág. 326), el epigrama de 'la señora peregrina' (pág. 352), la 'Elegía funeral' del licenciado Joseph Ortiz de Villena (pág. 362), el 'Epicedion' de Eugenio de Esquivel (págs. 405, 411), y el soneto de doña Constanza Margarita Fontana (pág. 421). Asimismo, los ingenios italianos que colaboraron en las *Essequie poetiche* hablan de Lope en términos que adoptan su figuración como poeta patrio. Normalmente, las *Essequie* caracterizan al escritor como 'cisne español', aunque también encontramos menciones al 'Fénix español', como la del poema 'Per la morte di D. Lope de Vega' del marqués Virgilio Malvezzi (pág. 95). El éxito de la imagen lopesca que inaugura el *Isidro* fue, pues, internacional.

El ideal de claridad y la polémica contra la poesía nueva

El volumen de 1599 también resulta fundacional para otro aspecto de la imagen que el poeta madrileño propagó de sí mismo: la de defensor de la pureza de la poesía española. Probablemente, la visión de Lope como escritor puro opuesto al bando de los poetas 'culteranos' sea la faceta del autor que más se conoce actualmente. Con la difusión por la Corte de los poemas largos del cordobés Góngora, la *Fábula de Polifemo y Galatea* y las *Soledades*, comenzaba en Madrid una auténtica moda literaria que amenazaba con desplazar irremediablemente a autores como el Fénix, que ya gozaban de un público y un cierto éxito entre los aficionados a la poesía. Ante Lope aparecía una clara alternativa: podía adoptar en parte el estilo del innovador andaluz o atacarlo y ridiculizarlo. El madrileño optó por ambas opciones, aunque en diverso grado: aceptó ciertas características gongorinas en obras como *La Circe* (1624), pero su reacción principal fue la combativa. De hecho, al enfrentarse a los cultos de Góngora, el Fénix se vio obligado a plantear muy claramente su concepción de la poesía, y a difundir una persistente auto-representación como poeta 'llano'. Debido a la notoriedad de esta representación lopesca, y también a la indudable importancia polémica de la llamada 'poesía nueva', existen varios trabajos dedicados a estudiar los ataques de Lope a los cultos. Por ejemplo, Andrée Collard los analiza cuidadosamente en su definitivo *Nueva poesía; conceptismo, culteranismo en la crítica española*,[62] mientras que Orozco Díaz estudia el enfrentamiento entre Lope y Góngora desde todos sus puntos de vista, incluido el personal. A su vez, Miguel Romera-Navarro enumera con rigor las obras que lanzaba el Fénix contra sus adversarios. Así, la primera ofensiva parece datar de 1620, de la *Justa poetica, y alabanzas justas, que hizo la insigne villa de Madrid al bienaventurado san Isidro en las fiestas de su beatificación*, que recopiló el autor (pág. 156).[63] Allí aparece destacadamente el heterónimo de Lope, el famoso maestro Burguillos, que en varias intervenciones burlescas criticó la nueva poesía. Los reproches de Burguillos se centraron en que los cultos emplean una frasis bárbara —propia de un idioma incomprensible como el vasco o 'vizcaíno'— para esconder la nimiedad de sus conceptos —tan vulgares que parecen proceder de 'Getafe'—, que para el Fénix deberían ser la base de toda buena poesía:

---

[62] Andrée Collard, *Nueva poesía; conceptismo, culteranismo en la crítica española* (Madrid: Castalia, 1967).

[63] Lope de Vega Carpio, *Justa poética, y alabanzas justas, que hizo la insigne villa de Madrid al bienaventurado san Isidro en las fiestas de su beatificación, recopiladas por Lope de Vega Carpio. Dirigidas a la misma insigne Villa*, en *Colección de las obras sueltas, assí en prosa, como en verso, de D. frey Lope Félix de Vega Carpio, del hábito de san Juan*, vol. 11, 1779, ed. [Francisco Cerdá y Rico] y Antonio de Sancha (Madrid: ArcoLibros, 1989), págs. 337–616.

> Mirad que al cielo se queja
> la pureza Castellana,
> que esté en Getafe el concepto
> y en Vizcaya las palabras. (*Justa poética*, pág. 559)

De ese año de 1620 también data otro texto polémico, el prólogo a la *Parte XIV* de las comedias, pero los ataques continúan con especial intensidad durante la primera mitad de la década siguiente: *La Filomena* (1621), que incluye el decisivo 'Papel que escribió un señor de estos reinos a Lope de Vega Carpio, en razón de la poesía', con la 'Respuesta' de Lope; comedias diversas, etc. La dedicatoria de *La pobreza estimada* (1623), dirigida al príncipe de Esquilache, constituye un buen ejemplo del tono de la polémica. En ella, Lope asegura que los poetas castellanos están divididos en dos bandos 'como los Guelfos y Gebelinos', los irreconciliables rivales de la reciente historia italiana. A continuación, el madrileño informa a su ilustre lector de los nombres de los bandos: 'a los unos llaman *culteranos*, de este nombre *culto*, y a los otros *llanos*, eco de castellanos, cuya llaneza verdadera imitan' (*Las dedicatorias*, pág. 195). Los términos de la exposición delatan abiertamente las preferencias del autor: los cultos son 'culteranos', destructivo apodo que evocaba la herejía de Lutero;[64] los llanos, en cambio, están asociados a la prestigiosa Castilla y a una virtud, la 'llaneza'. Lope concluye su relación desprestigiando el estilo rival: 'V. E., que no le ha visto, no podrá hacer discurso a este nuevo arte; pero le certifico, así las musas me sean favorables, que no tiene todo su diccionario catorce voces, con algunas figuras imposibles a la retórica, a quien niegan que sea el fundamento de la poética' (*Las dedicatorias*, pág. 195). De este modo, el Fénix describe la poesía nueva en términos inaceptables para el erudito Esquilache: la riqueza de vocablos latinizantes de que presumían los cultos se limita a 'catorce voces', y su colorido estilo consta de 'figuras imposibles a la Retórica'. Las críticas de Lope continuaron en las fiestas de la canonización de san Isidro en 1622, en *La Circe*, en el *Laurel de Apolo*, *La Dorotea* y las *Rimas de Tomé de Burguillos*, aunque con la notable salvedad de que en los tres últimos libros citados, publicados después de la muerte de Góngora, el caballeroso madrileño procuró siempre dejar claro que no atacaba al rival difunto —al contrario, más bien le elogiaba—, sino tan sólo a sus malos imitadores.

Aunque la crítica ha estudiado en bastante profundidad los comentarios que hizo Lope en estas obras, no ocurre lo mismo en el caso del *Isidro*. Como ya hemos señalado, la hagiografía data de 1599, mucho antes de la aparición del estilo culto. Sin embargo, el Fénix ya se figura en el volumen como un poeta 'llano':

> Si os pusiere por objeto
> de tantos algún discreto,

---

[64] De hecho, Lope denominó a los cultos 'Poetas Hugonotes' en unas cédulas que leyó públicamente con ocasión de la *Justa poética* en honor de la beatificación de san Isidro, en 1620 (pág. 369).

> que sois humildes y llanos,
> decid que sois castellanos
> los versos, como el sujeto.   (canto I, vv. 26–30)

Esta quintilla, ya citada anteriormente por otras razones, demuestra que en 1599 Lope ofrece una imagen de sí mismo que es coherente con la que presenta en la dedicatoria a Esquilache veintiún años más tarde. Los versos del poeta son 'llanos', en este caso 'eco' literal de 'castellanos', pues riman con este vocablo. La relación también aparece, aunque menos claramente, en otra estrofa a la que ya hemos hecho alusión:

> Mas ya es tiempo, musa mía,
> no retórica ni vana
> sino humilde y castellana,
> que con humilde osadía
> paséis el punto de humana.   (canto VII, vv. 581–85)

La 'musa' del poeta no es en este caso directamente 'llana', como en la quintilla anteriormente analizada. Sin embargo, Lope la describe con términos muy parecidos: no es 'retórica ni vana', luego necesariamente debe de ser simple ('humilde') y llana. En todo caso, el Fénix también aquí califica su numen como castellano. Por consiguiente, el madrileño se presenta como poeta 'llano, eco de castellano' ya en el *Isidro*, mucho antes de la difusión de las grandes obras gongorinas. Esto significa que cuando las *Soledades* y la *Fábula de Polifemo y Galatea* obtuvieron su resonante éxito, Lope ya había construido la imagen pública de poeta de Castilla y defensor de la simplicidad y claridad de las obras. Por tanto, la reacción contra Góngora no fue tan decisiva como se suele pensar para la auto-representación del Fénix. Ante la popularidad de los cultos, Lope se limitó a esgrimir las cualidades que ya había delineado en el *Isidro*. Tan sólo puntualizó ciertos aspectos de ellas con el fin de dividir el panorama poético de la época en dos bandos bien delimitados —como los 'Guelfos y Gebelinos'—, y de situarse, por supuesto, en el lado más favorecido. Frente a su escritura natural de Castilla y de España, dibujaría una poesía extraña y extranjerizante; frente a su inspiración divina, una auténtica 'herejía' poética: los 'culteranos'; frente a su tersa claridad, una jerigonza incomprensible.

Los partidarios del madrileño acogieron alegremente la imagen de un Lope salvador de la poesía nacional frente a los excesos de los cultos. Francisco de Quevedo, en el prólogo a las *Rimas de Tomé de Burguillos*, es el primero en hacerlo: 'el estilo es no sólo decente, sino raro, en que la lengua castellana presume victorias de la latina, bien parecido al que solamente ha florecido sin espinas en los escritos de frey Lope Félix de Vega Carpio' (págs. 121–22). Ello es además evidente en los volúmenes panegíricos publicados tras la muerte del autor. Así, un soneto 'A la vida y muerte de frey Lope Félix de Vega Carpio', de Pedro de Morales, le retrata como un 'sol' que combate las sombras de los cultos:

Despues qual sol universal gallardo
dió luz a tantos doctos escritores,
desterrando los criticos horrores
del nuevo idioma, apocrypho y bastardo.   (Pérez de Montalbán,
                                                                                pág. 287)

El panegirista incide aquí en el retrato de la poesía culta como una desviación ilegítima de la poesía castellana. El culterano es un 'nuevo idioma, apocrypho y bastardo', como una pestilente herejía que contagia tenazmente la literatura española. Por otra parte, el licenciado Joseph Ortiz de Villena, en la 'Elegía funeral' identifica claramente los esfuerzos de Lope con la poesía nacional:

Al fin murió el ingenio, la agudeza,
la lengua Castellana, la pureza
con que la habló con elegancia tanta,
que su eloquencia a todo el mundo espanta.   (Pérez de Montalbán,
                                                                                  pág. 365)

El Fénix es, literalmente, 'la lengua Castellana' y su 'pureza', que desarrolló sin dejar por ello de lado la 'elegancia' de que se jactaban los cultos. En efecto, Lope es tan elegante que 'todo el mundo' admira (se 'espanta' de) su 'eloquencia'. Ortiz de Villena toca una nota que volverá a aparecer, llevada a sus últimas consecuencias, en el soneto 'A la muerte de Lope Félix de Vega Carpio', del licenciado don Gerónymo de Santa Cruz Zurita:

Aquel prodigio, cuya voz canora,
qual de Amphion la antiguedad refiere,
del barbarismo, aunque la Italia altere,
ya libró a España, que hoy su muerte llora.   (Pérez de Montalbán,
                                                                                  pág. 385)

El combate contra los cultos es de orden global, por lo que Ortiz de Villena indicaba que 'todo el mundo' alaba la poesía del Fénix. De hecho, como puntualiza Santa Cruz Zurita en el cuarteto que acabamos de citar, la herejía poética de los culteranos ha invadido y alborotado ('altere') algunas tierras extranjeras —en este caso 'la Italia'—. No obstante, España permanece libre y pura gracias a la intervención del nuevo 'Amphion', que ha desterrado el 'barbarismo' culto. De este modo, los panegiristas de la *Fama póstuma* recogen la imagen de sí mismo que conformó el Fénix y la difunden y elaboran hasta llevarla a un nuevo nivel internacional.

Contrapartidas del genio: locura, contradicciones, repentismo

Hasta este momento hemos estudiado la imagen de Lope en el *Isidro*, y hemos testificado su éxito recurriendo a fuentes tanto contemporáneas al autor como a textos procedentes de siglos posteriores a su muerte. Sin embargo, el poeta también cosechó bastantes fracasos con esta imagen propia. En primer lugar, el Fénix no consiguió convencer a todos sus contemporáneos acerca de su naturaleza, pues muchos escritores áureos, rivales del madrileño, contestaron a la auto-representación de Lope poniendo en evidencia su lado negativo o sus contradicciones con el comportamiento del autor. En segundo lugar, la imagen de escritor genial que inaugura el *Isidro*, y que posteriormente aparece en otras muchas obras lopescas, hacía resaltar ciertas facetas de la creación literaria que, injustamente exageradas, ponían de relieve algunas presuntas deficiencias del autor.

Por ejemplo, existe un lado negativo de la noción de poeta inspirado que evoca sin piedad Góngora en varias de sus composiciones. Consistía en sostener que el furor poético era una manera de locura. Al hablar del *enthousiasmós*, Medinilla reconoce que existía esta opinión errónea, aunque la rechaza sin remisión: 'El cual furor (que ciegamente el vulgo llama locura) [. . .]' (Giuliani y Pineda, pág. 264), y otro tanto hacen numerosos tratadistas de la época. El astuto cordobés evoca tal asociación en un soneto ya citado y en una décima satírica, mencionando los nombres de algunos conocidos locos madrileños en relación al de Lope. Así, en 'A la *Arcadia*, de Lope de Vega Carpio' aparecen unos 'brazos leganeses y vinorres' (v. 8) que aluden a dos dementes que llevaban esos apellidos (Leganés y Vinorre). Por otra parte, Góngora compuso una décima para celebrar el hecho de que un loco de la Villa y Corte la hubiese tomado con la casa del Fénix, en la calle de Francos. Un tal Valsaín se dedicaba a romper a pedradas los vidrios de la morada de Lope:

> En vuestras manos ya creo
> el plectro, Lope, más grave,
> y aún la violencia suave,
> que a los bosques hizo Orfeo;
> pues cuando en vuestro museo,
> por lo blando y cebellín
> cerdas rascáis al violín,
> no un árbol os sigue o dos,
> más descienden sobre vos
> las piedras de Valsaín.   (Orozco Díaz, pág. 293)

Góngora se mofa de la incómoda situación de su rival parodiando el mito de Orfeo: el héroe cantor movía los bosques ('un árbol [. . .] o dos') con su lira, pero Lope consigue atraer las mismísimas piedras —las que le arroja el loco—. La décima basa su *vis comica* en el contraste de palabras elevadas ('plectro'; 'museo' por 'casa'; 'cebellín' por 'suave') y bajas ('cerdas rascáis al violín'), pero también en la propia yuxtaposición de la imagen del poeta madrileño, en pleno oficio literario, con la de un loco callejero. De este modo, Góngora aprovecha una opinión común en la época para minar la auto-representación de su rival como poeta inspirado por un furor clásico.

Otra manera de obstaculizar el triunfo de la imagen de sí mismo que propagaba Lope consistía en resaltar que ésta no correspondía en absoluto con la realidad. Como veremos en detalle en el capítulo siguiente, muchos rivales del madrileño recurrieron a esta estrategia al contrastar la vida del poeta con la imagen de pecador arrepentido que el autor ofrecía, por ejemplo, en las *Rimas sacras*. Además, otros escritores usaron un método parecido para sabotear la idea de que el Fénix era un poeta 'llano'. Es el caso del sevillano Juan de Jáuregui, probable autor de una crítica a la *Jerusalén conquistada* titulada 'Al maestro Lisarte de la Llana, el licenciado Claros de la Plaza, su discípulo, hijo de Llanos de Castilla y Plaza', que generalmente se le atribuye.[65] Jáuregui se convirtió en uno de los mejores aliados de Lope en su lucha contra la nueva poesía al publicar el corrosivo *Antídoto contra la pestilente poesía de las* Soledades. No obstante, el erudito poeta andaluz también atacó la obra más ambiciosa del Fénix, la *Jerusalén conquistada*. El panfleto de Jáuregui resulta interesante para nuestros propósitos porque su autor critica la epopeya lopesca en base a su extrañeza y artificialidad, cualidades totalmente opuestas a la imagen que de sí mismo difundía el madrileño. Jáuregui inicia la parte de su censura que más nos interesa con unas frases que parodian la retórica de llaneza de Lope:

> quiso Vm. perficionar en ella la pureza cabal de nuestra lengua materna no usando una palabra sola que no fuese del riñón de Castilla y que la entendiesen los niños. Y junto con ser nuestras y claras, las eligió hermosas, blandas y bien sonantes. ¿Qué cosa para Vm. admitir voz áspera, extranjera ni obscura? Ni por los tesoros del mundo.   (Entrambasaguas, *Jerusalén*, pág. 383)

En estas líneas, el sevillano imita burlonamente los argumentos del propio Fénix. En primer lugar, Jáuregui denota el tono de arrogancia que había en la imagen del Fénix: Lope busca 'perficionar' 'la pureza cabal' del lenguaje, haciéndolo además con pulido y elegante estilo ('hermosas, blandas y bien sonantes'). Además, Lope proclamaba ser un poeta esencialmente castellano, intención que Jáuregui ridiculiza con una hipérbole ('no usando una palabra sola') y una expresión colorista: el madrileño no acepta vocablos que no procedan 'del riñón de Castilla', región de la que, por otra parte, no procedía el poeta. A continuación, el erudito andaluz vuelve a utilizar otra hipérbole para parodiar la búsqueda de claridad o llaneza del Fénix, de quien dice que sólo usa

---

[65] La censura debió de ser obra de Jáuregui, quizás celoso de que Lope pretendiera ganarse con la *Jerusalén* la fama de poeta culto que el andaluz deseaba para sí. En efecto, Jáuregui había vuelto de Italia con renombre de autor erudito, y defendió ferozmente su monopolio de esta parcela nada más llegar, actuando contra los 'cultos', cuya poesía veían muchos contemporáneos como ejemplo de escritura pulida, trabajada, y difícil por sus abundantísimas y veladas alusiones a los autores clásicos. Por otra parte, el Fénix contestó las arremetidas del sevillano en un curioso opúsculo, el *Anti-Jáuregui*.

palabras que 'entendiesen los niños'. Jáuregui describe la empresa como un plan que Lope lleva a cabo con voluntad insobornable, y que no abandonaría 'por los tesoros del mundo', como si de una cruzada poética se tratase. En la frase siguiente, Jáuregui afila su ironía al poner de muestra de este proyecto literario a la *Jerusalén conquistada*: 'Léame también, si quisiere, el poeta más cultivado, y aprenda a hablar claro y suave, imitando los versos de la *Jerusalén*, a cuya muestra le convido' (Entrambasaguas, *Jerusalén*, pág. 383). La frase constituye la auténtica entrada en la censura propiamente dicha, pues a continuación Jáuregui pasa, en el más puro estilo de su *Antídoto*, a dar ejemplos del propio texto, en este caso la epopeya lopesca. El sevillano elige las citas por ser palabras extravagantes o poco hábiles, y luego las comenta con gran mordacidad, poniendo de relieve que contradicen la cacareada llaneza de Lope:

> En esta hoja 170 [I-299] añade Vm. voces conocidísimas que nadie las puede ignorar, como paxariles, treos, amantillo, triça, troça, y después, en la hoja 207 [I, 356], aquellos animalejos, de la misma suerte notorios en toda Castilla, chencris, sipedones, neumones, modites, porfiros, salpingas, anfesibenas, dipsas, echidnos, matrices, angos, faras, yaculos, esquinos, chelidros, enidros, nombres todos legítimos castellanos, como también hemorroydeas, que es mil veces más claro que almorranas.   (Entrambasaguas, *Jerusalén*, págs. 387–88)

El andaluz aduce ejemplos muy típicos del estilo de Lope. Unos proceden del vocabulario marítimo ('triça, troça') que tan perfectamente dominaba el Fénix desde su participación en la expedición a la isla Tercera y en la 'jornada de Inglaterra', y que tanto gustaba de utilizar el madrileño en epopeyas como *La Dragontea* (canto III, v. 51). La última serie de palabras pertenece a la famosa descripción de la nave de sierpes que preparó el mago Mafadal para impedir el desembarco de los cruzados en el canto IX de la *Jerusalén conquistada*. Lope extrajo los nombres de estos extraños ofidios de fuentes clásicas, muchas de las cuales especifica en la profusa marginalia que acompaña la escena en la epopeya. Al llamar la atención sobre la recóndita erudición lopesca que muestran estos pasajes, Jáuregui resalta que el Fénix no era un autor tan 'llano' como proclamaba. De hecho, incluso en la composición de obras que pretende tan sencillas y humildes como el *Isidro* Lope demostró unos conocimientos que le sitúan entre sus más sabios contemporáneos. En efecto, también el volumen de 1599 contiene intrincadas acotaciones al margen, en español y en latín, citando autoridades y explicando algunos aspectos de la obra. Además, una libresca 'Canción en loor de san Isidro de Madrid dirigida a Nuestra Señora de los Dolores' sigue en el texto a los diez cantos que componen la vida del santo. Esta 'Canción' en estancias también lleva una abundante marginalia, y comienza con una extraña invocación a la Virgen: 'Divina Ceres, celestial María'. Semejante apertura, tan claramente clasicista, puede dar una adecuada idea del elevado tono de la obra. Por último, el Fénix añade tras la canción una tabla alfabética de 'Libros y autores que se citan para la exornación de esta historia', donde aparecen desde 'Agesilao' hasta 'Sajón Gramático'.[66]

Tales ejemplos demuestran que el llano Lope también era un autor de gran saber libresco. Otras obras menos dominadas por la retórica de la simplicidad que el *Isidro*, como la *Jerusalén conquistada*, *La Circe*, *La Filomena*, o la *Isagoge*, denotan todavía más claramente la imitación y el conocimiento de los clásicos. Sin embargo, y pese a los esfuerzos de Jáuregui, ni los contemporáneos del Fénix ni los críticos de siglos posteriores vieron a Lope como un poeta erudito. Así, Cerdá y Rico confiesa en el 'Prólogo' al volumen onceno de las *Obras sueltas* que tiene una queja del *Isidro*. En concreto, Cerdá y Rico lamenta que el autor

> huviesse afeado las margenes de su libro con tantas y tan importunas citas; pero en esto se dejó llevar del mal gusto de su siglo, en que se tenian por mas sabios y eruditos los que ponian en sus libros mas copiosos catalogos de Autores, aunque fuesse sin eleccion, ni los huviessen leido, como probablemente se puede creer.   (pág. vi)[67]

Es decir, el cuidadoso editor dieciochesco, que ha leído a fondo el *Isidro*, ha percibido la erudición de Lope. Sin embargo, prefiere pensar que el Fénix incluyó los apéndices llevado de una moda ridícula, y que es incluso probable que no hubiese leído los libros que cita. Cerdá y Rico se deja llevar en este caso del peso de la imagen del madrileño, que aseguraba implacable que Lope era un autor simple y llano, que escribía lo que le dictaba su numen natural, no un escritor libresco.

Si analizamos atentamente la auto-representación del Fénix, observaremos que el madrileño jamás pretendió dar a entender que ser un poeta genial excluyera necesariamente la posibilidad de ser también un autor muy erudito. Todo lo contrario, Lope creía que para ser escritor era necesario poseer tanto habilidad natural —que era lo que él enfatizaba en su imagen pública— como muchos conocimientos. Aunque el Fénix proclamaba poseer gran facilidad poética, jamás habría pretendido que eso bastaba para ser poeta. Así lo afirma en muchos momentos de su carrera, de los que puede servir de ejemplo un pasaje de la 'Égloga a Claudio':

> Un campo a quien cultura, y arte faltan,
> bárbaras flores sin labor matizan,

---

[66] La crítica suele señalar que Cervantes parodió esta tabla, que por otra parte era una práctica relativamente común en la época (Alberto Porqueras Mayo, 'Cervantes y la teoría poética', en *Actas del Segundo Coloquio Internacional de Asociación de Cervantistas*, ed. Asociación de Cervantistas [Barcelona: Anthropos, 1991], págs. 83–98, págs. 90–91), en el 'Prólogo' a la primera parte de *Don Quijote* (págs. 16–17).

[67] [Francisco Cerdá y Rico], 'Prólogo', en *Coleccion de las obras sueltas assi en prosa, como en verso, de D. frey Lope Felix de Vega Carpio, del habito de san Juan*, vol. 11, 1777, ed. [Francisco Cerdá y Rico] y Antonio de Sancha (Madrid: ArcoLibros, 1989), págs. iii–x.

que el viento aromatizan,
y el verde suelo esmaltan;
porque naturaleza a quien las debe,
aquí salpica púrpura, allí nieve.   (vv. 427–32)[68]

Los versos que citamos aparecen cuando el Fénix le comenta a su destinatario
la enorme cantidad de comedias que ha producido. Entonces abre un bello
excursus que luego se revela como una acertada metáfora botánica. Describe
un campo ameno lleno de flores agradables ('aromatizan') y coloridas ('púrpura', 'nieve'). El prado ha surgido 'sin labor', por lo que sus 'flores' —sus
productos—, aunque hermosas, son 'bárbaras'. La primera línea ya le anunciaba al lector que las 'flores' aluden a la poesía, pues han nacido sin 'cultura,
y arte', pero la alegoría se aclara aun más en los versos siguientes:

Mas cuando del arado el diente corvo
muerde la tierra en que el humor reside,
las flores que divide
no son al trigo estorbo,
y así con sus preceptos y rigores
cultiva el arte naturales flores.   (vv. 433–38)

La escena primera, con el campo henchido de 'bárbaras' flores, representaba
una poesía inspirada pero poco elaborada. Ahora, la escritura natural —las
'flores'— brota conjunta y armoniosamente de la tierra labrada entre una
planta más productiva, el 'trigo'. El cereal simboliza el producto del trabajo
erudito: el 'diente corvo' del 'arado' hinca laboriosamente la tierra feraz hasta
llegar a sus más fecundas entrañas, donde 'el humor reside'. De este modo,
Lope quiere decir que los 'rigores' del cultivo aunados a la inspiración genial
producen 'naturales flores' colocadas hábilmente por medio del 'arte'. Como
afirma acertadamente Montesinos: 'El ideal de un gran poeta, para Lope,
reunía en sí un máximo virtuosismo técnico a una máxima sutileza, una máxima ingeniosidad' ('Introducción', pág. xiv). Según cabría esperar, el
madrileño se presentaba al público mostrando ambas características.

En efecto, el Fénix se describió en algunas ocasiones como un autor que
escribe consultando e imitando otros poetas ilustres o 'claros' ('Contienda', *La
Filomena*, vv. 1196–97),[69] y sus panegiristas recogen convenientemente esta

---

[68] Lope de Vega Carpio, 'Égloga a Claudio', en *Rimas humanas y otros versos*, ed.
Antonio Carreño (Barcelona: Crítica, 1998), págs. 696–717.
[69] También varios personajes de *La Dorotea* describen la poesía como una actividad
erudita que implica imitación y luego cuidadosa reelaboración de los textos. Tal es la
opinión de Ludovico y César en la escena segunda del acto cuarto, en la que llegan a afirmar que corregir con detalle los propios textos diferencia al buen poeta del autor oscuro y
cultista:

imagen de poeta erudito. Así, el cronista José Pellicer comenta sobre nuestro autor en su 'Urna sacra erigida a las inmortales cenizas de frey Lope Félix de Vega Carpio' que 'Como rayo volaba por el papel la pluma fecundissima de LOPE en todos assuntos, pero como termino se detenia en la emienda de lo que dictaba. Moderaba lo inmobil de termino la velocidad de rayo' (Pérez de Montalbán, pág. 267). El Fénix era un genio, que escribía lo que la inspiración le 'dictaba', rápido como un 'rayo'. Sin embargo, también era un sabio que utilizaba la lima de Horacio para corregir y hacer 'emienda' de sus obras. El mismo sentido tiene una afirmación del doctor Phelipe Godínez en su 'Oración fúnebre en la muerte del doctor frey Lope Félix de Vega Carpio': Lope era un poeta que 'siendo natural por lo presto, pareció artificioso por lo pulido' (Pérez de Montalbán, pág. 156). De nuevo aparece la pareja genio ('natural', 'presto') y arte ('pulido'), que resume Fabio Franchi en el prólogo 'All'Illustriss. ed eccellentiss. signore il signor don Gio. Antonio de Vera, e Figueroa': Lope era 'fertilissimo Ingegno, ed erudito soggetto' (*Essequie poetiche*, pág. 4).

Sin embargo, lo cierto es que el Fénix enfatizó la parte genial del binomio, mostrándose mucho más a menudo como un autor inspirado que como un 'erudito soggetto', como hemos visto a lo largo de este capítulo. Sus enemigos aprovecharon semejante desequilibrio para enfatizar el lado menos prestigioso de la ideología del furor poético. El autor inspirado tomaba sus versos de lo que le dictaba rápida y abundantemente su numen. Pues bien, en la época

LUD.   si Platón envolvió su filosofía en escuros términos, los poetas, para declarar sus concetos, deben usar los más fáciles, y para esto pensaba yo que se borraban los primeros delineamentos, que es lo que llaman lima.
        [. . .]
LUD.   Ninguna cosa debe disculpar al buen poeta: piense, borre, advierta, elija y lea mil veces lo que escribe; que rimas se llamaron de *rimar*, que es inquirir y buscar con diligencia. Así le usó Cicerón, así Estacio.
CÉS.   De suerte que no es alabanza no borrar.
JUL.   Oíd lo que respondía en una comedia un poeta a un príncipe, que le preguntaba cómo componía, y veréis con qué facilidad lo dijo todo:
        ¿Cómo compones? Leyendo,
   y lo que leo imitando,
   y lo que imito escribiendo,
   y lo que escribo borrando;
   de lo borrado escogiendo.
CÉS.   Oíd una curiosidad de Suetonio Tranquilo, que, hablando de que Nerón era poeta, y que muchos creían que eran ajenos los versos y que los vendía por suyos, dice que después de muerto hallaron los cartapacios borrados y los versos sobrescritos; con que se certificaron de que eran suyos. Luego en lo borrado se conoce lo que se piensa, que quien no piensa no borra.   (act. IV, esc. ii)

También insiste sobre el tema Belardo, máscara del autor, en la escena primera del acto quinto: 'Yo conocí un poeta de maravilloso natural, y borraba tanto, que sólo él entendía sus escritos, y era imposible copiarlos; y ríete, Laurencio, de poeta que no borra.'

existía una figura literaria que compartía la velocidad y cantidad de composición: el poeta de repente. Estos personajes tenían la capacidad de improvisar textos sobre cualquier tema que se presentara, demostrando una habilidad que tenía algo de atracción de feria y algo de cualidad cortesana, pues los poderosos podían importunar a los poetas áureos para que compusieran de repente. Sin embargo, muchos escritores optaban por resistirse, como prueba uno de las apotegmas de Juan Rufo:

> El Duque de Alba don Fernando le apretó un día mucho en que dijese de improviso sobre algún subjeto en presencia del capitán Francisco de Aldana, que le había alabado su facilidad. Y no admitiendo el Duque sus excusas, antes diciéndole que era acto de entendimiento aquél, y que debía ejercitalle para tenelle más en su punto, respondió: 'Los que hacen hábito en decir de repente son como los caballos de posta, que, corriendo siempre, pierden la ligereza de a todo correr y el asiento del buen paso'. (pág. 183)

El ingenioso Rufo describe el repentismo como una actividad peligrosa, que puede transformarse en un mal 'hábito'. La metáfora ecuestre que utiliza a continuación aclara el sentido de su temor: la improvisación agota el numen ('la ligereza de a todo correr') y, sobre todo, impide categóricamente que el poema sea armonioso y equilibrado —que tenga 'asiento'—. En efecto, el decidor de repente no puede imitar modelos clásicos, o pulir su composición con la lima de Horacio. La improvisación elimina el 'arte' del proceso de creación poética y, por tanto, los repentistas estaban mal considerados socialmente. No cultivaban un arte liberal, sino un oficio para entretener al populacho y a los cortesanos.

Como cabría esperar, Góngora aprovechó todas las connotaciones negativas del repentismo para combatir la auto-representación de Lope como poeta genial. Su ataque más importante en este aspecto es el soneto 'A ti, Lope de Vega, el elocuente', del que sólo citamos los dos primeros cuartetos:

> A ti, Lope de Vega, el elocuente,
> repentino poeta acelerado;
> morador de la fuente del Mercado
> sustentado con sangre de inocente.
>   Hanme dicho que dices de repente,
> y que de tu decir estás pagado,
> y también que arrojas de pensado
> coplones que caminan a los veinte.   (Orozco Díaz, págs. 109–10)

El poeta andaluz aprovecha estos versos para burlarse del modo que su rival tenía para ganarse el sustento en la época en que se escribió el soneto: Lope se había casado con la acaudalada Juana de Guardo, cuyo padre había hecho fortuna tratando en carnes para el matadero de Madrid. Las líneas tercera y cuarta se mofan de esa manera baja y 'mecánica' de mantenerse, con una ridícula alusión a los corderos ('sangre de inocente') que vendía el suegro del Fénix. Sin embargo, la crítica más importante es de orden literario: el cordobés dedica verso tras verso a ridiculizar la habilidad de Lope para repentizar. En este contexto, el apelativo 'el elocuente' que abre el poema resulta irónico, como revela inmediatamente la construcción 'repentino poeta acelerado' que le sigue. Góngora critica la baja calidad de la rápida producción del Fénix ('coplones'), y también el hecho de que el poeta madrileño demuestre encontrarse satisfecho ('pagado') de esta cualidad. En este sentido, Góngora ataca directamente la figuración de Lope. Además, al yuxtaponer los ataques al repentismo con el comentario sobre el matadero, el andaluz sitúa la improvisación del Fénix bajo una luz venal. Góngora insinúa que Lope repentiza como un vulgar poeta de repente, que hace versos sólo para ganarse la vida, y no para entretener el ocio o para alcanzar la fama, como exigía la ideología aristocrática de la época. En suma, el mordaz cordobés explotó magistralmente las connotaciones negativas de la imagen de Lope como poeta inspirado.

Lo cierto es que durante el siglo XX perduraron unas ideas sobre Lope que parecen inspiradas en las críticas gongorinas. Muchos críticos literarios todavía pensaban, quizás acertadamente, que la improvisación excluye necesariamente la elaboración poética. Estos estudiosos aceptaban la imagen de genio veloz y fecundo que el Fénix difundía de sí mismo, sin pararse a considerar lo que en ella había de auto-representación y de realidad, y sin tener en cuenta la faceta, menos desarrollada, de Lope como poeta erudito. Por ello, asociaron al Fénix con el repentismo —como había hecho Góngora— y emitieron duros juicios contra su poesía. Montesinos expone la situación con lucidez: 'La fecundidad de Lope, aquella fecundidad que le hizo parecer un héroe fabuloso, y tanto contribuyó a su popularidad, impide en gran manera que vuelva a ser popular' ('Introducción', pág. vii). En efecto, una vez agotada en el siglo XX la moda romántica que percibía la genialidad del autor madrileño como síntoma de su conexión con la verdadera poesía y con el espíritu del pueblo, el ser un escritor rápido y feraz deja de constituir una virtud. Autores como Marcel Carayon ejemplifican este nuevo modo de pensar, pues el francés destaca en Lope su 'improvisation fiévreuse, enivrée', palabras que evocan el vocabulario del entusiasmo, pero que contienen connotaciones abiertamente negativas. En efecto, la objeción de Carayon no se hace esperar: el Fénix improvisa, mas 'n'a plongé un regard réfléchi vers les secrets replis du cœur' (pág. 5). El madrileño es un autor irreflexivo, que encuentra su perfecta expresión en las formas dramáticas, menos trabajadas y, por tanto, que representan una 'résonance idéale de son goût passionné de la vie violente' (pág. 47), o espejo de su pasión.

Desgraciadamente, la mayoría de los críticos y lectores de hoy en día compartirían la injusta opinión de Carayon, sin darse cuenta de que procede indirectamente de la auto-representación del propio Fénix y de las agrias respuestas que sus rivales le dieron. Resulta irónico, pues, que la imagen lopesca más extendida y exitosa haya sido la que más haya perjudicado la fama del poeta. Ciertamente, Lope ignoraba lo que se pensaría de él siglos después de su muerte. No obstante, el Fénix sí que percibió que le convenía probar otras representaciones de sí mismo para crear una imagen de poeta serio que le brindara un mayor éxito social. Esa faceta fue la de autor religioso, que estudiaremos en el próximo capítulo.

4

Mea grandíssima culpa.
El pecador arrepentido

> Amor de Dios en portugués sentido,
> y escrito en castellano.
>
> ('Canción a Matheo Alemán, de Lope de Vega Carpio',
> *Poesías preliminares*)

> Mil veces de mi vida con la pluma
> de la contemplación hago un tanteo.
>
> ('Glosa', *Segunda parte del desengaño del hombre*)[1]

Las Rimas sacras y la crisis religiosa del autor

Los estudiosos han venido declarando unánimemente que Lope de Vega sufrió
una gran crisis religiosa en torno a 1611 (Carreño, *El romancero*, pág. 199; Rennert y Castro, pág. 197). La crisis se agravó en los años siguientes, con las muertes
de Carlos Félix (1612), hijo del poeta, y de Juana de Guardo (1613), su segunda
mujer. Ese año de 1611, el poeta le relataba al duque de Sessa sus prácticas ascéti-
cas: 'y yo me pego lindos çurriagazos todas las noches' (*Epistolario*, vol. III, pág.
58).[2] Parece ser que esta crisis llevó al Fénix a ordenarse sacerdote, aunque su
propia versión del acontecimiento, en una carta al duque de Sessa del 15 de marzo
de 1614, no subraya precisamente las facetas dramáticas de su cambio de estado:

> Llegué, presenté mis dimisorias al de Troya, que assi se llama el Obispo, y
> diome Epistola [. . .]; y sería de ver quán a proposito ha sido el título, pues
> solo por Troya podia ordenarse hombre de tantos inçendios; mas tan cruel
> como si hubiera sido el que metio en ella el caballo, porque me riñó porque
> llebaua vigotes; y con esta justa desesperaçion yo me los hize quitar, de

---

[1] Lope de Vega Carpio, *Segunda parte del desengaño del hombre*, en *Lope de Vega.
Obras sueltas, I*, El ayre de la almena XIX (Valencia: Soler, 1968).

[2] Estos comentarios de las cartas de Lope al duque de Sessa deben tomarse con un
grano de sal, dado el tono 'teatral' (Nicolás Marín López, 'Introducción', en *Cartas*, de
Lope de Vega Carpio, ed. Nicolás Marín López [Madrid: Castalia, 1985], págs. 7–51, págs.
13–19) o 'perennemente regocijado en que Lope escribe al Duque' (Rubinos, pág. 71).
Pedraza Jiménez incide en este punto cuando señala que 'ante él [Sessa] Lope siempre
sobreactúa' (*El universo*, pág. 125).

suerte que dudo que Vex.ª me conozca, aunque no me atrebere a bolver a Madrid tan rapado. [. . .] Aqui me ha reciuido y apossentado la señora Gerarda con muchas carizias; está mucho menos entretenida y más hermosa. (*Epistolario*, vol. III, pág. 138)

Lope bromea a costa del nombre del obispo que le ordena de epístola, se queja de la imposición de afeitarse los bigotes —atributo de galanes como el joven poeta, y no de sacerdotes, que solían ir rasurados— y comenta alegremente sobre un encuentro sexual que parece que tuvo la noche misma de su ordenación. En cualquier caso, la preocupación religiosa del autor está abundantemente documentada en otros testimonios, y parece plausible que fuera uno de los motivos que le impulsaron a ordenarse.

Es más dudoso que exista una segunda consecuencia, esta vez literaria, de la crisis religiosa de Lope: las *Rimas sacras* (1614). Las *Rimas sacras* son un volumen de bellísima poesía religiosa, compuesto de formas misceláneas: sonetos, romances, glosas, canciones, epístolas, poemas en octavas. La obra gozó de un inigualado éxito en la época (Novo, *Las* Rimas, pág. 33),[3] como atestigua el gran número de veces que se editó en vida del autor: Madrid (1614), Lérida (1615), Lisboa (1616), Madrid (1619), Lérida (1626) (José Manuel Blecua, pág. 277; Profeti, *Per una*, págs. 312–24).[4] Según muchos estudiosos, este libro refleja la vida del Fénix durante el periodo de crisis (Aaron, pág. 185; Guarner, pág. 167; Rubinos, pág. 81):[5] las *Rimas sacras* serían la expresión sincera de la profunda experiencia religiosa de Lope. De nuevo, como ocurre con el resto de la producción poética de Lope, gran parte de la crítica ha usado la sinceridad como parámetro para el estudio de la poesía sacra del autor (Aaron, pág. 15; Ghiano, pág. 17; Hatzfeld, pág. 344; Palomo, pág. 112; Peers, pág. 351; Valbuena Prat, *La religiosidad*, pág. 1).[6] Sin embargo, conviene subrayar que el

[3] Yolanda Novo, *Las* Rimas sacras *de Lope de Vega. Disposición y sentido* (Santiago de Compostela: Universidad de Santiago de Compostela, 1990).

[4] José Manuel Blecua (ed.), *Obras poéticas. Rimas / Rimas sacras / La Filomena / La Circe / Rimas humanas y divinas del licenciado Tomé de Burguillos*, de Félix Lope de Vega (Barcelona: Planeta, 1989).

[5] Luis Guarner, *En torno a Lope de Vega* (Valencia: Bello, 1976).

[6] Helmut Hatzfeld, *Estudios sobre el Barroco*, trad. Ángela Figuera, Carlos Clavería y M. Miniati (Madrid: Gredos, 1964); María del Pilar Palomo, *La poesía en la Edad de Oro (Barroco)* (Madrid: Taurus, 1988); E. Allison Peers, 'Mysticism in the Poetry of Lope de Vega', en *Estudios dedicados a Menéndez Pidal*, vol. 1, ed. Ángel González Palencia (Madrid: CSIC, 1950), págs. 349–58. Muchos de estos autores defienden la sinceridad religiosa de Lope como parte de un proyecto de mayor envergadura: la representación de Lope como buen cristiano y buen sacerdote, 'férreamente comprometido con la causa nacional-católica' (Florit Durán, pág. 116). Tanto Francisco Florit Durán como Enrique García Santo-Tomás (Enrique García Santo-Tomás, *La creación del Fénix. Recepción crítica y formación canónica del teatro de Lope de Vega* [Madrid: Gredos, 2000], págs. 319–72) encuadran estos intentos dentro del clima ideológico que dominó la conmemoración del tercer centenario de la muerte del Fénix, en 1935.

contenido piadoso de la obra no garantiza una relación de dependencia con la crisis personal del autor, pues la vivencia religiosa de Lope, sincera o no, no tiene por qué haber producido necesariamente las *Rimas sacras*. En cualquier caso, la biografía del Fénix no contribuye demasiado a la hora de analizar el texto poético de 1614, pues el grado de sinceridad del texto de Lope resulta irrelevante como instrumento de análisis literario.

Además, muchos lopistas, como por ejemplo Pedraza Jiménez (*El universo*, pág. 121), se han dado cuenta de que la faceta religiosa fue una constante en la vida de Lope, de modo que su experiencia ni siquiera se puede calificar de 'crisis' si no se usa el término en un sentido más lato, que permita su extensión a un periodo que comprende décadas, y no solamente los años de 1613 y 1614 (Kaplis-Hohwald, pág. 60). En el verano de 1609 el Fénix ingresó en la Congregación de Esclavos del Santísimo Sacramento, en el Oratorio del Caballero de Gracia; al año siguiente, en el Oratorio de la calle del Olivar, en el convento de los Trinitarios Descalzos, y en 1611 en la Orden Tercera de San Francisco (Rennert y Castro, pág. 192; Sanz Hermida y Toro Pascua, pág. 261).[7] Lope llevó esta religiosidad hasta su lecho de muerte, donde, según su biógrafo y amigo Juan Pérez de Montalbán: 'volviéndose al Cristo crucificado le pidió con fervorosas lágrimas perdón del tiempo que había consumido en pensamientos humanos, pudiendo haberlo empleado en asuntos divinos' (pág. 94).[8] La preocupación religiosa del Fénix se extiende, al menos, desde 1609 hasta 1635, y formaba una parte esencial e integrante de su vida, como por otra parte era común en la época. Por ello, difícilmente podemos explicar la vida espiritual de Lope acudiendo al concepto de crisis religiosa.

Es más, las poesías religiosas del Fénix también se hallan repartidas a lo largo de toda su carrera literaria, antes y después de las *Rimas sacras* y de la crisis que supuestamente les dio origen. Una de las primeras obras del poeta fue *Los cinco misterios dolorosos de la pasión y muerte de Nuestro Señor Jesucristo con su Sagrada Resurrección*, escrito entre 1579 y 1583 (Alberto Blecua, pág. 9).[9] El hagiográfico *Isidro* salió en 1599, los *Cuatro soliloquios* y los *Pastores de Belén*[10] en 1612. En 1613 salieron los *Contemplativos*

---

[7] Jacobo Sanz Hermida y María Isabel Toro Pascua, 'Los *Contemplativos discursos* de Lope de Vega: noticia de un pliego vallisoletano desconocido y edición crítica del texto', *Anuario Lope de Vega*, 5 (1999), 257–70.

[8] Otro índice de la piedad del poeta es la abundancia de objetos religiosos que revela el inventario de bienes de su casa, levantado en 1627 (Campo, págs. 57–59).

[9] Alberto Blecua, 'De Granada a Lope. Sobre una fuente de *Los cinco misterios dolorosos*', *Anuario Lope de Vega*, 1 (1995), 9–17.

[10] *Pastores de Belén* es una novela pastoril a lo divino 'a la traza de la Arcadia' (*Epistolario*, vol. III, pág. 70). En la tradición de la novela pastoril, la obra de Lope contiene un número semejante de textos en prosa y verso.

discursos y la *Segunda parte del desengaño del hombre* —que lleva incluido el representativo 'Acto de contrición de Lope de Vega Carpio'—, y en 1615 aparecieron los *Conceptos divinos al Santísimo Sacramento y a la Virgen Nuestra Señora* y una nueva edición de la *Segunda parte del desengaño del hombre*. Al año siguiente, 1616, salieron las *Alabanzas al glorioso san José*, mientras que las *Revelaciones de algunas cosas dignas de ser notadas de la Pasión de Cristo* se imprimieron en 1621. *La Virgen de la Almudena* fue publicada como suelta en 1623,[11] los *Triunfos divinos* en 1625, los *Soliloquios amorosos de un alma a Dios*[12] en 1626 y la *Corona trágica* en 1627. Por último, los *Sentimientos a los agravios de Cristo* salieron sin año (*Catálogo*, págs. 183–217; Guarner, pág. 181). Además, Lope también participó como juez y organizador en las justas poéticas dedicadas a la beatificación y canonización de san Isidro y santa Teresa,[13] y compuso algunos textos para celebrar estas ocasiones. En su totalidad, José Rubinos estima que la edición completa de la poesía sacra del Fénix alcanzaría unos 600.000 versos (pág. 9). Es decir, Lope creó un enorme corpus de poesía religiosa, que se extiende desde los primeros a los últimos años de su carrera. En este sentido su obra resulta representativa de la producción literaria de la época, que era mayormente de temática sacra. Por consiguiente resultaría imprudente achacar exclusivamente las *Rimas sacras* o cualquier otro texto religioso a la crisis espiritual del Fénix.

Ahora bien, lo cierto es que Lope promovió esta interpretación, del mismo modo que había fomentado la lectura *biographico modo* de muchas otras de sus obras, como ya hemos visto anteriormente. De hecho, el tema central de las *Rimas sacras* es corregir la imagen del autor que Lope había construido en obras como las *Rimas*, obra que las *Rimas sacras* a un tiempo imita y rectifica. Por tanto, el 'yo' autobiográfico y las máscaras autoriales de las *Rimas sacras* constituyen un nuevo ejemplo de la persistente auto-representación del Fénix, que este capítulo analizará en su faceta religiosa. Vamos a estudiar, en primer lugar, cómo Lope siembra en su texto diversas pistas que conducen a la identificación del narrador y las máscaras con el autor. En segundo lugar, estas páginas también van a detallar los efectos que la susodicha ecuación produce en el lector, o cómo el Fénix usa esta técnica de simulación biográfica para adquirir autoridad literaria ante el lector de la obra. El texto base del análisis será las *Rimas sacras*, por su lugar central en la lírica religiosa de

---

[11] Luego acompañó a los *Triunfos divinos* en 1625.

[12] Estos *Soliloquios* eran una expansión con comentario de los *Cuatro soliloquios*.

[13] El *Romancero espiritual* (Pamplona, 1619) es otra obra poética religiosa del Fénix. Sin embargo, Lope jamás la concibió como libro independiente, pues los editores navarros extrajeron estos romances de las *Rimas sacras* y otras obras lopescas sin la participación —y quizás sin el consentimiento— del autor (Carreño, *El romancero*, pág. 196; Guarner, págs. 189–215).

Lope, por su importancia como texto donde el autor asienta una imagen de sí mismo —el volumen recoge un sinnúmero de poses, máscaras e intervenciones del 'yo narrativo'—, y por la popularidad que gozó en el siglo XVII. Dentro de las *Rimas sacras* prestaremos especial atención al bloque de sonetos penitenciales que inicia el libro,[14] que por su unidad temática 'forman un *canzoniere* sagrado' (Novo, *Las* Rimas, pág. 49).[15] Sin embargo, complementaremos los ejemplos extraídos de las *Rimas sacras* con otras muestras procedentes del resto de la producción poética religiosa del Fénix. De este modo, será posible observar en qué aspectos de la auto-representación insistió Lope, y también apreciar de qué modo evolucionó dicha imagen religiosa a lo largo de la carrera poética del autor.

'Cuando en mis manos, Rey Eterno, os miro': invitación biográfica en la lírica sacra de Lope

Como sucede con el resto de su poesía, la lírica religiosa de Lope incita insistentemente a identificar narrador y autor, dando la ilusión de narrar una biografía poética. Incluso los *Soliloquios amorosos de un alma a Dios* (1626), una obra tardía que se presenta firmada por el padre Gabriel Padecopeo, contiene referencias evidentes a la biografía del Fénix. El nombre de 'padre Gabriel Padecopeo' debió de resultar en la época un ostentoso seudónimo de Lope (Morley, págs. 448–49). El propio Fénix lo anunció así en la *Égloga a Claudio*, donde sugería que las palabras 'Gabriel Padecopeo' escondían un secreto a voces:

> y en néctar soberano
> bañado, descifre el anagrama
> los *Soliloquios* de mi ardiente llama.   (vv. 286–88)

Como indican estos versos, 'Gabriel Padecopeo' es un nombre evidentemente falso, anagrama exacto del nombre del autor, Lope de Vega Carpio. Además, los *Soliloquios amorosos* son una expansión de los *Cuatro soliloquios de Lope de Vega Carpio* de 1612, por lo que cualquier lector informado identificaría automáticamente al padre Padecopeo con el ya ordenado Lope de Vega Carpio que formaba parte del título del original de 1612. Es más, en el prólogo a los *Soliloquios amorosos* en que expone la vida del seudónimo, el narrador 'Lope de Vega' informa al lector de detalles sobre Padecopeo que se reconocerían rápidamente como procedentes de la notoria biografía del Fénix (Serés,

---

[14] Yolanda Novo señala que se trata de los primeros cuarenta y nueve sonetos, de 'un marcado signo introspectivo', y un grupo de trece sonetos repartidos entre los cincuenta últimos (*Las* Rimas, pág. 16). El resto de sonetos de la colección es de orden hagiográfico, mariano, bíblico o eucarístico (*Las* Rimas, pág. 17).

[15] Pedraza Jiménez insiste en este aspecto ('Las *Rimas Sacras*', pág. 65).

pág. 211).[16] No sólo era Padecopeo hombre 'desengañado de las cortes', sino que hizo 'alta muestra de su valor en todos los ejercicios militares, que contra su virtud solicitó la envidia' y fue desterrado. Estos datos corresponden a algunos sucesos concretos de la vida de Lope que el propio autor se preocupó de difundir con su obra. El Fénix describió frecuentemente su heroica participación en la expedición a las Islas Terceras y a Inglaterra, con la Armada Invencible (*Corona*, canto III, estrs. 14–15; *Epistolario*, vol. III, pág. 69).[17] También habló a menudo de su destierro a Valencia, producto de los escandalosos amores con Elena Osorio (*Rimas*, núm. 142). En suma, incluso en los *Soliloquios amorosos*, que atribuye a un seudónimo, Lope fomenta la lectura biográfica de su obra religiosa.

El Fénix utilizó esta estrategia en muchas otras obras piadosas, pues ya el título antes citado de los *Cuatro soliloquios de Lope de Vega Carpio*, así como el del 'Acto de contrición de Lope de Vega' (1615), identifican explícitamente narrador y autor: la voz que habla en los soliloquios de ambos volúmenes corresponde al poeta 'Lope de Vega Carpio'. La ecuación se repite en varias ocasiones en los *Triunfos divinos* (1625), ya que en los sonetos incluidos en este volumen[18] el narrador se atribuye rasgos que el lector sabía eran característicos de Lope de Vega. En 'Temores en el favor' el 'yo' que enuncia el poema se presenta como sacerdote al retratarse en plena consagración (Aaron, pág. 136; Rubinos, pág. 94):[19]

---

[16] Guillermo Serés, 'Temas y composición de los *Soliloquios* de Lope', *Anuario Lope de Vega*, 1 (1995), 209–27.

[17] Lope de Vega Carpio, *La Corona Trágica de Lope de Vega: una Edición Crítica*, ed. Michael G. Paulson y Tamara Alvarez-Detrell (York: Spanish Literature Publications Company, 1982).

[18] Los *Triunfos divinos* son una obra poética miscelánea. Se componen de cinco triunfos 'a lo divino' en imitación de los difundidos *Trionfi* de Petrarca (María Pilar Manero Sorolla, *Introducción al estudio del petrarquismo en España* [Barcelona: Promociones y Publicaciones Universitarias, 1987], pág. 14), tarea ya llevada a cabo por Feliciano Umbruno da Civitella en sus *Diálogos del dulce morir de Jesús* (1554) (Carreño, *El romancero*, pág. 193; Manero Sorolla, pág. 139). También incluyen una variada serie de composiciones: unos 'Sonetos a Cristo nuestro señor' penitenciales, confesionales y hagiográficos, unos sonetos glosados, estancias, glosas, romances, y *La Virgen de la Almudena* (salió suelta en 1623). El estudio más detallado de los *Triunfos divinos* pertenece a sor M. Audrey Aaron, que pese a ello emite un juicio injustamente negativo sobre la obra (pág. 124).

[19] El narrador de los *Soliloquios amorosos* también se describirá como sacerdote consagrando:

> Y ya, mi Dios, no pretendo
> excusarme vez ninguna,
> porque me subas alguna
> de las que yo te desciendo.

Lope usa términos semejantes cuando se describe oficiando en la Eucaristía en una carta al duque de Sessa, el 9 de junio de 1615: '[. . .] Él mismo que tomo en mis yndignas manos' (*Epistolario*, vol. III, pág. 190).

> Cuando en mis manos, Rey Eterno, os miro
> y la cándida víctima levanto,
> de mi atrevida dignidad me espanto,
> y la piedad de vuestro pecho admiro.   (vv. 1–4)

La 'cándida víctima' corresponde a la hostia que levantan las 'manos' de la voz narrativa, que ostenta la 'atrevida dignidad' de clérigo. Además, en el primer terceto del mismo soneto, el narrador alude significativamente a 'las sendas de mi error' (v. 10), reconociendo haber vivido un pasado turbio. Recalcar el pecado de este modo es un tópico en la literatura confesional,[20] pero en un lector que ya tenía en mente el Lope de Vega real tal insistencia debió de sugerir la escandalosa juventud del Fénix: el lector le atribuiría claramente al narrador la biografía del autor, construyendo de este modo una biografía poética. El mismo efecto produce el soneto 'Sólo Cristo enseña', en el que el narrador se presenta como un intelectual que ansía fama, afán propio de un poeta como Lope:

> Deseo de saber, tan propio al hombre,
> con años de cuidado y diligencia
> me ha tenido por una y otra ciencia
> buscando fama y adquiriendo nombre.   (vv. 1–4)

Algo muy semejante ocurre en el soneto 'De la paciencia', en el que la voz narrativa declara ser un sacerdote perseguido por la envidia (vv. 9–14), tal y como solía verse a sí mismo el propio Fénix:[21]

> ¿Qué importa que la lengua os alborote
> del que por ella es bárbaro malquisto?
> Que cuando más me injurie, ofenda y note,
> con paciencia de Cristo me resisto.   (vv. 9–12)

Las concomitancias continúan en los *Triunfos divinos*, donde el narrador declara haber recibido el sayal de la Orden Tercera de San Francisco, de nuevo siguiendo el ejemplo del Lope real:

---

[20] John R. Rosenberg presenta una actualizada disquisición teórica sobre este género (John R. Rosenberg, *The Circular Pilgrimage. An Anatomy of Confessional Autobiography in Spain* [Nueva York: Peter Lang, 1994], págs. 8–24).

[21] La de genio acosado por la envidia era una de las autofiguraciones preferidas de Lope. Se encuentra por toda su obra, pero valgan como ejemplos el *Isidro* (canto I, v. 25), el soneto 'Rota barquilla mía, que arrojada' de las *Rimas*, *La hermosura de Angélica* (canto I, estr. VI), el soneto LXXXV de las *Rimas sacras*, la dedicatoria a *El desconfiado* (*Las dedicatorias*, pág. 62), el prólogo 'Al *Teatro* de don Francisco López de Aguilar' de *La Dorotea*, y el soneto 'La fama que del Tibre a la ribera' de las *Rimas de Tomé de Burguillos*.

¡Oh, tú que la mortal naturaleza
adornas de seráfico apellido,
oye mi amor, perdona mi rudeza!
Que si yo merecí de tu vestido
el tercero sayal, sin merecelle,
más obligado quedo que atrevido.   (triunfo III, vv. 349–54)

La identificación persiste en la *Corona trágica. Vida y muerte de la serenísima reina de Escocia María Estuardo* (1627), donde el narrador declara haber cantado 'a Jerusalén' (canto I, estr. 3), aludiendo a la *Jerusalén conquistada* (1609), y haber participado en la Armada Invencible:

Cubre la undosa margen de Ulisipo
generosa, marcial, ilustre gente
de las varias naciones, que a Filipo
Imperio reconocen obediente.
Yo entonces con las Musas participo
de la mejor edad adolescente:
dejo los libros y las doctas sumas,
y una pluma troqué por muchas plumas.
    Ceñí en servicio de mi Rey la espada,
antes que el labio me ciñese el bozo,
que para la católica jornada
no se excusaba generoso mozo.   (canto III, estrs. 14–15)

La 'católica jornada' corresponde, evidentemente, a la 'jornada de Inglaterra', que es como los españoles denominaban en los años previos a 1588 al proyecto de la Armada Invencible. La Armada se reunió en Lisboa ('la undosa margen de Ulisipo'), donde se le unió Lope y desde donde la expedición partió hacia el norte. Cualquier lector de la época habría reconocido estas pistas como hitos de la biografía real del poeta, que había difundido insistentemente los detalles de su participación en la Armada. Por consiguiente, la invitación a identificar narrador y autor que revelan estos versos es persistente a través de la poesía religiosa del Fénix, tanto en los poemas de corte introspectivo —los sonetos de los *Triunfos divinos*, los *Cuatro soliloquios*—, como en aquéllos de orden más narrativo —la *Corona trágica*—.

Las *Rimas sacras* no son la excepción, como ya han observado acertadamente Harm den Boer (pág. 253) y Novo (*Las* Rimas, pág. 268), y como ya podemos apreciar desde la misma 'Introducción' en redondillas, que es probablemente el poema más importante de la colección, en cuanto a que fue escrito después que los otros textos para encabezarlos y darles sentido. Es decir, la 'Introducción' ofrece la clave interpretativa de la obra, como si fuera un poema prólogo de un cancionero petrarquista. Pues bien, el 'yo' de esta composición clave se equipara a Lope al declararse sacerdote:

> ya soy sacerdote y rey,
> ya tengo insignias reales.   (vv. 67–68)

> Pero sin causa recelo
> que me has de venir a ver,
> pues que ya tengo poder
> para bajarte del Cielo.   (vv. 141–44)

La segunda redondilla citada alude a la nuevamente adquirida capacidad de consagración del 'yo' ('tengo poder / para bajarte del Cielo'), por lo que éste se vuelve a revelar como 'sacerdote'. Sobre esta base, los versos proponen al lector que el narrador es el mismo 'Lope de Vega Carpio, clérigo presbítero' que firma el volumen. Las *Rimas sacras* resaltan más adelante esta tendencia a la lectura biográfica, ya marcada desde la 'Introducción'. Por ejemplo, en la bella canción elegíaca 'A la muerte de Carlos Félix' el narrador se define como el desconsolado padre del hijo de Lope (vv. 1–3), muerto de una enfermedad que no podemos precisar con los documentos que se nos conservan (Rennert y Castro, págs. 201–02). Además, la ecuación narrador–Lope se subraya en los títulos de otras dos composiciones: 'Habiendo oído predicar al ilustrísimo señor don Bernardo de Rojas, arzobispo de Toledo, cuarto día de Navidad en su Santa Iglesia, le envió el sermón Lope de Vega de la misma suerte que le predicó Su Señoría Ilustrísima, en estos versos' y 'Respuesta al señor don Sancho de Ávila, obispo de Jaén, habiéndole enviado su libro *De la veneración de las reliquias*'. Como apunta Novo, los dos poemas tienen un origen circunstancial y vivencial,[22] pues 'arrancan de un suceso verídico de la vida de Lope y relativo a la esfera de lo sagrado. En ambas este matiz autobiográfico queda perfectamente patente en su título extenso' (*Las* Rimas, pág. 246). Los encabezamientos de ambas epístolas contribuyen a fundir la vida del autor con la *persona* del narrador al relacionar la creación literaria de los textos con circunstancias particulares de la vida del poeta.

Primavera del error y excelencia en el pecado

Incitados de esta manera a la lectura *biographico modo* de las *Rimas sacras*, los lectores del volumen debieron de identificar las frecuentísimas alusiones a la alocada o 'verde' juventud o 'primavera' del narrador con los escandalosos años mozos de Lope, relatados en sus romances tempranos, en las *Rimas* y en los cotilleos que corrían por la Corte.[23] Se trata, de nuevo, de un recurso usado en

---

[22] El propio Lope recoge en carta al duque de Sessa de diciembre de 1611 la noticia de que 'estos dias me envio el Obispo de Jaen vn libro suyo *De la veneracion de las reliquias*, con vna carta muy encarezida' (*Epistolario*, vol. III, pág. 85).

[23] La alusión resultaría aún más clara para aquellos lectores que reconocieran estas expresiones como paráfrasis de un poema incluido en el libro V de la *Arcadia*: 'La verde primavera / de mis floridos años' (libro V, págs. 449–51).

todas las composiciones religiosas del autor. En los *Cuatro soliloquios* la voz narrativa deplora haber perdido 'la flor de mis años' (soliloquio III, v. 10) en el error, adorando la 'fingida hermosura' (soliloquio I, v. 4) de las mujeres en vez de la verdadera de Dios. Lamentos parecidos aparecen en el 'Acto de contrición', y en el soneto 'Omnis homo mendax' de los *Triunfos divinos*, donde el narrador confiesa haber 'querido, servido, idolatrado' (v. 9) en una vida mundana fácilmente identificable con la que hizo famoso al joven Lope.

En las *Rimas sacras* tales alusiones a la 'juventud verde' de un narrador que se quiere identificar con el autor son mucho más persistentes que en el resto de la producción sacra del Fénix. De hecho, la auto-representación como un pecador que se arrepiente de una juventud famosamente mundana es la máscara que más frecuentemente asume Lope en la obra. El pequeño prólogo 'A los lectores', firmado por el seudónimo lopesco de 'Antonio Flórez' (Morley, págs. 428–29; Pedraza Jiménez, *El universo*, pág. 135), se encarga de recordar la fama profana de Lope, pues declara que 'el mundo con tantos desatinos celebra sus invenciones'. Seguidamente, las composiciones preliminares contraponen directamente la 'primavera' de Lope con su nueva etapa de pecador arrepentido:

> Lope, en vuestra primavera,
> (cantando humanos amores),
> disteis agradables flores,
> Vega de la edad primera;
> pero ya que la postrera
> tan divino cisne os hace,
> fruto que a Dios satisface
> el Fénix que nace en vos:
> porque quien se vuelve a Dios
> muere cisne y Fénix nace.　　(vv. 1–10)

Esta décima de Fernando Bermúdez de Carvajal resulta especialmente significativa, pues el poeta especifica la relación entre la 'primavera' o juventud, lo profano ('humanos amores') y la poesía ('cantando', 'flores'). Según el panegirista, la fértil 'Vega' es capaz de producir poesía amorosa (las 'flores' de la primavera del error), pero también demuestra con las *Rimas sacras* que destaca en lírica piadosa, un verdadero canto de 'cisne' que hace del autor un auténtico 'Fénix'. Se trata de una secuencia aplicable tanto al Lope al que se dirige la composición como al narrador que domina la obra que sigue inmediatamente: ambos son poetas que han cantado el amor en su juventud y que en su madurez se vuelven a la lírica religiosa. Así, la décima preliminar refuerza la interpretación *biographico modo* que fomentan las *Rimas sacras*.

También en la obra en sí el narrador insiste constantemente en relatar su 'primavera' profana. En la 'Introducción', realizando un bello *contrafactum* del salmo 'Super flumina Babylonis', la voz narrativa alude a su 'pasado error' y a sus 'engaños' (vv. 55–56). Tales declaraciones vuelven a aparecer en los dos 'sonetos prólogo' del cancionero divino de Lope. Estas composiciones dedicadas a los 'pasos' de su vida están tan íntimamente relacionadas que pueden ser consideradas como un 'ciclo' en sí mismas, como el que dedica Lope a los mansos (Carreño, *Rimas*, págs. 83, 359–60, 858),[24] a la rosa (*Triunfos divinos*) o a Troya (*Rimas*, núms. 29; 35; 52; 123). Por ello, y por su importancia fundamental como definitorios de gran parte de la autorrepresentación de las *Rimas sacras*, estos dos sonetos merecen un análisis separado y detallado.

En la época, cualquier aficionado a la poesía reconocería ya en el primer verso del 'Soneto primero' —a la izquierda— un clarísimo eco del soneto primero de Garcilaso de la Vega:[25]

Cuando me paro a contemplar mi estado,	Cuando me paro a contemplar mi 'stado
y a ver los pasos por donde he venido,	y a ver los pasos por do m'han traído,
me espanto de que un hombre tan perdido	hallo, según por do anduve perdido,
a conocer su error haya llegado.	que a mayor mal pudiera haber llegado;
Cuando miro los años que he pasado,	mas cuando del camino 'stó olvidado,
la divina razón puesta en olvido,	a tanto mal no sé por do he venido;
conozco que piedad del Cielo ha sido	sé que me acabo, y más he yo sentido
no haberme en tanto mal precipitado.	ver acabar comigo mi cuidado.
(vv. 1–8)	(vv. 1–8)

Además, Carreño señala que el poema también apunta a dos sonetos del propio Lope: 'Cuando imagino de mis breves días', el número 39 de las *Rimas*, y 'Cuando mi libertad contemplo y miro', de la comedia *Laura perseguida* (*Rimas*, núm. 621).[26] Estas referencias intertextuales subrayan que el 'yo' narrador corresponde a un poeta, como Petrarca, Garcilaso y el propio autor, Lope. Seguidamente, el primero y segundo cuarteto desarrollan una aguda contraposición entre la juventud mundana y pecaminosa del narrador y su estado actual de arrepentimiento. El 'yo' ha estado 'perdido' durante 'años'

---

[24] Obsérvese que Carreño corrige correctamente a Maurice Molho (Maurice Molho, 'Teoría de los mansos: un triple soneto de Lope de Vega', *Bulletin Hispanique*, 93 [1991], 135–55) en el número de sonetos que forman parte del ciclo: cuatro y no tres.

[25] El soneto del toledano se inspira, a su vez, en el CCXCVIII de Petrarca, 'Quand'io mi volgo indietro a mirar gli anni'. Sin embargo, Edward Glaser (Edward Glaser, *Estudios hispano-portugueses: relaciones literarias del Siglo de Oro* [Valencia: Castalia, 1957], págs. 59–95) y Bruce W. Wardropper (Bruce W. Wardropper [ed.], *Spanish Poetry of the Golden Age* [Nueva York: Appleton-Century-Crofts, 1971], pág. 53) han demostrado que a partir de Garcilaso los españoles que imitaron este modelo siguieron al toledano más que a Petrarca.

[26] Para Patricia E. Grieve, el soneto también hace eco del 'Soneto primero' de las *Rimas*, al repetir la imagen del laberinto (Patricia E. Grieve, 'Point and Counterpoint in Lope de Vega's *Rimas* and *Rimas sacras*', *Hispanic Review*, 60 (1992), 413–34, pág. 417). Sin embargo, Grieve parece llevar demasiado lejos la relación entre las *Rimas* y las *Rimas sacras* al proponer una correspondencia numérica entre muchos sonetos de ambas colecciones.

en el 'error' y en 'tanto mal'. Sin embargo, en el momento de la escritura, el narrador se maravilla de que pueda hallar en buen camino y 'conocer su error', pese a haber vivido en semejante estado de pecado. Los dos tercetos desarrollan la misma contraposición con una acertada metáfora mitológica que enfatiza el proceso de autoconocimiento que implica el desengaño: la época de pecado fue como el 'laberinto' cretense. El alma estuvo exiliada en él, guiada precariamente por el 'débil hilo de la vida'. Este laberinto, y el 'monstruo' que se halla en su centro, representa la sinrazón (Novo, *Las Rimas*, pág. 102) en que habitó el narrador hasta que Cristo–Teseo —que el poema describe mediante imágenes lumínicas— eliminó al Minotauro.[27] Tras esto, la 'razón perdida' puede regresar al estado que le corresponde ('a la patria'), a la apreciación de Dios que domina el momento de escritura.

Tal estado de desengaño supone ya una garantía de salvación para la voz narrativa, porque reconocer amargamente el propio error supone arrepentimiento, que garantiza el perdón divino. No obstante, esto no es lo más interesante de la contraposición, pues lo curioso es que el narrador proclame a los cuatro vientos la enormidad de su pecado. Según el poema, el error del 'yo' fue monstruoso como el Minotauro, tanto que el narrador se 'espanta' de que haya podido escapar de él. De este modo, la voz narrativa no sólo equipara su época pecaminosa con la juventud de Lope, sino que también la destaca como excepcional. Evidentemente, la magnitud del pecado es directamente proporcional a la de la conversión: puesto que fue gran pecador, el 'yo' ahora es un arrepentido igualmente extraordinario. La dimensión del pecado equipara la conversión del narrador con la de los grandes santos arrepentidos predilectos en el siglo XVII. Se trata de santa María Magdalena, san Pedro, san Pablo, san Agustín y san Ignacio, por sólo mencionar los más importantes. En sus respectivas 'primaveras' del error, estas figuras cometieron excesos sexuales —Magdalena y Agustín—, negaron a Dios —Pedro—, lo persiguieron —Saulo, luego llamado Pablo— o ignoraron con vanidad mundana —Ignacio—. Sin embargo, todos experimentaron un espectacular arrepentimiento que les hizo tan santos como antes fueron pecadores. Lope era muy consciente de la trayectoria de estas figuras, a cuyas conversiones dedicó varias piezas en las propias *Rimas sacras*: a la de santa María Magdalena, el soneto LXVIII y el extenso poema titulado 'Las lágrimas de Madalena'; a la de san Pablo, el soneto LXXXVIII; a la de san Agustín, los tercetos 'Agustino a Dios'; a la de san Ignacio, el romance 'Del beato Ignacio de Loyola, cuando colgó la espada en Monserrate'. En cuanto a la de san Pedro, Lope le dedicó el romance 'A la negación y lágrimas de san

---

[27] Jean Seznec ha demostrado que durante el Renacimiento tanto la figura de Teseo como la del Minotauro se interpretaron alegóricamente, en relación con la moral cristiana (Jean Seznec, *The Survival of the Pagan Gods. The Mythological Tradition and Its Place in Renaissance Humanism and Art*, trad. Barbara F. Sessions [Princeton: Princeton University Press, 1995], págs. 20, 32, 224). El soneto de Lope constituye un ejemplo más de esta tradición hermenéutica.

Pedro', incluido en los *Contemplativos discursos* y el soneto 'A san Pedro', de los *Triunfos divinos*. Al exaltar la magnitud de su propio error, y consecuentemente la de su arrepentimiento, la voz narrativa se equipara a este prestigioso santoral, caracterizado por haber seguido una trayectoria semejante a la que confiesa haber vivido el narrador.

El segundo soneto de las *Rimas sacras*, el famoso 'Pasos de mi primera edad, que fuistes', insiste en los mismos temas que el anterior, aunque esta vez en forma de una dramática apelación directa a los 'pasos' que abren el poema:

> Pasos de mi primera edad, que fuistes
> por el camino fácil de la muerte,
> hasta llegarme al tránsito más fuerte,
> que por la senda de mi error pudistes,
>   ¿qué basilisco entre las flores vistes,
> que de su engaño a la razón advierte?
> Volved atrás, porque el temor concierte
> las breves horas de mis años tristes.   (vv. 1–8)

Tanto la propia palabra 'pasos' como el adjetivo 'esparcidos' (v. 9) constituyen alusiones intertextuales que identifican al narrador con un poeta como Lope: la primera palabra apunta al 'Soneto primero' recién analizado y a todos los poemas en que éste se basa; la segunda recuerda el adjetivo 'sparse' que forma parte del título del *Canzoniere* de Petrarca, o *Rime sparse*.[28] Asimismo, este soneto se asemeja al primero porque contrapone el error de la 'primera edad' de juventud con el estado actual de desengaño que motiva la escritura de la pieza. El poema exalta la magnitud del pecado explícitamente —al hablar del 'tránsito más fuerte' de la 'senda de mi error' y de 'la senda vil de la ignorante gente' (v. 11)[29]— e implícitamente, al aludir, de nuevo, a un monstruo —esta vez un 'basilisco'—.

El tono establecido por los dos sonetos prólogo persiste a lo largo de la obra, ya que otros sonetos describen en muchas ocasiones, con diferentes términos y empleando diversas metáforas, la etapa pecaminosa de la vida del narrador. El soneto tercero la describe en términos políticos como una 'loca república alterada' (v. 3) necesitada de orden y disciplina. El cuarto alude a 'vanidad y sombra' y a 'torres en el viento':

> Si desde que nací, cuanto he pensado,
> cuanto he solicitado y pretendido

---

[28] También alude directamente a los 'passi sparsi' del soneto CLXI de Petrarca.

[29] La 'senda vil de la ignorante gente' constituye una nueva referencia intertextual, esta vez a la 'Oda a la vida retirada' de fray Luis de León. La 'senda' del error lopesco se contrapone a la 'escondida senda' luisiana, que es la que debería haber seguido el narrador.

> ha sido vanidad y sombra ha sido,
> de locas esperanzas engañado,
>   si no tengo de todo lo pasado
> presente más que el tiempo que he perdido,
> vanamente he cansado mi sentido,
> y torres en el viento fabricado.   (vv. 1–8)

El lector de la época relacionaría en seguida las referencias de este soneto con la vida de Lope al apreciar los términos 'solicitado y pretendido', que pertenecen al llamativo campo semántico del cortesano —que solicita o 'pretende', como se decía en la época, puestos o pensiones— y del amante —que solicita y pretende favores amorosos—, dos máscaras ampliamente asociadas con el autor, que no en vano era famoso por sus amoríos en la Corte. Por su parte, el soneto quinto emplea metáforas físicas y describe la juventud como 'ceguedad' (v. 1), 'desvaríos' (v. 2) y 'engaños' (v. 4). El soneto XIV la trata de 'profundo sueño' (v. 2) y el XXVI de 'edad primera' y 'años verdes' dominados por el 'desbocado apetito' personificado a quien se dirige el poema:

> Detén el curso a la veloz carrera,
> desbocado apetito, que me pierdes,
> pues ya es razón que a la razón recuerdes:
> no se nos vaya la ocasión ligera.
>   Si te disculpas con la edad primera,
> no puedo yo creer que no te acuerdes,
> que por los pasos de los años verdes
> llegaste al puerto de la edad postrera.   (vv. 1–8)

La genial apelación directa del primer cuarteto dramatiza con efectividad el estado del pecador: la voz narrativa trata desesperadamente al 'apetito' como si fuera un caballo 'desbocado', con un ritmo acelerado que evoca la 'veloz carrera' del equino. El poema se asienta sobre dos emblemas ampliamente conocidos en la época, que proporcionan una eficaz imagen visual de los esfuerzos y esperanzas del narrador: el caballo rebelde simboliza los instintos básicos del hombre en lucha contra el orden que intentan imponerle la razón o el buen gobierno. Se trata de una imagen que ilustra perfectamente la empresa 38 de las *Empresas políticas* de Diego Saavedra Fajardo.[30] Saavedra Fajardo dibuja un bruto que simboliza los impulsos animales del ser humano —en este caso, alude concretamente al vulgo, ya que el emblemista trata las aplicaciones políticas del diseño—, y que debe tratarse 'con halago y con rigor', como reza el lema, para evitar desastres como el que sufre el narrador del soneto lopesco. Por su parte, la 'ocasión ligera' evoca inmediatamente la

---

[30] Diego Saavedra Fajardo, *Empresas políticas*, ed. Sagrario López (Madrid: Cátedra, 1999).

alegoría clásica de una figura que 'pintan calva' con un mechón de pelo en la
frente, que obliga a aferrarla inmediatamente, si no se quiere correr el riesgo
de que se escape, tal y como se muestra en el famoso emblema de Alciato,[31]
reproducido y traducido al español por el licenciado extremeño Diego López
a mediados del siglo XVII.[32] Basándose en estos dos emblemas, el soneto
XXVI alude a un momento de lucha en que el narrador intenta mantenerse a
duras penas sobre su veloz caballo y agarrar la fugitiva ocasión del arrepentimiento, como el Lope que escribe el volumen. El tema continúa más allá de
los sonetos, pues 'Las lágrimas de la Madalena' informa al lector de que el
narrador ha pasado por 'extremos' de 'error' (v. 27), como la protagonista de
la obra. Algunas composiciones más adelante, la glosa de 'En mi alma el
desengaño' habla de los 'errores pasados' (vv. 5–6). Por último, en las 'Revelaciones de algunas cosas muy dignas de ser notadas en la Pasión de Cristo'
el narrador confiesa haber hablado 'locamente' y haberse dedicado a adorar
las vanidades mundanas:

> Cuantas veces hablé tan locamente
> y encarecí las púrpuras y granas
> caducas, que adoré bárbaramente
> en hermosuras frágiles humanas,
> tu silencio santísimo inocente
> paga por mí, y a las palabras vanas
> sirve de sello en hostia colorada
> de su boca purísima apretada.   (vv. 89–96)

El brillante colorido bermejo de estos versos ('púrpuras y granas') sirve en
principio para resaltar la gravedad del pecado, pues alude a vestimentas vanamente ricas y llamativas. Lope concluye magistralmente la octava recogiendo
la misma gama pictórica y usándola, aplicada a la 'hostia' y a la 'boca' de
Cristo, con el fin de exaltar la belleza y efectividad de la conversión. En suma,
la dramática descripción de la 'primavera verde' aparece insistentemente en
las intervenciones de la voz narrativa desde su primera aparición en los sonetos prólogo hasta el mismo final de la obra.

Además, el narrador de muchos de estos poemas declara explícitamente
haber cantado en varias poesías tempranas los amores terrenos que experimentó
durante la 'primavera'. La representación de la voz narrativa como poeta y
amante apasionado fomenta la asociación con Lope, que se había representado
como ambos en numerosas ocasiones de su trayectoria poética —romances,
Rimas, épica, etc.—. Esta insistente declaración del 'yo' lírico contradice la

---

[31] Alciato, *Emblemata* (Lyon: Bonhomme, 1550).
[32] Diego López, *Declaración Magistral Sobre las Emblemas de Andrés Alciato*, 1655
(Menston: Scholar Press, 1973).

opinión de Pedraza Jiménez, para quien en las *Rimas sacras* 'han desaparecido las concretas alusiones autobiográficas que eran tan frecuentes en 1602. El poeta se duele del conjunto de su vida pecaminosa, sin precisar episodios ni aportar nombres propios o seudónimos poéticos' ('Las *Rimas sacras*', pág. 73). En realidad, el volumen de 1614 invita a la identificación de narrador y autor con varias referencias bastante concretas, como sugiere David H. Darst al precisar que los sonetos de las *Rimas sacras* 'form a comprehensive palinode for Lope's secular life' (pág. 28).[33] Fundamentalmente, la voz narrativa se declara poeta que ha escrito un libro de amores —claramente las *Rimas*— en numerosas ocasiones. Tal es el caso del soneto XXIX:

> Luz de mis ojos, yo juré que había
> de celebrar una mortal belleza;
> que de mi verde edad la fortaleza
> como enlazada yedra consumía.
>   Si me ha pesado, y si llorar querría
> lo que canté con inmortal tristeza,
> y si la que tenéis en la cabeza,
> corona agora de laurel la mía,
>   Vos lo sabéis, a quien está presente
> el más oculto pensamiento humano
> y que desde hoy, con nuevo celo ardiente,
>   cantaré vuestro nombre soberano,
> que a la hermosura vuestra eternamente
> consagro pluma y voz, ingenio y mano.

Estos versos declaran que el narrador ha celebrado una 'mortal belleza' cantando, por lo que se revela ex-poeta amoroso como el joven Lope. Además, la voz narrativa se dirige directamente a Dios, prometiendo cambiar radicalmente de tono y celebrar su desengaño con un canto de amor divino —las propias *Rimas sacras*—, glorificando así 'vuestro nombre soberano' y 'la hermosura vuestra'. El canto sacro le otorgará una 'corona' que es a tiempo la guirnalda de laurel que recompensa a los poetas y la corona de luz o de espinas de Cristo. La relación de esta voz narrativa con el Lope autor de las *Rimas* y las *Rimas sacras* debió de resultar evidente al lector de la época (Palomo, pág. 122), especialmente dado el contexto de las poesías preliminares y la introducción, y dada la insistencia del texto en detallar los errores de juventud del narrador. El soneto XCIV también se debió de interpretar de manera semejante:

> Yo pagaré con lágrimas la risa
> que tuve en la verdura de mis años,

---

[33] David H. Darst, *Converting Fiction. Counter Reformation Closure in the Secular Literature of Golden Age Spain* (Chapel Hill: University of North Carolina Department of Modern Languages, 1998).

pues con tan declarados desengaños
el tiempo, Elisio, de mi error me avisa.
  'Hasta la muerte' en la corteza lisa
de un olmo, a quien dio el Tajo eternos baños,
escribí un tiempo, amando los engaños
que mi temor con pies de nieve pisa.   (vv. 1–8)

En esta pieza las referencias a la escritura de un libro de poesías amorosas y, posteriormente, religiosas resultan menos transparentes, pero a pesar de ello se encuentran en el texto. El 'yo' declara haber escrito 'en la verdura de mis años' unas promesas de amor en unos olmos al lado del Tajo. Esta imagen, típica de la literatura pastoril desde las *Églogas* virgilianas (égloga V, v. 13) y difundida en España por Garcilaso ('Égloga III', vv. 237–38), representa tópicamente la lírica amorosa. Igualmente, el 'llanto' de arrepentimiento que produce el narrador unos versos más adelante constituye una metáfora de la lírica sacra, como estudiaremos en más detalle en la sección siguiente.

  Mas, ¿qué fuera de mí, si me pidiera
esta cédula Dios, y la cobrara
y el olmo entonces el testigo fuera?
  Pero yo con el llanto de mi cara
haré crecer el Tajo de manera
que sólo quede mi vergüenza clara.   (vv. 9–14)

Según estos tercetos finales, la poesía divina ('llanto') resulta ser una palinodia de la producción amorosa, pues el llanto borra, mediante su contribución a la crecida de las aguas del río, los versos profanos escritos anteriormente —las inscripciones en el tronco del olmo—. Siguiendo esta lectura, el narrador se vuelve a figurar como poeta primero amoroso y luego divino, en un claro eco de la trayectoria poética de Lope que no pudo pasar desapercibido a un lector de la época.

El soneto XIX contiene un mensaje e imaginería muy semejantes, pero esta vez expresados de modo más explícito que el poema anterior:

  Aquí cuelgo la lira que desamo,
con que canté la verde primavera
de mis floridos años, y quisiera
romperla al tronco y no colgarla en ramo.
  Culpo mi error, y la ocasión infamo
por quien canté lo que llorar debiera,
que el vano estudio vano premio espera:
ladrón del tiempo con disfraz le llamo.   (vv. 1–8)

Aquí, el narrador se vuelve a referir a una 'primavera de mis floridos años' en la que produjo poesía amorosa —aludida por las palabras 'lira' y 'canté'—, que rechaza con vehemencia en el momento de escritura. Las imágenes vegetales ayudan a subrayar la inmadurez de tal poesía, tan 'verde' como la juventud que la vio nacer. Esta lírica se contrapone frontalmente a la producción religiosa que compone en el momento de la narración y que aparece decisivamente en los tercetos finales:

> En otra lira, a cuyo son recuerdas,
> dormida musa, en este breve plazo
> canta segura de que el tiempo pierdas.
> Templola Amor con poderoso brazo,
> que en tres clavijas le subió las cuerdas
> y le labró de una lanzada el lazo.   (vv. 9–14)

Con una diestra metáfora musical, Lope señala el carácter y la calidad de la nueva producción: la nueva 'lira' está afinada al son de un 'Amor' divino, Cristo crucificado, aludido en el último terceto. La lira amorosa se transforma en la Cruz de Cristo mediante un atrevido concepto que simboliza la conversión del narrador. En semejantes confesiones insiste también el narrador del soneto VII (vv. 6–11) e incluso, más adelante, el de la canción 'Al santo Benito casinense, Padre del Yermo y patrón de la Academia de Madrid':

> Cuán bien al solitario
> vuestra alabanza vino,
> Benito, anacoreta soberano,
> si no fuera contrario
> serlo vos tan divino,
> como yo he sido solitario humano;
> mas ya que del tirano,
> por quien cantar solía
> en Babilonia fiera mis engaños
> la verde primavera de mis años,
> vuelvo a los montes de la sacra Elía,
> adonde sois mi Apolo:
> oíd mi voz, pues va de solo a solo.   (vv. 1–14)

Incluso en este texto de circunstancias[34] la voz narrativa vuelve a contraponer lo cantado en 'la verde primavera de mis años' —nótese de nuevo la insistencia en el adjetivo 'verde'— con lo que en el momento de la escritura le inspira el nuevo 'Apolo' divino, en este caso san Benito.

El 'yo' lírico es igualmente explícito al declarar que los errores que cometió en la 'verde primavera' fueron de tipo amoroso (Carreño, *El romancero*, págs. 205–06). El soneto XLVI puede valer como ejemplo de una tendencia repetida a lo largo de la colección:

---

[34] La dicha Academia debió de encargarle este poema a Lope, quien probablemente lo recitaría en una de las sesiones.

> ¡Ay Dios!, ¿en qué pensé cuando, dejando
> tanta belleza y las mortales viendo,
> perdí lo que pudiera estar gozando?   (vv. 9–12)

El narrador se lamenta, mediante una interrogación retórica, de haber dedicado su 'primavera' a adorar bellezas 'mortales'. Es decir, confiesa que pasó su juventud ocupado en asuntos similares a los que hicieron el nombre de Lope famoso por todo Madrid. Uno de los poemas que expresa la naturaleza del pecado del narrador con más elegancia es el soneto XXIV:

> En estos prados fértiles y sotos
> de los deleites de la edad primera,
> sentada en espantosa bestia fiera,
> Babilonia me dio su mortal lotos.
>   Y mis sentidos, de aquel bien remotos
> que la inmortalidad del alma espera,
> durmieron mi florida primavera,
> de la razón los memoriales rotos.   (vv. 1–8)

Este soneto logra concentrar perfectamente el sentido de la 'florida primavera' tantas veces descrita en las *Rimas sacras*. En el primer cuarteto, el narrador pinta con detalle una amena ribera. En efecto, se trata de un *locus amoenus* que el lector reconocería rápidamente como tópico en la poesía amorosa de corte petrarquista. Normalmente, estas descripciones de espacios naturales detallan el lugar donde se conoció a la amada, siguiendo el modelo que marcó Petrarca en sus 'Chiare, fresche e dolci acque',[35] 'Fresco, ombroso, fiorito e verde colle', 'Lieti fiori et felici, et ben nate herbe', etc. De hecho, el soneto 7 de las *Rimas* de Lope comienza de forma muy parecida:

> Estos los sauces son y esta la fuente,
> los montes esto son y la ribera
> donde vi de mi sol la vez primera
> los bellos ojos, la serena frente.   (vv. 1–4)[36]

Con estas referencias intertextuales, el soneto de las *Rimas sacras* indica desde el principio que el narrador se ha dedicado a amores terrenos en su juventud.

Además, la idílica escena del primer cuarteto está dominada por un personaje simbólico, Babilonia. La figura procede del *Apocalipsis* (17, 5; 19, 2):

---

[35] Esta sextina de Petrarca fue imitada por Juan Boscán en su canción 'Claros y frescos ríos', que conoció gran difusión gracias a la versión musicada del *Cancionero de Medinaceli*.

[36] El tópico estaba tan asentado que Lope lo parodia en el soneto 'Describe un monte sin porqué ni para qué' de las *Rimas de Tomé de Burguillos*.

es la prostituta Babilonia (Aaron, pág. 204), y la 'bestia fiera' es la Bestia.[37] En este contexto, Babilonia simboliza, por una parte, el pecado como abandono al placer. La imagen del 'lotos' refuerza esta interpretación: supone una alusión a la *Odisea*, concretamente al episodio de los lotófagos. Desde la Antigüedad, el placentero sueño en que caen los hombres de Ulises tras consumir la flor de loto se interpretó como una metáfora del alma que cae en la tentación de los sentidos, de una manera poco específica: la tentación podía ser de orden sexual o, más generalmente, sensual. Por otra parte, la figura de Babilonia alude también a una trasgresión de tipo precisamente erótico. Es lo que sugieren tanto las connotaciones de la 'prostituta' Babilonia como el hecho de que la propia palabra 'Babilonia' sea un eco de otro soneto de las *Rimas*, en el que el narrador pretende evocar los escandalosos amores de Lope y Elena Osorio:

> Hermosa Babilonia en que he nacido
> para fábula tuya tantos años [. . .].   (vv. 1–2)

Mediante tales imágenes, connotaciones y referencias intertextuales, el primer cuarteto describe efectivamente al narrador como un hombre que ha estado dedicado a amores terrenales muy semejantes a los del autor de la obra.

El comienzo del poema condiciona la interpretación del resto del soneto. En el segundo cuarteto la voz narrativa describe cómo durante su 'florida primavera' se dio a los 'sentidos' mundanos y rechazó la razón. En estas declaraciones se puede leer, de nuevo, un sentido moral general: durante la juventud, el alma del narrador se olvidó de Cristo. No obstante, también es posible entenderlas como alusiones a un pecado de orden específicamente amoroso. Así, el 'veneno' que aparece en el primer terceto puede ser una metáfora de la pasión amorosa, que resulta mortal para el alma.

> No sólo del veneno la bebida
> sueño solicitó, mas de mí tuvo
> la mejor parte en bestia convertida.
>   Circe con sus encantos me detuvo,
> hasta que con tu luz salió mi vida
> de la costumbre en que cautiva estuvo.   (vv. 9–14)

Es el sentido que tiene la misma palabra 'veneno' en el temprano soneto de Góngora 'La dulce boca que a gustar convida' (núm. 128), dedicado totalmente al tema del desengaño y el amor terreno. Además, los tercetos del poema de Lope recogen la alusión a la flor de loto y la asocian con otra figura

---

[37] La imagen apocalíptica de la Prostituta cabalgando la Bestia fue una de las más repetidas en la imaginería medieval. La *Biblia de Gerona* (siglo X) y el famoso tapiz de Angers (siglo XIV) ofrecen dos magníficos ejemplos.

de la *Odisea*: la hechicera Circe. Las pócimas de Circe se interpretaron en la Antigüedad y Renacimiento como paralelas a la flor de los lotófagos: transformaban a los hombres en 'bestia', es decir, les privaban de razón y de capacidad de juicio (Aaron, pág. 205).[38] Sin embargo, Circe evoca claramente un 'error' de tipo erótico, por lo que sus 'encantos' son 'hechizos', pero también 'atractivos sexuales'. De hecho, Lope dedicó a la maga un extenso poema en el que, como se estudió en el capítulo segundo, el Fénix destaca abundantemente el magnetismo erótico de la protagonista. Con esta imagen final de Circe, el soneto XXIV de las *Rimas sacras* confirma su naturaleza anfibológica: por una parte, alude a la etapa pecaminosa del yo narrativo, en un recurso propio de la literatura confesional; por otra, evoca una trasgresión particular de índole amorosa que apunta a la figura del autor, Lope de Vega.

El narrador no se conforma con proclamar la naturaleza erótica de su pecado. También anuncia abiertamente ser ducho ('diestro') en estos amores, como se percibe en el primer cuarteto del soneto XXXI:

> Yo me muero de amor, que no sabía,
> aunque diestro en amar cosas del suelo,
> que no pensaba yo que amor del Cielo
> con tal rigor las almas encendía.   (vv. 1–4)

La intensidad poderosa del amor divino ha sorprendido mortalmente al narrador, pese a confesar ser 'diestro' en aventuras. De nuevo, se trata de un recurso familiar en la poesía religiosa del Fénix. Valga como ejemplo la primera octava de la *Corona trágica*:

> Musas que siempre favorables fuistes
> al verde abril de mis floridos años,
> y tantos versos y conceptos distes
> cuantos amor me dio dulces engaños,
> hoy que me habéis de dar números tristes
> iguales a mis blancos desengaños,
> no os parezca delito que presuma
> nevado cisne dilatar la pluma.   (canto I, estr. 1)

En estas líneas, la voz narrativa declara haber experimentado durante su inmadura juventud —'verde abril'— muchos 'dulces engaños' de amor, que ha cantado competentemente gracias a unas musas 'favorables'. De vuelta a las *Rimas sacras*, las redondillas preliminares de Juan de Piña refuerzan esta auto-representación del narrador lopesco:

> Si en el arte del amar
> os vio el mundo peregrino,

---

[38] Este sentido moral es el que usa Erasmo en su *Enchiridion militis Christiani* (Seznec, pág. 99).

> hoy, en el arte divino,
> divino os pueden llamar.   (vv. 17–20)

Juan de Piña califica a Lope de 'peregrino', es decir, 'único' en amores. El buen amigo de Lope casi viene a decir lo que confiesa el narrador del soneto XXXI, que el Fénix es 'diestro en amar cosas del suelo'. Se trata de una declaración casi innecesaria: puesto que la voz narrativa ya se ha identificado con Lope de Vega y con su 'primavera' de amores, el lector transfiere al 'yo' de las *Rimas sacras* toda la experiencia erótica del alocado poeta joven. En suma, el narrador de estos poemas se esfuerza por declarar implícita o explícitamente su excelencia ('diestro', 'peregrino') en el pecado amoroso, reforzando así decisivamente su relación de identidad con el autor de la obra.

Autoridad en el pecado: llorar y cantar

Tal estrategia de auto-representación no es en absoluto inocente; al contrario, esconde implicaciones fundamentales para la autoridad poética del narrador y para la efectividad de la obra. El 'yo', identificado con el autor, se declara como pecador de pecadores:

> ¿Quién sino yo tan ciego hubiera sido,
> que no viera la luz? ¿Quién aguardara
> a que con tantas voces le llamara
> aquel despertador de tanto olvido?
>   ¿Quién sino yo por el abril florido
> de caduco laurel se coronara,
> y la opinión mortal solicitara
> con tanto tiempo, en tanto error perdido?   (vv. 1–8)

Este soneto VII contiene varias de las ya habituales llamadas auto-representativas que caracterizan las *Rimas sacras*: tanto el narrador como Lope han sido poetas profanos ('al babilonio vil música diera') y han vivido una juventud escandalosa ('abril florido', 'tanto error'). La mocedad y la poesía profana se califican mediante una serie de imágenes vegetales de plenitud y de decadencia ('florido', 'caduco laurel'), en un contraste que sugiere un carácter extremo e inadecuado: el soneto VII presenta el haber buscado algo carente de fruto durante el potencialmente productivo 'abril florido' como un grave error del narrador. También aparecen imágenes bíblicas semejantes a las del soneto XXIV: la 'lira' sacra de 'Sión' se contrapone al error de la poesía ofrecida 'al babilonio vil'.

> ¿Quién sino yo tan atrevido fuera
> que descolgara de Sión la lira
> y al babilonio vil música diera?

> ¿Y quién, sino quien es Verdad, la ira
> templara en mí, porque al morir dijera
> que toda mi esperanza fue mentira?   (vv. 9–14)

Además, el poema añade algo que nos resulta más interesante en este momento: el narrador se sitúa claramente como un pecador excepcional. El soneto completo se basa en una estructura de pregunta retórica que sirve para singularizar al 'yo' como pecador: '¿Quién sino yo?' La repetición insistente de la pregunta produce en el lector una sensación de angustiosa urgencia que corresponde con el sentimiento del pecador arrepentido, que teme no haberse convertido a tiempo para salvarse. No se trata de un texto aislado, pues muchos otros repiten esta dramática descripción. En el soneto VIII, el narrador exclama de sí mismo: '¡Oh corazón más duro que diamante!' (v. 1),[39] comparando su alma con la más dura de las piedras. El número XXXVIII presenta un tono semejante, pues finaliza con una declaración que recuerda al soneto VII, que citamos en detalle más arriba:

> Ni hay tan bárbaro antípoda que viendo
> tanta belleza, no te esté alabando:
> yo solo, conociéndola, te ofendo.   (vv. 12–14)

Como en el texto anteriormente comentado, en éste el narrador resalta al carácter extremo de su error, aislándose del resto del mundo. De modo semejante, en el número XV la voz narrativa se declara tan pecaminosa que se compara a Adán en el Edén (vv. 1–4) y al traidor Judas (vv. 9–11) y, esta vez en el soneto XLV, al hijo pródigo.

Es más, el narrador declara haber errado tanto que sus pecados contribuyen directamente a la Pasión de Cristo, que se describe gráficamente en las *Rimas sacras* con el fin de despertar la compasión del lector:

> Yo he sido, dulce Jesús,
> yo he sido, dulce Bien mío,
> quien en Vos puso las manos
> con mis locos desatinos.
> Yo soy por quien os arrancan
> esos cabellos benditos,
> que diera el cielo por ellos
> todos sus diamantes ricos.   ('A la corona', vv. 45–52)

Esta figuración en *mea culpa* es especialmente recurrente en la serie de romances a la Pasión, del que es ejemplo el texto anterior. En ella se puede

---

[39] Curiosamente, esta caracterización recuerda a la de la *belle dame sans merci* típica de la poesía petrarquista. Por ejemplo, está muy cerca del '¡Oh más dura que mármol a mis quejas!' garcilasiano ('Égloga I', v. 57). Sin embargo, Lope usa hábilmente la imagen para referirse a la pétrea alma del pecador. El 'diamante' connota a un tiempo esta dureza y la naturaleza amorosa del pecado.

ver, ciertamente, un ejemplo de la 'composición de lugar' recomendada por los *Ejercicios espirituales* de san Ignacio de Loyola (Aaron, pág. 148; Carreño, *El romancero*, pág. 188; Kaplis-Hohwald, pág. 63; Martz; Novo, *Las Rimas*, pág. 90).[40] El pecador debe imaginar vivamente la Pasión como si estuviera presente en ella, entre los curiosos que siguieron a Cristo camino al Gólgota. Siguiendo este proceso de meditación interior, típico de la *devotio moderna* (Novo, *Las* Rimas, pág. 85), el devoto alcanzará más efectivamente la contrición. Sin embargo, en el romance lopesco la auto-representación también sirve para subrayar la enormidad de los pecados del narrador, culpable de los males de Cristo. Según el texto citado, son precisamente los pecados de la voz narrativa los que hacen pesada la cruz que carga Jesús ('A la cruz a cuestas', vv. 81–84). El 'yo' de estos poemas se revela de este modo como un pecador realmente singular.

¿De qué puede servirle al narrador el describirse como excelente pecador? De nuevo, la clave está en los sonetos prólogo analizados anteriormente: el haber pecado mucho da mayor magnitud a la conversión, por lo que multiplica el mérito del proceso. Se trata de un principio ampliamente adoptado por la comedia de la época: la energía que utiliza el gran trasgresor para pecar también puede producir la ardiente capacidad de sacrificio del santo, si se encauza adecuadamente (Parker, 'Bandits', págs. 154–55).[41] Un claro ejemplo de tal tendencia lo ofrece Enrico en *El condenado por desconfiado*, atribuida a Tirso de Molina: el orgulloso bandido comete crímenes horribles, e incluso rehúsa arrepentirse en varias ocasiones. Sin embargo, al final de la obra se muestra contrito, movido del amor de su padre, y de este modo logra convertirse y, presumiblemente, salvarse (act. III, vv. 2523–60).[42] El narrador de las *Rimas sacras* aprovecha esta peculiar filosofía para equipararse a los grandes santos pecadores antes aludidos, especialmente a san Agustín, a quien se iguala implícitamente en el soneto XVIII:

> ¿Qué tengo yo, que mi amistad procuras?,
> ¿qué interés se te sigue, Jesús mío,
> que a mi puerta cubierto de rocío
> pasas las noches del invierno oscuras?
> ¡Oh, cuánto fueron mis entrañas duras,
> pues no te abrí! ¡Qué extraño desvarío,
> si de mi ingratitud el hielo frío
> secó las llagas de tus plantas puras!

---

[40] Louis Martz, *The Poetry of Meditation. A Study in English Religious Literature of the Seventeenth Century* (New Haven: Yale University Press, 1954).

[41] Alexander A. Parker, 'Bandits and Saints in the Spanish Drama of the Golden Age', en *Pedro Calderón de la Barca. Comedias. vol. XIX. Critical Studies of Calderón's Comedias*, ed. John E. Varey (Westmead: Gregg International, 1973), págs. 151–68.

[42] Tirso de Molina, *El condenado por desconfiado*, ed. Ciriaco Morón y Rolena Adorno (Madrid: Cátedra, 1989).

> ¡Cuántas veces el ángel me decía:
> 'Alma, asómate agora a la ventana:
> verás con cuánto amor llamar porfía'!   (vv. 1–11)

En este soneto, excelente versión lopesca del tema de 'la ronda del galán' (Cuevas),[43] el narrador vuelve a exaltar la excepcional dureza de su alma. Las interrogaciones y exclamaciones otorgan al texto un sentido dramático que enfatiza el estado emocional del narrador. Además, lo que es más revelador, el poema descansa sobre la atribución a la voz narrativa de una frase agustiniana (*Confessions*, VIII, 12, 28)[44] que vuelve a usar Lope en el verso 5 de 'Agustino a Dios',[45] y que aparece brillantemente en el terceto final del soneto que nos ocupa:

> ¡Y cuántas, Hermosura soberana,
> 'Mañana le abriremos' —respondía,
> para lo mismo responder mañana!   (vv. 12–14)

El narrador rechaza con la misma pertinacia que san Agustín las llamadas divinas, pero presumiblemente acabará por contestarlas con el mismo fervor que el santo. El soneto relaciona textualmente de este modo al gran santo de Hipona con el narrador-autor, en un movimiento que busca alcanzar toda la autoridad del ejemplo del Padre de la Iglesia.[46]

Las anteriormente citadas redondillas de Juan de Piña vuelven a clarificar cómo la auto-representación de las *Rimas sacras* obtiene este ansiado prestigio literario:

> Si en el arte del amar
> os vio el mundo peregrino,
> hoy, en el arte divino,
> divino os pueden llamar.   (vv. 17–20)

Según Juan de Piña, el gran pecador —en este caso Lope, con el que luego se identifica el narrador— fue excepcional ('peregrino') en su error, pero será igualmente extraordinario ('divino') en su conversión. De hecho, la ecuación se extiende a la propia obra poética de Lope, pues tanto 'arte de amar' como

---

[43] Cristóbal Cuevas, 'El tema sacro de la "Ronda del galán" (¿Fray Luis fuente de Lope?)', en *Fray Luis de León. Academia literaria renacentista*, ed. Víctor García de la Concha (Salamanca: Universidad de Salamanca, 1981), págs. 147–69.

[44] San Agustín de Hipona, *Confessions. I Introduction and Text*, ed. James J. O'Donnell (Oxford: Clarendon, 1992).

[45] Lope parodiará festivamente las palabras de san Agustín en el soneto titulado 'Cánsase el poeta de la dilación de su esperanza', de las *Rimas de Tomé de Burguillos*.

[46] Ésta no fue la única ocasión en que Lope se intentó asociar con el santo obispo de Hipona. También el título de los *Cuatro soliloquios* remite a los *Soliloquios* de san Agustín (Aaron, pág. 219).

'arte divino' pueden ser interpretados a un tiempo como referencias al modo de vida y a la producción literaria del destinatario. Juan de Piña detalla así la trayectoria del narrador lopesco hacia la autoridad: la voz narrativa se presenta a un tiempo como un gran pecador y como Lope para exaltar consecuentemente el proceso de conversión y la obra poética que lo relata.

Una imagen repetida innumerables veces tanto en las *Rimas sacras* como en el resto de la lírica religiosa del Fénix contribuye sobremanera a relacionar los grandes pecados del narrador-autor y la calidad poética de la obra: las lágrimas y el llanto. Las lágrimas representan, en primera instancia, la compunción del pecador, por lo que proceden indirectamente de su trasgresión: el pecador llora porque se lamenta amargamente de haber pecado. Como símbolo de la contrición, las lágrimas fueron un tema predilecto del arte religioso de la época, tal y como atestiguan las numerosísimas representaciones pictóricas conservadas de las lágrimas de santa María Magdalena o san Pedro. Asimismo, el llanto de contrición tuvo gran presencia en la literatura de los siglos XVI y XVII, pues desde que el napolitano Luigi Tansillo publicara sus *Le lagrime di San Pietro* en 1560 y 1585, las lágrimas se convierten en metáfora corriente del arrepentimiento del pecador. En esta línea, Erasmo de Valvasone compone sus *Lagrime di Santa Maria Maddalena*, Giambattista Marino su *Maddalena ai piedi di Cristo* y Torquato Tasso sus *Lagrime di Maria Vergine* y *Lagrime di Gesú Cristo* (Savj-López).[47] La insistencia en la imagen respondía al interés contrarreformista por reafirmar la necesidad de la confesión (Aaron, pág. 174), que fue uno de los distintivos principales del Concilio de Trento. En efecto, en las *Rimas sacras* Lope sigue esta línea y resalta en varias ocasiones el poder penitencial de las lágrimas. Así, en el 'Idilio primero', Jesús responde del siguiente modo al pecador contrito:

> 'Vete a mi cabaña
> y allí te confiesa,
> que con ese llanto
> me obligas y alegras.
>   'Ves allí el altar,
> ves allí la mesa
> de las amistades
> y las paces hechas.'   (vv. 125–32)

Según estos versos el 'llanto' del pecador 'obliga' y 'alegra' a Cristo, y se liga directamente con la confesión y la misa, que simboliza claramente el perdón divino, y la reconciliación del pecador. De modo semejante responde el mismo Jesús a las lágrimas del trasgresor arrepentido en el 'Idilio segundo', un poco más adelante:

---

[47] Paolo Savj-López, 'La fortuna de Tansillo in Spagna', *Zeitschrift für romanische Philologie*, 22 (1898), 497–508.

'Por darte mil bienes
te vengo buscando,
tal gracia, llorando
tus males, tienes;
tan hermosa vienes
con esas perlas,
que de sólo verlas
te doy por libre,
pues conoces, mi alma,
que me ofendiste.'   (vv. 49–58)

El tono ligero y festivo de los hexasílabos y la ambientación pastoril —Cristo aparece como un enamorado rústico— resaltan la alegría que produce la contrición. El alma aparece 'hermosa' con las 'perlas' de sus lágrimas, de modo que el llanto gana el perdón del galán Jesús ('te doy por libre'). La ecuación es aun más clara en la estrofa siguiente:

'Tu arrepentimiento
me dicen tus ojos;
ya no tengo enojos
de que te fuiste,
pues conoces, mi alma,
que me ofendiste.'   (vv. 63–68)

Los ojos llorosos del alma le indican a Cristo que ésta pasa por el estado de compunción necesario para redimir el pecado. Además, al conectar sintácticamente el texto de la estrofa con el estribillo (*'pues conoces, mi alma, / que me ofendiste'*), el llanto se identifica como signo de reflexión sobre los errores cometidos: al llorar, el alma demuestra ser consciente de haber ofendido a Jesús. De este modo, la imagen lopesca de las lágrimas como símbolo de contrición y de la necesidad de penitencia responde perfectamente al pensamiento religioso de la España de la época de la Contrarreforma.

Ahora bien, en la lírica sacra del Fénix las lágrimas también constituyen una metáfora de la creación poética. Se trata de una conexión lógica: el pecado produce el arrepentimiento, y éste, a su vez, las lágrimas. La poesía relata precisamente la contrición del pecador, es decir, su llanto. Por consiguiente, las lágrimas resultan ser una metonimia del arte: el contenido —el llanto, metáfora a su vez del arrepentimiento— se figura por medio del continente —la poesía—. En una reinterpretación curiosa de la imagen contrarreformista, el llanto de Lope equivale a su poesía religiosa, como las propias *Rimas sacras*. De hecho, las lágrimas son el símbolo más recurrente en la lírica sacra del Fénix, representando con diferentes grados de claridad el quehacer poético. Al comienzo de la carrera del autor, los *Cinco misterios dolorosos* describen como simultáneos los procesos de escritura y de llanto:

> acompañen mis lágrimas la pluma
> [. . .] y mientras sigo tan lloroso estilo
> nazca de mis dos ojos otro Nilo.   (misterio I, estr. 5)

En esta ocasión, las 'lágrimas' de contrición marchan codo con codo con la 'pluma' que escribe la obra, unidad que el autor reitera con la frase 'lloroso estilo', que recoge con destreza los campos semánticos del llanto y el proceso creador. Un poco más adelante, aún en los mismos *Cinco misterios dolorosos*, Lope usa hábilmente la rima 'llanto' / 'canto' para expresar la relación existente entre ambos:

> Vuelva mi pluma al misterioso canto;
> vaya adelante el doloroso estilo:
> no cese un punto al lamentable llanto
> ni el licor tan amargo que destilo.   (misterio II, estr. 20)

El madrileño resalta el parecido fonético de las palabras con el fin de llamar la atención del lector sobre su identidad de significado en la poesía del autor. Además, la rima 'estilo' / 'destilo' también insiste en esta intensa relación, pues equipara las lágrimas que destilan los ojos del pecador arrepentido con el estilo poético de la composición. Años más tarde, en los aún tempranos *Cuatro soliloquios*, la siguiente redondilla hace plausible la identificación entre el texto literario y el 'presente de llanto' que ofrece el narrador:

> Si no templáis los enojos,
> tomad, Señor, entretanto
> este presente de llanto
> en el plato de mis ojos.   (soliloquio IV, estr. 16)

El 'presente' o regalo ofrecido en este texto representa tanto el poema en sí como las lágrimas de contrición que describe, que, además, sirven para calmar los 'enojos' divinos porque son producto de los 'ojos' del pecador arrepentido. Mediante este genial concepto, Lope reitera una caracterización que constituye una de las principales cualidades de su poesía sacra: la producción poética del autor se identifica con sus lágrimas de contrición.

El símbolo reaparece más de una década después en los *Triunfos divinos*. Esta vez la ecuación lágrimas–poesía ha madurado, y resulta más evidente y mucho más fácil de percibir. En el soneto titulado 'Fuerza de lágrimas' lenguaje ('hablé') y llanto ('lloré') aparecen seguidos, como igualmente victoriosos a la hora de alcanzar la misericordia divina:

> Ya me volvía sin decirle nada
> y, como vi la llaga del costado,
> parose el alma en lágrimas bañada.
>   Hablé, lloré, y entré por aquel lado,
> porque no tiene Dios puerta cerrada
> al corazón contrito y humillado.   (vv. 9–14)

El último terceto enfatiza la ecuación con una enérgica sucesión de verbos en pretérito ('Hablé, lloré, y entré') que producen una gran sensación de rapidez: la poesía equivale inmediatamente al llanto, y éste garantiza casi automáticamente la salvación. La *Corona trágica*, publicada un año después de los *Triunfos divinos*, también expresa la relación con claridad meridiana:

> ¿Qué lágrimas darán tinta a la pluma
> para que escriba el caso lamentable?   (canto II, estr. 91)

Las 'lágrimas' son la 'tinta' con que escribe el poeta, el material mismo que conforma la literatura. Las lágrimas constituyen la inspiración del autor y el mecanismo que pone en marcha la creación, pero, a un mismo tiempo, también se revelan como equivalentes al poema: poesía y llanto son una misma cosa. En ello insisten los *Sentimientos a los agravios*, obra sin año pero datable en los primeros del reinado de Felipe IV y del valimiento de Olivares, a quien se dedica el poema:

> Y aunque conste de números el canto,
> llore versos la voz y cante el canto.

Esta cita muestra un Lope consciente de la diferencia entre 'canto' y llanto —expresada en la adversativa 'aunque'—, pero que pese a ello insiste en identificarlos ('llore versos'). Como se puede observar, el uso del símbolo de las lágrimas aparece por toda la obra religiosa de Lope, pero su utilización como metáfora de la creación poética parece ser un fenómeno tardío. Se encuentra con mayor facilidad y abundancia en obras como los *Triunfos divinos* o la *Corona trágica*, pero resulta menos frecuente y evidente en los *Cinco misterios*. En cualquier caso, podemos apreciar que el Fénix evoluciona hacia la expresión clara y consciente del tropo.

Lope usó abundantemente el recurso en las *Rimas sacras*, que corona la poesía sacra del autor. De hecho, en esta obra aparece con una frecuencia inusitada. Por ello, es probable que, en este sentido, las *Rimas sacras* constituyeran un punto de inflexión en la lírica sacra del Fénix: desde 1614, el símbolo de las lágrimas pasa a significar, cada vez más abiertamente, la creación poética. Ya hemos analizado arriba el soneto XCIV, 'Yo pagaré con lágrimas la risa', para indicar cómo el 'llanto' del verso 12 constituye una referencia metapoética: las lágrimas representan la poesía religiosa, palinodia de la amorosa a la que se dedicó el narrador en 'la verdura de mis años' (v. 2). Las *Rimas sacras* contienen muchas referencias similares, de nuevo con diversos grados de claridad. En el grado mínimo se pueden situar las 'Revelaciones de algunas cosas muy dignas de ser notadas en la Pasión de Cristo, Nuestro Señor, hechas a santa Brígida, santa Isabel y santa Metildis, dirigidas al padre fray Vicente Pellicer, religioso descalzo de su Paternidad san Francisco en monte Sión, del Reino de Valencia':

> Si alguna vez, ¡oh lágrimas!, salistes
> de mis turbados ojos tiernamente
> y al mar de mi dolor tributo distes,
> salid agora en inmortal corriente;
> si el de Aretusa por sucesos tristes
> la fábula del mundo vuelve en fuente,
> vuelva mi pecho la verdad que canto,
> en fuente es poco, en mar de eterno llanto. (vv. 1–8)

Esta bella octava inicial contiene varias referencias a la identidad de lágrimas y creación poética. Los tres primeros versos aluden a un tiempo pasado en que el narrador se dedicó a asuntos mundanos ('mar de mi dolor'), mediante una dramática apelación a las 'lágrimas' que recuerda retóricamente la personificación de los 'pasos' en el soneto I. La ya establecida identificación entre narrador y autor sugiere que esta etapa de juventud se caracterizó por la dedicación amorosa —lo connota también en este mismo poema el adjetivo 'tiernamente'— y por la producción de poesía petrarquista. La voz narrativa contrapone este periodo anterior a uno nuevo, en el que las lágrimas no se dedicarán a beldades mundanas ni a cantos de amor profanos, sino a poemas sacros. La contraposición se reitera en la segunda parte de la octava mediante algunas alusiones mitológicas. La referencia a la transformación de Alfeo por amor de la ninfa Aretusa evoca inmediatamente un volumen de poesía profana: las *Metamorfosis* de Ovidio. Este poema latino se confronta con el mar de lágrimas que producirá la 'verdad' religiosa que 'canto' (de nuevo en rima con 'llanto'). El quehacer poético profano se vuelve a oponer al divino, representado siempre por las recurrentes 'lágrimas'.

Otros textos de la colección, incluyendo, por supuesto, 'Las lágrimas de Madalena' (vv. 1–8; vv. 793–800), insisten en utilizar la metáfora. De hecho, los ejemplos son tantos que resulta necesario seleccionar de entre ellos dos de los más representativos. El primero lo constituirán las ya citadas redondillas preliminares de Juan de Piña. Esta vez, sin embargo, convendrá centrar la atención en la primera redondilla:

> De estas *Rimas* que cantáis
> (si es cantar llorar en ellas),
> sólo podré decir de ellas
> que vos mismo os imitáis. (vv. 1–4)

La ecuación que establece Juan de Piña se hace eco de la que tantas veces repite Lope en el cuerpo de la obra: cantar es llorar; las lágrimas de arrepentimiento forman la poesía de las *Rimas sacras*. Desde su posición privilegiada de prologuista de una obra ya leída, Juan de Piña capta perfectamente una identificación que el propio narrador resalta en la 'Introducción':

> El instrumento del canto
> de Babilonia saquemos,

y las cerdas pasaremos
por la resina del llanto. (vv. 9–12)

En el espacio de una redondilla, la voz narrativa declara elegante, concisa y
específicamente que la lira ('el instrumento del canto') con que otrora cantó
temas profanos ('Babilonia'),[48] aparece en este texto —la misma 'Introducción' e, implícitamente, el poemario que encabeza— afinada con 'llanto'. La
poesía utiliza lágrimas para cantar; las lágrimas son su 'tinta', como expresaba
la *Corona trágica*. En suma, a lo largo de las *Rimas sacras* Lope equipara clara
e insistentemente las lágrimas de arrepentimiento y la actividad poética.

De nuevo, se impone preguntarse por qué emplea Lope el dicho recurso, o
qué efectos produce o pretende producir en el lector. Este capítulo ha establecido ya que el narrador de la obra se identifica constantemente con el autor,
Lope de Vega, simulando una confesión poética. De este modo, la voz narrativa se apropia del pasado pecaminoso del poeta, lo que le asegura una conversión espectacular al estilo de las de los grandes santos pecadores. Pues
bien, al igualar las lágrimas, producto de esta conversión, y el poema que las
describe, el texto poético gana la excepcionalidad que caracterizaba a la contrición. Se trata de una cadena de asociaciones directa y eficiente: el pecado
del narrador-autor fue extraordinario; su conversión fue extraordinaria; sus
lágrimas fueron extraordinarias; sus lágrimas son su poesía; por tanto su
poesía es extraordinaria. Mediante esta estrategia el narrador logra alcanzar
una gran autoridad literaria, y así el Fénix consigue que su escandalosa fama
mundana le reporte prestigio poético. En ojos del lector, esta estrategia
implica que Lope está perfectamente cualificado para escribir poesía confesional porque, como es sabido, ha pasado su juventud en gran pecado y ahora,
en el momento de escritura de las *Rimas sacras*, es un gran arrepentido.
Puesto que las *Rimas sacras* aparecen como las lágrimas producto de la conversión, el narrador-Lope se presenta como un excelente poeta religioso: la
grandeza del pecado y del arrepentimiento consecuente asegura la espectacularidad de la poesía que produce la dicha contrición.

'Ningún soberbio sacra lira intente': la rota Virgilii y la dignidad de la poesía religiosa

La voz narrativa de las *Rimas sacras* no se limita a defender su autoridad —y
la de Lope— como poeta religioso; también se ocupa de subrayar la dignidad
de la poesía divina por encima de cualquier otra. En una época tan jerarquizada
como el Siglo de Oro, incluso los diferentes géneros literarios gozaban de
diversos grados de prestigio. Desde la Antigüedad y, sobre todo, la Edad
Media, la *rota Virgilii* o 'rueda de Virgilio' constituía la más famosa clasificación

---

[48] También se podría interpretar la palabra 'Babilonia' como una alusión al salmo 'Super
flumina Babylonis'. En tal caso, el 'instrumento del canto / de Babilonia' sería la lira sacra.

jerárquica de los géneros poéticos. Como explica el famoso comentarista de Virgilio, Servio Gramático, la *rota* se basaba en entender la secuencia formada por las tres obras mayores de Virgilio, las *Églogas*, las *Geórgicas* y la *Eneida*, como una jerarquía de los géneros poéticos —bucólico, didáctico, épico—, de las clases sociales tratadas en ellos —pastores, agricultores, guerreros— y de los diversos tipos de estilo literario —bajo, medio, sublime—:

> tres enim sunt characteres, humilis, medius, grandiloquus: quos omnes in hoc invenimus poeta. nam in Aeneide grandiloquum habet, in georgicis medium, in bucolicis humilem pro qualitate negotiorum et personarum. (Servio, pág. 2)

> (Por tanto son tres los estilos que encontramos en este poeta: el humilde, el medio y el elevado. Pues en la *Eneida* usa el elevado, en las *Geórgicas* el medio y en las *Bucólicas* el humilde, según la calidad de la materia y los personajes)

Sin embargo, la función principal de la *rota* no era estamentalizar los géneros, sino más bien ayudar al poeta neófito a mantener el decoro ('pro qualitate negotiorum et personarum'): la *rota* indica que las acciones de guerreros deben tratarse con estilo alto, las de pastores con modo bajo, etc., para que la obra resultara verosímil. Durante la Edad Media existieron bastantes representaciones gráficas muy conocidas de la *rota*, que buscaban facilitar la tarea del estudiante en busca de decoro. Normalmente tomaban la forma de una serie de círculos concéntricos —de ahí el nombre de *rota*— (Curtius, pág. 232). Una de las más bellas es la ilustración realizada por Simone Martini (ilustración 3) para el ejemplar de las obras virgilianas que perteneció a Francesco Petrarca. Aunque no adopta la extendida forma circular, la iluminación de Simone Martini ilustra varios de los aspectos del tópico de la *rota*. En primer lugar, la pintura evoca los versos apócrifos que Donato atribuyó a Virgilio y que pusieron en marcha dicha jerarquización genérica:

> Ille ego qui quondam gracili modulatus avena
> Carmen, et egressus silvis vicina coegi,
> Ut quamvis avido parerent arva colono,
> Gratum opus agricolis: at nunc horrentia Martis [. . .]
> (citado en Curtius, pág. 231)

> (Yo soy aquel que una vez toqué una canción con grácil flauta, y luego abandoné las selvas para concentrarme en tierras más cercanas, como las que se muestran al ávido colono, una obra agradable para los campesinos, y que ahora a los horrores de Marte . . .)

En estas líneas el presunto Virgilio declara haber escrito sus obras en progresión: primero realizó su libro pastoral —*Églogas*—, después la obra didáctica —*Geórgicas*—, y, finalmente, la épica —*Eneida*—. Muy pronto los comentaristas interpretaron que esta secuencia respondía a la importancia de

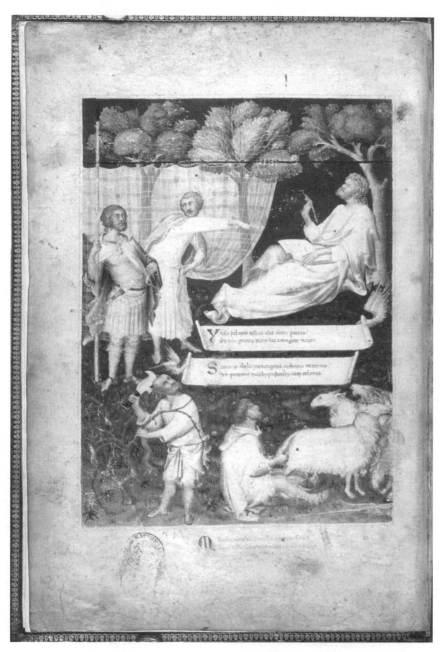

Miniatura de Simone Martini.

los respectivos géneros, y que indicaba que la poesía pastoral y didáctica, géneros menores, constituían un aprendizaje para la épica, que era el modo más autoritario y prestigioso (López Estrada, pág. 481).

La distribución espacial de la ilustración de Simone Martini representa esta misma jerarquía de los géneros poéticos. La obra del maestro sienés se debe observar partiendo del ángulo inferior derecho, donde una figura de pastor simboliza las *Églogas*. Se trata del punto más bajo en la escala genérica y social: la poesía pastoril. Le sigue, en el ángulo inferior izquierdo, la imagen de un agricultor podando viñas, que representa la poesía didáctica agrícola de las *Geórgicas*. Inmediatamente sobre este personaje se halla un caballero armado que figura al Eneas de la épica virgiliana. A la derecha de Eneas, una representación de Servio, el famoso comentarista de Virgilio, descorre una cortina tras la que se encuentra éste, sentado majestuosamente bajo el haya de Títiro (*Églogas*, égloga I, v. 1): la cortina alude a los *integumenta Virgilii*, las oscuridades del texto que el intérprete descubre al revelar el verdadero sentido alegórico de la obra del poeta latino natural de Mantua. Las figuras representativas de los diferentes géneros poéticos se encuentran más o menos cercanas a Virgilio, dependiendo de su grado de autoridad: Eneas está por encima del agricultor, y éste, a su vez, por encima del pastor.

Los poetas de la España áurea conocieron y usaron la jerarquización genérica de la *rota* (Armas, *Cervantes*, pág. 260; 'Cervantes', pág. 2; Sánchez Jiménez; Trueblood, *Letter*, págs. 6, 86).[49] En teoría, el poeta moderno debía seguir esta jerarquía en una secuencia progresiva, como hiciera el maestro latino. De acuerdo con este patrón, Elizabeth R. Wright ha visto en la secuencia lopesca que forman la *Arcadia* (Madrid, 1598) y *La Dragontea* (Valencia, 1598) una imitación de la rueda de Virgilio (*Pilgrimage*, pág. 34; 'Virtuous', pág. 228).[50] Aunque existe esta posibilidad, resulta más prudente afirmar que Lope no pretendía imitar exactamente la trayectoria vital del poeta mantuano —Lope publicó versos amorosos y burlescos después de dar *La Dragontea* a imprenta—, sino que más bien se limitó a aceptar la jerarquización genérica que implicaba la

---

[49] Frederick A. de Armas, *Cervantes, Raphael and the Classics* (Nueva York: Cambridge University Press, 1998); Frederick A. de Armas, 'Cervantes and the Virgilian Wheel: the Portrayal of a Literary Career', en *European Literary Careers. The Author from Antiquity to the Renaissance*, ed. Patrick Cheney y Frederick A. de Armas (Toronto: University Press of Toronto, 2002), págs. 260–77; Antonio Sánchez Jiménez, 'Del *Quijote* al *Persiles*: *rota Virgilii*, *fortitudo et sapientia* y la trayectoria literaria de Cervantes', *Journal of Hispanic Philology*, en prensa. La *rota* también fue asumida conscientemente como un proyecto vital por muchos escritores de la Inglaterra medieval y renacentista (John S. Coolidge, 'Great Things and Small: the Virgilian Progression', *Comparative Literature*, 17 [1965], 1–23; Curtius, pág. 232; Joseph A. Dane, 'Chaucer's *House of Fame* and the *Rota Virgiliana*', *Classical and Modern Literature*, 1 [1980], 57–75; Traugott Lawler, 'The *Aeneid*', en *Homer to Brecht. The European Epic and Dramatic Traditions*, ed. Michael Seidel y Edward Mendelson [New Haven: Yale University Press, 1977], págs. 53–75, pág. 54; Richard Neuse, 'Milton and Spenser: the Virgilian Triad Revisited', *ELH*, 45 [1978], 606–39).

[50] Elizabeth R. Wright, *Pilgrimage to Patronage. Lope de Vega and the Court of Philip III, 1598–1621* (Lewisburg: Bucknell University Press, 2001).

rota. Como sus contemporáneos, Lope entendía que la épica era la forma poética más prestigiosa y digna. De hecho, el personaje 'Lope de Vega' enunció en *El Vega de la poética española*, obra de su amigo y discípulo Baltasar Elisio de Medinilla, una idea muy parecida: el son de Calíope, musa de la épica, es 'más noble' que los demás tipos de poesía (Giuliani y Pineda, pág. 250).

Esta jerarquía presenta profundas implicaciones para la comprensión de la imagen lopesca en las *Rimas sacras* y en sus otros textos poéticos religiosos. Al auto-representarse como gran poeta religioso, Lope logra prestigio en este género, pero también procura obtener algo más: autoridad absoluta como poeta. A lo largo de su producción sacra, el Fénix utiliza varias estrategias que subrayan el prestigio de la poesía pía, modificando de esta suerte el esquema de la *rota*: según Lope, la poesía religiosa es aun más prestigiosa que la épica. Para establecer la nueva clasificación, el Fénix se dedica febrilmente en obras como las *Rimas sacras* a subrayar la importancia de la inspiración divina en este género de poesía, y a resaltar con insistencia la dignidad de la literatura sacra.

Curiosamente, al evocar la inspiración divina Lope utiliza todo el prestigio de la poesía épica para trasladarlo a la creación religiosa. Las alusiones a la inspiración de alguna de las Musas o del propio Apolo eran típicas de la invocación épica: la *Ilíada* apela a una 'diosa' ('musa') genérica (libr. I, v. 1), y otro tanto hace Virgilio en la *Eneida* (libr. I, v. 6). Lope usa estas apelaciones épicas en la mayor parte de su producción sacra, incluyendo las propias *Rimas sacras*. Sin embargo, en vez de invocar a deidades paganas el Fénix se dirige a Dios, Cristo, la Virgen o algún santo, solicitando de ellos la inspiración que antes concedían las Musas.[51] Ninguna obra religiosa de Lope presenta la invocación épica con la claridad de sus tempranos *Cinco misterios dolorosos*:

---

[51] El rechazo de la invocación pagana era casi un tópico en la poesía áurea y medieval. Por ejemplo, en las *Coplas a la muerte de su padre*, Jorge Manrique contrasta las 'yerbas secretas' de los poetas paganos con una apelación divina:

> Dexo las invocaciones
> de los famosos poetas
> y oradores;
> no curo de sus ficiones,
> que traen yerbas secretas
> sus sabores.
> A aquel solo me encomiendo,
> a aquel solo invoco yo
> de verdad,
> que en este mundo biviendo,
> el mundo no conoció
> su deidad.
>
> (Jorge Manrique, *Poesía*, ed. Vicente Beltrán [Barcelona: Crítica, 1993], vv. 37–48)

Asimismo, Otis H. Green aporta citas de otros muchos poetas españoles que presentan contraposiciones semejantes (Otis H. Green, ' "Fingen los poetas". Notes on the Spanish Attitude Towards Pagan Mythology', en *Estudios dedicados a Menéndez Pidal*, vol. 1, ed. Ángel González Palencia [Madrid: CSIC, 1950], págs. 275–88, pág. 279).

No inploro el fiero y apolíneo aliento,
pues d[e]él y de sus musas la mía huye,
que a ti, dibino Apolo, ba mi intento
[y] el fin del saver en ti concluye.
Y tú, saçerdotisa, a mi lamento
tu néctar çelestial y anbrosía [sic] influye;
inspírame saver, Virgen clemente,
pues presente estubiste en lo presente.   (misterio I, estr. 4)

En esta bella octava la voz narrativa contrasta la inspiración de las deidades
paganas —Apolo y sus 'Musas'— con la proporcionada por Cristo ('dibino
Apolo') y la Virgen. El narrador califica la primera de 'fiero aliento', mientras que describe la segunda en términos de 'néctar çelestial' y 'anbrosía',
atribuyéndole términos positivos procedentes precisamente de la literatura
clásica. En la misma obra se pueden encontrar otras apelaciones épicas a un
personaje cristiano: en el misterio II, estr. 3 el narrador se dirige a la Virgen
como Sibila divina, en el misterio II, estr. 21 y el misterio III, estr. 26 a Cristo,
y en el misterio IV, estr. 18 y el misterio V, estr. 85 a dos figuras cristianas
imprecisas. Estas contraposiciones entre inspiración pagana y divina tienen
dos resultados inmediatos: en primer lugar, otorgan al poema lopesco el prestigio del género épico, cuyo estilo imitan; en segundo lugar, sitúan la épica
sacra a la que se dedica Lope por encima de cualquier otra poesía épica.

Las invocaciones divinas al estilo de la de los *Cinco misterios* abundan en
la poesía sacra de Lope. Al comienzo de los *Triunfos divinos*, en el lugar típicamente reservado en la poesía épica a las llamadas a la inspiración de las
Musas, el narrador invoca una legión de entidades celestes:

Espíritus divinos celestiales,
eternos orbes donde el sol se espacia,
sustancias incorpóreas inmortales
[. . .],
luz intelectual, cándida esfera,
[. . .]
sonoros ecos de la voz divina,
   infundid resplandor al canto mío,
animad de mi voz el rudo acento:
tan alta empresa a vuestras alas fío.   (triunfo I, vv. 1–18)

Los 'espíritus', 'sustancias', 'luz intelectual', etc., conforman un mundo
divino que al tiempo evoca claramente el recuerdo del mundo de las ideas —o
'sustancias'— de Platón. En los *Triunfos divinos* el narrador reclama una
inspiración que es tan sacra como intelectual. De modo semejante, en *La Virgen de la Almudena* la Musa que alienta la obra es religiosa, pues corresponde
a la Virgen:

porque tu luz cristífera me inspire.   (canto I, v. 7)

En la *Corona trágica*, por otra parte, el narrador apela en primer lugar a unas Musas al parecer paganas, que parecen haber favorecido al autor en su juventud:

> Musas que siempre favorables fuistes
> al verde abril de mis floridos años
> y tantos versos y conceptos distes
> cuantos amor me dio dulces engaños,
> hoy que me habéis de dar números tristes
> iguales a mis blancos desengaños,
> no os parezca delito que presuma
> nevado cisne dilatar la pluma.   (canto I, estr. 1)

Más adelante en la misma obra también se invoca a una Musa (canto II, estr. 2) y a Euterpe (canto IV, estr. 25; canto V, estr. 101). Sin embargo, todas estas 'Musas' están relacionadas con la poesía anterior de Lope, la producida en el 'verde abril de mis floridos años'. En contraste, la inspiración principal de la *Corona trágica* es la aportada por el 'celestial ingenio' del Papa Barberini:

> Esfuerza el canto el desmayado brío
> ser yo criado vuestro y ver honrado
> de vuestro celestial ingenio el mío.   (canto I, estr. 10)

Al igual que ocurre en esta curiosa octava, el numen divino domina absolutamente la totalidad de la poesía sacra de Lope, en abierta oposición a la inspiración pagana de la épica clásica.

De acuerdo con esta tendencia general demostrada por la poesía religiosa del Fénix, las frecuentes apelaciones épicas presentes en las *Rimas sacras* son siempre de carácter divino. Ya desde la definitoria 'Introducción' el narrador deja claro que su inspiración es esencialmente religiosa:

> Cantemos, pues, tus piedades,
> Cordero perdonador,
> pues con tu luz das favor,
> y con tu amor persuades.   (vv. 45–48)

> Y como para pagarte
> mis deudas, dulce Señor,
> no hay prenda de más valor,
> Tú mismo vienes a darte.
> Estando ya en paz los dos,
> desciendes a la voz mía,
> porque con Dios cada día
> dé satisfacción a Dios.   (vv. 117–24)

El 'Cordero perdonador' inspira al poeta 'persuadiendo' con su amor, o, más claramente, 'descendiendo a la voz' del narrador como el Espíritu descendió a los apóstoles en Pentecostés. En la 'Introducción' el estro cristiano se opone implícitamente al pagano, que no describe directamente; pero la contraposición aparece de modo explícito en otros poemas de la colección. Es lo que ocurre, por ejemplo, en la canción 'A la muerte de la Reina Nuestra Señora':

> A los arcos, pirámides y puertas,
> por donde entró la luz que llora España,
> halló mi amor, Filipe soberano,
> para cantar las de Helicón abiertas,
> adonde Febo los ingenios baña,
> dulce verso mi voz, plectro mi mano;
> y en el que de Trajano
> la gloria, aunque español, oscurecía,
> dulces epitalamios mi deseo
> propuso a tu himeneo;
> mas hoy que de la luz se acaba el día,
> al plectro y a la voz, cuando se parte,
> sobrando la materia, falta el arte.   (vv. 1–13)

El narrador de esta canción confronta la inspiración pagana ('Helicón', 'Febo') que le movió a cantar los himeneos reales en el pasado —se refiere probablemente a las *Fiestas de Denia*— con un nuevo tipo de estro digno de la muerte de la pía reina. De modo semejante, en otra canción, esta vez dedicada 'Al santo Benito casinense, Padre del Yermo y patrón de la Academia de Madrid', la voz narrativa delinea una oposición frontal entre la Musa pagana que movió al poeta a cantar en la 'verde primavera de sus años' y la nueva inspiración cristiana:

> Cuán bien al solitario
> vuestra alabanza vino,
> Benito, anacoreta soberano,
> si no fuera contrario
> serlo vos tan divino
> como yo he sido solitario humano;
> mas ya que del tirano,
> por quien cantar solía
> en Babilonia fiera mis engaños
> la verde primavera de mis años,
> vuelvo a los montes de la sacra Elía,
> adonde sois mi Apolo:
> oíd mi voz, pues va de solo a solo.   (vv. 1–14)

San Benito se figura elegantemente como el nuevo 'Apolo' de un nuevo monte Parnaso, que corresponde a 'los montes de la sacra Elía'. El narrador invoca al santo casinense como una fuente cristiana de inspiración del poema, opuesta al Apolo pagano que preside sobre los engaños de la 'Babilonia fiera', representativa de la poesía anterior del autor. En suma, el uso insistente de la apelación épica a lo largo de las *Rimas sacras* y de toda la poesía sacra del Fénix clasifica la producción divina de Lope dentro del género épico, con todo el prestigio que ello supone. Además, al invocar una inspiración divina superior a la pagana, Lope sitúa su poesía sacra, su nueva épica, por encima de los otros tipos de epopeya.

La segunda estrategia que usa el Fénix para autorizar su poesía sacra es más directa. Se trata de proclamar abiertamente la superioridad de esta producción sobre cualquier otro tipo de poesía. El origen de tales afirmaciones también se puede encontrar en la *rota Virgilii*, pues el narrador lopesco basa su defensa de la dignidad suprema de la poesía divina en la majestad de su temática. Es decir, se trata de un argumento basado en la misma idea de decoro que inspiró la *rota*. La poesía épica usaba estilo sublime porque desarrollaba temas elevados: narraba batallas entre personajes de alta clase social, reyes, héroes, etc., y las intervenciones de los dioses paganos. Los personajes y temas de la poesía sacra son mucho más elevados que los de la antigua épica, pues tratan del verdadero Dios, Cristo, la Virgen y los santos, y no simplemente de ídolos vanos, héroes y reyes humanos. Por consiguiente, su estilo será aun más sublime, y su dignidad mucho mayor. De hecho, durante el Siglo de Oro surgieron en España varias epopeyas a lo divino que asumían la excelencia épica de la temática sacra: la *Christo Pathia* (Toledo, 1552) de Juan de Quirós, *La Christiada* (Sevilla, 1611) de Diego de Hojeda, etc. Lope se basó en esta tendencia tan extendida para asegurar la autoridad de su producción religiosa.

Las afirmaciones de la dignidad de la poesía divina son menos comunes en la poesía sacra de Lope que las apelaciones épicas. Una de las más transparentes se halla en la 'Aprobación' que escribió el famoso poeta Juan de Jáuregui para los *Triunfos divinos*: 'Los *Triunfos*, como más divinos que los del Petrarca, incluyen también mayor alarde de historias sacras y morales.' En esta frase, Jáuregui juega con el título de la obra lopesca para afirmar la superioridad de la obra del Fénix sobre la de Petrarca: los *Triunfos divinos* son más 'divinos' —en el sentido de 'mejores'— que los *Trionfi* italianos que imitan precisamente porque tienen tema religioso ('mayor alarde de historias sacras y morales', 'divinos'). Al igual que Jáuregui, Lope era consciente de la autoridad que el tema divino le otorgaba a la poesía sacra, como demuestra el siguiente pasaje de la *Corona trágica*:

> De la vida de Cristo y de su muerte,
> de la celeste gloria y amor santo,
> de la virtud y la constancia fuerte,
> versos divinos, que hoy se estiman tanto,
> escribió tan heroicos que convierte
> el olvido en temor, la risa en llanto,
> quien oye tan dulcísona Talía:
> que excede a Safo en lírica poesía.   (canto IV, estr. 27)

Esta octava forma parte de una digresión que motiva el anuncio de que la protagonista de la obra, María Estuardo, también escribió libros sacros. La estrofa describe los 'versos divinos' de la reina escocesa como 'heroicos', por lo que debemos suponer que su estilo es épico. El narrador afirma que exceden a los de Safo 'en lírica poesía', pues logran conmover al lector ('convierte / el olvido en temor, la risa en llanto'), probablemente mediante su temática patética —la 'vida' y 'muerte' de Cristo, etc.—. En las octavas siguientes, Lope delinea con mayor claridad un tema que había aparecido con mayor fuerza en las *Rimas sacras*: la superioridad de la poesía religiosa con respecto a la amorosa.

> Dígame quien lo sabe y quien lo entiende,
> ¿qué tiene el verso de alma y de dulzura,
> que para hablar con Dios tanto la enciende,
> que parece que vierte ambrosia pura?
> Debe de ser que amor, como pretende
> quejarse y regalarse con blandura,
> halla mas ocasión, como se ha visto
> en tantas almas que han amado a Cristo.   (canto IV, estr. 28)

Puesto que Dios es amor, la verdadera poesía amorosa, la más intensa, es la divina. Esta lírica sigue el camino ejemplar que han seguido 'tantas almas que han amado a Cristo', los santos y bienaventurados, que proporcionan parte de su potencia y pasión a cualquier producción sacra, de modo que ésta destrona claramente a cualquier otro tipo de poesía amorosa. Se trata de una afirmación que el narrador reitera en la tercera octava citada, esta vez reforzándola con el ejemplo bíblico de David.

> Cantó David, salmógrafo poeta,
> versos a Dios, que le agradaron tanto
> que amor notablemente se interpreta
> por números, por voz, por ritmo y canto.
> Luego que amor el corazón sujeta
> (dejo el profano amor, hablo del santo)
> ¿qué lengua puede hablar más amorosa,
> más dulce, más sonora y más quejosa?   (canto IV, estr. 29)

Los *Salmos* del rey de Israel son puro 'amor' puesto en 'números', 'ritmo' y 'canto'. De hecho, el narrador se preocupa por clarificar que alude al amor divino, y no al profano ('dejo el profano amor, hablo del santo'), que aparece como netamente inferior a aquél. Por último, en la octava siguiente la voz narrativa prosigue con el elogio de David y su poesía sacra:

> Escribe, ¡oh tú que sabes doctamente
> los términos del arte soberano
> dulcísimo retórico elocuente,

lógico celestial, músico humano!
Ningún soberbio sacra lira intente,
ni ponga en plectro rítmico la mano:
la humildad y la ciencia juntas viven,
los arrogantes su ignorancia escriben.   (canto IV, estr. 30)

La apelación a David se conforma sobre un 'tú' que podría aplicarse al lector
en general, integrándolo efectivamente en la obra. Por ello, la octava exalta al
salmógrafo al tiempo que invita al receptor a escribir poesía sacra, a ejemplo
del rey bíblico. Además, la estrofa añade que los escritores que tratan asuntos
divinos son superiores moralmente al resto: ni los soberbios ni los ignorantes
se pueden dedicar a la poesía religiosa, pues éstos sólo escriben su propia
ignorancia, y no la suprema verdad divina.

Las propias *Rimas sacras* reiteran en numerosas ocasiones la superioridad
de la producción poética divina sobre otros temas. De hecho, el volumen de
1614 la proclama incluso con mayor frecuencia e insistencia que las obras
religiosas anteriores y posteriores de Lope. Este dato vuelve a reforzar la tesis,
expresada anteriormente, de que las *Rimas sacras* son el principal espacio de
auto-representación dentro de la lírica religiosa del Fénix: Lope se presenta
insistentemente en ellas, y muestra la misma audaz pertinacia para asentar la
autoridad literaria de la *persona* que está construyendo. En cualquier caso, el
volumen exalta la dignidad de la poesía sacra de dos maneras diferentes:
directamente y por comparación a la lírica religiosa.

La varias veces citada 'Introducción' del volumen contiene la primera glorificación de la poesía sacra:

> Que en la materia que toco,
> tanto he venido a subir,
> que ángel pudiera decir,
> y aun ellos dirán que es poco.   (vv. 69–72)

Curiosamente, esta redondilla emplea un tono ligero —marcado por el ritmo
alegre y animado del arte menor— para realizar varias afirmaciones de peso
sobre el contenido de la compilación. La estrofa especifica en primer lugar la
suprema dignidad del género mediante una metáfora espacial ('tanto he
venido a subir'). La ascensión aludida es física y moral —de tierra a Cielo—,
pero también poética, pues lleva desde la poesía profana a la religiosa.
En segundo lugar, la redondilla también detalla el motivo por el que la lírica
religiosa se eleva por encima de los demás géneros poéticos: por la insu-
perable dignidad de la 'materia que toco'. La materia autoriza igualmente
al género y al poeta: obsérvese que la frase 'tanto he venido a subir'
podría aludir tanto al libro en sí como a la vida personal del narrador-Lope,
que ha pasado de una juventud y poesía licenciosas a una literatura digna y
sagrada.

En las *Rimas sacras* abundan estas afirmaciones de la dignidad de la creación religiosa, y muchas de ellas toman la forma de exaltaciones del amor divino en comparación al amor humano. Este tipo de poemas tiene perfecto sentido dentro del espíritu general del volumen: las *Rimas sacras* son una palinodia de la poesía amorosa de las *Rimas* —que el narrador sostiene haber escrito— y de una juventud de placeres eróticos —que el narrador afirma haber experimentado—. La compilación de 1614 se basa en estos contrastes entre lírica amorosa y divina, por lo que sonetos como el número XXXI delinean la contraposición para acabar exaltando inevitablemente la poesía inspirada por el amor divino:

> Yo me muero de amor, que no sabía,
> aunque diestro en amar cosas del suelo,
> que no pensaba yo que amor del Cielo
> con tal rigor las almas encendía.   (vv. 1–4)

El primer cuarteto, anteriormente citado, detalla el contraste en que se basa el poema. El narrador se ha dedicado a amores humanos, y ha alcanzado gran excelencia en esa materia (v. 2). Pese a ello, experimenta con el 'amor del Cielo' unos sentimientos mucho más intensos, cuyo resultado es que 'me muero de amor'. El segundo cuarteto especifica la razón de esta intensidad en la propia definición de amor.

> Si llama la mortal filosofía
> deseo de hermosura a amor, recelo
> que con mayores ansias me desvelo
> cuanto es más alta la belleza mía.   (vv. 5–8)

El narrador parte de una proposición platónica que Lope había usado ya en *Fuenteovejuna*.[52] Según los personajes de la comedia, que siguen en este caso la filosofía neoplatónica del Renacimiento, amor es deseo de hermosura:

---

[52] Lope de Vega Carpio, *Fuenteovejuna*, ed. Donald McGrady (Barcelona: Crítica, 1993). Aunque la de *Fuenteovejuna* es la más conocida, Lope acude a la definición platónica del amor en otras muchas ocasiones como, por ejemplo, ésta del acto segundo de *Los locos de Valencia*:

> ERÍFILA   ¡Hola, buen hombre!, ¿por dicha
> sabes tú lo que es amor?
> [. . .]
> FLORIANO   Deseo, en fin, de lo hermoso.
> (Lope de Vega Carpio, *Los locos de Valencia*, en *Lope de Vega. Comedias, III. El hijo Venturoso. La infanta desesperada. Ursón y Valentín. El príncipe melancólico. La traición bien acertada. El Grao de Valencia. Los amores de Albanio y Ismenia. El dómine Lucas. La ingratitud vengada.Los locos de Valencia*, ed. Jesús Gómez y Paloma Cuenca [Madrid: Biblioteca Castro, 1993], págs. 827–923, vv. 870–71)

MENGO   ¿Qué es amor?
LAURENCIA   Es un deseo
                de hermosura.   (act. I, vv. 409–10)

Puesto que la hermosura divina es mayor que la humana ('es más alta la
belleza mía'), el amor de Dios es proporcionalmente de mayor intensidad que
el amor terreno. Tras la palinodia del primer terceto, el segundo vuelve a insistir hiperbólicamente en la especial fuerza del amor divino.

> Amé en la tierra vil, ¡qué necio amante!
> ¡Oh luz del alma, habiendo de buscaros,
> qué tiempo que perdí como ignorante!
>   Mas yo os prometo agora de pagaros
> con mil siglos de amor cualquiera instante
> que, por amarme a mí, dejé de amaros.   (vv. 9–14)

Según estos versos magistrales, para igualar un 'instante' de amor terreno —que
se define como egoísta: 'por amarme a mí'—, el narrador deberá ofrecer 'mil
siglos de amor', con una hipérbole totalmente apropiada para representar el
ansia de conversión que impulsa a la voz narrativa.

El soneto XLVI declara todavía con mayor claridad y elegancia la superioridad del amor divino sobre el humano:

> No sabe qué es amor quien no te ama,
> celestial Hermosura, Esposo bello;
> tu cabeza es de oro y tu cabello
> como el cogollo que la palma enrama.
>   Tu boca como lirio que derrama
> licor al alba; de marfil tu cuello;
> tu mano el torno y en su palma el sello
> que el alma por disfraz jacintos llama.   (vv. 1–8)

Según este soneto, el único amor verdadero es el amor de Dios, como ya expresa
la primera línea: 'No sabe qué es amor quien no te ama'. Al igual que en el
soneto anteriormente citado, en el XLVI lo que provoca esta intensidad
amorosa es la belleza de Cristo —porque amor es 'deseo de hermosura'—. El
texto pone de relieve la hermosura de Jesús con una letanía que evoca inmediatamente el *Cantar de los cantares* ('Esposo', 'palma', 'lirio', 'marfil'). La
hábil elección del modelo del *Cantar de los cantares* corresponde a la intersec-
ción de lo humano y divino que es tan típica de las *Rimas sacras*. En todo caso,
el primer terceto contrapone específicamente la hermosura de Cristo a las 'mortales', estableciendo la superioridad de la primera ('perdí lo que pudiera estar
gozando').

> ¡Ay Dios!, ¿en qué pensé cuando, dejando
> tanta belleza y las mortales viendo,

perdí lo que pudiera estar gozando?
   Mas si del tiempo que perdí me ofendo,
tal prisa me daré que, un hora amando,
venza los años que pasé fingiendo.   (vv. 9–14)

Finalmente, el segundo terceto reitera la comparación de modo semejante al segundo terceto del soneto XXXI: los 'años' dedicados a las bellezas humanas son fingimiento, no verdadero amor. 'Un hora' de amor divino resulta superior a todos esos años. La implicación de estas comparaciones entre amor humano y divino es evidente: puesto que la poesía amorosa se juzga por la intensidad del amor que relata, la lírica que canta el potentísimo amor divino —las propias *Rimas sacras*— supera con creces a cualquier otro tipo de lírica amorosa.

Auto-representación y la autoridad de las *Rimas sacras*

Así pues, las *Rimas sacras* usan diferentes métodos para subrayar la dignidad de la poesía religiosa: adoptan —y transforman— la invocación épica, exaltan la materia divina, declaran expresamente la superioridad de la lírica sacra y la enaltecen en contraposición a la amorosa. Semejante encumbramiento de la poesía religiosa tiene varias consecuencias de importancia, merced a las técnicas de auto-representación que Lope usa en la obra. Se ha visto cómo a lo largo de las *Rimas sacras* Lope se equipara a un narrador que se describe como un gran pecador arrepentido. Esta voz narrativa se identifica constantemente con el autor de la obra en un caso evidente de auto-representación: es sacerdote, es el padre de Carlos Félix, es el Lope de Vega que recibe encargos de figuras de la época, etc. Es más, el narrador se apropia de la escandalosa vida amorosa de Lope y hace de las *Rimas sacras* una palinodia de la juventud del autor. Así, la espectacularidad del pecado de este narrador-Lope garantiza la espectacularidad de la conversión que 'lloran' las *Rimas sacras*. El volumen de 1614 está formado por las lágrimas de un pecador arrepentido que consigue automáticamente, mediante esta cadena de asociaciones, una inmensa autoridad como poeta religioso. Al identificar al narrador con Lope de Vega, el autor logra legitimar su posición de escritor de un género poético determinado. Sin embargo, las *Rimas sacras* van más allá de esto: el texto de 1614 exalta, con los métodos arriba señalados, la dignidad de la poesía religiosa sobre cualquier otro tipo de poesía. Consecuentemente, el narrador-Lope, que ya ha determinado su situación privilegiada en la lírica religiosa, adquiere una autoridad poética ilimitada y general.

   Queda preguntarse si la estrategia de auto-representación que el Fénix empleó en las *Rimas sacras* obtuvo los efectos deseados por el autor. No obstante, la escasez de reacciones de lectores de la época dificulta sobremanera esta tarea esencial. Tenemos noticia de una carta y tres composiciones satíricas de Góngora que guardan cierta relación con las *Rimas sacras*. En efecto, podemos intuir el contenido de una carta del poeta cordobés a partir de la respuesta de Lope, en una misiva 'echadiza' del verano de 1617. En ella el Fénix se defiende de las graves acusaciones de hereje y alumbrado que le había propinado el cordobés (*Epistolario*, vol. III, págs. 314–15). Parece que con estos insultos Góngora intentó contrarrestar la autoridad de la *persona* de pecador arrepentido que proponen las *Rimas sacras*. Los temas religiosos de la obra y la insistencia de Lope en el diálogo individual con Dios debieron de sugerirle esos términos al mordaz cordobés. Sin embargo, Lope consigue defenderse con éxito de las acusaciones de su rival. En cuanto a lo de hereje, responde aludiendo a su condición de familiar del Santo Oficio, y aun a su tío sevillano don Miguel de Carpio, inquisidor tan conocido en Sevilla que todavía se decía en la ciudad '*quema como Carpio*' (*Epistolario*, vol. III, pág. 314). Era imposible que alguien que tenía con la Inquisición conexiones tan estrechas como las que disfrutaba Lope fuera incluso sospechoso de herejía. A la acusación de iluminado el Fénix contesta mencionando el foco de iluminados andaluces descubierto precisamente en Córdoba, patria de Góngora (*Epistolario*, vol. III, pág. 315), de modo que Lope le devuelve el cumplido a su rival: el alumbrado no es Lope, castellano, sino probablemente Góngora, andaluz de Córdoba, patria de alumbrados. En cualquier caso, parece ser que estas críticas del poeta andaluz no trascendieron, quizás debido a la rápida y eficaz respuesta de Lope: jamás volvieron a aparecer, ni en la obra de Góngora ni en la de ningún otro autor áureo.

Las acusaciones que incluyen los poemas del cordobés, aunque menos graves, sí que debieron de ser más exitosas y difíciles de rebatir. La primera es un soneto con estrambote —derecha— que parodia el soneto 200 de las *Rimas* ('Alfa y Omega Jehová') —izquierda—:

Siempre te canten santo Sabaot
tus ángeles, gran Dios, divino Hilec,
mi vida excede ya la de Lamec,
huir deseo como el justo Lot.
　Cayó en viéndote el ídolo Behemot,
sacerdote mayor Melquisedec;
no ha tocado a mi alma Abimelec,
ni Tezabel la viña de Nabot.
　Profetas falsos dan la muerte a Acab,
David desea ya el agua de Bet,
por la paciencia con que espera Job,
　cruel está con Absalón Joab,
salga del arca a ver el sol Jafet
y el cielo de la escala de Jacob.

Embutiste, Lopillo, a Sabaot
en un mismo soneto con Ylec,
y echándoselo a cuestas a Lamec,
le diste un muy mal rato al justo Lot.
　Sacrificaste al ídolo Behemot,
que matan mal coplón Melquisedec,
y traiga para el fuego a Abimelec
sarmientos de la viña de Nabot.
　Guárdate de las lanzas de Joab,
de tablazos del arca de Jafet,
y leños del escala de Jacob;
　no te entrometas con el rey Acab,
ni en lugar de Bethlén me digas Bet,
que con tus versos cansas aun a Job.
　Y este soneto a buenas manos va:
¡Ay del Alfa, y Omega, y Jehová!
(núm. 254)

El poema gongorino ridiculiza la exhibición poética de Lope, que consiguió completar un soneto con rimas tan difíciles en castellano como '-ot', '-ec', '-ab', '-et' y '-ob' (Palomo, pág. 109). Góngora utiliza las mismas rimas para trastocar burlescamente el sentido del texto del Fénix: los patriarcas bíblicos aludidos se sienten molestos por la composición de Lope, y están sumamente impacientes con el poeta, que ha cansado 'aun a Job', de proverbial paciencia. Algunos incluso se muestran dispuestos a castigarle por haberles incluido en su mala poesía, y pretenden calentarle las espaldas golpeándole con sus atributos simbólicos ('tablazos del arca de Jafet, / y leños del escala de Jacob'). La parodia gongorina también alcanza al soneto C ('El alma a su Dios') de las *Rimas sacras*, que citamos a continuación:

> ¿Cuándo en tu alcázar de Sión y en Bet
> de tu santo David seré Abisac?,
> ¿cuándo Rebeca de tu humilde Isaac?,
> ¿cuándo de tu Josef limpia Asenet?
> De las aguas salí como Jafet,
> de la llama voraz como Sidrac,
> y de las maldiciones de Balac
> por la que fue bendita en Nazaret.
> Viva en Jerusalén como otro Hasub,
> y no me quede en la ciudad de Lot,
> sabiduría eterna, inmenso Alef;
> que Tú, que pisas el mayor querub,
> y la cerviz enlazas de Behemot,
> sacarás de la cárcel a Josef.

Mediante este poema titulado 'El alma a su Dios' Lope concluye la serie de cien sonetos con una ambiciosa auto-representación: presenta una lista de paradigmas bíblicos de amor que expresan la unión con Dios. Según Yolanda Novo, 'El sentimiento puro y trascendente se compara al de mujeres bíblicas unidas a varones que prefiguran a Cristo, en particular David, Isaac y José patriarca' (*Las* Rimas, pág. 81). De este modo, el narrador-Lope insiste en describirse como intensamente enamorado no ya de alguna mujer mortal, sino de Dios. Además, en este soneto Lope exhibe su habilidad poética con unas rimas complicadas paralelas a las usadas en el soneto 200 de las *Rimas*. Al haber ridiculizado este último texto, la burla de Góngora también afecta indirectamente al soneto de las *Rimas sacras*, minimizando su efectividad como vehículo de auto-representación prestigiosa. De nuevo, las sangrientas parodias del poeta cordobés se entrometen y minan los intentos de medrar de su rival.

La siguiente décima del poeta cordobés tiene más directa relación con la auto-representación de las *Rimas sacras*:

> Dicho me han por una carta,
> que es tu cómica persona

> sobre los manteles mona
> y entre las sábanas marta.
> Agudeza tiene harta
> lo que me advierten después:
> que tu nombre del revés,
> siendo Lope de la haz,
> en haz del mundo, y en paz,
> pelo de esta marta es.   (pág. 293)

Con esta serie de equívocos, Góngora critica agudamente la vida personal de Lope: no sólo es autor de comedias ('cómica persona'), género bajo, y actúa de atento sirviente de ciertos nobles ('sobre los manteles mona'), sino que también tiene amantes ('entre las sábanas marta'), aludiendo a las relaciones de Lope con Marta de Nevares. Además, el cordobés juega con el nombre propio de su rival y diseña un burlesco anagrama: 'Lope' del revés es 'pelo', que Góngora relaciona al pelaje de la 'marta'-Marta de Nevares. Muy semejante al anterior por su intención y estilo es el siguiente soneto del poeta cordobés, titulado 'A Lope de Vega cuando se hizo terciario':

> ¿Qué humanos ojos quedarán enjutos,
> señor Lope de Vega, si es de veras?;
> que lo están en Madrid las delanteras
> porque al revés se pagan los tributos.
>   Dícenme que hay terceros disolutos:
> como dan de livianas en ligeras
> las mujeres, de putas en terceras,
> los hombres de terceros dan en putos.
>   Y si esto es, Lope, aconsejarte quiero
> en tal disolución no dé ni tope
> tu ingenio, aunque tercero, peregrino:
>   que si dieses en puto de tercero,
> diríase por Castilla que 'es de Lope',
> teniendo lo nefando por divino.[53]   (Millé y Giménez, pág. 561)

En este brutal soneto Góngora vuelve a aludir a la poco edificante vida del Fénix ('disolutos'), contrastándola esta vez con su carrera eclesiástica —la incorporación de Lope a la Orden Tercera de San Francisco—: con un juego de palabras, el cordobés acusa a Lope, 'tercero' de esa orden, de actuar como alcahuete, o 'tercero' de los pocos castos amores de su amo, el duque de Sessa. Además, Góngora construye el último terceto como una satírica contestación al famoso dicho castellano 'es de Lope': las acciones 'de Lope' no son divinas —en el sentido de 'excelentes' y de 'piadosas'—, sino más bien nefandas —con la

---

[53] Hemos alterado ligeramente la puntuación de Millé y Giménez.

consabida alusión a la homosexualidad como 'pecado nefando', presente antes en la palabra 'puto'—.

En todo caso, la censura de la vida privada de Lope fue común entre sus enemigos, que, como hacía Góngora, muchas veces contrastaban las máscaras del poeta con su vida real. Así, Bernardino de Albornoz hizo de su poema *La Gaticida famosa* un malévolo anecdotario de la biografía amorosa del Fénix (Iglesias Laguna, pág. 656). Otro ejemplo lo constituye la siguiente cita procedente de la comedia *Los pechos privilegiados*, de Juan Ruiz de Alarcón:[54]

> Culpa a un viejo avellanado,
> tan verde que al mismo tiempo
> que está aforrado de martas
> anda haciendo Madalenos.   (act. III, vv. 2168–71)[55]

Alarcón denuncia malévolamente la falta de coherencia entre la auto-representación de Lope como pecador arrepentido ('anda haciendo Madalenos', aludiendo a 'Las lágrimas de Madalena', de las *Rimas sacras*) y la poco edificante vida del autor, que seguía teniendo amoríos —Alarcón alude, en concreto, a la relación del Fénix con Marta de Nevares— pese a su edad ('viejo ave-llanado' que sigue siendo 'verde') y pese a su estado clerical. Estas críticas debieron de estar bastante extendidas entre los poetas de la época —obsérvese que Góngora y Alarcón censuran a Lope con casi idénticos términos, usando la palabra 'marta' referida al animal y a la amante del poeta[56]—, y pudieron haber entorpecido gravemente la retórica del Fénix. Como hemos visto a lo largo de estos capítulos, la auto-representación de Lope se basaba absolutamente en la identificación del narrador y sus máscaras con la persona real del autor, pues pretendía dar la ilusión de biografía poética. Por ello, la estrategia del Fénix era muy vulnerable a cualquier crítica de la vida del poeta o, aun peor, a cualquier observación que pusiera en evidencia la separación existente entre narrador y autor. En el caso de las *Rimas sacras*, las alusiones a Marta de Nevares anulan la imagen de pecador arrepentido en que se centra la obra: el Lope real no era un trasgresor contrito, sino más bien reincidente, y con el agravante de ser sacerdote. Fuera debido a estas críticas o a otro motivo desconocido, lo cierto

---

[54] El dramaturgo mexicano respondía con esta sátira a una larga enemistad con Lope. De hecho, el Fénix había hecho arrojar en 1623 una 'redomilla' de olor pestilente en pleno estreno de una obra de Alarcón, *El Anticristo*, como nos informa una carta de Góngora a fray Hortensio Paravicino (Iglesias Laguna, pág. 664).

[55] Juan Ruiz de Alarcón, *Obras completas de Juan Ruiz de Alarcón*, vol. 2, ed. Agustín Millares Carlo (México: Fondo de Cultura Económica, 1959).

[56] También en *La Gaticida famosa* se halla un juego de palabras semejante (Iglesias Laguna, pág. 659).

es que la auto-representación de Lope no alcanzó todos los objetivos que esperaba el poeta: no consiguió que muchos de sus contemporáneos le tomaran en serio como autor moral, ni tampoco obtuvo el ansiado nombramiento de cronista real, o cualquier otra posición en la corte. Por ello, el siguiente gran paso en la auto-representación lopesca será un gran cancionero del desengaño y una burla de las imágenes hasta entonces empleadas: las *Rimas de Tomé de Burguillos*.

5

Autoparodia y desengaño

> Pero advierta el lector, que los versos del Maestro BURGUILLOS debieron de ser supuestos, porque él no pareció en la Justa, y todo lo que escribe es ridiculo, que hizo sazonadissima la fiesta: y como no pareció para premiarle, fue general opinion que fue persona introducida del mismo LOPE.
>
> (Lope de Vega, *Justa poética*, pág. 401)[1]

> quiso con estas burlas olvidarse de mayores cuidados.
>
> (*Rimas de Tomé de Burguillos*, 'Advertimiento al señor lector', pág. 126)

Las *Rimas de Tomé de Burguillos*: una obra *de senectute*

Durante los últimos años de su vida, Lope debió de pasar muchos momentos cercanos a la desesperación. Las muertes que azotaron a su familia durante la década de 1610 parecían haberse renovado, transformadas en una nueva ola de desgracias: su amada Marta de Nevares llevaba gravemente enferma, con accesos de locura, desde 1628, y finalmente murió en 1632 (Rennert y Castro, págs. 235–36); unos años después también murió su hijo Lope Félix del Carpio y Luján, en una expedición de pesca de perlas a la isla Margarita (Rennert y Castro, pág. 314); para rematar las cosas, un poderoso Don Juan se fugó con la hija predilecta de Lope, el báculo de su vejez, Antonia Clara (Rennert y

---

[1] Lope de Vega Carpio, *Justa poética, y alabanzas justas, que hizo la insigne villa de Madrid al bienaventurado san Isidro en las fiestas de su beatificación, recopiladas por Lope de Vega Carpio. Dirigidas a la misma insigne Villa*, en *Colección de las obras sueltas, assí en prosa, como en verso, de D. frey Lope Félix de Vega Carpio, del hábito de san Juan*, vol. 11, 1779, ed. [Francisco Cerdá y Rico] y Antonio de Sancha (Madrid: ArcoLibros, 1989), pp 337–616.

Castro, pág. 316). Además, la vida profesional del poeta pasaba por momentos igualmente bajos: hacia 1630, Lope debió de reconocer finalmente que la corte del nuevo rey, a quien había recibido con tanta ilusión en 1621, no albergaba ninguna oportunidad nueva para el viejo escritor. Lope no había conseguido ni el cargo de cronista del reino ni el de cronista de Indias, que habían sido concedidos a escritores más jóvenes, ni tampoco había obtenido ninguna otra posición honorífica en la corte. Para colmo de males, durante estos años finales el Fénix comenzó a perder su 'cetro de la monarquía cómica' a manos de dramaturgos más jóvenes, como Pedro Calderón de la Barca. Lope realizó un esfuerzo magistral para mantener su posición, como atestigua la incomparable tragedia *El castigo sin venganza* (1634).[2] Pese a ello, lo cierto es que su producción dramática decayó notablemente (Rozas, pág. 129) —probablemente debido, entre otras cosas, a la falta de demanda— y que el viejo poeta recibió muchos menos encargos de Palacio que otros de sus contemporáneos. Pedraza Jiménez retrata admirablemente la situación del viejo poeta: 'Las guerras literarias, donde no lleva la mejor parte, y la lucha por alcanzar el favor cortesano y un cargo oficial, resuelta en un fracaso, atemperado por encargos ocasionales, se alían con su difícil situación familiar para dejar en su alma un poso de melancolía' (*El universo*, pág. 198).

Frente a estas adversidades, Lope sentía que su tiempo ya había pasado, y percibía que una larga serie de contemporáneos suponían o esperaban su muerte. Prueba de ello es el hecho de que las *Rimas de Tomé de Burguillos* dedicaran tres sonetos a este tema tan macabro, en los que el poeta narrador respondía 'A un Licenciado que le dijo por favor que deseaba predicar a sus honras' (núm. 64), 'A un elogio que se hizo en Roma a su muerte fingida' (núm. 95), y a 'Un hombre que siempre andaba diciendo que era muerto' (núm. 161). La actitud del poeta varía enormemente en estos sonetos: los números 64 y 161 adoptan un tono jocoso muy propio de las *Rimas de Tomé de Burguillos*, y expresan apego a la vida de una forma cómica. El soneto 161 emplea una imaginería mitológica para desear, también cómicamente, la muerte del obstinado que se empeña en anunciar la defunción del poeta:

> ¡Oh tú, buen hombre, oh tú, cualquier que seas,
> trágico de mi fin, Mercurio alado
> que sin ofensa, herencia ni cuidado,
> la voz en referir mi muerte empleas!;
>   primero que te goces y la veas,
> pases la barca de Carón tiznado,
> y si no tienes óbolos, a nado
> te trasladen las márgenes leteas.   (vv. 1–8)

2 Lope de Vega Carpio, *El castigo sin venganza*, ed. Antonio Carreño (Madrid: Cátedra, 1998).

Los versos iniciales elevan irónicamente al 'buen hombre' en cuestión al nivel de 'Mercurio alado', mediante una larga y solemne invocación que ocupa en su totalidad el cuarteto que abre el poema. A continuación, el segundo cuarteto retoma algunos indicios de jocosidad que ya aparecían en los cuatro primeros versos, como la apelación común 'buen hombre', calificada por el lapidario 'cualquier que seas', o la precisión de que el acusado no tiene 'ofensa, herencia ni cuidado' para dedicarse a anunciar la muerte del poeta. Los versos del segundo cuarteto llevan estos principios a un nivel de chanza abierta, mediante una oración desiderativa que rebaja la anterior visión de un 'Mercurio alado' a la imagen de un alma pobre que no tiene el óbolo preciso para pagarle el pasaje a Caronte. En esta línea burlesca, el soneto 64 también transforma cómicamente la supuesta muerte del poeta en la de su adversario, en este caso un licenciado impaciente:

> Todos para morir somos iguales,
> que por la condición de ser mortales
> también te puede a ti tocar la suerte.   (vv. 6–8)

El poema produce una impresión tan jocosa como el 161 pues, de hecho, acaba también con un deseo del narrador, que declara festivamente que:

> mejor es que yo escriba en tales días
> sonetos tristes a la honras tuyas,
> que no que tú prediques a las mías.   (vv. 12–14)

Sin embargo, la composición destaca asimismo por la reflexión moral antes citada de que la muerte alcanza por igual a todos los mortales ('todos para morir somos iguales'). Se trata de una nota cuasi senequista que vuelve a aparecer en el soneto 95, cuyo título aclara que la composición 'habla de veras porque en la muerte no hay burlas', en un mensaje que se reitera a lo largo del cuerpo del poema.

Estos tres sonetos sobre la muerte de su autor ilustran dos aspectos fundamentales de las *Rimas de Tomé de Burguillos*, que analizaremos en detalle y paso a paso en este capítulo. En primer lugar, nos conviene identificar que la voz que expresa toda esta tristeza y burla ante la situación que Lope vivía en sus años finales pertenece a una nueva máscara del poeta, en este caso el licenciado Tomé de Burguillos. No es Lope propiamente, sino Burguillos, quien medita sobre la condición de los mortales, quien se queja de que le tengan por muerto, y quien se burla de sus impacientes rivales. Es decir, cuando en 1634 sonó la hora de las obras maestras en la casa que Lope habitaba en la calle de Francos, el Fénix decidió insistir en su técnica predilecta y compuso las *Rimas de Tomé de Burguillos* siguiendo un complejo sistema de auto-representación y simulación de biografía, en este caso centrado en la figura de un pobre licenciado de nombre Tomé de Burguillos. El resultado sería un libro hito de la poesía española de todos los tiempos, y una muestra de la madurez y perfección que

Lope había alcanzado en un estilo que había hecho suyo: el uso de diferentes imágenes del autor en una brillante mezcla de literatura y realidad. En segundo lugar, los tres sonetos citados ostentan una gran variedad de tonos, desde la burla y la parodia en los números 161 y 64, hasta la reflexión moral en el 95, pasando por la mezcla ambigua de ambas actitudes en el soneto 64. Las *Rimas de Tomé de Burguillos*, el último libro que Lope dio a la imprenta, ofrece amplias muestras de todos estos matices en las voces del licenciado Burguillos, los gatos de *La Gatomaquia* o el propio personaje 'Lope de Vega', conformando un todo enormemente complejo y variopinto.

Quizás gracias a esta exhibición de estilos diversos, la crítica ha reconocido unánimemente la increíble calidad de las *Rimas de Tomé de Burguillos*, ya desde el siglo XVII. Así, en el prólogo a la primera parte de la *Fuente de Aganipe* (1646), Manuel de Faria y Sousa declara que:

> Apareció luego Lope de Vega, en cuyas rimas hay muchas felicidades; pero aquel que intituló *Burguillos*, excede las fuerzas humanas, y cada vez que lo pienso, me admiro de que sea tanta la envidia, o la ignorancia, que no tiemble debajo de aquellos varios y admirables poemas, mientras estuviere en la esfera de lo jocoso. (Herrero García, *Estimaciones*, pág. 123)

Los estudiosos actuales también consideran las *Rimas de Tomé de Burguillos* como la obra maestra de la poesía lírica de Lope, y como culminación de su poesía anterior. En esta línea, Carreño resume el sentir de muchos críticos al estimar en su introducción a edición de la obra que el libro 'es, *mutatis mutandis*, el *Quijote* de la lírica del XVII: ejemplar y único por contradictorio, paradójico y perverso' (págs. 16–17). Sin embargo, los eruditos no han respondido a esta admiración dedicando suficientes estudios a las *Rimas de Tomé de Burguillos*, de modo que muchas características esenciales de la compilación aún están por explicar. De hecho, ni siquiera contábamos con una edición crítica y anotada hasta la aparición de la reciente de Carreño, que citaremos siempre en este trabajo[3] y que por fin hace justicia a la obra maestra de Lope.[4]

Por ello, y aparte de la citada introducción de Carreño, los lopistas aún consideran los *Estudios de Lope de Vega* de Rozas como la más importante contribución al estudio de las *Rimas de Tomé de Burguillos*. En un gran y acertado esfuerzo, Rozas ha dividido el libro en secciones de acuerdo con su temática, destacando dentro de la compilación la existencia de un cancionero petrarquista a Juana, poemas de crítica social, poemas anticulteranos y anti Pellicer,

---

[3] De hecho, las eruditas notas de la edición de Carreño han facilitado enormemente la realización de este capítulo.

[4] Sí que existían algunas ediciones sueltas de *La Gatomaquia*, como la de Celina Sabor de Cortázar (Lope de Vega Carpio, *La Gatomaquia*, ed. Celina Sabor de Cortázar [Madrid: Castalia, 1983]).

y poemas dirigidos a personas reales y hablando seriamente, o 'en seso' (págs. 203–04). El estudioso entiende que el peso temático de la obra se halla en las tres primeras secciones, destacando sobre todo la crítica al sistema poético triunfante en la corte. Este énfasis sitúa las *Rimas de Tomé de Burguillos* dentro de lo que Rozas ha bautizado como el 'ciclo *de senectute*' de Lope, en el que el Fénix asume cada vez con más frecuencia una postura irónica, horaciana o neoestoica ante los problemas que acosan su vida (falta de mecenazgo, desgracias familiares, situación de la poesía, etc.) (págs. 112–14). Rozas ha recalcado convenientemente que durante este ciclo en general, y dentro de las *Rimas de Tomé de Burguillos* en particular, Lope trata de efectuar un 'cambio de imagen' (pág. 80), que el erudito considera típico de un 'escritor falsificador de autobiografismo' (pág. 74).

En las líneas citadas, Rozas pone de relieve el aspecto fundamental de la obra: las *Rimas de Tomé de Burguillos* giran en torno a un tema y un esfuerzo muy concretos, la auto-representación del poeta. Debido al carácter casi fundacional de su estudio, Rozas investiga esta faceta en menos profundidad de la que merece. Sin embargo, si nos centramos en analizar cómo Lope se representa a sí mismo en la obra, las características fundamentales de la misma resultan evidentes. Las *Rimas de Tomé de Burguillos* coronan la poesía lopesca porque realizan un esfuerzo magistral por recoger todas y cada una de las imágenes que el Fénix había propagado anteriormente: la de poeta enamorado, la de personaje noble, la de genio inspirado, la de defensor de la pureza y sencillez de la poesía, la de escritor pobre y desgraciado, la de autor piadoso, etc. La compilación de 1634 recoge todas estas poses previas, las evoca y las repite desde la actitud de burla distanciadora que proporcionan la figura del heterónimo Tomé de Burguillos y los felinos de *La Gatomaquia*. Es decir, en las *Rimas de Tomé de Burguillos* Lope parodia, probablemente de modo consciente, las personalidades que había adoptado durante su carrera. Semejante multitud de imágenes provoca necesariamente la increíble variedad de estilos que caracteriza la obra: el Fénix trata los amoríos de Burguillos en sonetos petrarquistas, las disputas de los gatos en silvas épicas, etc. De una u otra manera, apoyándose en esta increíble variedad de voces, las *Rimas de Tomé de Burguillos* orbitan siempre en torno al tema de la representación del poeta y a la simulación de autobiografía.

El pobre licenciado: la historia de Tomé de Burguillos

En 1634, Lope creó las *Rimas de Tomé de Burguillos* recogiendo algunos textos anteriores y escribiendo otros *ex profeso*,[5] pero los lectores del Fénix ya

---

[5] Existe una cierta polémica en torno a la fecha en que Lope concibió los textos de las *Rimas de Tomé de Burguillos*. Estudiosos como Entrambasaguas afirman que el Fénix escribió estos poemas entre 1605 y 1610 (Joaquín de Entrambasaguas, *Lope de Vega y su tiempo*, vol. 1 [Barcelona: Teide, 1961], pág. 219), mientras que Iglesias Laguna opta por

conocían sobradamente la figura del licenciado Tomé de Burguillos, que hacía muchos años que había debutado en los escritos lopescos. Lope demostró su enorme agudeza al escoger este nombre para su personaje, pues la palabra 'Burguillos' evoca, ya por sí sola, las características esenciales del pobre licenciado que protagoniza la colección y, lo que es más importante, las varias facetas que Lope había exhibido a lo largo de su carrera poética. En suma, el nombre 'Burguillos' posee una historia previa a la obra de 1634, que el Fénix recoge y aprovecha con habilidad para componer su obra maestra.

Un castellano del siglo XVII reconocería inmediatamente el nombre de 'Burguillos', pues correspondía a un pueblo del reino de Toledo, famoso por su vino, que aparece celebrado como tal en *La villana de la Sagra*, de Tirso de Molina (act. I, v. 328; v. 743).[6] De hecho, un documento de la época identifica claramente el pueblo de Burguillos con el producto de la vid:

> Este dicho lugar es y ha sido siempre bodega de Toledo. [. . .] En este lugar no hay otra labranza principal de que se pueda hacer cuenta si no es la de las viñas, de las cuales que son en término de este dicho lugar se podrán coger un año con otro veinte y cinco mil arrobas de mosto, que son de vino claro poco más de veinte mil arrobas. (*Relaciones*, págs. 154–56)[7]

Mediante el nombre 'Burguillos', Lope conecta desde un primer momento al personaje de Tomé de Burguillos con el vino, en una relación que contiene dos consecuencias de importancia para la figura del licenciado. En primer lugar, un poeta con nombre de vino promete poesía de carácter jocoso, pues semejante asociación carnavalesca sugiere que el autor escribe su obra bajo la influencia del mosto. Las *Rimas de Tomé de Burguillos* cumplen con creces esta primera impresión, pues las composiciones de carácter burlesco dominan claramente sobre las demás, y la figura de Tomé de Burguillos adquiere, ante todo, un tono cómico. En segundo lugar, la asociación con el vino conjuraría, para un lector medianamente culto, la idea de la inspiración y del *enthousiasmós*: desde la Antigüedad clásica los poetas entendieron que el vino simbolizaba y fomentaba la visita de las Musas. La relación entre Burguillos y el vino se refuerza al comprobar que este poeta ficticio dedicó una composición

retrasar esta fecha, al menos en algunos casos, hasta el otoño de 1634 (pág. 648). Esta opinión, que comparten autores como Pedraza Jiménez (Felipe B. Pedraza Jiménez, 'La Gatomaquia, parodia del teatro de Lope', en *Lope de Vega y los orígenes del teatro español*, ed. Manuel Criado de Val (Madrid: Edi-6, 1981), págs. 564–89, pág. 570), parece la más razonable, pues resulta evidente que Lope debió de idear estos textos en un momento muy cercano a su publicación, como tendremos ocasión de comprobar más adelante.

   6 Tirso de Molina, *La villana de la Sagra. El colmenero divino*, ed. Berta Pallares (Madrid: Castalia, 1984).

   7 *Relaciones histórico-geográfico-estadísticas de los pueblos de España hechas por iniciativa de Felipe II: Reino de Toledo*, ed. Carmelo Viñas Mey y Ramón Paz Remolar (Madrid: CSIC, 1951).

a la reconciliación de Lope y Quevedo en la que contrapone a Baco y a Apolo, fuentes de la inspiración poética:

> Hoy hacen amistad nueva,
> más por Baco que por Febo,
> don Francisco de Que-bebo
> con el gran Lope de Beba.   (Pidal, pág. 184)[8]

Lope escoge a Burguillos para celebrar esta ocasión por su estilo cómico y, sobre todo, por su relación con 'Baco', tema principal de esta redondilla. De este modo, el nombre de 'Burguillos' también promete una poesía genial e improvisada, algo que también aparece en el cuerpo de la compilación, como veremos en detalle más adelante.

El pequeño lugar toledano de Burguillos también evoca otra de las características centrales del protagonista de la colección de 1634 y del propio Lope: la obsesión por conseguir un mecenas adecuado. El pueblo de Burguillos pertenecía a los dominios de don Alonso López de Zúñiga y Sotomayor, duque de Béjar, como prueba, entre otros muchos documentos contemporáneos, la célebre portada de la primera parte del *Quijote* (1605), que se dirige al 'duque de Béjar, marqués de Gibraleón, conde de Benalcázar y Bañares, vizconde de la Puebla de Alcocer, señor de las villas de Capilla, Curiel y Burguillos'. El 'señor de la villa de Burguillos' que cita el *Quijote* había patrocinado, entre otras obras de poesía de la época, las *Soledades* de Góngora y las *Flores de poetas ilustres* de Pedro de Espinosa (1603–05), en las que el propio Lope había publicado varias composiciones. Mediante esta sutil referencia al protector de dos de sus más directos rivales, Cervantes y Góngora, Lope introduce hábilmente el tema del mecenazgo, que tan importante papel desempeñará en las *Rimas de Tomé de Burguillos*.

El simple nombre 'Burguillos' denota algo más que un pueblo toledano, pues también corresponde a varios poetas anteriores y contemporáneos a Lope. Tomé de Burguillos comparte muchas características esenciales con estos poetas epónimos, en un juego literario que los lectores de Lope debieron de apreciar sobremanera. Los primeros Burguillos de que tenemos noticia son los que aparecen como autores de romances, glosas y coplas en el *Cancionero de Amberes* sin año y en el *Cancionero de Palacio*. El Burguillos del *Cancionero de Amberes* versifica la leyenda de Bernardo del Carpio, un tema de gran importancia para Lope: ya hemos comentado que el Fénix se presentó como noble descendiente del héroe legendario en varias ocasiones al comienzo de su carrera. Sin embargo, en 1634 Lope ya se ha desengañado de estas ilusiones, y las *Rimas de Tomé de Burguillos* no proclaman que el protagonista tenga sangre

---

8 Pedro José Pidal, '¿Tomé de Burguillos y Lope de Vega, son una misma persona?', en *Estudios literarios*, vol. 2 (Madrid: M. Tello, 1890), págs. 177–91.

azul, sino más bien lo contrario. Por consiguiente, con la referencia lejana a Bernardo del Carpio Lope hace un guiño a sus más fieles y atentos lectores, recordándoles irónicamente las pretensiones de nobleza que albergó en su juventud.

No obstante, creemos que Lope no se inspiró directa y primariamente en el Burguillos del *Cancionero de Amberes*, sino en otros Burguillos más conocidos y más cercanos a su tiempo, a los que Tomé de Burguillos evoca claramente. Nos parece que el Fénix tenía en mente principalmente a Juan Sánchez Burguillos, poeta toledano (1512–75) de quien ciertamente tuvo que haber oído hablar Lope en sus largas estancias en la ciudad imperial. Varios famosos escritores inmediatamente anteriores o contemporáneos al Fénix citan a este tercer Burguillos, que publicó algunos de sus versos en el *Cancionero* de Sebastián de Horozco. Se trata de comentaristas sumamente célebres, como el divino Herrera, Rufo, el propio Horozco, o Juan de Caramuel. Herrera cita completa una glosa de Burguillos en sus difundidas *Anotaciones a la poesía de Garcilaso*, y además dice que era 'dino de ser estimado entre los mejores poetas españoles, si la miseria de su fortuna no le hiziera tanto impedimento' (pág. 726).[9] Por su parte, Rufo le califica de 'decidor de repente' en una de sus *Apotegmas*, que protagoniza Burguillos:

> Cenando una noche con don Alonso de Guzmán, caballero natural de Córdoba y criado del Rey, él y Burguillos, el decidor de repente (que fue la primera vez que se vieron), le dijo Burguillos: 'Si vos me glosáis un verso que os daré, me obligo a reconoceros ventaja, aunque ha cincuenta años que metrifico de repente y de pensado, sin conocer igual en lo uno ni superior en lo otro'.   (Rufo, pág. 243)

Sebastián de Horozco incide en esta habilidad al tratarle de 'trovador de repente', mientras que Juan de Caramuel le critica los asuntos triviales y festivos de sus poemas (Carreño, 'Los engaños', págs. 551–53).[10] Por tanto, Juan Sánchez Burguillos comparte las cualidades más definitorias del personaje lopesco: la escasa fortuna que recuerda Herrera, la capacidad de improvisación que ponen de relieve Rufo y Horozco, y el estilo jocoso que reprende Caramuel.

Un cuarto poeta de nombre Burguillos recoge otra de las características esenciales del heterónimo de Lope: la religiosidad sincera que el poeta ficticio demuestra en numerosas composiciones 'en seso' de la compilación de 1634, concretamente dentro de la sección 'Rimas divinas del licenciado Tomé

---

[9] Fernando de Herrera, *Anotaciones a la poesía de Garcilaso*, ed. Inoria Pepe y José María Reyes (Madrid: Cátedra, 2001).

[10] Antonio Carreño, 'Los engaños de la escritura: las *Rimas de Tomé de Burguillos*, de Lope de Vega', en *Lope de Vega y los orígenes del teatro español*, ed. Manuel Criado de Val (Madrid: Edi-6, 1981), págs. 547–63.

de Burguillos', al final del libro. Se trata del religioso franciscano fray Bartolomé de Burguillos, estricto contemporáneo del Fénix (1580–1634) que murió precisamente el año de la publicación de las *Rimas de Tomé de Burguillos*. Parece improbable que Lope supiera de la defunción del fraile toledano antes de publicar su libro, pues el franciscano murió en México, donde residía desde 1611 (Carreño, 'Introducción', *Rimas*, pág. 29).[11] Sin embargo, Bartolomé de Burguillos representa la faceta sacra de Tomé de Burguillos, que forma una parte central de la personalidad de este personaje ficticio: de hecho, Lope utilizó por primera vez a Burguillos en ocasiones religiosas, las *Justas poéticas* a la beatificación de Santa Teresa (1614) y las que el Fénix organizó en honor a San Isidro (1620 y 1622).

Por último, un quinto Burguillos recoge otra característica del heterónimo lopesco: Lázaro Carreter ha descubierto que un estudiante llamado Tomé de Burguillos estuvo inscrito en la Universidad de Salamanca entre 1599 y 1600. Lope afirma haber asistido a los estudios salmantinos unos años antes, probablemente en torno a 1583 (Huarte, pág. 171),[12] por lo que Lázaro Carreter cree que el Fénix pudo haber conocido allí a un pariente del mencionado estudiante (pág. 519). Este nuevo Burguillos añade el toque final a la figura del personaje lopesco, el grado universitario de licenciado por Salamanca que ostenta antes de su nombre, como señala el 'Advertimiento al señor lector': 'en Salamanca [. . .] yo le conocí y tuve por condicípulo, siéndolo entrambos del doctor Picardo, el año que llevó la cátreda el doctor Vera' (pág. 125).

De este modo, ante una lectura atenta el propio nombre de 'Burguillos' pone en evidencia varias cualidades fundamentales de la figura del heterónimo lopesco: el vino toledano anuncia los temas burlescos y la improvisación; la villa del duque de Béjar anticipa el problema del mecenazgo frustrado; la alusión a Bernardo del Carpio recuerda los antiguos delirios de grandeza; Juan Sánchez Burguillos evoca la mala fortuna y el estilo repentista y jocoso; el fraile franciscano sugiere los poemas religiosos; y el grado salmantino prefigura la parodia del conocimiento académico. Los poemas de las *Rimas de Tomé de Burguillos* elaboran estas cualidades mientras dan forma a una figura magistral con la que Lope reflexiona sobre las representaciones que usó a lo largo de su carrera poética.[13]

---

11 Antonio Carreño, 'Introducción', en *Rimas humanas y divinas del licenciado Tomé de Burguillos y La Gatomaquia*, ed. Antonio Carreño (Salamanca: Almar, 2002), págs. 9–115.

12 Amalio Huarte, 'Lope de Vega y Tomé de Burguillos', *Revista de Filología Española*, 9 (1922), 171–78.

13 No olvidemos que hasta hace pocos años algunos estudiosos creyeron que el licenciado Tomé de Burguillos era un poeta real, y no una compleja construcción del ingenio lopesco: son varios los estudiosos que han aceptado la real existencia histórica de Tomé de Burguillos. Así, Pedro de Estala en su colección de *Poetas castellanos* afirma 'que el licenciado Tomé de Burguillos fue hombre real y no fingido, y que sus obras no son de

La construcción de un heterónimo en las
Rimas de Tomé de Burguillos

Los textos de la compilación de 1634 recogen con detalle todas estas cualidades —e incluso algunas otras más—, que presentan a Burguillos como un eco de Lope y sus estrategias de presentación literaria. Por ello, aunque Mercedes Blanco afirma que son los diez primeros sonetos de la obra los que construyen la persona de Burguillos (pág. 221),[14] consideramos que las *Rimas de Tomé de Burguillos* aportan diversas características del carácter del pobre licenciado desde principio a fin. Por ello, sólo un estudio detallado de toda la obra (incluyendo *La Gatomaquia*) puede explicar satisfactoriamente la elaborada relación entre Lope, su heterónimo y el libro de 1634. Vamos a estudiar estas facetas siguiendo en lo posible el orden en que las hemos analizado en los capítulos anteriores (poeta enamorado y poeta noble, poeta genial y archiespañol defensor de la poesía, poeta religioso y neoestoico ante las adversidades de la fortuna), para resaltar la relación entre Burguillos y las representaciones poéticas que el Fénix utilizó durante su carrera. Asimismo, trataremos otras características que comparten Lope y Burguillos, como la preocupación por la envidia, o por el mecenazgo, a las que no hemos dedicado un capítulo en sí, sino que hemos estudiado conjuntamente con otras cualidades de mayor peso.

La primera característica que vamos a tratar es la de poeta enamorado, que desempeña un papel central en las *Rimas de Tomé de Burguillos*. De hecho, la compilación toma la forma de un cancionero petrarquista que canta los amores del licenciado protagonista y la bella lavandera madrileña Juana, que no corresponde a los avances del narrador. La filiación petrarquista explica en gran parte la composición y las características de las *Rimas de Tomé de Burguillos*: tratan fundamentalmente de amor, pero también dejan espacio para poemas moralizantes que utilizan el *vario stile* de Petrarca; narran el proceso amoroso en varias etapas cronológicamente sucesivas; reflexionan sobre la propia poesía en numerosas ocasiones, etc. El primer soneto del libro (número 3 en la edición de Carreño) responde a estas expectativas, pues a modo de poema prólogo anuncia, dentro de la tradición petrarquista, el tono y tema de la compilación:

Lope'. Amalio Huarte buscó en vano su expediente en la universidad de Salamanca, y José Díaz Pérez en su *Diccionario histórico, biográfico, crítico y bibliográfico de artistas extremeños ilustres* (Madrid, 1884) le abre la ficha correspondiente: data su nacimiento en 1629 y le atribuye, además de las *Rimas humanas y divinas*, la comedia *El amor con mala cara*. (Pedraza Jiménez, *El universo*, pág. 216)

[14] Mercedes Blanco, 'La agudeza en las *Rimas de Tomé de Burguillos*', en *'Otro Lope no ha de haber'. Atti del convegno internazionale su Lope de Vega. 10–13 febbraio 1999*, vol. 1, ed. Maria Grazia Profeti (Florencia: Alinea 2000), págs. 219–40.

Desconfianza de sus versos.
Los que en sonoro verso y dulce rima
hacéis conceto de escuchar poeta,
versificante en forma de estafeta,
que a toda dirección número imprima,
  oíd de un caos la materia prima,
no culta como cifras de receta,
que en lengua pura, fácil, limpia y neta,
yo invento, amor escribe, el tiempo lima.   (vv. 1–8)

Este texto resume hábilmente las preocupaciones de las *Rimas de Tomé de Burguillos*: metapoesía, amor despechado (como símbolo de la mala fortuna del narrador) y moralización. El primer cuarteto compara jocosamente el oficio poético con un sistema postal ('estafeta'), dando así entrada al tema de la reflexión metapoética, que también recoge en el verso sexto y séptimo con una puya contra los poetas cultos, seguida de una mini arte poética que reduce la preceptiva de Burguillos a una sola línea ('en lengua pura, fácil, limpia y neta'). Tras esta introducción, el primer terceto presenta sutilmente la idea de la moralización, mediante la palabra 'provecho', que cobrará mucha mayor importancia en otros poemas de la obra:

Estas en fin reliquias de la llama
dulce, que me abrasó, si de provecho
no fueren a la venta, ni a la fama,
  sea mi dicha tal que a su despecho
me traiga en el cartón quien me desama,
que basta por laurel su hermoso pecho.   (vv. 9–14)

Sin embargo, el soneto destaca por encima de estos otros temas la pasión amorosa del poeta, mediante referencias directas y citas de Petrarca. Así, Lope conforma sintácticamente los dos cuartetos del poema mediante una larga frase, donde las reflexiones metapoéticas permanecen en un segundo plano, como observaciones de pasada, mientras el poeta anuncia el contenido amoroso de la compilación. Los versos vienen a decir: vosotros que gustáis de la poesía, venid a escuchar la que 'yo invento, amor escribe, el tiempo lima'. Tanto sintáctica como rítmicamente, las alusiones a la poesía cultista y al estilo llano que propone Lope adoptan la forma de incisos ante la cláusula principal. Rematando y coronando esta estructura, la última frase del segundo cuarteto describe el proceso de creación poética adjudicando al amor una posición literalmente central: 'yo invento, amor escribe, el tiempo lima'. De este modo, el primer soneto de las *Rimas de Tomé de Burguillos* anuncia que la poesía surge de la pasión amorosa, como el soneto prólogo de las *Rimas* de 1604, 'Versos de amor, conceptos esparcidos'. Como hiciera en el poema prólogo de las *Rimas*, en las *Rimas de Tomé de Burguillos* Lope vuelve a acudir a una cita directa de Petrarca para enfatizar la temática amorosa de su obra: el primer terceto define los poemas de la compilación como 'reliquias de la llama / dulce, que me abrasó'. El último verso refuerza el mensaje con una nueva alusión petrarquista, esta vez al laurel, símbolo a un tiempo del amor del poeta y de la gloria literaria.

El segundo soneto (número 4 en la edición de Carreño) cumple las promesas del poema prólogo, al tiempo que proporciona un detalle decisivo sobre el carácter de este peculiar cancionero. Los dos primeros cuartetos del poema presentan una elaborada lista de las amadas más célebres de la literatura occidental hasta el siglo XVII, procedentes de los mayores clásicos latinos y de su sucesor vernáculo, Petrarca:

> Celebró de Amarilis la hermosura
> Virgilio en su bucólica divina,
> Propercio de su Cintia, y de Corina
> Ovidio en oro, en rosa, en nieve pura;
> Catulo de su Lesbia la escultura
> a la inmortalidad pórfido inclina;
> Petrarca por el mundo, peregrina,
> constituyó de Laura la figura;   (vv. 1–8)

Estos ocho primeros versos destacan la belleza perfecta y casi sobrenatural de las muchachas, que el poeta describe recurriendo a minerales preciosos ('oro', 'pórfido'), elementos de la naturaleza ('rosa', 'nieve') y obras de arte ('escultura'), como dictaba la tradición petrarquista. Sin embargo, la primera persona irrumpe en la narración al abrirse la parte decisiva del poema, los tercetos finales, y presenta una contradicción abierta con la lista citada anteriormente:

> yo, pues Amor me manda que presuma
> de la humilde prisión de tus cabellos,
> poeta montañés, con ruda pluma,
> Juana, celebraré tus ojos bellos,
> que vale más de tu jabón la espuma
> que todas ellas, y que todos ellos.   (vv. 9–14)

El narrador, Tomé de Burguillos, se equipara y a un tiempo se contrapone a los poetas clásicos latinos y a Petrarca: si ellos celebraban a sus amadas, Burguillos también canta a Juana. Aunque el soneto emplea un tópico petrarquista en el segundo verso (los cabellos de la dama aprisionando al poeta), la calificación de 'humilde' anticipa la baja posición social de la bella, al igual que el simple nombre de 'Juana', que contrasta con los elevados de 'Amarilis', 'Corina', etc. Frente a las amadas de los poetas clásicos, la Juana de Burguillos procede de ínfima extracción y oficia de lavandera, como indica la frase 'de tu jabón la espuma'. De este modo, el segundo soneto continúa la temática amorosa y petrarquista que pregonaba el poema prólogo. Al mismo tiempo, el poema altera fundamentalmente las reglas genéricas de los cancioneros petrarquistas, pues incluye un elemento burlesco que ya esbozaba el soneto inicial con la referencia indecorosa a la 'estafeta'. Las *Rimas de Tomé de Burguillos* realizan una auténtica parodia del amor petrarquista, pues utilizan hábilmente las convenciones del género desde una posición distanciada que produce comicidad.[15]

Las *Rimas de Tomé de Burguillos* remedan insistentemente a Petrarca, Garcilaso, Herrera y las propias *Rimas* de Lope utilizando de forma jocosa las convenciones del género. De este modo, muchos de los poemas del libro narran diferentes etapas, casi anécdotas, del proceso amoroso, siguiendo la estructura lineal episódica del *Canzoniere* y los poemarios que lo imitaron. Como estrategia habitual en este caso, Burguillos abre el soneto con una descripción petrarquista digna de las propias *Rimas*, e inmediatamente introduce algún elemento burlesco que contrasta brutalmente con el inicio del poema. El soneto 11, 'Dice el mes en el que se enamoró', proporciona un claro ejemplo de este procedimiento:

> Érase el mes de más hermosos días,
> y por quien más los campos entretienen,
> señora, cuando os vi, para que penen
> tantas necias de Amor filaterías.
>   Imposibles esperan mis porfías,
> que como los favores se detienen,
> vos triunfaréis cruel, pues a ser vienen
> las glorias vuestras y las penas mías.   (vv. 1–8)

Los dos cuartetos del poema recurren a un conocido tópico petrarquista al describir la situación en que el poeta conoció a la amada, como hicieran los sonetos 7 y 44 de las *Rimas* de 1604. Los tres primeros versos de Burguillos pintan el bello mes de mayo, propicio al amor, y el segundo cuarteto incide en el tópico de la crueldad de la amada. Sin embargo, el cuarto verso de la primera estrofa introduce ya un elemento burlesco totalmente fuera de tono,

---

[15] La parodia en el siglo XVII tenía este sentido de repetición distanciada, como señala Quintiliano: '[. . .] seu ficti notis versibus similes, quae παρωιδία dicitur' (Quintiliano, *Institutio oratoria*, ed. H. E. Butler, 4 vols. [Nueva York: Putnam, 1922], lib. VI, cap. iii, pág. 97) ('O hechos con notas semejantes en los versos, que se llaman parodia'); 'Incipit esse quodammodo παρωιδη, quod nomen ductum a canticis ad aliorum similitudinem modulatis abusive etiam in versificationis ac sermonum imitatione servatur' (lib. IX, cap. ii, pág. 35) ('Comienza a ser en cierto modo parodia, nombre que proviene de los cánticos compuestos a imitación de otros en modo incluso ofensivo, que sigue con imitación tanto en la versificación como en el vocabulario'). Conviene precisar que este estilo paródico no critica necesariamente la obra parodiada, sino que más bien la homenajea. Fred Householder nos recuerda que los clásicos griegos emplearon la palabra en este sentido (Fred Householder, 'Paroidia', *Classical Philology*, 39 [1944], 1–9, págs. 3–4), que curiosamente reaparece en teóricos postmodernos como Linda Hutcheon (Linda Hutcheon, *A Theory of Parody. The Teachings of Twentieth Century Art Forms* [Nueva York: Methuen, 1986], págs. 5–6),

con la frase 'necias de Amor filaterías', que degrada las propias quejas
amorosas del poeta a palabrería sin sentido. Los dos tercetos del poema asientan definitivamente esta impresión:

> No salió malo este versillo octavo,
> ninguna de las musas se alborote
> si antes del fin el sonetazo alabo.
> Ya saco la sentencia del cogote,
> pero si como pienso no le acabo,
> echárele después un estrambote.   (vv. 9–14)

En esta ocasión, Burguillos utiliza alusiones metaliterarias al proceso de composición poética y unos consonantes grotescos ('cogote', 'estrambote', que
arrastra cómicamente la rima con 'alborote') para rebajar la conclusión del
texto a un nivel jocoso. La apertura descriptiva del poema ('Érase') hacía
esperar un final que narrara un suceso amoroso, como el enamoramiento del
poeta, o una reflexión sobre ese momento. Sin embargo, el soneto no acaba
en concepto, pues Burguillos construye los tercetos finales con una ridícula
'sentencia' que saca de su 'cogote', al tiempo que amenaza con destruir la
estructura misma del soneto añadiéndole un 'estrambote'.

El soneto siguiente vuelve a parodiar genialmente la tópica descripción
petrarquista de la situación en que el poeta conoció a su dama. En este caso,
el título de la composición anuncia ya la parodia, 'Describe un monte, sin qué
ni para qué', que confirma el resto del poema:

> Caen de un monte a un valle, entre pizarras
> guarnecidas de frágiles helechos,
> a su margen carámbanos deshechos,
> que cercan olmos y silvestres parras.   (vv. 1–4)

El primer cuarteto pinta un paisaje pizarroso que recuerda enormemente el
río Tajo que preside muchas de las composiciones de Garcilaso. Los versos
contienen otras imágenes típicamente petrarquistas: los arroyuelos ('cará-
mbanos deshechos'), y los 'olmos y silvestres parras', emblema reconocido
de la pasión amorosa (Demetz),[16] como prueba el famoso emblema 'Amicitia etiam post morte durans'('Amistad que permanece incluso después de la
muerte') de Alciato,[17] que transforma el amor profano en la *amicitia* clásica.
Aun más claro resulta el emblema 'Stabili connubio', de Francisco Núñez
de Cepeda, en el que la vid trepando por el tronco del olmo representa explícitamente una larga y feliz relación amorosa entre 'dos consortes'

---

[16] Peter Demetz, 'The Elm and the Vine: Notes Toward the History of a Marriage Topos',
PMLA, 60 (1958), 521–32.

[17] Andrea Alciato, *Emblemata* (Lyon: Bonhomme, 1550).

196 ANTONIO SÁNCHEZ JIMÉNEZANTONIO SÁNCHEZ JIMÉNEZ

(págs. 111–12).[18] En el poema de Burguillos, las dos estrofas que siguen a este primer cuarteto insisten en la descripción tópica, añadiendo aun más elementos del amplio archivo de imágenes petrarquistas:

> Nadan en su cristal ninfas bizarras
> compitiendo con él cándidos pechos
> dulces naves de Amor en más estrechos
> que las que salen de españolas barras.
> Tiene este monte por vasallo a un prado
> que para tantas flores le importuna:
> sangre las venas de su pecho helado.   (vv. 5–11)

El segundo cuarteto confirma la filiación garcilasiana del poema con la aparición de unas ninfas nadando en el agua del río (tópicamente, el 'cristal'). Además, Burguillos compara las ninfas a 'naves de Amor', dándole la vuelta a una metáfora bien conocida, la del poeta enamorado naufragando como una nave entre los cabellos de su amada, que aparece, por ejemplo, en el famoso 'En crespa tempestad del oro undoso' de Quevedo. En este caso, las ninfas actúan como naves, no el poeta, que además compara la peligrosidad de las bellas con la de la famosa barra de arena de Sanlúcar de Barrameda a la salida del Guadalquivir: como los galeones cargados de oro en la traicionera barra, el poeta también corre peligro de naufragar en la belleza de las ninfas. Los tópicos petrarquistas continúan en el primer terceto, que describe un 'prado' verde y florido con una imaginería muy semejante a la del célebre poema homónimo que incluye el *Cancionero de Medinaceli*. Sin embargo, la conclusión del poema altera totalmente el rumbo de las tres primeras estrofas, y devuelve las expectativas del lector al juego metaliterario del título, 'Describe un monte, sin qué ni para qué':

> Y en este monte y líquida laguna,
> para decir verdad como hombre honrado,
> jamás me sucedió cosa ninguna.   (vv. 12–14)

En este caso, ningún concepto o 'sentencia' remata la larga y elaborada descripción petrarquista. Al igual que ocurría en el soneto 11, Burguillos pinta un escenario de enamoramiento, pero el encuentro con la amada no aparece por ninguna parte, en una hábil parodia de las expectativas que crean los tópicos petrarquistas. Como bien señala Carreño en su edición de la obra, Burguillos resalta 'la ausencia de referencia autobiográfica y sentimental' (pág. 149), precisamente lo contrario de lo que ocurría en las *Rimas* de 1604.

Los sonetos 11 y 12 parodian la poesía amorosa petrarquista con una técnica muy semejante. Estos poemas emplean profusamente los tópicos del

---

[18] Francisco Núñez de Cepeda, *Idea del buen pastor copiada por los santos doctores representada en empresas sacras*, 1682, ed. R. García Mahíques (Madrid: Tuero, 1988).

género, pero luego rebajan el tono del texto con un anticlímax que crean mediante referencias metaliterarias, ya sea al proceso de composición del soneto (en el número 11) o a las convenciones del poema de encuentro de amantes (en el 12). Muchos otros textos de las *Rimas de Tomé de Burguillos* utilizan esta misma técnica: Burguillos narra al modo petrarquista diferentes etapas de su pasión amorosa, pero inserta siempre referencias autoconscientes totalmente inapropiadas que rompen de inmediato el decoro del poema. El soneto 9 pone de relieve la irrealidad del género con su propio título 'No se atreve a pintar su dama muy hermosa por no mentir, que es mucho para poeta', y con una sorprendente referencia al propio 'Lope', a quien acusa de mentiroso:

> Bien puedo yo pintar una hermosura,
> y de otras cinco retratar a Elena,
> pues a Filis también, siendo morena,
> ángel, Lope llamó, de nieve pura.   (vv. 1–4)[19]

De modo semejante, el licenciado dedica el soneto 17 a un peine de su amada, como exigía la tradición petrarquista, pero se burla de la convención con el título, que incorpora una referencia totalmente irrelevante a la materia física del objeto: 'A un peine que no sabía el poeta si era de boj o de marfil'. El número 20, 'Prometieron favorecerle para cuando tuviera seso', parodia el tópico del amante loco de amor, pues en este caso Burguillos carece 'de seso' de por sí, no porque esté enamorado. Además, el poema también remeda el estilo conceptista con que poetas como Petrarca, Garcilaso, o el Lope de las *Rimas* trataban las contradicciones del amor:

> Para el tiempo que cobre mi sentido,
> piadosa, prometéis favorecerme;
> si fuistes vos quien pudo enloquecerme,
> ¿dónde hallaré lo que he por vos perdido?   (vv. 5–8)

En este caso, aunque Burguillos posee un carácter bufonesco, achaca su falta de seso a la belleza de la dama y declara la imposibilidad de recobrarlo si la dama no le favorece: el poeta utiliza la tradición petrarquista para presentarle a su amada una situación sin sentido. Encontramos otra alusión metaliteraria igualmente jocosa en el soneto 23, 'Por las señas de este soneto, consta que se hizo por Navidad', pero se trata de un recurso que aparece por doquier en la colección. Así lo demuestra magistralmente el soneto 56, 'Rasgos y borrajos de la pluma', que incide de nuevo en el tópico *locus amoenus* en que se deberían encontrar los amantes, pero en el que no sucede nada:

---

[19] El soneto 150 vuelve a exponer las convenciones del género ya desde su mismo título: 'Justifícase el poeta de que no nacen flores cuando las damas pisan los campos, porque estima en más la verdad de Aristóteles que el respeto de Platón'.

> En esta selva, en este charco en suma . . . ;
> pero, por Dios, que se acabó el soneto,
> perdona, Fabio, que probé la pluma.   (vv. 12–14)

Sin embargo, Burguillos emplea con igual frecuencia otro recurso para introducir elementos jocosos en medio de la narración petrarquista: rebajar el nivel social de los protagonistas y situar su pasión en un entorno grotescamente realista. El soneto 42 muestra esta técnica en acción, pues aunque presenta una referencia metaliteraria con una cita explícita de Garcilaso ('De Garcilaso es este verso, Juana' [v. 9]),[20] el poema se centra más bien en la pobreza extrema del amante:

> Por no tener dineros no he comprado
> (¡oh Amor cruel!) ni manta ni manteo;
> tan vivo me derrienga mi deseo
> *en la concha de Venus amarrado.*
> [. . .]
> que siento más el verme sin sotana,
> que cuanto fiero mal por vos padezco.   (vv. 5–14)

Estos versos muestran hasta qué extremos llega la ironía y la parodia de Burguillos: el protagonista es tan pobre que su situación económica le distrae indecorosamente de su mal de amores,[21] que es lo que debería encarecer según la tradición petrarquista que siguió el propio Lope en las *Rimas*. Sin embargo, el poeta siente más la falta de vestido que los reveses de amor, porque la pobreza material de los protagonistas determina decisivamente el carácter del cancionero de Burguillos.

Como veremos en detalle más adelante, Lope describe a Burguillos como fundamentalmente pobre y desdichado, y esto afecta sobremanera la naturaleza de los poemas. Para empezar, la amada del narrador ejerce de humilde lavandera, como trata de disculpar cómicamente el 'Advertimiento al señor lector':

> Cuanto a la señora Juana, sujeto de la mayor parte destos epigramas, he sospechado que debía de ser más alta de lo que aquí parece, porque como otros poetas hacen a sus damas pastoras, él la hizo lavandera, o fuese por encubrirse o porque quiso con estas burlas olvidarse de mayores cuidados. Y cuando sea verdad que fue el jabón y la esportilla su ejercicio, Jerjes amó un árbol y aquel mancebo ateniense una estatua pública [. . .].   (págs. 126–27)

Al tocar la condición de la dama, el autor del 'Advertimiento' ofrece varias excusas para paliar su bajeza. Primeramente, indica que la pobre lavandera de

---

[20] Burguillos cita aquí el verso 32 de la Canción V de Garcilaso: 'en la concha de Venus amarrado'.

[21] También el soneto 131, titulado 'Discúlpase cortésmente de no matarse, ni le pasa por el pensamiento' juega con los tópicos petrarquistas que encarecen el amor del poeta.

la obra probablemente encubra a una señora principal, y cita el precedente del género bucólico, en el que 'los poetas hacen a sus damas pastoras'. El lector de la época recordaría inmediatamente que el propio Lope se había hecho famoso al 'encubrirse' a sí mismo y a sus varias amadas bajo nombres ficticios, algunos de ellos pastoriles, como el famoso de 'Belardo': de nuevo, la figura de Burguillos parodia abiertamente las anteriores representaciones lopescas. A continuación, el narrador menciona la motivación burlesca, relacionada con las desgracias del protagonista ('porque quiso con estas burlas olvidarse de mayores cuidados'), para inmediatamente volver al comentario metaliterario iniciado con la referencia a la novela pastoril. En este caso, el autor del 'Advertimiento' recurre a citar casos jocosos de la Antigüedad para disculpar desesperadamente el bajo amor de Burguillos: Jerjes, el 'mancebo ateniense', etc. La ansiosa reacción del narrador subraya la importancia del oficio 'mecánico' de la dama: al declararse un poeta pobre que canta a una lavandera, Burguillos infringe gravemente las reglas del decoro, que impiden tratar de personas bajas en un género medio como la poesía lírica.

La violación del decoro construye fundamentalmente, junto con los comentarios metaliterarios arriba comentados, la parodia petrarquista de las *Rimas de Tomé de Burguillos*. El soneto 21 ejemplifica perfectamente este método, y llega a expresarlo conscientemente en el terceto final. El poema se titula 'Dice cómo se engendra amor hablando como filósofo', y describe en sus tres primeras estrofas las teorías neoplatónicas sobre el amor, usando complicados tecnicismos médicos y filosóficos como 'espíritus sanguíneos vaporosos' (v. 1), 'rayos', 'sutil' (v. 6), etc. Como indica Carreño en su edición (pág. 167), este soneto imita muy de cerca el número VIII de Garcilaso ('De aquella vista pura y excelente'), e incluso el número 173 de las *Rimas* de 1604. Sin embargo, el soneto de las *Rimas de Tomé de Burguillos* posee la importante salvedad de que el concepto final del poema de Burguillos pone de relieve la incongruencia de dirigirse a una lavandera en un lenguaje tan elevado:

> Mira, Juana, ¡qué amor!, ¡mira qué engaños!,
> pues hablo en natural filosofía
> a quien me escucha jabonando paños.   (vv. 12–14)

Aunque de un modo menos autoconsciente, muchos otros poemas de las *Rimas de Tomé de Burguillos* rompen abruptamente el decoro poético para parodiar las convenciones petrarquistas. Por ejemplo, el soneto número 24 remeda las convencionales referencias mitológicas de la poesía petrarquista usando 'la fábula de Dafne', como expresa el título. Los cuatro primeros versos presentan un bello símil clasicista, casi ovidiano, que asienta el tono de la primera parte del poema:

> Como suele correr desnudo atleta
> en la arena marcial al palio opuesto,

con la imaginación tocando el puesto,
tal sigue a Dafne el fúlgido planeta.   (vv. 1–4)

Las dos estrofas siguientes comparten el estilo elevado y casi cultista[22] de este primer cuarteto, con latinismos como 'coturno' (v. 5), sintaxis enrevesada —como en 'turbó el incesto' (v. 6)—, y referencias clasicistas como 'corona al capitán, premio al poeta' (v. 8). De hecho, estas tres estrofas siguen muy de cerca algunos poemas petrarquistas sobre el tema de Apolo y Dafne, como el famoso soneto XIII de Garcilaso ('A Dafne ya los brazos le crecían') o los sonetos 31, 51 y 74 de las *Rimas* del propio Lope. Sin embargo, al igual que ocurría en el soneto anteriormente comentado, el último terceto, el definitivo concepto o 'sentencia', altera totalmente el tono del poema:

¿cuándo serás laurel, dulce tirana?
Que no te quiero yo para aceitunas,
sino para mi frente, hermosa Juana.   (vv. 12–14)

Burguillos rebaja el laurel mitológico, ilustre premio de 'capitán' y 'poeta' (v. 8), al nivel de condimento de cocina, con la aparición de la palabra 'aceitunas' que ya anunciaba la apelación directa a la lavandera Juana, que es la segunda persona de este terceto ('serás', 'te'). El soneto 7 emplea una estructura y un concepto parecidos, pues tras describir en las tres primeras estrofas cómo Burguillos intenta obtener el laurel poético en el Parnaso, un prosaico 'bedel' le responde que ya no quedan

'Porque los lleva todos un tratante
para hacer escabeches en Laredo'.   (vv. 13–14)[23]

También el soneto 102, titulado 'Burla vengada', sitúa los amores del poeta en el ámbito grotesco de las necesidades materiales. Para empezar, el episodio amoroso que narra el poema es un engaño cruel de la dama, que dejó a Burguillos encerrado en un corral toda la noche:

Mintió Juanilla entonces, como agora;
ella me abrió; lo que me dijo callo;
metióme en un corral donde no hallo
ni aun la esperanza con que entré a deshora.
Vuelva de Amor la mano vengadora

---

[22] Como veremos más adelante, Burguillos emplea éste y otros muchos poemas para burlarse despiadadamente del estilo de los 'cultos'.

[23] Quevedo también rebaja a Dafne a 'escabeche' en su soneto titulado 'A Dafne huyendo de Apolo' (Francisco de Quevedo y Villegas, *Poesía original completa*, ed. José Manuel Blecua [Barcelona: Planeta, 1990]). Puesto que Quevedo precisamente firma la 'Aprobación' a las *Rimas de Tomé de Burguillos* y era amigo del Fénix, podemos pensar que pudo haber tomado la idea para este juego de palabras de Lope, o bien Lope de él.

por este Licenciado, su vasallo,
pues entre cien gallinas, sin ser gallo,
muerta de risa me miró el Aurora.   (vv. 1–8)

El pobre poeta se venga de esta ridícula y pesada burla de modo igualmente
grotesco, robándole dos gallinas a la dama:

Mas yo, que ya la burla conocía,
pesquéle dos detrás de unas tinajas;
vino, y abrióme al comenzar el día.   (vv. 9–11)

En su conjunto, el soneto carnavaliza las típicas anécdotas del proceso
amoroso que narraban los cancioneros petrarquistas: Burguillos no describe
una mirada lejana de la dama, o la fugaz visión de un brazo desnudo, sino el
robo material de unas vulgares gallinas. Las *Rimas de Tomé de Burguillos* parodian la poesía amorosa de la época imitando su estilo para luego romper el
decoro que necesitaba. Así, el soneto 28 canta cuidadosamente un vulgar
palillo mondadientes 'que tenía una dama en la boca', en un tema bajo que
continúa el poema siguiente, cuyo título declara que 'Quedóle más que decir,
y prosigue en la misma materia'. De modo semejante, el soneto 31 describe
el día de forma elevada y con vocabulario astronómico para concluir que el
poeta está 'sin blanca' (v. 13). En el soneto 71 'desea el poeta que le piquen
avispas', como reza el título, porque Burguillos quiere ver las bellas lágrimas
de su dama. También tratan de animales los números 96 y 103: en el número
96 Burguillos emplea un vocabulario elevado y cultista para imprecar a un
ratón, 'fiero animal' (v. 2), que había hecho desmayar a una dama; en el 103,
Burguillos imita a Catulo al hablar de un pajarillo a quien su dama daba de
comer, aunque en el caso del poema del licenciado se trata de un vulgar go-
rrión, a quien 'el poeta por honestidad le llamaba jilguero' con una ingenuidad
sumamente cómica, como si el escritor fuera consciente de haber roto el
decoro de la composición al referirse a un animal bajo.

De este modo, Lope parodia con las *Rimas de Tomé de Burguillos* el estilo
y las convenciones de la poesía petrarquista que había usado para crear su imagen de poeta enamorado a comienzos de su carrera. Burguillos recuerda al
Lope de comienzos del siglo XVII en su pobreza, amores y estilo poético. Sin
embargo, las *Rimas de Tomé de Burguillos* alteran fundamental y conscientemente las bases en que Lope asentó su *persona* petrarquista: Burguillos no
encarece su amor por encima de la muerte o las necesidades físicas, y se burla
del género lírico con continuas referencias metaliterarias y rupturas del decoro
poético en vez de entrometerse con su vida privada en la compilación poética.
Como en Denia en 1599 (Wright, *Pilgrimage*), en 1634 Lope vuelve a
representarse en la figura de un bufón, un 'don Quijote de Castilla' (núm. 8, v. 12)
que en este caso parodia efectivamente la poesía amorosa al estilo de Petrarca
y, de paso, la más importante imagen autorial del joven Lope.

Aunque las *Rimas de Tomé de Burguillos* se centran fundamentalmente en remedar jocosamente los cancioneros petrarquistas, la colección también usa la figura de Burguillos para parodiar otra de las *personae* poéticas del Lope temprano: la de poeta noble. Como comentamos con detalle anteriormente, el Fénix se había presentado como descendiente de Bernardo del Carpio con una serie de escudos de armas ficticios que hizo imprimir al frente de varias de sus obras de comienzos del siglo XVII. Sin embargo, esta auto-representación no dio resultado, pues críticas de poetas como Góngora convirtieron los sueños de nobleza de Lope en el hazmerreír de la corte. Hacia 1634, el Fénix parece haber abandonado esas aspiraciones, y pinta a su heterónimo Burguillos como un licenciado plebeyo y jocosamente pobre.[24] La pobreza del personaje impulsa gran parte de las bromas de la compilación, contribuyendo poderosamente a romper el decoro necesario en un cancionero petrarquista. Muchas de estas burlas ponen de relieve que Burguillos carece incluso de vestido apropiado a su dignidad de licenciado, pues su sotana se halla siempre en un estado lamentable. Así, en el soneto 19 Burguillos se describe como 'duro de cama y roto de vestido' (v. 3), y en el 42 declara no tener dinero para comprarse ropa:

> Por no tener dineros no he comprado
> (¡oh Amor cruel!) ni manta ni manteo;   (vv. 5–6)

Como anuncia el último verso citado, la pobreza perjudica las empresas amorosas de Burguillos, que no tiene con qué regalar a su dama, haciendo sumamente ridículo el cortejo. Además, Lope sabe elevar la guasa a un nivel más universal, parodiando así el movimiento paralelo de los cancioneros petrarquistas de la época, que partía de la belleza de la dama y llegaba a reflexiones morales de carácter general. En el caso de las *Rimas de Tomé de*

---

[24] De hecho, el único noble que aparece notablemente en la colección es el ficticio Conde Claros del romancero, que firma el soneto inicial de la obra 'Al licenciado Tomé de Burguillos'. Lope recurre al Conde Claros en una defensa burlesca de su *persona* de poeta popular y enamorado, pues el Conde Claros representa, por una parte, el romancero tradicional que inspiró tantas composiciones del Fénix y, por otra, la pasión amorosa, pues el romance del Conde Claros tal y como aparece en el *Cancionero de romances* sin año, 'Medianoche era por filo', narra una historia de pasión, y su verso más famoso reza: 'que los yerros por amores — dignos son de perdonar' (*El romancero viejo*, ed. Mercedes Díaz Roig [Madrid: Cátedra, 1991], pág. 119). Según Menéndez Pidal, 'Estas palabras retiñen con singular sonoridad e insistencia a través de todo el teatro de Lope', en comedias como *Dios hace reyes*, *El galán de la Membrilla*, etc. (Ramón Menéndez Pidal, *De Cervantes y Lope de Vega* [Madrid: Espasa-Calpe, 1958], págs. 79–81). En las *Rimas de Tomé de Burguillos* Lope incluye un poema dedicatorio de este personaje para contestar a las burlas de Góngora (en el soneto ' "Aquí del Conde Claros", dijo') y para poner de relieve su falta de mecenas, pues el único señor que incluye una dedicatoria en el libro, el Conde Claros, es ficticio.

Burguillos, el Fénix utiliza el desgaste de la sotana de Burguillos para introducir un tema clásicamente barroco, el poder universal del tiempo, o más bien viceversa: la reflexión moral sirve para preparar el chascarrillo sobre la sotana. Las tres primeras estrofas de este soneto 57, 'A imitación de aquel soneto "Superbi Colli"', recogen plenamente la inspiración del famoso 'Superbi colli, e voi, sacre ruine' de Baltasar de Castiglione que cita el título (Foulché-Delbosc, págs. 225–39; Fucilla, 'Notes', pág. 65),[25] pues anuncian una reflexión sobre el paso inexorable del tiempo. Concretamente, el primer cuarteto sigue muy de cerca al modelo italiano al dirigirse directamente a las ruinas:

> Soberbias torres, altos edificios,
> que ya cubristes siete excelsos montes,
> y agora en descubiertos horizontes
> apenas de haber sido dais indicios;   (vv. 1–4)

Al igual que Castiglione en su 'Superbi colli', el poeta interpela los restos de edificaciones romanas, como evidencia el lenguaje latinizante de los versos y la inequívoca referencia a la geografía de la Ciudad Eterna en la segunda línea ('siete excelsos montes'). El cuarteto siguiente hace avanzar notablemente el sentido del soneto:

> griegos Liceos, célebres hospicios
> de Plutarcos, Platones, Jenofontes,
> teatro que le dio rinocerontes,
> olimpias, lustros, baños, sacrificios;   (vv. 5–8)

Lope prolonga magistralmente la estructura de apóstrofe directo a las ruinas —que sólo resolverá en el primer terceto—, reforzando así la clara unidad sintáctica de la composición. Además, este cuarteto opera un cambio de geografía ajeno al modelo de Castiglione, pues de Roma pasamos a la Atenas del Liceo platónico, la patria de famosos escritores (v. 6), y seguidamente a un espacio clásico indeterminado —quizás el Coliseo romano, en una primera instancia—, donde aparecen animales exóticos ('rinocerontes') y una serie de ritos paganos relacionados con ceremonias de purificación ('olimpias, lustros, baños, sacrificios'). Es decir, el soneto avanza desde la contemplación de las ruinas de la ciudad de Roma hasta la brillante imagen de la Antigüedad en general, dentro de una misma interpelación. El primer terceto marca el final del apóstrofe y el comienzo de la reflexión moral, que parece ser la 'sentencia' del poema:

---

25 R. Foulché-Delbosc, 'Notes sur le sonnet *Superbi colli*', *Revue Hispanique*, 2 (1904), 225–43; Joseph G. Fucilla, 'Notes sur le sonnet *Superbi colli* (rectificaciones y suplemento)', *Boletín de la Biblioteca Menéndez Pelayo*, 31 (1955), 51–93.

¿qué fuerzas deshicieron peregrinas
la mayor pompa de la gloria humana,
imperios, triunfos, armas y dotrinas?   (vv. 9–11)

El poeta ha presentado una visión enaltecida de la Antigüedad, que ha contrastado posteriormente con lo que queda de ella, sus ruinas. El primer terceto recoge y condensa esta imagen en los versos 9 y 10, al tiempo que formula una pregunta acerca de la causa de la profunda transformación: ¿qué elemento tan extraordinario ('¿qué fuerzas deshicieron peregrinas?') pudo destruir tanta gloria? 'El tiempo' —había respondido previsiblemente el modelo italiano de Castiglione, que además había relacionado tiempo y amor en el último verso del poema. El joven Lope imitó brillantemente esta ecuación en varios sonetos de las *Rimas* (núms. 29, 35, 98, 123, 172), en los que las ruinas simbolizaban el desastroso estado mental del poeta enamorado. En contraste, Burguillos no opta por ninguna de estas vías, y sorprende al lector con una vuelta de tuerca magistral:

¡Oh gran consuelo a mi esperanza vana,
que el tiempo que os volvió breves ruinas
no es mucho que acabase mi sotana!   (vv. 12–14)

La respuesta prevista aparece, pues el terceto declara que 'el tiempo', efectivamente, arruinó las glorias pasadas de Roma y Grecia. Sin embargo, la moralización se disuelve en un concepto jocoso: Burguillos ha utilizado tan elevado marco para consolarse del triste estado de sus ropas. El soneto ha seguido efectivamente el método ya descrito de componer tres primeras estrofas de tono elevado que el poeta luego rebaja brutal y cómicamente en la estrofa final, que rompe de modo irrevocable el decoro de la pieza.

Las bromas acerca de la pobre sotana de Burguillos contrastan abiertamente con las representaciones del joven Lope que hemos estudiado en los capítulos anteriores. En 1634 el Fénix ya no se describe como un moro gallardo, bizarramente vestido, o como un joven soldado a bordo de la gran Armada en la 'empresa de Inglaterra', o ni siquiera como el digno sacerdote que aparecía en las *Rimas sacras* y los *Triunfos divinos*. Burguillos carece de nobleza y dinero al tiempo que de dignidad, hasta el punto de que la gente le confunde con un mendigo. Los sonetos 46 y 53, dos de los más jocosos de la colección, tratan este tema, pues narran la respuesta del poeta a una dama que al verle a la puerta le dijo 'Dios le provea', que era lo que en la época se decía a los mendigos a quienes no se iba a dar limosna. El número 46 introduce el asunto ya desde el título ('A una dama que llamando a su puerta la dijo desde la ventana "Dios le provea"'), que acompaña en el cuerpo del poema con una serie de bromas sobre el malentendido y el miserable estado de la sotana de Burguillos:

Señora, aunque soy pobre, no venía
a pediros limosna, que buscaba

un cierto Licenciado que posaba
en estas casas cuando Dios quería.
[. . .]
   No porque culpa vuestro engaño sea,
que a tal 'Dios le provea' no replican
mis hábitos, que son de ataracea.   (vv. 1–11)

En el primer cuarteto el poeta corrige humorísticamente a la dama expresando su verdadera intención, aunque a un tiempo reconoce su pobreza ('aunque soy pobre'). Seguidamente, Burguillos explica en el primer terceto la confusión mediante el estado de sus 'hábitos', que tienen tantos remiendos que parecen labor carpintera de 'ataracea', compuesta de varios materiales diferentes. De este modo, la composición pinta una imagen cómica del poeta, cuya pobreza le obliga a llevar una sotana harapienta. El soneto 53 trata el 'mismo sujeto de la dama que le dijo "Dios le provea" ', con una insistencia jocosa que revela que el licenciado se siente indignado por la frase de la dama. El poema contiene otra broma más sobre la triste sotana de Burguillos (vv. 3–4), pero además introduce claramente un tema nuevo de gran importancia para la colección: el mecenazgo. En efecto, el primer cuarteto achaca la pobre vestimenta del poeta a su oficio de poeta:

Vuesa merced se puso a la ventana,
y luego conoció que era poeta;
(que la pobreza nunca fue secreta;
sin duda se lo dijo mi sotana).   (vv. 1–4)

La dama asocia automáticamente la sotana raída del licenciado con su pobreza y su profesión, pues en cuanto lo vio con tal miserable ropaje 'conoció que era poeta'. Los tercetos rematan el poema insistiendo definitivamente sobre el tema:

Soy en pedir tan poco venturoso,
que sea por la pluma o por la espada,
todos me dicen con rigor piadoso:
   'Dios le provea', y nunca me dan nada,
tanto, que ya parezco virtuoso,
pues nunca la virtud se vio premiada.   (vv. 9–14)

Con estas líneas el poeta pasa hábilmente de las bromas sobre la dama y la sotana a un asunto más serio y universal. La dama se desvanece, y ahora son 'todos' quienes responden 'Dios le provea' a las peticiones de Burguillos, 'sea por la pluma o por la espada'. El primer terceto universaliza claramente el sujeto (de la 'dama' a 'todos'), al tiempo que introduce unas palabras claves que presentan el tema del mecenazgo: 'por la pluma o por la espada'. Esta línea resume las dos maneras de servir a señores que había en la época, y que había empleado el joven Lope: con la 'pluma', actuando como secretario, o dedicando obras literarias, o con la 'espada', como caballero de confianza de la casa de un noble o como soldado en el ejército del rey, siempre dispuesto a emplear la 'espada' para defender a su señor. Aunque Burguillos —como Lope— ha seguido ambos caminos, sólo logra obtener el 'rigor piadoso' de los nobles, que le responden como a mendigo sin pagarle sus servicios. El último terceto insiste en la sátira, a la que añade un nuevo toque cómico: una parodia de las actitudes neohoracianas y neosenequistas. Burguillos afirma que es tan pobre que parece 'virtuoso', pues estas escuelas filosóficas —que había seguido Lope con bastante insistencia en obras tan diversas como las *Rimas*, *La Circe* o los *Triunfos divinos*— proponían una actitud de desapego de las posesiones mundanas. El chusco licenciado parodia estas doctrinas con un eco del famoso soneto VII de Petrarca ('La gola e'l somno e l'otïose piume'): en vez de afirmar 'Povera e nuda vai philosophia' (v. 10), Burguillos declara más abiertamente que 'nunca la virtud se vio premiada'. De este modo, las *Rimas de Tomé de Burguillos* consiguen introducir característicamente un tema serio (la trágica falta de mecenazgo para poetas como el propio Lope) en medio de las burlas que dominan la obra.

Otros dos sonetos de la colección tratan el patrocinio de poetas, aunque con tonos muy diferentes: los números 105, 'Que desfavorece la patria los hijos propios, con el ejemplo del excelente Camões', y 111, 'A un poeta rico, que parece imposible'. El soneto 105 adquiere un tono sombrío, dominado por el contraste entre la pobreza en que murió Camões en 1579 y el rico monumento funerario que Portugal le dedicó. El concepto final enfatiza esta contraposición básica entre 'hambre' y 'mármol':

> Decid (si algún filósofo lo advierte)
> ¿qué desatinos son de la Fortuna
> hambre en la vida y mármol en la muerte?   (vv. 12–14)

Además, Burguillos dedica el poema a un convencional 'Fabio' (v. 1), típico de la poesía neoestoica y moralizante, resaltando así la seriedad de la composición. El segundo cuarteto y el primer terceto justifican la gravedad de Burguillos con dos curiosas referencias al 'Fénix portugués Camões' (v. 6) y a la 'espada y pluma' (v. 10) del desgraciado poeta. La expresión 'Fénix portugués' connota inmediatamente al 'Fénix de España', Lope, de modo que la desdicha de Camões prefigura la del madrileño, que también vive en la pobreza. A su vez, la 'espada y pluma' recuerdan los servicios a patronos nobles de Burguillos —y del propio Lope— que aparecieron en el soneto 53, al tiempo que enfatizan el triste resultado de los esfuerzos de Camões, Burguillos y el Fénix:

> Con dos laureles fue tan importuna,
> de espada y pluma, su contraria suerte,
> que no le dio favor persona alguna.   (vv. 9–11)

En medio de estas quejas melancólicas, sólo el primer cuarteto conserva el acento jocoso típico de las *Rimas de Tomé de Burguillos*:

> En esto de pedir, los ricos, Fabio,
> saben muy bien las enes y las oes,
> porque por más que la grandeza loes,
> no topa con su altura mi astrolabio.   (vv. 1–4)

A su vez, el soneto 111 trata el tema centrándose genialmente en los aspectos cómicos de la desgracia del poeta sin mecenazgo, que sólo había explorado ligeramente el número 105. En el caso del nuevo soneto, Burguillos construye la totalidad del poema sobre el tópico del mundo al revés (Curtius, págs. 94–98), mezclando con habilidad una serie de imposibles naturales y sociales, como ejemplifica el segundo cuarteto:

> Tengan entendimiento los amantes,
> y falte a la pobreza entendimiento;
> no tenga fuerza el oro, y por el viento
> corran los africanos elefantes.   (vv. 5–8)

Mientras los tres primeros versos de la estrofa le dan la vuelta a diversos aforismos típicos de la sátira, como el poder universal del dinero, la última línea introduce una ridícula imagen antinatural de elefantes volando, cuya comicidad resalta un encabalgamiento que dibuja con efectividad el vuelo de los paquidermos 'cabalgando' literalmente sobre el viento. Los imposibles concluyen en el último verso del soneto aportando el concepto del poema, la causa de la alteración del universo: 'hay un hombre rico haciendo versos' (v. 14). Este soneto trata un tema grave, como demuestra el tono del poema número 105, pero en este caso mezclando burlas y veras. Los poemas de Burguillos adquieren así un sabor agridulce de 'desengaño de la escritura' (Carreño, 'Los engaños') típicamente barroco, que estudiaremos en detalle más adelante como la característica esencial de la compilación.

El Burguillos de 1634 remeda la figura del poeta enamorado y poeta noble, y profundiza en el tema del mecenazgo de los escritores, aspectos todos que estudiamos como representaciones de Lope en el capítulo segundo. Además, la colección también parodia hábilmente las dos figuraciones más efectivas del Fénix: el poeta genial y el autor popular archiespañol, defensor de la literatura 'llana' frente a las herejías de los poetas cultos. En las *Rimas de Tomé de Burguillos* el protagonista se presenta como poeta inspirado con dos alusiones que ya hemos tocado a lo largo de este capítulo: la corona de laurel, premio de poetas, y la improvisación o repentismo. Ambas referencias caracterizan al vate genial, pues el laurel relaciona al poeta con Apolo, que inspira al autor de modo que pueda llegar a improvisar, poseído por el *enthousiasmós* del dios. Ya hemos visto al estudiar la parodia petrarquista en la obra cómo Burguillos rebaja el glorioso laurel al nivel carnavalesco de la comida y la cocina: en el soneto 7 los laureles sirven 'para hacer escabeches en Laredo' (v. 14) y en el 24 'para aceitunas' (v. 13). Además, los preliminares del libro también ridiculizan el símbolo de la excelencia poética, pues el soneto 'Al licenciado Tomé de Burguillos' que firma el Conde Claros corona al heterónimo de Lope de 'tomillos' (v. 14) en vez de laureles, y declara que el poeta 'más quiere aceitunas que laureles' (v. 13), adelantando la broma del soneto 24. Las *Rimas de Tomé de Burguillos* presentan al personaje principal como una parodia de la imagen del poeta genial mediante estas referencias chuscas a la genialidad literaria. Como veremos más adelante, además se trata de una burla que refuerza el retrato de Burguillos que acompaña a la obra.

Asimismo, Burguillos honra su nombre evocando la composición improvisada, pues, aunque no llega a afirmar que poetiza de repente, sus textos supuestamente alcanzan una pobre calidad y un tono jocoso que sugieren inmediatamente la improvisación. Muchos de los poemas de la colección inciden en subrayar que Burguillos escribe poesía cómica, que a menudo contraponen a los géneros elevados que rechaza el licenciado. De este modo, en el soneto 76, 'Enfádase con las Musas porque intenta escribir un poema', el poeta declara en una alusión directa a las Musas que no puede escribir poesía seria, por lo que prefiere dedicarse a las 'chanzas':

> Señoras Musas, pues que siempre mienten,
> aunque de Menosine hermosas hijas,
> sepan que se han quebrado las clavijas:
> ya no hay que euterpizar, chanzas inventen.   (vv. 1–4)

Burguillos confiesa que no consigue 'euterpizar', es decir, escribir poesía melodiosa —Euterpe es la musa de la música—, porque se le ha roto su lira, y en su lugar escoge la literatura burlesca, a la que alude con una referencia clara a la improvisación ('inventen'). El resto del poema insiste en este tono, connotando de nuevo el repentismo en el verso 11 ('pues donde espero siete me dan sota'), que parece comparar la composición poética con el albur de los naipes.[26] De este modo, el terceto final contiene el concepto del soneto:

> Dejemos metafísicas quimeras,
> vuesas mercedes garlen en chacota,
> que no está el mundo para hablar de veras.   (vv. 12–14)

Burguillos rechaza la poesía elevada que cultivó el joven Lope como 'metafísicas quimeras', y opta por los géneros burlescos y jocosos, un estilo

---

[26] Rozas ve otro subtexto en el soneto: una palinodia de Lope al servicio en casas de nobles (pág. 208).

bajo que indica la frase en germanía 'garlen en chacota'. Otros sonetos de la colección inciden en estos temas, pues aunque sin aludir tan claramente a la improvisación también defienden la poesía burlesca. Así, en el número 94 Burguillos se justifica ante una dama que le preguntó 'que para qué escribía disparates' con argumentos semejantes a los del soneto 76:

> La locura del mundo me defiende
> (que del estudio la virtud estraga),
> que la objeción Lucinda satisfaga,
> culto me vuelva y el estilo enmiende.   (vv. 1–4)

Es decir, el mundo no está para veras con su 'locura', y además no las recompensa como se merece, con un buen mecenazgo, por lo que conviene perseverar en las burlas. Los mismos argumentos aparecen en dos interesantes sonetos en los que Burguillos replica a las objeciones nada menos que de su autor, Lope. Se trata de los números 138 ('Discúlpase con Lope de Vega de su estilo') y 139 ('Prosigue la misma disculpa'), que simulan un animado diálogo con Lope. El autor se ha quejado de que Burguillos siga 'Musas rateras' (núm. 138, v. 4), pero Burguillos se inclina por una jocosa 'Musa de estameña' (núm. 138, v. 13). En efecto, como explica Burguillos en el siguiente soneto, el mundo es tal que conviene adoptar unas musas 'con alpargates' (v. 3) y dejar 'los coturnos' (v. 4) de los géneros elevados para otros poetas, como hizo una autoridad jocosa: el creador de la 'macarrónica poesía' (v. 11) 'Merlín Cocayo' (v. 9). Así pues, Burguillos parodia la representación de Lope como poeta genial con chanzas sobre la gloria poética (el laurel), la improvisación y la jerarquía genérica: en oposición al joven Fénix, el licenciado escoge las aceitunas frente al digno símbolo de Apolo, e improvisa poemas bajos de estilo jocoso.

Asimismo, Burguillos posee una de las características que más le gustaba pregonar a Lope cuando se representaba en sus obras poéticas. El alegre heterónimo también defiende apasionadamente la poesía clara y archiespañola frente a las extravagancias de los cultos extranjerizantes, imitadores del Góngora de las *Soledades* y la *Fábula de Polifemo y Galatea*. Los ataques a los cultos conforman la colección desde el mismo subtítulo de la obra, pues con la precisión 'No sacadas de biblioteca alguna (que en castellano se llama librería)' Burguillos ataca ya los neologismos griegos como 'biblioteca' que introducían los cultos en la lengua española. El soneto inicial del Conde Claros retoma con fuerza la crítica, y asienta el tono anticulto de la compilación. Conviene recordar que fue Góngora quien asoció a Lope con el Conde Claros en un soneto de 1621 'A los apasionados por Lope de Vega', que hemos citado en detalle en el capítulo segundo. Con ese nombre el mordaz cordobés ridiculiza varias facetas de Lope: sus amores adúlteros, su cacareada claridad, y su preferencia por temas del romancero. El Fénix recoge genialmente el guante de Góngora al atribuir al Conde Claros el soneto preliminar de las

Rimas de Tomé de Burguillos: Lope convierte así el insulto gongorino en una broma y un motivo de orgullo. Además, en el cuerpo del poema el Conde defiende la poesía 'llana' con una impresionante lista de poetas: Garcilaso (v. 2), Camões (v. 3), Figueroa y Herrera (v. 5), los Argensola (v. 6) y el príncipe de Esquilache (v. 7). Estos poetas conforman la genealogía poética de la literatura clara que profesa Burguillos, personaje que aparece en el último terceto de la composición. El Conde Claros asienta así la poesía de las *Rimas de Tomé de Burguillos* sobre una poderosa base, a salvo de los ataques de los cultos.

El siguiente poema supone una nueva victoria sobre la poesía cultista. Se trata de unas décimas preliminares 'En las *Rimas de Tomé de Burguillos*, al lector' firmadas por García de Salcedo Coronel, uno de los más destacados comentaristas de las *Soledades* gongorinas que ahora elogia sin reservas la colección de Lope (Roses Lozano).[27] Las puyas continúan en el soneto primero (núm. 3 en la edición de Carreño), el poema prólogo que define la poética de Burguillos como 'pura, fácil, limpia, neta' (v. 7) en oposición abierta a la incomprensible poesía cultista, que describe cómicamente como 'culta como cifras de receta' (v. 6). Tras esta especie de manifiesto poético, otros sonetos recogen el mensaje anticulto utilizando el estilo burlesco típico de la colección. Así, en el soneto 30 ('Cortando la pluma hablan los dos') Burguillos dialoga con su pluma, que se le ha rebelado y le ha salido gongorina, declarando:

> —Yo sólo escribiré, señor Burguillos,
> *estas que me dictó rimas sonoras.*   (vv. 3–4)

Burguillos reconoce inmediatamente la cita de una de las obras principales de su rival, la *Fábula de Polifemo y Galatea*, y responde airado:

> —¿A Góngora me acota a tales horas?
> Arrojaré tijeras y cuchillos,
> pues en queriendo hacer versos sencillos
> arrímense dos musas cantimploras.   (vv. 5–8)

Burguillos contesta con una cómica rabieta ('Arrojaré tijeras y cuchillos') y una broma devastadora: aunque pretendía 'hacer versos sencillos' siguiendo su estilo llano, se le aparecen las ramplonas 'musas cantimploras' de los cultos, que el poema sitúa en ridícula rima con la cita gongorina. Burguillos también elige la chanza para atacar a los cultos en el soneto 51, 'A la sepultura de Marramaquiz, gato famoso', que escribe 'en lengua culta, que es en la que

---

[27] Joaquín Roses Lozano, *Una poética de la oscuridad. La recepción crítica de las Soledades en el siglo XVII* (Madrid: Tamesis, 1994).

ellos se entienden', en una parodia del estilo cultista que desarrollará en *La Gatomaquia*: al hacer hablar a los gatos en la elevada 'lengua culta', abundante en latinismos ('mures tímida caterva' [v. 3], 'maturo' [v. 5], 'superba' [v. 7], 'ploren' [v. 9], 'mestas' [v. 11]) y neologismos ('ministrándole' [v. 6], 'mizas' [v. 14]), Burguillos rompe irremisiblemente el decoro de los poemas gongorizantes, que sólo parecen dignos de felinos callejeros. El soneto 122 continúa con este modelo paródico remedando a los cultos, de nuevo en forma de diálogo entre el poeta y un culto endemoniado al que conjura. El primer terceto proporciona la respuesta del culto poseído, en una de las más cómicas burlas de la colección:

> —¿Por qué me torques bárbara tan mente?
> ¿Qué cultiborra y brindalín tabaco
> caractiquizan toda intonsa frente?   (vv. 9–11)

Aparte de mostrar los típicos cultismos que Lope criticaba en el estilo gongorizante, el terceto destaca por presentar una parodia de la 'transposición', un latinismo sintáctico que consistía en un hipérbaton forzado que separaba bruscamente dos elementos de un sintagma, como se aprecia en el caso de 'bárbara tan mente'. Por otra parte, el endemoniado emplea los consabidos neologismos de los cultos ('cultiborra', 'brindalín') hasta hacer incomprensible el sentido de sus palabras, como le señala el narrador, que le increpa '—Habla cristiano, perro' (v. 12). Esta última expresión resalta otra característica del soneto: Burguillos mezcla las burlas contra el culto con algunas acusaciones más serias, que asocian a los cultistas con la herejía —el primer verso menciona al 'demonio culterano'— y con los extranjeros —Burguillos insta al culto a volver a su 'nativo idioma castellano' (v. 8)—.

Otros poemas del libro atacan a los gongorizantes con este tono hosco, aunque trasluciendo menos agresividad que el que acabamos de citar. Se trata de sonetos como el número 58, dedicado precisamente a 'Bartolomé Leonardo' de Argensola, que ya había aparecido como representante de la poesía llana en el poema preliminar del Conde Claros. Burguillos construye este texto con solidez, pues el poema entero toma la forma de un apóstrofe y pregunta al Argensola. En el primer cuarteto el narrador describe negativamente la nueva poesía criticando su estilo (vv. 1–4), y en el segundo incluye la consabida referencia a la herejía poética y a la lengua extranjerizante:

> por escribir como la Patria manda
> (elementos los unos de los otros),
> de la suerte se burlan de nosotros
> que suelen de un católico en Holanda.   (vv. 5–8)

Los elementos religiosos son dos: en primer lugar, el 'escribir como la Patria manda' recuerda inmediatamente la frase hecha 'como Dios manda'. En segundo lugar, el sintagma 'católico en Holanda' compara a los escritores llanos con los católicos que persiguen los protestantes de las Provincias Unidas, que metafóricamente representan a los cultistas. Además, la referencia a la 'Patria' otorga a los llanos el privilegio de la poesía nacional que Burguillos le niega a los cultos, a los que identifica con la enemiga 'Holanda'. Después de estos ataques, el primer terceto alaba la poesía de Argensola por su sencillez culta (v. 9), pues el aragonés logra escribir 'docta y cándida poesía' (v. 10), alcanzando un estilo erudito pero ajeno 'de toda peregrina voz' (v. 11). Tras esta sólida introducción, la conclusión del poema introduce una nueva crítica contra los cultos, que resalta por su posición privilegiada en el verso final del texto:

> decid (si lo sabéis) ¿qué valentía
> puede tener leyendo ajenos versos,
> copiar de noche y murmurar de día?   (vv. 12–14)

Burguillos formula un ataque bimembre que expresa con sencillez lapidaria y epigramática: 'copiar de noche y murmurar de día'. Es decir, los cultos imitan servilmente el estilo de Góngora extrayendo oscuras referencias de los clásicos y aprovechando doblemente esta oscuridad ('de noche') para ocultar sus plagios y para componer una poesía incomprensible, oscura como la noche. La 'nueva juventud gramaticanda' (v. 1) culmina su cobardía e indignidad al dedicarse 'de día' a censurar ocultamente ('murmurar') a los demás, señaladamente a los poetas llanos como Lope y el ficticio Burguillos.

En un libro dominado por las burlas, las veras contra los cultos resaltan la importancia de las críticas de Burguillos, que dedica el poema 141 a reprender seriamente a 'los que hablan enflautado' por cometer el 'bárbaro defeto' de 'adulterar' (v. 6) la 'lengua propia' (v. 5). Unas páginas después el número 149 recoge las objeciones principales de Burguillos en una especie de soneto manifiesto. El título expresa ya que el texto contesta seriamente las críticas de los cultos de manera lapidaria y sentenciosa: 'Responde a un poeta que le afeaba escribir con claridad, siendo como es la más excelente parte del que escribe'. El primer cuarteto confirma el tono de veras de la composición, con una apelación a 'Libio', nombre tópico y latinizante típico de la poesía satírica de la época. El narrador protesta haber siempre respetado la amistad de este Libio (vv. 1–2), al contrario de lo que ha hecho el interlocutor, que presumiblemente ha traicionado la confianza de Burguillos. Aquí aparece ya la primera acusación:

> vos, en amor, como en los versos, duro[28]
> tenéis el lazo a consonantes roto.   (vv. 3–4)

---

[28] Corregimos aquí la errata en la edición de Carreño, que trae 'vos, en amor, como en los versos, / duro tenéis el lazo al consonantes roto'.

Burguillos señala que Libio se comporta inapropiadamente tanto en la amistad ('en amor') como en la poesía ('en los versos'). El siguiente cuarteto concreta esta crítica, calificando a Libio de poeta cultista:

> Si vos, imperceptible, si remoto,
> yo, blando, fácil, elegante y puro;
> tan claro escribo como vos escuro;
> la Vega es llana y intricado el soto.   (vv. 5–8)

Estos versos contraponen abiertamente el estilo de Burguillos con el de su oponente, que aparece con las características negativas habituales de los poetas cultos ('imperceptible', 'remoto', 'escuro', 'intricado'). Los cuatro versos contienen tres oposiciones, que van condensando más y más el mensaje: los dos primeros versos dedican una línea a describir el estilo de cada poeta, con varios adjetivos para cada uno; el tercero resume el anterior con un adjetivo para cada autor y con un quiasmo muy epigramático ('tan claro escribo como vos oscuro'); finalmente, el cuarto verso reduce la contraposición a una metáfora vegetal que sintetiza los versos anteriores de modo visual, situando la 'Vega llana' de Burguillos contra el 'intricado soto' del culto. Por supuesto, este último verso contiene además una referencia inequívoca al propio autor, Lope, que se identifica explícitamente con su personaje, Burguillos, en lo que supone un guiño al lector al tiempo que una afirmación de la importancia de la lucha contra los cultos. Continuando con este tono, los tercetos finales expresan la poética de Lope–Burguillos, clarificando sus objeciones contra los cultos:

> También soy yo del ornamento amigo;
> sólo en los tropos imposibles paro,
> y deste error mis números desligo;
> en la sentencia sólida reparo,
> porque dejen la pluma y el castigo
> escuro el borrador, y el verso claro.   (vv. 9–14)

El autor demuestra su dominio de la teoría retórica de la época al atacar a los cultistas en un punto clave, el *ornatus*. Los poetas gongorizantes defendían sus innovaciones como adornos retóricos necesarios en base al decoro del texto, pues según ellos el estilo elevado precisaba adornos complejos. El narrador se declara favorable al adorno ('También soy yo del ornamento amigo'), pero objeta que los cultistas emplean 'tropos imposibles' que él considera un 'error' que procura evitar. Frente al ornato exagerado, Lope–Burguillos defiende el contenido del poema, el concepto o 'sentencia sólida' que asegura la estructura del soneto desde sus versos finales. Además, la voz narrativa aboga por corregir cuidadosamente los versos con 'la pluma y el castigo' para eliminar cualquier rastro de oscuridad, de modo que queden 'escuro el borrador, y el verso claro': hasta en esta breve poética de 1634, Lope declara escribir buscando siempre la claridad y usando liberalmente la lima de Horacio.

Es decir, en las *Rimas de Tomé de Burguillos* el licenciado protagonista se presenta como un defensor de la poesía típicamente española, clara y sencilla frente a las herejías poéticas de los cultos extranjerizantes. Siguiendo el espíritu de la colección, Burguillos ataca a los cultos con parodias jocosas y abundantes burlas que rebajan el estilo criticado a un nivel ridículo. La mayoría de las arremetidas de Burguillos adoptan esta forma, pero también encontramos numerosos sonetos en los que el licenciado trata el tema de veras. En estos poemas Burguillos censura gravemente a los cultos por adulterar la lengua castellana con adornos excesivos propios de luteranos extranjeros, hasta hacerla incomprensible. Además, la sombra de Lope se une en estos textos a la figura de Burguillos, atacando a los cultos al tiempo que propone su propia poética 'llana' como la 'Vega', que basa en componer una 'sentencia sólida' y en corregir cuidadosamente el estilo hasta eliminar todas las impurezas. Por consiguiente, en las *Rimas de Tomé de Burguillos* Lope defiende la poesía simple que ya había adoptado en el *Isidro*, y critica a los cultistas con igual afán que en *La Filomena*. De hecho, el Fénix podría haber adoptado la *persona* de Burguillos en parte para contestar a los cultos, pues Góngora había identificado en un soneto de 1621 a Lope con 'Burguillo' (núm. XXXIII, v. 10). Respondiendo a este soneto, que comienza ' "¡Aquí del Conde Claros!", dijo, y luego', el Fénix empleó como símbolo de su poesía precisamente a dos de los personajes criticados en él, el Conde Claros y Burguillos, que utilizó hábilmente para devolverles el ataque a los cultistas.

El tono serio de algunos de los poemas contra los cultos reaparece en muchas otras composiciones de las *Rimas de Tomé de Burguillos*, construyendo dos nuevas facetas del licenciado: la de poeta religioso y la de neosenequista. Los críticos que han tratado la colección rara vez han estudiado estos textos, pues han preferido centrarse en los aspectos jocosos y paródicos del libro, que sin lugar a dudas separan la obra del conjunto de las de Lope. Sin embargo, las *Rimas de Tomé de Burguillos* contienen un elevado número de poemas de índole muy diferente, que conviene examinar para lograr una visión de conjunto del libro. La compilación presenta unos textos preliminares (erratas, privilegio, tasa, aprobaciones, prólogo al duque de Sessa, 'Advertimiento al señor lector', soneto del Conde Claros y décimas de García de Salcedo Coronel) que ya hemos mencionado, a los que siguen 160 sonetos que forman el corazón de la obra, y que hemos citado casi con exclusividad. Tras los sonetos viene una canción ('Murmuraban al poeta la parte donde amaba por los versos que hacía') que veremos más adelante, y *La Gatomaquia*, con su soneto preliminar de 'doña Teresa Verecundia'. Los sonetos y *La Gatomaquia* gozan de enorme popularidad, y aparecen con frecuencia en antologías poéticas e incluso, en el caso de *La Gatomaquia*, en ediciones separadas del resto de la obra. Sin embargo, conviene recordar que las *Rimas de Tomé de Burguillos* no acaban tras *La Gatomaquia*, pues inmediatamente a continuación vienen dos espinelas ('A don Juan Infante de Olivares' y 'A la fuente de Garcilaso, que está en Batres'), una canción de circunstancias ('Mató su Majestad un venado, y mandó llevar parte dél al P. M. Hortensio, y hallándose allí el Licenciado Burguillos partió con él y le envió estos versos'), y un bellísimo villancico al cumpleaños de la hija de Lope, Antonia Clara ('Al día que una niña cumplió trece años, aunque ya no se usan las niñas'). Como ya se puede apreciar observando los títulos, estos poemas carecen del tono jocoso de la mayoría de los sonetos y *La Gatomaquia*, pero funcionan perfectamente como una transición hacia los textos que componen la parte final del libro, las 'Rimas divinas del licenciado Tomé de Burguillos'.

Tanto los textos de transición como el título mismo separan esta auténtica sección del resto de la obra, situando las composiciones religiosas fuera del alcance de las burlas que incluían los poemas anteriores. La sección cuenta con un número respetable de textos: dos églogas pastoriles 'Al nacimiento de Nuestro Señor', un 'Villancico al mismo sujeto', un soneto, dos espinelas, dos glosas y un romance a la imagen del 'Santo Niño de la Cruz', un romance 'A San Hermenegildo' y otro 'A la dichosa muerte de sor Inés del Espíritu Santo' —compañera de convento de otra hija de Lope, sor Marcela de San Félix— que cierra la obra con un piadoso 'Laus Deo et Maria Virgine'. Estas composiciones se asemejan mucho a los textos menos confesionales de las *Rimas sacras* y los *Triunfos divinos*, pues generalmente la voz del narrador no se ocupa de sí misma y aparece con poca frecuencia, salvo dos excepciones. La primera la encontramos en el soneto que, en la línea de los de las *Rimas sacras*, resalta las culpas del narrador como causa del sufrimiento de Cristo:

> mas, ¡ay de mí!, que respondéis, mis ojos,
> que por hallarme a mí, venís perdido. (núm. 174, vv. 13–14)

La segunda aparece en el romance 'A San Hermenegildo', que describe al narrador con un tono muy diferente al del soneto, y más a tono con el resto de la colección:

> yo, poeta adocenado,
> sólo tomaré licencia
> para pintar los verdugos
> de vuestra heroica tragedia. (vv. 49–52)

La estrofa se burla de la poesía humilde del autor, a quien describe como 'poeta adocenado', y además reserva para él los géneros poéticos más bajos: Burguillos no se atreve a escribir la 'heroica tragedia' de la Pasión, sino tan sólo los elementos más humildes de ella, los sayones ('verdugos'). Sin embargo, el romance no llama la atención por esta representación jocosa del protagonista como poeta humilde, que aparece con bastante frecuencia en el resto de las *Rimas de Tomé de Burguillos*. Mucho más interesante resulta el hecho de que el poema ya apareciera en 1615, en el *Compendio de las solenes fiestas que en toda España se hicieron en la Beatificación de N. B. M. Teresa de Jesús*. Como ya anuncia el título del romance ('en los premios de la Justa a la Santa Madre, Teresa de Jesús'), Lope compuso este texto en 1614, y lo presentó a la Justa bajo el seudónimo de Burguillos. Por consiguiente, los textos religiosos de Burguillos aparecen separados de las burlas del resto de la obra, y presentan una imagen del poeta bastante similar a la de las *Rimas sacras*. Encontramos la única referencia levemente humorística en el romance 'A San Hermenegildo', que conecta la *persona* de Burguillos con sus orígenes en las diversas Justas poéticas del primer cuarto del siglo XVII.

La última gran faceta de la imagen de Burguillos es la neohoraciana o neosenequista, según la cual el poeta aspira a una vida media y tranquila y se presenta como víctima paciente de los males de la fortuna. Como hemos estudiado en capítulos anteriores, Lope se describió insistentemente de este modo en la última década de su vida, por lo que encontramos aquí un nuevo punto de contacto entre el poeta y su heterónimo. De hecho, parece que la propia idea de escribir una colección de poesía principalmente jocosa como las *Rimas de Tomé de Burguillos* nació de las insistentes desgracias de la vida del Fénix. Ya la 'Aprobación del Maestro José de Valdivieso' apunta en esta dirección cuando describe el estilo 'discreto y jocoso' de la obra con una exclamación: '¡Oh qué propio para las desazones del tiempo!' (pág. 121). Es decir, el mundo proporciona tantos desengaños ('desazones') que conviene usar un estilo desenfadado, para no caer en más ilusiones vanas. Quevedo lo vuelve a insinuar en su 'Aprobación', pues al tiempo que compara el estilo de Burguillos 'al que solamente ha florecido sin espinas en los escritos de frey Lope Félix de Vega Carpio' (pág. 122), señala que 'son burlas que de tal suerte saben ser doctas y provechosas, que enseñan con el entretenimiento y entretienen con la enseñanza' (pág. 122). Este elegante *delectare et prodesse* horaciano indica que los donaires de la obra esconden provecho, porque con ellas Lope responde comedidamente a las desgracias que azotaban su vida. El 'Advertimiento al señor lector' retoma el mensaje de Quevedo, pues aunque define la obra de Burguillos como 'género de poesía faceciosa' (pág. 124), declara que 'en muchas partes' se hallan veras 'entre las sombras de los donaires, a la traza que el Bosco encubría con figuras ridículas y imperfetas las moralidades filosóficas de sus celebradas pinturas' (págs. 124–25). Es decir, las burlas de las *Rimas de Tomé de Burguillos* ocultan veras, por lo que el lector precisa 'hallar con entendimiento entre la corteza aristofánica la verdad platónica' (pág. 127), revelación de desengaño que alcanzó el autor en medio de sus tristes desgracias.

Las palabras de las aprobaciones de Valdivieso y Quevedo y del 'Advertimiento al señor lector' resuenan por el resto de la obra, pues Burguillos afirma en varias ocasiones escribir burlas 'despreciando el arte' para 'templar tristezas' (núm. 6, v. 14) que le causa el mundo. Las dos composiciones inmediatamente anteriores a *La Gatomaquia* subrayan semejante motivación, que destaca convenientemente la posición liminar de los textos. La canción 164, 'Murmuran al poeta la parte donde amaba por los versos que hacía', antecede inmediatamente la épica gatuna y su soneto preliminar con una apasionante disculpa del estilo burlesco de las *Rimas de Tomé de Burguillos*:

> Ya, pues, que todo el mundo mis pasiones
> de mis versos presume,
> culpa de mis hipérboles causada,
> quiero mudar de estilo y de razones;
> y pues la misma pena me consume,
> tomar la lira menos bien templada.   (vv. 1–6)

La apertura de la canción presenta varios aspectos de interés que conviene examinar en cierto detalle. En primer lugar, como ya señalamos en el capítulo segundo, la primera versión del texto se publicó en 1605, en las *Flores de poetas ilustres* de Pedro de Espinosa, por lo que el lector de la época reconocería en el poema de Burguillos una composición anterior de Lope, en una conexión que estrecharía aun más el lazo entre el poeta y su heterónimo. Además, en 1634 la canción supone una palinodia del estilo autobiográfico de Lope, que reconoce la fama de sus vivencias y la 'culpa' que le cabe en ello, por haber usado 'hipérboles' al describir su propia vida. Ante esta situación, y ante la 'pena' que le 'consume', el poeta recurre a un estilo jocoso, que confirma el resto de la canción con una elaborada parodia de los tópicos petrarquistas. Por su parte, el soneto 163 ('Discúlpase el poeta del estilo humilde') supone una verdadera arte poética de Burguillos. El primer cuarteto introduce el tema metaliterario mediante la conocida metáfora de la lira, que representa convencionalmente la poesía:

> Sacras luces del cielo, yo he cantado
> en otra lira lo que habéis oído;
> saltó la prima y el bordón lo ha sido
> al nuevo estilo, si le habéis culpado.   (vv. 1–4)

Los versos realizan una nueva palinodia del estilo anterior ('lo que habéis oído'), que corresponde implícitamente a las composiciones de Lope, que también usó una 'lira' en la *Jerusalén conquistada* (cant. XVIII, estr. 46) y en las *Rimas sacras* (núms. VII y XIX), refiriéndose aquí a toda su poesía. La cuerda más aguda de esta lira ('la prima', cuyo nombre alude sutilmente a su primer estilo) se ha roto ('saltó'), por lo que el poeta ha compuesto las *Rimas de Tomé de Burguillos* usando la cuerda más gruesa, el 'bordón', único adorno ('bordón') del libro. El siguiente cuarteto incide en el 'cuidado' (v. 5) y pobre 'estado' en que se ve 'reducido' el poeta (v. 6), que resulta más explícito en el primer terceto:

> Entre tantos estudios os admire,
> y entre tantas lisonjas de señores,
> que de necesidad tal vez suspire.   (vv. 9–11)

El poeta pasa su vida trabajando, e intentando conseguir el mecenazgo de los príncipes que alaba, pero con tan mala fortuna que ha llegado a conocer la 'necesidad', en un desengaño que le ha llevado a adoptar el estilo jocoso que describió en el primer cuarteto. La sentencia del poema aparece debidamente situada en el último terceto, presentando un mensaje conciso y quizás inesperado:

> mas tengo un bien en tantos disfavores,
> que no es posible que la envidia mire:
> dos libros, tres pinturas, cuatro flores.   (vv. 12–14)

Aparte de insistir en el tema de la envidia, tan querido de Lope, estos versos contienen una imagen fuertemente neoestoica. El poeta se contenta entre sus desgracias con sus humildes posesiones, que recuerdan enormemente las del viejo Lope: una pequeña casa con su biblioteca, cuadros y jardincillo.

La nota seria de este soneto había aparecido ya anteriormente en el número 155 ('Aconseja a un amigo como cortesano viejo'), donde Burguillos enuncia clara y brevemente las bases de la filosofía estoica:

> Don Juan, no se le dar a un hombre nada
> de cuanto va ni viene es cuerdo efeto,
> que toda la quietud del que es discreto
> en sólo este aforismo está fundada.   (vv. 1–4)

El 'aforismo' predica un hombre inmutable ante las veleidades de un destino que no se puede controlar. El poeta habla aquí como hombre desengañado, 'como cortesano viejo' que ha experimentado en sus propias carnes los reveses de la fortuna, que se aprecian con mayor intensidad en la corte. Frente a la inestabilidad del mundo, Burguillos aconseja en la sentencia del poema dedicarse a los bienes perdurables y buscar placeres sencillos en una *aurea mediocritas*:

> Haced de la virtud secreto empleo:
> que yo, en mi pobre hogar, con dos librillos,
> ni murmuro, ni temo, ni deseo.   (vv. 12–14)

Esta conclusión presenta una imagen del 'pobre hogar' paralela a la del soneto 163, con una seriedad que reaparece frecuentemente en la obra. De hecho, muchos textos de la compilación llevan en el título la precisión 'en seso', o 'escribe de veras', para mostrar al lector la importancia del tema, que no se pierde entre las burlas que le rodean. El primer soneto con este rótulo es el número 35, en el que Burguillos llora la muerte del marqués del Valle con un texto totalmente serio que toca los tópicos barrocos de la brevedad de la vida y la inestabilidad de la fortuna. Le sigue otro magnífico epitafio, el número 38, dedicado a la sorprendente muerte de Gustavo Adolfo II, rey de Suecia, en la batalla de Lutzen, que lleva en el título la frase 'escribe de veras'. Otros poemas 'en seso' frecuentan los temas de estos dos sonetos —y también la alabanza de nobles— en una brillante muestra de la poesía barroca del desengaño y de circunstancias: los números 59, 60, 80 (que recuerda enormemente al mejor Quevedo moralista), 84, 126 y 136. Además, encontramos textos serios que no llevan ninguna indicación explícita de ello en el título, como los números 25, 37, 39, 40 y 89. Por otra parte, también existe un grupo de poemas no estrictamente burlescos que sólo podemos calificar de satíricos, pues critican tipos genéricos siguiendo un fin moral. De este modo, Burguillos toca temas clásicos como los pleitos (núm. 26), la avaricia (núm. 27), la vanidad (núms. 33, 34), etc. De hecho, podemos leer las *Rimas de Tomé de Burguillos* como un cancionero del desengaño o una enorme sátira: de la sociedad de su tiempo (Pedraza Jiménez, 'El desengaño', pág. 399),[29] de la situación de los poetas ante el mecenazgo, de los poetas cultos, etc.

El contexto barroco de las *Rimas de Tomé de Burguillos* explicaría muchas de las facetas más representativas del libro: como Cervantes, Góngora o Quevedo, el Lope de 1634 rechaza el optimismo y la cosmovisión, grandemente renacentista, de las *Rimas*, y reduce al ridículo los más caros temas del Renacimiento. Frente a los otros grandes autores del siglo XVII, la peculiaridad del Fénix se encuentra en realizar este gran desengaño recurriendo precisamente a la autofiguración, la técnica que le llevó a la fama. Es decir, Lope utiliza las desgracias de su vida personal y su recurso literario preferido, las *personae*, para crear 'el poeta satírico que Lope no quiso ser pero que podría haber sido' (Blanco, pág. 224). Vistas desde esta perspectiva, el Fénix intenta con las *Rimas de Tomé de Burguillos* volver al centro de la poesía de la época tras haber sufrido una enorme serie de reveses con sus anteriores representaciones. La sátira estaba de moda en esos años, y Lope lo sabía, pues en carta al duque de Sessa de septiembre de 1617 comenta un libro satírico señalando que 'el autor debe de haber querido darse a conozer por él, más que dezir lo que siente' (*Epistolario*, vol. III, pág. 338). Como bien señala Blanco, el viejo poeta ve que 'para ser admirado por la originalidad o el vigor inventivo, nada supera al decir mal' (Blanco, pág. 224), y escribe en este modo su última obra maestra: en la época del ingenio, la sátira y el desengaño, Lope se renueva a sí mismo, como el Belardo de *Si no vieran las mujeres*, y da a la imprenta una nueva auto-representación a la medida de los tiempos.

Lope y Burguillos frente a frente: el retrato del heterónimo

Hemos visto cómo las características de Burguillos corresponden exactamente a las imágenes de sí mismo que Lope había presentado a lo largo de su

---

[29] Felipe B. Pedraza Jiménez, 'El desengaño barroco en las *Rimas de Tomé de Burguillos*', *Anuario de Filología*, 4 (1978), 391–418.

carrera poética. De este modo, la sátira y el desengaño de las *Rimas de Tomé de Burguillos* se asientan sobre una parodia del propio estilo anterior —centrada en remedar los juegos de máscaras del joven Fénix— y, especialmente, sobre un ingenioso juego de identidades. No debemos olvidar que la portada del libro lo atribuye a un tiempo al 'licenciado Tomé de Burguillos' y a 'frey Lope Félix de Vega Carpio', en una confusión entre autor y heterónimo que también aparece en los preliminares, pese a su carácter oficial y burocrático: la 'Suma de la Tasa' de Diego González de Villarroel declara que lo compuso 'el licenciado Tomé de Burguillos' (pág. 120), al igual que la 'Aprobación' de José de Valdivieso (pág. 120) y la de Quevedo (pág. 121), aunque este último insinúa que el verdadero autor es Lope (pág. 122). Los poemas de la compilación reiteran esta confusión de personalidades con diálogos entre Lope y Burguillos (núm. 138 y 139), referencias explícitas al Fénix (núm. 9, v. 4), e incluso una composición que declara haber sido 'falsamente atribuida a Lope' (núm. 99). Es decir, en 1634 Lope no señala que Burguillos 'fue persona introducida del mismo LOPE' (pág. 401), como hiciera en la *Justa poética* a san Isidro, sino todo lo contrario, pues el 'Advertimiento' declara que:

> no es persona supuesta, como muchos presumen, pues tantos aquí le conocieron y trataron, particularmente en los premios de las Justas, aunque él se recataba de que le viesen, más por el deslucimiento de su vestido que por los defectos de su persona; y asimismo en Salamanca, donde yo le conocí y tuve por condicípulo, siéndolo ambos del doctor Picardo, el año que llevó la cátreda el doctor Vera.   (pág. 125)

En éste y en los demás casos señalados arriba, Lope juega conscientemente con el enorme parecido entre él mismo y su personaje, haciendo de ese modo más efectiva la autoparodia de sus imágenes previas.[30]

La figura de Burguillos imita algo más que las cualidades morales y poéticas del Fénix, pues también remeda las características físicas de Lope. El soneto 19, 'Pregónase el poeta porque no se halla en sí mismo', presenta un retrato de Burguillos que se asemeja enormemente a una caricatura de Lope.

> Quien supiere, señores, de un pasante
> que de Juana a esta parte anda perdido,

---

[30] La interacción entre Lope y su heterónimo llega a tales extremos que Pedro José Pidal dedicó todo un artículo a decidir si el Fénix se escondía bajo Burguillos o si éste era un poeta real, y cita algunos casos de eruditos que se inclinaban por creer que el Burguillos que firma las *Rimas de Tomé de Burguillos* fue un poeta de carne y hueso (págs. 187–88). De hecho, a Burguillos le salieron algunos imitadores después de la muerte de Lope, que participaron como él en justas poéticas con obras jocosas (Elena del Río Parra, 'Dos notas sobre la recepción de Lope de Vega en justas poéticas', *Revista de Filología Española*, 80 [2000], 379–83, págs. 381–82), con lo que la ficción del Fénix alcanzó proporciones probablemente insospechadas por él mismo.

> duro de cama y roto de vestido,
> que en lo demás es blando como un guante;
>   de cejas mal poblado, y de elefante
> de teta la nariz, de ojos dormido,
> despejado de boca, y mal ceñido,
> Nerón de sí, de su fortuna Atlante.   (vv. 1–8)

El soneto toma la forma de pregón ('Quien supiere, señores'), como los que se voceaban en la época para intentar recuperar objetos perdidos. Lo que se pretende encontrar en este anuncio es al propio Burguillos, que anda perdido por los amores de su Juana. De este modo, el texto parodia las convenciones petrarquistas literalizando una metáfora: el licenciado se ha perdido literalmente, y por eso pregunta si alguien le ha visto. El primer cuarteto describe la fortuna y personalidad de Burguillos, que se vuelve a presentar como pobre en su hacienda y ropas, pero como una persona agradable ('blando como un guante'). Los cuatro versos siguientes realizan el verdadero retrato físico del protagonista, describiendo jocosamente sus cejas, nariz, ojos, boca y talle. Todos los rasgos aparecen desproporcionados por grandes (cejas, nariz y boca), pequeños (ojos), o deformes (talle), en una caricatura de las facciones del viejo Lope, que también presentaba cejas pobladas, nariz y boca grandes, y ojuelos pequeños, como se puede apreciar en el retrato que acompañaba el *Laurel de Apolo* (1630). Tras esta pintura, el soneto concluye caracterizando a Burguillos de licenciado ('Bártulo'), anunciando el premio que espera a quien le encuentre, y reflexionando una vez más sobre las desgracias del protagonista:

>   las que del dicho Bártulo supiere
> por las señas extrínsecas que digo,
> vuélvale al dueño, y el hallazgo espere;
>   mas ¿qué sirven las señas que prosigo?
> si no le quiere el dueño, ni él se quiere;
> tan bien está con él, tan mal consigo.   (vv. 9–14)

Con su maestría habitual, Lope ha compuesto un soneto que es a la vez caricatura, parodia petrarquista y pregón, consiguiendo construir uno de los poemas más cómicos de la obra. El soneto 68, 'Díjole una dama que le enviase su retrato', pinta a Burguillos con una mezcla muy semejante de características físicas y morales. Esta vez, los rasgos de la personalidad del licenciado aparecen en los tercetos finales, pues el comienzo del poema describe el físico del personaje con unas comiquísimas comparaciones:

>   Si habéis visto al Sofí sin caperuza
> en dorado cuartel de boticario,
> o a Barbarroja el ínclito cosario,
> y en nariz de sayón tez de gamuza;
>   si habéis visto a Merlín, si al moro Muza,
> o a Juan Francés vendiendo letuario,

si el rostro de un corito cuartanario
que quiso ser lechón, y fue lechuza.   (vv. 1–8)

Los cuartetos apilan imágenes ridículas en abundancia, produciendo una impresión caótica que el poeta restringe con habilidad al colocar toda esta primera parte del poema dentro de una cláusula condicional que avanza hasta el 'ése soy yo' del primer terceto. Por otra parte, el controlado caos de estos versos retrata acertadamente los desordenados rasgos de Burguillos, que no aparece como muy agraciado. La descripción gira en torno a la nariz del protagonista, pues según la tradición popular los personajes citados, turcos ('Sofí'), moros ('Barbarroja', 'Muza'), judíos ('sayón'), ancianos ('Merlín') o emigrantes franceses ('Juan Francés'), destacan por sus prominentes narices. El poeta califica las personas que cita con precisiones jocosas, que encarecen lo ridículo de la comparación: despoja al Gran Turco de su turbante, que denomina cómicamente 'caperuza', y lo pinta dentro de un escudo de armas cuyo dorado evoca las pinturas doradas de los ungüentos de farmacéutico; califica a Barbarroja de 'ínclito cosario', y sitúa a Merlín, Muza y el genérico Juan Francés como vendedores de medicinas, insistiendo en el tema del 'boticario' que ya apareció en el segundo verso. Aparte de la nariz, los versos pintan el cutis de Burguillos, tan peludo como la piel de 'gamuza' y tan estragado que en vez de parecer terso como piel de lechón semeja la tez de un vendedor picado de viruelas o el grosero plumaje de una lechuza. Tras esta cómica descripción, la resolución de la condicional ('ése soy yo') identifica el retrato con Burguillos, y procede a dar algunas características morales del poeta:

ése soy yo, que a la virtud atento,
sólo concedo a su vitoria palma,
que todo lo demás remito al viento.
  Pero supuesto que el argén me calma,
tengo con ropa limpia el nacimiento,
la cara en griego y en romance el alma.   (vv. 9–14)

Curiosamente, el primer terceto presenta un mensaje ético muy semejante al de los poemas neosenequistas de la colección: Burguillos persigue la virtud ante todo, pese a los reveses de la fortuna. Estos versos demuestran la interconexión que existe entre los sonetos de las *Rimas de Tomé de Burguillos*, que tocan temas semejantes —en este caso las adversidades de la fortuna— con diversos estilos que van desde el abiertamente burlesco y paródico al satírico o epigramático. El verso 12 mina de alguna manera la ejemplar afirmación anterior con una concesión que admite la venalidad del poeta ('supuesto que el argén me calma'), y que resulta totalmente contraria a los impulsos senequistas. Sin embargo, el concepto del texto descansa en las dos últimas líneas, que resumen hábilmente el poema con una doble contraposición: pese a parecer moro o judío por la nariz, Burguillos nació cristiano viejo (v. 13); pese a sus rasgos faciales desordenados, incomprensibles garabatos 'en griego', el licenciado tiene el 'alma' —y, presumiblemente, también la poesía— dispuesta con llaneza, pureza y sencillez, como un texto 'en romance'. De este modo, con estas dos descripciones Burguillos se pinta física y moralmente, aludiendo cómicamente a temas serios (neosenequismo, crítica de la falsa erudición 'en griego' y de la nueva poesía) que aparecen en el resto de la compilación, y que corresponden decisivamente con la imagen que Lope difundió de sí mismo.

Las *Rimas de Tomé de Burguillos* incluyen otro retrato aparte de los sonetos 19 y 68. Se trata de un famoso grabado que representa a Burguillos, y que ya anuncia el 'Advertimiento': 'Su fisionomía dirá ese retrato que se copió de un lienzo en que le trasladó al vivo el catalán Ribalta, pintor famoso entre españoles de la primera clase' (pág. 126). El 'Advertimiento' se refiere al gracioso grabado que sigue a los textos preliminares, marcando el inicio de la obra de Burguillos, y que reproducimos (ilustración 4). Si los poemas de las *Rimas de Tomé de Burguillos* parodiaban las representaciones poéticas del joven Lope, este maravilloso retrato remeda las imágenes y grabados que el Fénix había ido colocando al comienzo de sus obras impresas, al tiempo que condensa en una figura visual y concreta gran parte de las características de Lope-Burguillos.

El grabado representa los rasgos de Lope, vestido con una sotana universitaria (al parecer nada raída) y coronado de laurel (¿o de tomillos, como proponía el Conde Claros?). Sin embargo, una inscripción situada bajo el retrato lee 'El licenciado Tomé de Burguillos', siguiendo el juego de identidad entre el Fénix y su personaje que domina la compilación. Alrededor del óvalo del retrato aparece una serie de elementos ambiguos que pueden aludir a Lope, a Burguillos o a ambos, según se entienda. En primer lugar, una cita de la égloga I de Virgilio, 'Deus nobis haec otia fecit' (v. 6), circunda la imagen, traduciéndose por 'Dios nos proporcionó estos momentos de ocio', donde el 'ocio' significa también los textos que el poeta escribió durante esos ratos libres. La inscripción supone, en primer lugar, una disculpa por componer poesía en general —frente a otras actividades propias del caballero, o frente a otro tipo de literatura más elevado, como la historia— y por escribir poesía burlesca en particular: según esta frase, las *Rimas de Tomé de Burguillos* surgen de una época de ocio en la que el poeta puede permitirse entretener su aburrimiento. Además, la cita virgiliana alude inequívocamente al mecenazgo, una de las principales obsesiones de la compilación: ya los contemporáneos de la égloga I interpretaron que Títiro, que es el personaje que enuncia la frase que recoge el retrato, funcionaba como máscara de Virgilio, y que el 'deus' de quien habla escondía a su poderoso protector, Octavio Augusto. En el contexto de las *Rimas de Tomé de Burguillos*, la cita resulta irónica, pues tanto Lope como su heterónimo se quejan amargamente de no disfrutar de mecenazgo alguno: los afortunados Títiro y Virgilio funcionan como contrapesos cómicos de Burguillos y Lope. Enmarcando esta rica cita

Retrato de Tomé de Burguillos.

de Virgilio, aparece en el grabado una bella y compleja fantasía arquitectónica
que anticipa el juego de identidades y el carácter burlesco de la obra, pues al
igual que en el espacio textual de las *Rimas de Tomé de Burguillos*, el lector
tiene la impresión de poder adentrarse por el edificio del grabado, y subir sus
escaleras, para luego darse cuenta de que no conducen a ninguna parte. Por
último, sobre el retrato mismo observamos la inscripción 'utrumque' ('uno y
otro'), en una hornacina rodeada de dos plumas situadas simétricamente. La
palabra debe de aludir a Burguillos, licenciado en ambos derechos, civil y
canónico, aunque también podría referirse a las dos plumas que aparecen a
uno y otro lado de la hornacina: una podría simbolizar la poesía seria (lírica,

épica, etc.) y otra la burlesca y satírica. De ser así, 'utrumque' aludiría tanto a Lope como a Burguillos, expertos en toda clase de poesía, como demuestra precisamente la propia compilación de 1634.

Además de contener tal riqueza de significados en sí, el grabado cobra nueva vida al contrastarlo con anteriores retratos de Lope. Por ejemplo, podemos apreciar la gran diferencia que existe entre el ridículo licenciado Burguillos con el Lope cortesano que aparece en el *Isidro* y el *Peregrino en su patria* (el retrato es el mismo) o en la *Arcadia*, donde el poeta sale elegantemente ataviado con el amplio cuello que dictaba la moda de la época. Igualmente distante se encuentra el Lope sacerdote de los *Triunfos divinos*: Burguillos carece tanto de la elegancia varonil del joven Fénix como de la dignidad del poeta ordenado. Asimismo, el retrato de las *Rimas de Tomé de Burguillos* contrasta con los grabados anteriores en otro aspecto de importancia: la situación de la corona de laurel en la composición. Aunque Lope introdujo el laurel —símbolo de la gloria poética— en algunas de sus efigies, siempre lo hizo indirectamente, y jamás se atrevió a representarse llevando una corona de laurel. En la *Arcadia*, un motivo vegetal envuelve su retrato, ya reproducido en el capítulo segundo, pero no podemos afirmar con certeza que sea un laurel, y además no descansa sobre las sienes del poeta. En los retratos del *Isidro* y el *Peregrino* la corona de Dafne reposa sobre una calavera, por encima del retrato de Lope. Una inscripción en una cartela aclara el significado del emblema: 'Hic tutior fama' ('Aquí está más segura la fama'). El Fénix indica de este modo que todos los poetas vivos están siempre sujetos a la envidia,[31] por lo que sólo resuelve coronar de laurel a una calavera, renunciando al premio para sí mismo. Dos elementos más acompañan el grabado. Debajo del retrato encontramos el escudo de los Carpio, que presenta al poeta como miembro de la nobleza. Asimismo, apreciamos dos plumas situadas simétricamente a los lados del escudo, igual que en la imagen de 1634. En este caso, las plumas pueden aludir simplemente al oficio de poeta, pues no parece probable que en este momento Lope se describa como experto en dos géneros concretos, como es el caso del grabado de 1634. Sin embargo, también cabe la posibilidad de que los dos dibujos no representen plumas en absoluto, sino dos alas, que quizás corresponderían a las metafóricas alas de la Fama o a las alas físicas del caballo Pegaso, que cabalgaban los poetas en estado de *enthousiasmós*, pues el animal estaba dedicado a Apolo. El resultado es un conjunto elegante y significativo, cuya concisión y equilibrio explican que Lope decidiera reutilizarlo para su edición del *Peregrino* algunos años más tarde.

La *Jerusalén conquistada* trae otro grabado en el que Lope aparece como un busto en el centro de una gloriosa construcción arquitectónica en forma de arco de triunfo romano (ilustración 5). A la derecha de la estatua, las armas

---

[31] Recordemos que también el retrato de la *Arcadia* traía un lema sobre la envidia: 'Quid humilitate, invidia?' ('¿Qué tienes con la humildad, envidia?').

Retrato de Lope de Vega. *Jerusalén conquistada.*

de los Carpio recuerdan que el Fénix aún intenta pasar por noble en 1609, mientras que dos relieves en forma de victorias aladas que se encuentran en las enjutas del arco sitúan sendas coronas de laurel por encima del busto. Bajo éste, una inscripción retoma el tema de la envidia y la recompensa del poeta: 'Aetatis suae nichil' ('Nada de su época'). De este modo, Lope se glorifica al representarse como un busto en el centro de un arco triunfal, como si de un poeta clásico se tratara, pero no se atreve a coronarse directamente: el lector precisa observar el grabado con atención para localizar las coronas de laurel, que, por otra parte, podría interpretar como parte de la decoración del arco, sin mayores implicaciones sobre la calidad poética de Lope. Por su parte, los *Triunfos divinos* también coronan indirectamente al poeta, situando el ramo de laurel por debajo del retrato del Fénix, que aparece como un hombre de mediana edad, dignamente vestido con su sotana sacerdotal y con una humilde golilla, frontalmente opuesta al cuello almidonado y a los ricos ropajes que lucía el Lope cortesano, como podemos apreciar en el retrato que ya reprodujimos en el capítulo tercero.

El grabado de las *Rimas de Tomé de Burguillos* sugiere burlescamente numerosos elementos de estos varios retratos, en una especie de rima visual. Como ya hemos señalado, los rasgos faciales de Burguillos pertenecen a Lope, pero carecen de la belleza de los retratos de la *Arcadia* y el *Isidro* o de la dignidad de la imagen de los *Triunfos divinos*. La sotana y golilla del licenciado evocan el rango sacerdotal, pero las alegres y ridículas rayas que decoran el ropaje le privan de toda la gravedad que evocaban la sotana de los *Triunfos divinos* o los escudos de armas de los retratos anteriores. La corona de laurel o tomillo glorifica ostentosamente al poeta burlesco, ridiculizando la localización sutil de los laureles en otros grabados anteriores. La cita virgiliana recuerda los lemas clásicos que acompañaban las efigies de libros previos, pero con una referencia a la poesía burlesca (producto de los 'otia' del autor) que rebaja automáticamente el nivel de la composición. Las plumas simétricas evocan las del *Isidro* y el *Peregrino*, pero de nuevo con una ambigua alusión a las burlas que contiene el libro. Por último, el decorado arquitectónico que rodea el grabado trae a la memoria la grandiosa portada neoclásica que enmarcaba el busto del poeta en la *Jerusalén conquistada*, aunque con una fantasía extravagante muy a tono con los textos de la compilación. De este modo, el retrato de las *Rimas de Tomé de Burguillos* anticipa magistralmente los poemas del libro parodiando las representaciones anteriores del poeta.

Lope y su vida en *La Gatomaquia*

Al igual que este grabado que acabamos de comentar, otro mensaje aparentemente liminar, *La Gatomaquia*, remeda las imágenes lopescas, subrayando los ecos cómicos de Burguillos en la figura de unos gatos de tejado (Pedraza Jiménez, *El universo*, pág. 230). Aunque los editores han insistido en separar *La Gatomaquia* del resto de las *Rimas de Tomé de Burguillos* desde el siglo XVIII hasta nuestros días, esta encantadora épica burlesca forma parte integrante de la colección, y posee numerosos puntos de contacto con el resto de poemas del libro, que vamos a pasar a examinar a continuación. Quizás la más evidente de esas concomitancias sea la crítica de la poesía cultista (Ticknor, 2, pág. 292), que aparece tan insistentemente en las silvas de *La Gatomaquia* como en los sonetos de las *Rimas de Tomé de Burguillos*. De hecho, el soneto 51 alude directamente a la épica gatuna, poniendo así de relieve el absurdo de separar *La Gatomaquia* del resto de la obra. El poema toma la forma de un epitafio burlesco que se integra perfectamente en los epitafios jocosos y serios que le rodean. El difunto es el gato Marramaquiz, protagonista de *La Gatomaquia*. Así lo indica ya el título ('A la sepultura de Marramaquiz, gato famoso en lengua culta que es en la que ellos se entienden'), que también anuncia claramente que el texto parodia la 'nueva poesía' gongorizante. La composición cumple con creces la promesa del título, y remeda los cultismos, neologismos y transposiciones de los cultos de un modo muy semejante al de otros sonetos ya analizados. En el caso del poema que nos ocupa, la burla alcanza nuevas proporciones por el contraste indecoroso entre el estilo elevado de los cultos y el destinatario del epitafio, un gato muerto. De hecho, para percibir adecuadamente la ridiculez del tema el lector necesita conocer *La Gatomaquia*, donde descubre que a Marramaquiz le mató de un tiro de arcabuz un caballero que estaba cazando vencejos:

> ¿Qué príncipes, qué armas, qué soldados
> resistirán la fuerza de los hados?
> Un príncipe que andaba
> tirando a los vencejos
> —nunca hubieran nacido,
> ni el aire tales aves sustenido—
> le dio un arcabuzazo desde lejos.   (silva VII, vv. 371–77)

Cómicamente, el soneto 51 intenta atenuar el ridículo suceso narrándolo de forma diferente, con un estilo elevado y con numerosas elipsis que alteran decisivamente las circunstancias de la muerte del gato:

> La Parca que ni al joven ni al maturo
> su destinado límite reserva,
> ministrándole pólvora superba,
> mentido rayo disparó seguro.   (vv. 5–8)

Según este epitafio, el responsable de la muerte de Marramaquiz fue una 'Parca' abstracta, y no un aristócrata aburrido, como en *La Gatomaquia*. Además, el soneto transforma el prosaico 'arcabuzazo', tal vez destinado a un vencejo, en un 'mentido rayo' gongorizante, impulsado por 'pólvora superba'. Sin embargo, la mayor burla aparece al final del poema, donde Burguillos aprovecha el doble sentido de 'gato' como 'felino' y 'ladrón' (Covarrubias, pág. 632) para insultar sutilmente a los cultistas:

> Y no le faltarán a tus cenizas,
> pues viven tantos gatos multiformes
> de lenguas largas y de manos mizas.   (vv. 12–14)

La última línea alude claramente a los ladrones ('manos mizas'), revelando el doble sentido de la palabra 'gatos' en el verso 13. De este modo, Burguillos aclara el significado del título, que aseguraba que los gatos hablan lengua culta: la afirmación ridiculiza a los poetas cultistas al atribuir su estilo a los felinos. Además, la frase vuelve a exponer la ya citada acusación del soneto 58 de que los nuevos poetas se limitan a robarle los versos a Góngora y a los clásicos. Los ataques contra los cultos que inaugura este poema reaparecen a menudo en *La Gatomaquia*, ya desde el soneto preliminar de 'doña Teresa Verecundia' (núm. 165), que contrasta la pluma de Burguillos con los 'confusos caos' (v. 2) de los nuevos poetas. Más adelante, la bella gata Zapaquilda se dirige 'en lengua culta' (silva I, v. 377) a Marramaquiz. En otra ocasión, Micifuz, 'poeta al uso' (silva III, v. 48), escribe un romance en estilo culto tan confuso 'que él tampoco entendió lo que compuso' (silva III, v. 49), de modo que su auditorio le acaba demandando que cante una 'jácara picaresca' (silva III, v. 60). Más adelante, un anónimo 'culto' (v. 136) aparece en la silva quinta para anunciar entre 'retóricos pleonasmos' (v. 138) típicos de la nueva poesía que ' "Pestañeando asombros, guiñó pasmos" ' (v. 139).

Además de por sus burlas contra los gongoristas, *La Gatomaquia* destaca por parodiar las representaciones lopescas de un modo muy semejante al del resto de las *Rimas de Tomé de Burguillos*. La conexión con el Fénix aparece en el soneto preliminar, donde Teresa Verecundia compara *La Gatomaquia* de Burguillos con la épica de Lope:

> Bien merecéis un gato de doblones,
> aunque ni Lope celebréis, o el Taso,
> Ricardos o Gofredos de Bullones.   (vv. 9–11)

La obra que evoca el soneto es la *Jerusalén conquistada*, que aparece como modelo de epopeya, junto a la *Gerusalemme liberata* de Torquato Tasso. La comparación con la épica gatuna de Burguillos rebaja tanto al Fénix como a Tasso al nivel burlesco de la poesía que se paga materialmente con un 'gato' ('bolsa') de monedas. Sin embargo, el paralelo entre Lope y Burguillos presenta otras consecuencias de mayor importancia, pues llama la atención del lector sobre las muchas similitudes entre el poeta real y el ficticio. Para empezar, ambos escriben una epopeya, pero además los dos reconocen la situación privilegiada del género épico a la cabeza de los demás estilos poéticos. En los capítulos 2 y 4 estudiamos cómo Lope usó el prestigio de la epopeya para elevar su estatus como poeta, a veces usando la conocida escala de los géneros poéticos, la *rota Virgilii*. Burguillos también conoce este desafío virgiliano, y lo cita en la apertura misma de *La Gatomaquia*:

> Yo, aquel que en los pasados
> tiempos canté las selvas y los prados,
> éstos vestidos de árboles mayores,
> y aquéllas de ganados y de flores,
> las armas y las leyes,

> que conservan los Reinos y los Reyes;
> agora, en instrumento menos grave,
> canto de Amor süave
> las iras y desdenes,
> los males y los bienes,
> no del todo olvidado
> el fiero taratántara, templado
> con el silbo del pífaro sonoro.   (silva I, vv. 1–13)

Estos versos modifican leve pero significativamente la apertura apócrifa de la *Eneida*, en la que, supuestamente, Virgilio repasaba su carrera poética, las *Églogas* y las *Geórgicas*, para luego anunciar las 'horrentia Martis' de la *Eneida*. Burguillos imita casi al pie de la letra la estructura de los hexámetros latinos, afirmando haber escrito poesía bucólica ('las selvas y los prados'). Sin embargo, donde el pseudo-Virgilio anuncia la *Eneida*, Burguillos afirma haber escrito ya su epopeya ('las armas y las leyes'). Además, el licenciado realiza una especie de palinodia de estos poemas anteriores para presentar una obra básicamente amorosa —*La Gatomaquia*— que deja cierto espacio a la narración bélica, a la que alude burlescamente con una onomatopeya de las resonantes cajas de guerra que se usaban en el siglo XVII ('taratántara'). Es decir, en vez de realzar la epopeya como el Lope de la *Jerusalén conquistada* o las *Rimas sacras*, Burguillos la rechaza y la rebaja, y opta en favor de una obra jocosa sobre los amores de unos gatos.

La contraposición entre el Fénix y su personaje alcanza un grado todavía mayor al comienzo de la silva quinta, donde Burguillos repudia abiertamente la épica en favor de la poesía burlesca. Burguillos se dirige al dedicatario de la obra, Lope Félix de Carpio, hijo del poeta y Micaela de Luján, y empieza conjurando el presumible escándalo del lector ante el poema que se le dedica:

> y no permitas, Lope, que te espante
> que tal sujeto un Licenciado cante
> de mi opinión y nombre,
> pudiendo celebrar mi lira un hombre
> de los que honraron el valor hispano,
> para que al resonar la trompa asombre:
> *Arma virumque cano*.   (silva V, vv. 24–30)

Burguillos confiesa que la obra resulta indecorosa, totalmente inapropiada para su dignidad. De hecho, afirma que un 'Licenciado' como él debería dedicarse a epopeyas serias al estilo de la *Eneida*, cuyas primeras palabras cita directamente ('*Arma virumque cano*'). La razón para abandonar la épica a lo Virgilio aparece en los versos siguientes:

> que como no se usa
> el premio, se acobarda toda Musa;

porque si premio hubiera,
del Tajo la ribera
la oyera en trompa bélica sonora
divinos versos, hijos del Aurora.
Por esto quiere, más que ver ingratos,
cantar batallas de amorosos gatos.   (silva V, vv. 31–38)

Burguillos se halla despechado por no haber recibido adecuado mecenazgo ('premio'), por lo que no tiene más remedio que abandonar la poesía seria, que alaba los hechos gloriosos de un noble mecenas o de alguno de sus antepasados, y abrazar la burla. En vez de recibir más desengaños ('ver ingratos'), el poeta prefiere dar rienda suelta a su fantasía cómica y 'cantar batallas de amorosos gatos'. De este modo, el licenciado retoma el tema del mecenazgo, que tanta importancia adquiere en el resto de las *Rimas de Tomé de Burguillos*, y se retrata así mismo como una especie de Lope desengañado: como el Fénix, Burguillos ha producido poesía bucólica, amorosa y épica, pero no ha recibido recompensa alguna por ello, por lo que opta por el estilo jocoso. El pareado que acabamos de citar, con la rima 'ingratos-gatos', anuncia un cambio de tema en el razonamiento de Burguillos. Ahora, el poeta aduce una nueva excusa, enumerando los grandes poetas clásicos que han escrito obras burlescas:

fuera de que escribieron muchos sabios,
de los que dice Persio que los labios
pusieron en la fuente Cabalina,
en materias humildes grandes versos.   (silva V, vv. 39–42)

Algunos de los 'sabios' que cita son Virgilio (v. 43), a quien la Antigüedad atribuía dos poemas burlescos, el *Moretus* (v. 45), dedicado a una salsa, y el *Culex*, a un mosquito (v. 48); Plutarco, con su diálogo *Ulises* (v. 51); Sinesio, que 'la calva en versos alabó' (v. 52); el filósofo Demócrito, que trató el camaleón (v. 58); Teócrito, que describió 'las cabañas rústicas' (v. 59); y Diocles, Marción, Fanias y el español Diego de Mendoza, que trataron la 'el nabo' (v. 61), 'el rábano' (v. 63), 'la ortiga' (v. 63) y 'la pulga' (v. 64), respectivamente. Esta lista supone una enumeración jocosa de las autoridades que justifican el tema bajo de *La Gatomaquia*, citando clásicos griegos, latinos y españoles de gran importancia. Esta especie de 'arte nuevo de escribir poemas burlescos' culmina en las líneas que citamos a continuación:

Y si el divino Homero
cantó con plectro a nadie lisonjero
la *Batracomiomaquia*,
¿por qué no cantaré la *Gatomaquia*?   (silva V, vv. 66–69)

Homero proporciona la autoridad final y definitiva con su batalla entre las ranas y los ratones (*Batracomiomaquia*), que Burguillos iguala a su

Gatomaquia. Como el gran poeta ciego, el ficticio licenciado compone un poema épico sobre un tema bajo, pues no obtiene beneficio alguno de alabar a señores ('con plectro a nadie lisonjero'). Burguillos concluye este *ex cursus* teórico con otra reflexión muy al gusto de la época:

> Fuera de que Virgilio conocía
> que a cada cual su genio le movía.   (silva V, vv. 70–71)

Según estos versos, cada poeta tiene sus preferencias personales innatas ('genio'), que le inclinan a uno u otro género poético. Movido por la falta de mecenazgo y por su 'genio' peculiar, Burguillos remeda a un Lope que decide dedicarse a la poesía burlesca al final de su vida.

La relación entre el Burguillos que supuestamente escribe *La Gatomaquia* y el Fénix alcanza otros aspectos aparte de los ataques a los cultos y las reflexiones sobre el mecenazgo o la gradación de estilos. Encontramos el más destacado de ellos en la parodia del método biográfico de Lope. A lo largo de este estudio, hemos puesto de relieve que el Fénix recurrió una y otra vez a representar su vida en su obra literaria, utilizando a una serie de imágenes o máscaras con las que simulaba una biografía poética para obtener determinados objetivos, dependiendo del momento de su carrera en que se encontraba. De este modo, Lope se presentó como amante apasionado, como hombre del pueblo, etc., construyendo o intentando construir la imagen que sus contemporáneos tenían de él. En *La Gatomaquia* el Fénix utiliza una vez más ese recurso literario que había llegado a dominar, pero con la salvedad de que esta epopeya bufa utiliza el método para dejarlo al descubierto, para burlarse de él en un juego metaliterario muy acorde con el resto de las *Rimas de Tomé de Burguillos*. En *La Gatomaquia*, Lope poetiza sucesos de su vida empleando los personajes de los gatos Marramaquiz, Zapaquilda y Micifuz.

Para poner en evidencia el recurso literario que tanto había usado a lo largo de su carrera y para asegurarse de que el lector lo reconociera, el Fénix describió en *La Gatomaquia* el acontecimiento más famoso de su vida, el que le había catapultado a la fama en sus romances tempranos: los amores tempestuosos con Elena Osorio. El público del siglo debió de identificar inmediatamente la trama central de la epopeya bufa con la aventura amorosa del joven Lope. Dos gatos madrileños, Marramaquiz y Zapaquilda, viven una relación armoniosa y casi idílica. La obra comienza con el aseo de Zapaquilda, que se revela como una gata sumamente coqueta (silva I, vv. 51–73), y con una cómica descripción de los arreos de Marramaquiz, que se dispone a ir a verla:

> Púsose borceguíes y zapatos
> de dos dediles de segar abiertos,
> que con pena calzó por estar tuertos;
> una cuchar de plata por espada,

> la capa colorada,
> a la francesa, de una calza vieja,
> [. . .];
> por gorra de Milán media toronja,
> con un penacho rojo, verde y bayo
> de un muerto por sus uñas papagayo,
> [. . .].
> Por cuera dos mitades que de un guante
> le ataron por detrás y por delante,
> y un puño de una niña por valona.   (silva I, vv. 104–23)

El cuidado con que el pasaje pinta la ropa del gato y el llamativo colorido de los ropajes recuerda escenas semejantes en el romancero morisco de Lope, que tenía en este tipo de descripciones uno de sus principales atractivos. El parecido se concreta con las líneas que le siguen inmediatamente, que contienen un retrato de Marramaquiz:

> Era el gatazo de gentil persona,
> y no menos galán que enamorado,
> bigote blanco y rostro despejado,
> ojos alegres, niñas mesuradas
> de color de esmeraldas diamantadas.   (silva I, vv. 124–28)

Marramaquiz comparte la personalidad del joven Lope, 'no menos galán que enamorado', e incluso sus rasgos faciales, como el bigote, el 'rostro despejado' y los 'ojos alegres'. Las conexiones continúan un poco más adelante, pues resulta que hay gente en Madrid que conoce los amores de los gatos y los dificulta: se trata de un 'clérigo vecino' (silva I, v. 159), que interrumpe la entrevista con disparos de ballesta. Como sucedía con el Fénix y Elena Osorio, los envidiosos se interponen entre el amante y su dama.

El cuadro se completa con la llegada de un tercer gato, atraído precisamente por la fama de bella de Zapaquilda (silva I, v. 216). Se trata de Micifuz, gato rico y noble, de 'generosa, ilustre gente' (silva I, v. 265), que recuerda la persona de Francisco Perrenot de Granvela en la vida del poeta. Micifuz utiliza su prestigio y regalos —un 'pie de puerco' (silva I, v. 296), 'pedazos de tocino y de salchichas' (silva I, v. 297)— para ganarse el favor de la gata, lo que hace exclamar al narrador:

> ¡Oh, cuánto puede un gato forastero,
> y más siendo galán y bien hablado,
> de pelo rizo y garbo ensortijado!
> Siempre las novedades son gustosas:
> no hay que fiar de gatas melindrosas.   (silva I, vv. 286–90)

En suma, Zapaquilda se comporta como Elena Osorio y escoge a un amante nuevo y rico ('ensortijado'), dejando abandonado a Marramaquiz, que enferma de celos (silva I, v. 304). Tras estas escenas el texto pasa por un periodo que corresponde a la lucha de Lope por el amor de Elena Osorio, con algunos éxitos, pues Zapaquilda vuelve brevemente a los brazos de Marramaquiz (silva I, vv. 368–404). Sin embargo, los nuevos regalos de Micifuz —'un pedazo de queso' (silva II, vv. 39), 'un relleno de huevos y tocino' (silva II, v. 41) y 'dos cintas que le sirvan de arracadas' (silva II, v. 47)— inclinan definitivamente la voluntad de Zapaquilda al nuevo pretendiente, que además proclama orgullosamente su noble prosapia:

> '¿Yo no soy Micifuf? ¿Yo no deciendo
> por línea recta, que probar pretendo,
> de Zapirón, el gato blanco y rubio
> que después de las aguas del diluvio
> fue padre universal de todo gato?'   (silva III, vv. 205–09)

El altisonante discurso de Micifuz parodia la obsesión por la nobleza que existía en el siglo XVII imitando el discurso de las genealogías ('deciendo / por línea recta') y llevándolo al ridículo, pues en este caso los antepasados del felino protagonista son gatos cuya vida se remonta nada menos que al 'diluvio'. Marramaquiz responde a Micifuz narrando su gloriosa ascendencia castellana (silva III, vv. 256–67), que nos hace ver que Lope también es capaz de burlarse de sus propias ilusiones de nobleza, pues el personaje representa al joven Fénix. Así lo prueba el ridículo escudo de armas de Marramaquiz, que tiene un pergamino

> 'pintado de colores y oro fino,
> por armas un morcón y un pie de puerco,
> de Zamora ganados en el cerco,
> todo en campo de golas,
> sangriento más que rojas amapolas,
> con un cuartel de quesos asaderos,
> roeles en Castilla los primeros'.   (silva III, vv. 261–67)

Las armas de Marramaquiz resultan aun más risibles que el escudo del Carpio, pues consisten de diversos alimentos del gusto de los gatos, e incluso recuerdan directamente a las de Lope, ya que también hacen referencia a la historia mítica castellana y a las leyendas del romancero. Si el Fénix se decía descendiente de Bernardo del Carpio, Marramaquiz remonta su linaje a un gato que participó en el cerco de Zamora.

Pese a esta elaborada narración, Marramaquiz no consigue convencer a Zapaquilda, ni siquiera después de haber recurrido a provocarle celos cortejando a otra gata —'la bella Micilda' (silva II, v. 289)—, en un episodio que evoca de nuevo la juventud del poeta madrileño. Micifuz y Zapaquilda deciden casarse (silva IV, vv. 273–75), y Marramaquiz enloquece con los celos, realizando hechos que recuerdan las locuras del 'francés Orlando' enamorado (silva IV, v. 341). Las acciones del desesperado Marramaquiz también evocan las locuras del propio Lope, tal y como el mismo autor se retrató en obras teatrales como *Belardo el furioso*[32] o en algunos otros poemas que citamos ampliamente en el capítulo segundo. Como Belardo y Orlando, Marramaquiz se transforma en un 'gato furioso' (silva V, v. 84), que actúa

> vencido de un frenético erotismo,
> enfermedad de Amor, o el amor mismo.   (silva V, vv. 242–43)

Los actos desesperados de Marramaquiz incluyen el rapto de Zapaquilda (silva V, vv. 371–75), que identifica a la gata aun más claramente con Helena–Elena Osorio —la bella griega, con quien Lope simbolizaba a Elena Osorio, fue raptada por Paris— y que provoca la gran batalla de gatos que anuncia el título de la epopeya. Al final, el desgraciado Marramaquiz muere de un disparo de arcabuz (silva VII, vv. 371–77), pero para entonces ya queda claro el mensaje de la obra. Lope utiliza *La Gatomaquia* para criticar eficazmente a los poetas cultos y, sobre todo, para parodiar sus propias auto-representaciones anteriores. El conocido triángulo Marramaquiz– Zapaquilda–Micifuz imita en la grotesca figura de unos felinos a los Lope–Elena–Perrenot de Granvela de la vida real del poeta, y a sus diversas imágenes literarias. *La Gatomaquia* historia cómicamente los más famosos episodios de la vida del Fénix, y pone de ese modo en evidencia que representar la vida del autor en la obra poética no es más que un recurso literario, pues los personajes reales pueden pasar al texto disfrazados de moros, pastores, galanes, o incluso gatos. Además, la exagerada pasión de los gatos, que 'son de Amor un índice perfeto' (silva IV, v. 68), remeda los excesos de la *persona* lopesca de poeta enamorado (Pedraza Jiménez, 'La Gatomaquia', pág. 565), al tiempo que otras referencias a la jerarquía de estilos y a las aspiraciones de nobleza parodian otras representaciones previas del Fénix.

De este modo, *La Gatomaquia* y el resto de las composiciones de las *Rimas de Tomé de Burguillos* suponen una culminación magistral de la poesía de Lope.[33] El Fénix hizo y deshizo su fama utilizando un recurso literario que desarrolló decisivamente: representar su vida real en su obra literaria insistentemente y de diversas maneras bajo la apariencia de una biografía que sus contemporáneos llegaron a conocer perfectamente. Burguillos y los protagonistas de *La Gatomaquia* parodian este recurso con las *personae* ridículas de un pobre licenciado que es y no es Lope de Vega y unos gatos de tejado, al tiempo que revelan la representación del poeta como un simple juego literario.

---

[32] Lope de Vega Carpio, *Belardo el furioso*, en *Lope de Vega. Comedias, II. El mesón de la corte. El verdadero amante. Los donaires de Matico. El molino. Las ferias de Madrid. Belardo el furioso. Las burlas de amor. Los celos de Rodamonte*, ed. Jesús Gómez y Paloma Cuenca (Madrid: Biblioteca Castro, 1993).

[33] De hecho, Pedraza Jiménez considera a *La Gatomaquia* 'sin disputa la cumbre de la poesía narrativa de Lope' (*El universo*, pág. 227).

En los diferentes textos del libro, aparecen todas y cada una de las imágenes anteriores del Fénix: el poeta apasionado, el poeta noble, el defensor de la poesía pura y llana, el autor genial laureado, el poeta religioso, el escritor desafortunado que afronta los reveses de la vida con edificante estoicismo, etc. Autores como Rennert y Castro (pág. 312) no apreciaron que la unidad de carácter de las *Rimas de Tomé de Burguillos* se halla, precisamente, en una variedad que refleja cuidadosamente las diferentes facetas de obras anteriores. El Fénix alude, a menudo conscientemente, a sus figuraciones previas, y sumerge al lector en una intensa sátira y en un complejo juego entre literatura y realidad muy del gusto de la época.

6
Conclusión: un entierro 'de Lope'

> Y así, viendo una mujer tanta grandeza, dijo
> con mucho donaire: 'Sin duda este entierro es de
> LOPE, pues es tan bueno'.
>
> (Pérez de Montalbán, *Fama póstuma*, págs. 97–98)[1]

Uno de los mayores méritos de la *Fama póstuma* que escribió el gran amigo de Lope, Juan Pérez de Montalbán, es que incluye una narración detallada del impresionante entierro que los madrileños otorgaron al Fénix. El duque de Sessa, mecenas y amigo del autor, ejerció de albacea y pagó los gastos del multitudinario evento, al que asistió 'todo el pueblo sin convidar a ninguno' (pág. 97). De hecho, Montalbán afirma que 'las calles estaban tan pobladas de gente que casi se embarazaba el paso al entierro, sin haber balcón ocioso, ventana desocupada ni coche vacío' (pág. 97). La congregación de los sacerdotes de Madrid encabezó el cortejo, que avanzó hacia la iglesia de San Sebastián pasando por el convento de la Trinidad, para que sor Marcela de Jesús, hija del Fénix, pudiera rendirle el último homenaje a su padre (pág. 97). Las honras se prolongaron durante ocho días, con diversas misas cantadas y sermones de predicadores famosos, a los que siempre acudió 'gran número de gente, hasta no caber más en la iglesia, con muchos señores' (pág. 99). Todo Madrid participó en el sepelio, en un acontecimiento extraordinario que no mereció ningún otro literato de su tiempo. Podemos imaginar que entre el nutrido público que asistió al evento a lo largo de toda la ciudad se encontraban lectores y personajes que conocían todas y cada una de las imágenes y facetas de Lope que el autor había difundido en su extensa obra poética.

De seguro había quien recordaba que aquel cadáver que el cortejo llevaba en un ataúd pertenecía al hombre que había alterado todo Madrid con el presunto relato versificado de sus amores con Elena Osorio. Tal vez incluso presenció el entierro algún miembro de la familia de los Velázquez, o de los

---

[1] Juan Pérez de Montalbán, *Fama póstuma a la vida y muerte del Dr. frey Lope Félix de Vega Carpio, escrita por el Dr. Juan Pérez de Montalbán, natural de Madrid y notario del Santo Oficio, en 1636*, en *Lope de Vega difamado*, de A. Aragón Fernández, págs. 73–123.

Granvela, que Lope había pintado en sus romances tempranos, en *La Dorotea* y *La Gatomaquia*. Probablemente muchos todavía identificaban al viejo poeta con la imagen de enamorado apasionado que el Fénix había pintado en sus romances, en las *Rimas*, en su poesía épica, tal y como explicamos en el capítulo segundo. Lope se hizo famoso con estos textos a finales del siglo XVI y comienzos del siglo XVII, simulando narrar en ellos una confesión, una biografía poética que escandalizó y atrajo poderosamente a sus contemporáneos. Los romances, *La Dragontea*, las *Rimas*, *La hermosura de Angélica* y la *Jerusalén conquistada* describían a un Lope absolutamente preso de amor, y nacido bajo el signo de Venus. De este modo, el Fénix aprovechó la tradición petrarquista y de lectura *à clef* para difundir su obra aprovechando la notoriedad de sus amores. Aprovechando las lecturas *biographico modo*, y simulando siempre escribir su autobiografía, el Fénix llegó a ser tan famoso que 'enseñábanle en Madrid a los forasteros como en otras partes un templo, un palacio y un edificio', e 'íbanse los hombres tras él cuando le topaban en la calle, y echábanle bendiciones las mujeres cuando le veían desde las ventanas' (Pérez de Montalbán, pág. 104). Lope había simulado incluirse en su propia obra amorosa, y se había construido una máscara que fue enormemente aceptada por sus contemporáneos. En 1635 los fervorosos madrileños que describe la *Fama póstuma* todavía debían de tener en mente esa imagen del poeta apasionado y vital que difundió de sí mismo Lope, y al ver pasar su entierro debieron de meditar sobre la brevedad de la vida, sobre lo inevitable de la muerte, siguiendo la obsesión principal del siglo.

Al ver pasar el ataúd seguido de nobles y autoridades, 'grandes señores, títulos y caballeros' (Pérez de Montalbán, pág. 98), el público debió de pensar que allí iba el poeta de Madrid y de España, el Fénix español. Sin embargo, muy pocos españoles de la época habían abrazado tan decididamente la imagen del Lope noble, pese a que Montalbán afirmara en la *Fama póstuma* que el padre del poeta fue 'hidalgo de ejecutoria' y su madre 'noble de nacimiento' (pág. 75). El controvertido escudo de Bernardo del Carpio no apareció por ninguna parte en el entierro, pues los españoles aceptaron la *persona* del Lope llano, genial y popular del *Isidro*, pero no la del autor elevado y erudito que tanto quiso ser el Fénix. En este sentido, Lope fue víctima del éxito de sus comedias y de sus imágenes tempranas en los romances y la poesía petrarquista, y jamás consiguió que sus contemporáneos le respetaran como a un poeta épico de peso. El Fénix se había pintado en el *Isidro* como el representante de la poesía simple y llana, producto de la inspiración de las musas más que del trabajo erudito, y los lectores aceptaron rápidamente esta noción, que encajaba en la imagen de poeta apasionado que ya habían asimilado. De este modo, la *persona* de genio llano se incorporó irremisiblemente a la biografía poética de Lope, añadiendo al conjunto una serie de connotaciones positivas —pasión vital, genialidad, inspiración auténtica, sinceridad— y también negativas —superficialidad, irregularidad, desorganización, ignorancia— que todavía perviven entre los lectores de hoy en día. La ficción biográfica de sus años jóvenes arrastró al propio poeta contra su voluntad: el público que había aceptado que el Fénix confesaba en sus obras su apasionada biografía decidió que Lope no podía ser un poeta noble y erudito porque no tuvo madera ni tiempo para serlo. Tal vez ya desde el momento de su muerte existieran lectores que pensaran que Lope vivió más que reflexionó, pues el recurso preferido del Fénix, la auto-representación, la ficción autobiográfica, llevó a muchos de sus contemporáneos a pensar que Lope describía su vida con una poesía vital. Se trata de una concepción muy extendida, que cobró nuevas fuerzas durante el siglo XIX y que todavía subsiste en nuestros días.

Sin embargo, es probable que el Fénix lograra alterar esa percepción temprana en al menos un aspecto, el religioso. Había madrileños que conocían alguno de los dos testamentos de Lope, ya fuera el del 4 de febrero de 1627 o el del 26 de agosto de 1635 (Rennert y Castro, págs. 396–99), y que pensaban que desde su espectacular arrepentimiento allá por la década de 1610 el Fénix había sido un buen 'Clerigo Presbitero' —como afirma Lope en la deposición de 1627— o 'presvitero de la sagrada rrelixion de San Juan' —como declara en el testamento definitivo de 1635— (Rennert y Castro, págs. 396–97). Muchos espectadores debieron de creer que el poeta sacerdote había vivido según ordenaba la fe de la 'santa madre yglesia catholica romana' en que el Fénix protestaba 'viuir y morir' en su lecho de muerte, en 1635 (Rennert y Castro, pág. 398). Montalbán se encargaría de traer a mente de los lectores esta imagen en su *Fama póstuma*, al describir diligentemente la edificante muerte del poeta. Según el panegirista en sus últimos días Lope estaba debilitado por sus penitencias, que hacía 'en un aposento donde se retiraba salpicadas las paredes y teñida la disciplina de reciente sangre' (pág. 90). Pese a sentirse mal, el Fénix 'era tan observante católico' que se negó a comer carne para fortalecerse. Ya advertido de la gravedad de su estado por los médicos y rodeado de amigos y familiares, Lope recibió 'con reverencia y lágrimas de alegría' el viático, se volvió a un crucifijo, 'le pidió con fervorosas lágrimas perdón del tiempo que había consumido en pensamientos humanos, pudiendo haberlo empleado en asuntos divinos', 'hizo un acto de contrición', 'llamó en su ayuda los santos de su devoción, invocó la piedad de la Virgen Santísima de Atocha' y expiró 'al eco del dulcísimo nombre de Jesús y de María, que a un mismo tiempo repitieron todos' (Pérez de Montalbán, págs. 94–96).

El vocabulario con que Montalbán describe los últimos momentos de Lope resulta tan efectivo porque repite en alto grado la fraseología de la lírica sacra del Fénix. Incluso los detalles concretos que narra Montalbán recuerdan enormemente la ejemplar muerte cristiana que relata la elegía 'A la muerte del padre Gregorio de Valmaseda', de las *Rimas sacras*. De hecho, muchos lectores que asistieron al entierro del poeta debían de traer en sus bolsillos estas celebradísimas *Rimas sacras* del Fénix, o sus *Triunfos divinos*, o cualquier otra de sus obras religiosas, que gozaron de gran difusión en la época. En estos escritos Lope había retomado el tono confesional de su poesía amorosa para proclamar con igual pasión su sentido arrepentimiento, y para dibujar vívidamente otro capítulo de su biografía literaria. Con la literatura sacra, el Fénix había vuelto a fundir y confundir vida y literatura, creando una nueva imagen de sí mismo a través de narradores piadosos y arrepentidos, que, en diálogo directo con la literatura amorosa, rechazaban obras mundanas como las *Rimas*. No nos conviene entrar en consideraciones acerca de la sinceridad del Fénix en estos libros píos, pero conviene precisar que Lope estaba acomodando la imagen de su vida a un modelo previo muy difundido en el siglo XVII: el de los grandes santos pecadores como san Pablo, María Magdalena, san Agustín, san Ignacio de Loyola, etc., que vivieron su juventud en profundo pecado para luego arrepentirse de forma espectacular. Con la palinodia de libros como las *Rimas sacras* el Fénix vuelve a recurrir a la ficción autobiográfica, procurando que el lector confundiera al narrador de la obra con la persona del autor. De este modo, gran parte del público asoció la 'primavera del error' que lloran las *Rimas sacras* con la turbulenta juventud de Lope, y confirió a la lírica religiosa del Fénix un alto grado de espectacularidad, que se tradujo en un éxito inmediato.

Las facetas de poeta vital y apasionado, genio en consonancia con sus compatriotas y gran pecador arrepentido debieron de planear insistentemente sobre las cabezas de los espectadores del entierro, en 1635. El público también debió de asociar el evento con otras imágenes difundidas por el autor como, por ejemplo, la de persona moderada que se conformó con una *aurea mediocritas* horaciana y que soportó estoicamente las desgracias que amenazaron su pobre 'barquilla'. La humilde casa de la calle de Francos permaneció como prueba manifiesta de la moderación de Lope, con su pequeño jardincillo, su humilde biblioteca y ajuar: 'dos libros, tres pinturas, cuatro flores' (*Rimas de Tomé de Burguillos*, núm. 163, v. 14). El dintel de la casa reiteraba esta idea con una inscripción latina que ensalzaba la alegría de las posesiones modestas: 'Parva propria, magna / Magna aliena, parva' (Rennert y Castro, pág. 187). El lema cincelaba en la geografía madrileña la imagen del Lope neoestoico, que capeó a lo largo de su vida las tormentas de la fortuna, como por ejemplo la tempestad real y metafórica que deshizo su huerto y su familia en la década de los treinta. El 'parva propria magna' repetía sobre piedra lo que el Fénix había impreso tantas veces, en las *Rimas*, en las *Rimas sacras*, en las *Rimas de Tomé de Burguillos* e incluso en la inscripción latina de la *Arcadia*: 'Quid humilitate, invidia?'

Los espectadores del entierro también debieron de pensar en la omnipresente envidia. Lope no sólo insinuó ser víctima de envidiosos en el retrato de la *Arcadia*, sino en muchas otras ocasiones a lo largo de su carrera. También lo hizo en otro grabado, el del *Peregrino en su patria*, y en un sinnúmero de poemas, desde algunas composiciones de las *Rimas* hasta la *Jerusalén conquistada* y las *Rimas de Tomé de Burguillos*. De hecho, en su lecho de muerte el poeta legó a su gran amigo y panegirista Pérez de Montalbán una alegoría de la envidia, 'un cuadro en que estaba retratado cuando era mozo, sentado en una silla y escribiendo sobre una mesa que cercaban perros, monstruos, trasgos, monos y otros animales, los

unos le hacían gestos y los otros le ladraban, y él escribía sin hacer caso de ellos'
(pág. 88). Quizás el público del entierro pensó que con su multitudinario sepelio Lope había por fin derrotado a la envidia que le acosaba en el cuadro y en
sus obras. Solamente en la muerte estaba la fama segura de la murmuración de
los Zoilos y Aristarcos que perseguían al poeta, como indica el lema que acompañaba al grabado del *Isidro* ('Hic tutior fama'). Es más, alguien podría incluso
haber pensado que Lope había profetizado que recibiría en su muerte las honras que merecía y que no creía haber recibido en vida. En el soneto 105 de las
Rimas de Tomé de Burguillos Lope había descrito el contraste entre la pobreza
en que murió el 'Fénix portugués Camões' (núm. 6) y la rica sepultura que Lisboa le regaló a su muerte:

> Decid (si algún filósofo lo advierte)
> ¿qué desatinos son de la Fortuna
> hambre en la vida y mármol en la muerte?   (vv. 12–14)

En 1635 muchos lectores considerarían que la historia se repetía, y que
Madrid actuaba con Lope igual que Lisboa con Camões, al honrar demasiado
tarde al Fénix español.

A lo largo de su extensa carrera, Lope había fomentado la confusión entre
narrador y autor, y se había representado sucesivamente como poeta enamorado, poeta noble, poeta del pueblo, poeta de España, poeta neoestoico y
poeta arrepentido. Por ello, en 1634 muchos aficionados a la poesía se habrían
dado cuenta de que algunas de estas *personae* eran contradictorias, y de que el
Fénix estaba solamente simulando escribir una biografía poética, y utilizando
diversas facetas adecuadas a sus necesidades literarias y sociales. Lope también percibió que el recurso se estaba agotando, y que sus lectores habían
extraído de su constante autofiguración algunas características centrales y
coherentes que constituían lo que los españoles del siglo XVII, e incluso de siglos posteriores, pensaban que correspondía a Lope de Vega: un autor genial,
popular y apasionado, tanto en sus amores como en sus arrepentimientos. El
Fénix demostró su grandeza al adaptarse de nuevo a las necesidades de su
época y su carrera, sorprendiendo a sus lectores con las *Rimas de Tomé de Burguillos*. En unos años en que en Madrid y en Europa triunfaba la sátira, Lope
responde con un libro en gran parte satírico; en un momento en que el público
había recibido tantas *personae* del autor, Lope inicia un complejo juego autoconsciente de personalidades ficticias. Con las *Rimas de Tomé de Burguillos* el
Fénix culmina sus autofiguraciones creando un heterónimo que parodia las
personae que Lope había asumido durante su carrera: Burguillos es poeta y
licenciado, enamorado, pobre, llano, piadoso, etc. Además, con los gatos de *La
Gatomaquia* el Fénix vuelve a narrar los amores que le hicieron famoso a
finales del siglo XVI, aunque esta vez utilizando a unos gatos ridículos que subrayan que la auto-representación es un juego literario, una biografía ficticia.
Algunos poetas que presenciaran el entierro de Lope en 1635 acababan de leer

las *Rimas de Tomé de Burguillos*, y debieron de pensar que en aquel ataúd iban Lope, Gazul, Belardo, el genial Burguillos, y los gatos de *La Gatomaquia*, pues el Fénix había revelado en su último libro que las *personae* que había utilizado a lo largo de su obra constituían un recurso retórico. Por ello, muchos debieron de apreciar la intervención de 'una mujer' anónima, que reaccionó ante el sepelio de una manera digna de Burguillos: 'Y así, viendo una mujer tanta grandeza, dijo con mucho donaire: "Sin duda este entierro es de LOPE, pues es tan bueno"' (Pérez de Montalbán, págs. 97–98). La mujer utiliza la expresión proverbial 'es de Lope', que había consagrado la fama del Fénix, para referirse al entierro del poeta, que es doblemente 'de Lope'.

El Fénix consagró desde su juventud un recurso literario y retórico que probablemente aprendió de la tradición petrarquista: la simulación de una biografía poética. Lope explotó este mecanismo literario durante toda su carrera, adaptando su faceta poética a las necesidades del momento, y creando poco a poco una determinada imagen —autofiguración o auto-representación— de sí mismo. Hemos estudiado en capítulos independientes las *personae* más exitosas de esta figuración centrándonos en las obras más influyentes del autor: el poeta apasionado de la poesía amorosa y épica, el poeta genial, popular y español del *Isidro*, y el poeta arrepentido de las *Rimas sacras*. Los lectores del siglo XVII aceptaron todas estas imágenes, y las identificaron con la persona real de Lope de Vega que enseñaban 'en Madrid a los forasteros como en otras partes un templo, un palacio y un edificio'. Algunos lectores de la época también apreciaron la última obra que el autor publicó en vida, las *Rimas de Tomé de Burguillos*, en que Lope parodiaba sus figuraciones anteriores en un juego metaliterario. El público de siglos consiguientes olvidó hasta cierto punto ese último libro y vuelta de tuerca, y volvió a la imagen del poeta vital y genial que habían difundido las obras tempranas del Fénix, leyendo su producción poética, prosística y dramática bajo ese prisma. De este modo, la biografía poética que el genial madrileño desarrolló a lo largo de las obras que hemos estudiado afectó decisivamente la manera en que hoy entendemos a Lope de Vega.

OBRAS CITADAS

Textos primarios

Agustín de Hipona, san, *Confessions. I. Introduction and Text*, ed. James J. O'Donnell (Oxford: Clarendon, 1992)

Alarcón, Juan Ruiz de, *Obras completas de Juan Ruiz de Alarcón*, vol. 2, ed. Agustín Millares Carlo (México: Fondo de Cultura Económica, 1959)

Alciato, *Emblemata* (Lyon: Bonhomme, 1550)

Ariosto, Ludovico, *Orlando furioso*, ed. Marcello Turchi, 2 vols. (Milán: Garzanti, 2000)

Aristóteles, *Retórica*, ed. Quintín Racionero (Madrid: Gredos, 2000)

Barahona de Soto, Luis, *Las lágrimas de Angélica*, ed. José Lara Garrido (Madrid: Cátedra, 1981)

Biblia Sacra iuxta Vulgatam Clementinam Nova Editio, eds. Alberto Colunga y Laurencio Turrado (Madrid: Biblioteca de Autores Cristianos, 1977)

Boscán, Juan, *Obra completa*, ed. Carlos Clavería (Madrid: Cátedra, 1999)

Buenaventura, san, *Seraphici doctoris S. Bonaventurae Legendae duae de Vita S. Francisci Seraphici* (Ad Claras Aquas: Ad Claras Aquas, 1923)

Cairasco de Figueroa, Bartolomé, *Torcuato Tasso. Jerusalén libertada. Traducción de Bartolomé Cairasco de Figueroa*, ed. Alejandro Cioranescu (Santa Cruz de Tenerife: Aula de Cultura de Tenerife, 1967)

Carballo, Luis Alfonso de, *Cisne de Apolo*, 2 vols, ed. Alberto Porqueras Mayo (Madrid: CSIC, 1958)

Cascales, Francisco de, *Tablas poéticas*, ed. Benito Brancaforte (Madrid: Espasa-Calpe, 1975)

Castro, Guillén de, *El curioso impertinente*, ed. Christiane Faliu-Lacourt y María Luisa Lobato (Kassel: Reichenberger, 1991)

[Cerdá y Rico, Francisco], 'Prólogo', en *Coleccion de las obras sueltas assi en prosa, como en verso, de D. frey Lope Felix de Vega Carpio, del habito de san Juan*, vol. 11, 1777, ed. [Francisco Cerdá y Rico] y Antonio de Sancha (Madrid: ArcoLibros, 1989), págs. iii–x

——, 'Prologo del editor', en *Coleccion de las obras sueltas assi en prosa, como en verso, de D. frey Lope Felix de Vega Carpio, del habito de san Juan*, vol. 21, 1779, ed. [Francisco Cerdá y Rico] y Antonio de Sancha (Madrid: Arco-Libros, 1989), págs. iii–xiii

Cervantes Saavedra, Miguel de, *El coloquio de los perros*, en *Novelas ejemplares, III*, ed. Juan Bautista Avalle-Arce (Madrid: Castalia, 1987), págs. 239–322

——, *Don Quijote de la Mancha*, ed. Instituto Cervantes (Barcelona: Crítica, 1998)

Cervantes Saavedra, Miguel de, *Entremeses*, ed. Florencio Sevilla Arroyo y Antonio Rey Hazas (Madrid: Alianza, 1998)
——, *La Galatea*, ed. Juan Bautista Avalle-Arce (Madrid: Espasa-Calpe, 1987)
Covarrubias, Sebastián, *Tesoro de la lengua castellana o española*, ed. Martín de Riquer (Barcelona: Alta Fulla, 1998)
Essequie poetiche ovvero lamento delle muse italiane in morte del signor Lope de Vega insigne, ed incomparabile poeta spagnuolo. Rime, e prose raccolte dal signor Fabio Franchi Perugino, en *Coleccion de las obras sueltas assi en prosa, como en verso, de D. frey Lope Felix de Vega Carpio, del habito de san Juan*, vol. 21, 1779, ed. [Francisco Cerdá y Rico] y Antonio de Sancha (Madrid: ArcoLibros, 1989), págs. 1–165
Expostulatio Spongiae, ed. de M. Newels, en *Los géneros dramáticos en las poéticas del Siglo de Oro* (Londres: Tamesis, 1974)
Fama póstuma a la vida y muerte del doctor frey Lope Félix de Vega Carpio; y elogios panegyricos a la inmortalidad de su nombre; escritos por los más esclarecidos ingenios, solicitados por el doctor Juan Pérez de Montalbán, en *Colección de las obras sueltas, assí en prosa, como en verso, de D. frey Lope Félix de Vega Carpio, del hábito de San Juan*, vol. 20, 1779, ed. [Francisco Cerdá y Rico] y Antonio de Sancha (Madrid: ArcoLibros, 1989)
Feijoo, Benito Jerónimo, 'El no sé qué', en *Teatro crítico universal*, ed. Ángel-Raimundo Fernández González (Madrid: Cátedra, 1998), págs. 225–39
Fernández de Andrada, Andrés, *Epístola moral a Fabio y otros escritos*, ed. Dámaso Alonso (Barcelona: Crítica, 1993)
Góngora, Luis de, *Obras completas*, eds. Juan e Isabel Millé y Giménez (Madrid: Aguilar, 1972)
——, *Romances*, ed. Antonio Carreño (Madrid: Cátedra, 2000)
——, *Soledades*, ed. Robert Jammes (Madrid: Castalia, 1994)
——, *Sonetos completos*, ed. Biruté Ciplijauskaité (Madrid: Castalia, 1969)
Herrera, Fernando de, *Algunas obras (Sevilla, 1582)*, El ayre de la almena XVII (Valencia: Soler, 1967)
——, *Anotaciones a la poesía de Garcilaso*, ed. Inoria Pepe y José María Reyes (Madrid: Cátedra, 2001)
——, *Poesía castellana original completa*, ed. Cristóbal Cuevas (Madrid: Cátedra, 1985)
Homero, *Ilíada*, ed. y trad. Antonio López Eire (Madrid: Cátedra, 1989)
Horacio Flaco, Quinto, *Carmina / Odas*, ed. Jaume Juan (Barcelona: Bosch, 1988)
León, fray Luis de, *Poesías completas. Propias, imitaciones y traducciones*, ed. Cristóbal Cuevas (Madrid: Castalia, 2001)
López, Diego, *Declaración Magistral Sobre las Emblemas de Andrés Alciato*, 1655 (Menston: Scholar Press, 1973)
Loyola, san Ignacio de, *Exercitia spiritualia Sancti Patris Ignatii de Loyola*, ed. Joanne Roothaan (Turín: Marietti, 1928)
Manrique, Jorge, *Poesía*, ed. Vicente Beltrán (Barcelona: Crítica, 1993)
Pérez de Montalbán, Juan, *Fama póstuma a la vida y muerte del doctor frey Lope Félix de Vega Carpio, y elogios panegíricos a la inmortalidad de su nombre*, ed. Enrico di Pastena (Pisa: ETS, 2001).

Núñez de Cepeda, Francisco, *Idea del buen pastor copiada por los santos doctores representada en empresas sacras*, 1682, ed. R. García Mahíques (Madrid: Tuero, 1988)

Ovidio Nasón, Publio, *Heroides and Amores*, ed. Grant Showerman (Londres: William Heinemann, 1914)

——, *Tristia, Ex Ponto*, ed. Arthur Leslie Wheeler (Londres: William Heinemann, 1924)

Petrarca, Francesco, *Cancionero*, ed. Jacobo Cortines, 2 vols. (Madrid: Cátedra, 1997–99)

Platón, *Fedro o De la Belleza*, ed. María Araujo, en *Obras completas* (Madrid: Aguilar, 1990), págs. 845–84

——, *Ión o Sobre la* Ilíada, ed. Francisco de P. Samaranch, en *Obras completas* (Madrid: Aguilar, 1990), págs. 137–52

Propercio, *Elegías*, ed. Antonio Ramírez de Verger (Madrid: Gredos, 1989)

Quevedo, Francisco de, *Grandes anales de quince días*, en *Obras completas. Tomo I. Obras en prosa*, ed. Felicidad Buendía (Madrid: Aguilar, 1969), págs. 730–65

——, *Poesía original completa*, ed. José Manuel Blecua (Barcelona: Planeta, 1990)

——, *Prosa festiva completa*, ed. Celsa Carmen García-Valdés (Madrid: Cátedra, 1993)

Quintana, Jerónimo, *De la grandeza de Madrid*, 1629 (Madrid: Artes Gráficas Municipales, 1984)

Quintiliano, *Institutio oratoria*, 4 vols., ed. H. E. Butler (Nueva York: Putnam, 1922)

Relaciones histórico-geográfico-estadísticas de los pueblos de España hechas por iniciativa de Felipe II: Reino de Toledo, ed. Carmelo Viñas Mey y Ramón Paz Remolar (Madrid: CSIC, 1951)

El romancero viejo, ed. Mercedes Díaz Roig (Madrid: Cátedra, 1991)

Ronsard, *Oeuvres complètes*, vol. I, ed. Jean Céard, Daniel Ménager y Michel Simonin (París: Gallimard, 1993)

Rufo Gutiérrez, Juan, *Las seiscientas apotegmas y otras obras en verso*, ed. Alberto Blecua (Madrid: Espasa-Calpe, 1972)

Saavedra Fajardo, Diego, *Empresas políticas*, ed. Sagrario López (Madrid: Cátedra, 1999)

Servio, *Servii Grammatici qvi fervntvr in Vergilii bucolica et georgica commentarii*, ed. Georgivs Thilo (Lipsiae: B. G. Tevbneri, 1887)

Suárez de Figueroa, Cristóbal, *El Pasajero*, ed. María Isabel López Bascuñana, 2 vols. (Barcelona: Promociones y Publicaciones Universitarias, 1988)

Tasso, Torquato, *Gerusalemme liberata*, ed. Giorgio Cerboni Baiardi (Módena: Franco Cosimo Panini, 1991)

Tirso de Molina, *El condenado por desconfiado*, ed. Ciriaco Morón y Rolena Adorno (Madrid: Cátedra, 1989)

——, *La villana de la Sagra. El colmenero divino*, ed. Berta Pallares (Madrid: Castalia, 1984)

Vega, Garcilaso de la, *Obra poética y textos en prosa*, ed. Bienvenido Morros (Barcelona: Crítica, 1995)

Vega Carpio, Lope de, *Arcadia*, en *Lope de Vega. Prosa, I. Arcadia. El peregrino en su patria*, ed. Donald McGrady (Madrid: Biblioteca Castro, 1997), págs. 1–392

Vega Carpio, Lope de, 'Arte nuevo de hacer comedias en este tiempo', en *Rimas humanas y otros versos*, ed. Antonio Carreño (Barcelona: Crítica, 1998), págs. 545–68.

——, *Belardo el furioso*, en *Lope de Vega. Comedias, II. El mesón de la corte. El verdadero amante. Los donaires de Matico. El molino. Las ferias de Madrid. Belardo el furioso. Las burlas de amor. Los celos de Rodamonte*, ed. Jesús Gómez y Paloma Cuenca (Madrid: Biblioteca Castro, 1993)

——, *El casamiento en la muerte*, en *Lope de Vega. Comedias, IV. El perseguido. La serrana de Tormes. Jorge toledano. El casamiento en la muerte. El enemigo engañado. El mármol de Felisardo. La bella malmaridada. La francesilla. El galán escarmentado. El remedio en la desdicha*, ed. Jesús Gómez y Paloma Cuenca (Madrid: Biblioteca Castro, 1993), págs. 325–409

——, *El castigo sin venganza*, ed. Antonio Carreño (Madrid: Cátedra, 1998)

——, *Los cinco misterios dolorosos de la pasión y muerte de Nuestro Señor Jesucristo con su Sagrada Resurrección*, ed. César Hernández Alonso (Madrid: Instituto de estudios madrileños, 1987)

——, 'La Circe', en *Lope de Vega. Poesía, IV. La Filomena. La Circe*, ed. Antonio Carreño (Madrid: Biblioteca Castro, 2003), págs. 351–460

——, *La Corona Trágica de Lope de Vega: una edición crítica*, ed. Michael G. Paulson y Tamara Alvarez-Detrell (York: Spanish Literature Publications Company, 1982)

——, *Cuatro soliloquios de Lope de Vega Carpio*, en *Lope de Vega. Obras sueltas, III*, 1629, El ayre de la almena XXVI (Valencia: Soler, 1970)

——, *Las dedicatorias de Partes XIII–XX de Lope de Vega*, ed. Thomas E. Case (Madrid: Castalia, 1975)

——, *La Dorotea*, ed. Edwin S. Morby (Madrid: Castalia, 1968)

——, *La Dragontea*, en *Lope de Vega. Poesía, I. La Dragontea. Isidro. Fiestas de Denia. La hermosura de Angélica*, ed. Antonio Carreño (Madrid: Biblioteca Castro, 2002), págs. 1–194

——, 'Égloga a Claudio', en *Rimas humanas y otros versos*, ed. Antonio Carreño (Barcelona: Crítica, 1998), págs. 696–717

——, *Epistolario de Lope de Vega Carpio*, ed. Agustín González de Amezúa, 4 vols. (Madrid: Real Academia Española, 1935–43)

——, *La Filomena*, en *Lope de Vega. Poesía, IV. La Filomena. La Circe*, ed. Antonio Carreño (Madrid: Biblioteca Castro, 2003), págs. 1–349

——, *Fuenteovejuna*, ed. Donald McGrady (Barcelona: Crítica, 1993)

——, *La Gatomaquia*, ed. Celina Sabor de Cortázar (Madrid: Castalia, 1983)

——, *La hermosura de Angélica*, en *Lope de Vega. Poesía, I. La Dragontea. Isidro. Fiestas de Denia. La hermosura de Angélica*, ed. Antonio Carreño (Madrid: Biblioteca Castro, 2002), págs. 609–970

——, *Isidro*, en *Lope de Vega. Poesía, I. La Dragontea. Isidro. Fiestas de Denia. La hermosura de Angélica*, ed. Antonio Carreño (Madrid: Biblioteca Castro, 2002), págs. 195–542

——, *Jerusalén conquistada. Epopeya trágica*, en *Lope de Vega. Poesía, III*, ed. Antonio Carreño (Madrid: Biblioteca Castro, 2003)

——, *Justa poética, y alabanzas justas, que hizo la insigne villa de Madrid al bienaventurado san Isidro en las fiestas de su beatificación, recopiladas por Lope de Vega Carpio. Dirigidas a la misma insigne Villa*, en *Colección de las obras sueltas, assí en prosa, como en verso, de D. frey Lope Félix de Vega Carpio, del hábito de san Juan*, vol. 11, 1779, ed. [Francisco Cerdá y Rico] y Antonio de Sancha (Madrid: ArcoLibros, 1989), págs. 337–616

Vega Carpio, Lope de, *Laurel de Apolo*, en *Lope de Vega. Poesía, V. La Virgen de la Almudena. Triunfos divinos. Corona trágica. Isagoge a los Reales Estudios de la Compañía de Jesús. Laurel de Apolo. La selva sin amor. Sentimientos a los agravios de Cristo Nuestro Bien por la nación hebrea. Versos a la primera fiesta del Palacio nuevo. Églogas y elegías*, ed. Antonio Carreño (Madrid: Biblioteca Castro, 2004), págs. 439–646

——, *Los locos de Valencia*, en *Lope de Vega. Comedias, III. El hijo Venturoso. La infanta desesperada. Ursón y Valentín. El príncipe melancólico. La traición bien acertada. El Grao de Valencia. Los amores de Albanio y Ismenia. El dómine Lucas. La ingratitud vengada. Los locos de Valencia*, ed. Jesús Gómez y Paloma Cuenca (Madrid: Biblioteca Castro, 1993), págs. 827–923

——, *Lope de Vega. Poesía, I. La Dragontea. El Isidro. Fiestas de Denia. La hermosura de Angélica*, ed. Antonio Carreño (Madrid: Biblioteca Castro, 2002)

——, *Lope de Vega. Poesía, II. Rimas. Rimas sacras. Rimas de Tomé de Burguillos*, ed. Antonio Carreño (Madrid: Biblioteca Castro, 2003)

——, *Lope de Vega. Poesía, III. Jerusalén conquistada*, ed. Antonio Carreño (Madrid: Biblioteca Castro, 2003)

——, *Lope de Vega. Poesía, IV. La Filomena. La Circe*, ed. Antonio Carreño (Madrid: Biblioteca Castro, 2003)

——, *Lope de Vega: Poesías preliminares de libros*, ed. Florentino Zamora Lucas (Madrid: CSIC, 1960)

——, *Novelas a Marcia Leonarda*, ed. Antonio Carreño (Madrid: Cátedra, 2002)

——, *Pastores de Belén*, ed. Antonio Carreño (Barcelona: Promociones y Publicaciones Universitarias, 1992)

——, *El peregrino en su patria*, en *Prosa, I. Arcadia. El peregrino en su patria*, ed. Donald McGrady (Madrid: Biblioteca Castro, 1997), págs. 393–784

——, *Poesías líricas, I. Primeros romances. Letras para cantar. Sonetos*, ed. José F. Montesinos (Madrid: Espasa-Calpe, 1960)

——, *La prueba de los amigos*, en *Lope de Vega. Comedias, XIII. La nueva victoria del marqués de Santa Cruz. La prueba de los amigos. El halcón de Federico. La noche toledana. El rústico del cielo. Los españoles en Flandes. La obediencia laureada y primer Carlos de Hungría. El mayordomo de la duquesa de Amalfi. Los guanches de Tenerife y conquista de Canaria. El hombre de bien*, ed. Jesús Gómez y Paloma Cuenca (Madrid: Biblioteca Castro, 1997), págs. 93–193

——, *Rimas*, ed. Felipe B. Pedraza Jiménez, 2 vols. (Ciudad Real: Universidad de Castilla la Mancha, 1993)

——, *Rimas humanas y divinas del licenciado Tomé de Burguillos*, 1634 (Madrid: Cámara Oficial del Libro, 1935)

——, *Rimas humanas y divinas del licenciado Tomé de Burguillos y La Gatomaquia*, ed. Antonio Carreño (Salamanca: Almar, 2002)

——, *Rimas humanas y otros versos*, ed. Antonio Carreño (Barcelona: Crítica, 1998)

——, *Rimas sacras*, en *Lope de Vega. Poesía, II. Rimas. Rimas sacras. Rimas humanas y divinas del licenciado Tomé de Burguillos*, ed. Antonio Carreño (Madrid: Biblioteca Castro, 2003), págs. 273–542

Vega Carpio, Lope de, *Segunda parte del desengaño del hombre*, en *Lope de Vega. Obras sueltas, I*, El ayre de la almena XIX (Valencia: Soler, 1968)

——, *Sentimientos a los agravios de Cristo, Nuestro Bien, por la nación hebrea*, en *Lope de Vega. Obras sueltas, I*, El ayre de la almena XIX (Valencia: Soler, 1968)

——, *Si no vieran las mujeres*, en *La Vega del Parnaso* (Madrid, 1637)

——, *Soliloquios amorosos de un alma a Dios*, en *Obras escogidas*, vol. 2, ed. Federico Carlos Sainz de Robles (Madrid: Aguilar, 1946), págs. 1609–45

——, *Triunfos divinos con otras rimas sacras* (Madrid: Viuda de Alonso Martín, 1625)

——, *Triunfos divinos*, en *Colección de las obras sueltas, así en prosa como en verso, de don frey Lope de Vega Carpio, del hábito de San Juan*, vol. 13, ed. Francisco Cerdá y Rico (Madrid: Antonio de Sancha, 1777–79)

——, *La Virgen de la Almudena*, en *Lope de Vega. Obras sueltas, III*, El ayre de la almena XXVI (Valencia: Soler, 1970)

Vélez de Guevara, Luis, *El diablo cojuelo*, ed. Ángel Raimundo Fernández González e Ignacio Arellano (Madrid: Castalia, 1988)

Virgilio Marón, Publio, *Opera*, ed. R. A. B. Mynors (Oxford: Oxford Classical Texts, 1969)

Textos secundarios

Aaron, sor M. Audrey, *Cristo en la poesía lírica de Lope de Vega* (Madrid: Cultura hispánica, 1967)

Alonso, Amado, *Materia y forma en poesía* (Madrid: Gredos, 1960)

Alonso, Dámaso, 'Escila y Caribdis de la literatura española', en *Ensayos sobre poesía española* (Madrid: Revista de Occidente, 1944), págs. 2–27

——, 'Lope de Vega, símbolo del barroco', en *Poesía española. Ensayo de métodos y límites estilísticos. Garcilaso, Fray Luis de León, San Juan de la Cruz, Góngora, Lope de Vega, Quevedo* (Madrid: Gredos, 1966), págs. 417–78

Aragón Fernández, A., *Lope de Vega difamado en un libro con lenguaje muy suelto y acusaciones graves* (Barcelona: Lucet, 1932)

Armas, Frederick A. de, *Cervantes, Raphael and the Classics* (Nueva York: Cambridge University Press, 1998)

——, 'Cervantes and the Virgilian Wheel: the Portrayal of a Literary Career', en *European Literary Careers. The Author from Antiquity to the Renaissance*, ed. Patrick Cheney y Frederick A. de Armas (Toronto: University Press of Toronto, 2002), págs. 260–77

Auberlen, Eckhard, *The Commonwealth of Wit. The Writer's Image and His Strategies of Self-Representation in Elizabethan Literature* (Tübingen: Gunter Narr Verlag, 1984)

Avalle-Arce, Juan Bautista, 'Dos notas a Lope de Vega', *Nueva Revista de Filología Hispánica*, 7 (1953), 426–32

——, *La novela pastoril española* (Madrid: Istmo, 1974)

Bataillon, Marcel, '*La desdicha por la honra*: génesis y sentido de una novela de Lope', *Nueva revista de filología hispánica*, 1 (1947), 13–42

Bayo, Marcial José, *Virgilio y la pastoral española del Renacimiento (1480–1550)* (Madrid: Gredos, 1970)

Bershas, Henry N., 'Lope de Vega and the Post of Royal Chronicler', *Hispanic Review*, 31 (1963), 109–17

Blanco, Mercedes, 'La agudeza en las *Rimas de Tomé de Burguillos*', en *'Otro Lope no ha de haber'. Atti del convegno internazionale su Lope de Vega. 10–13 febbraio 1999*, vol. 1, ed. Maria Grazia Profeti (Florencia: Alinea, 2000), págs. 219–40

Blecua, Alberto, 'De Granada a Lope. Sobre una fuente de *Los cinco misterios dolorosos*', *Anuario Lope de Vega*, 1 (1995), 9–17

Blecua, José Manuel (ed.), *Obras poéticas. Rimas / Rimas sacras / La Filomena / La Circe / Rimas humanas y divinas del licenciado Tomé de Burguillos*, de Félix Lope de Vega (Barcelona: Planeta, 1989)

Blue, William R., 'Rereading Lope's Third *Pastor/Manso* Sonnet', en *Studies in Honor of William C. McCrary*, ed. Robert Fiore *et al.* (Lincoln: University of Nebraska, 1986), págs. 45–53

Boedo, Fernando, *Iberismo de Lope de Vega (dos Españas). Segismundo, ¿es el Contraquijote?* (Madrid: Sáez Hermanos, 1935)

Bourdieu, Pierre, *The Field of Cultural Production*, ed. Randal Johnson (Nueva York: Columbia University Press, 1993)

Cabo Aseguinolaza, Fernando, 'Entre Narciso y Filomela: enunciación y lenguaje poético', en *Teoría del poema: la enunciación lírica*, ed. Fernando Cabo Aseguinolaza y Germán Gullón (Amsterdam: Rodopi, 1998), págs. 11–39

Calvo Valdivieso, Laura y Juan Sánchez Giménez, 'Navegar por las cartas: índice del epistolario de Lope de Vega', *Anuario Lope de Vega*, 5 (1999), 273–301

Campo, José del, *Lope y Madrid* (Madrid: Artes gráficas municipales, 1935)

Canning, Elaine M., *Lope de Vega's Comedias de Tema Religioso: Re-creations and Re-presentations* (Londres: Tamesis, 2004)

Carayon, Marcel, *Lope de Vega* (París: Rieder, 1929)

Caro Baroja, Julio, *Las formas complejas de la vida religiosa (siglos XVI y XVII)* (Madrid: SARPE, 1985)

Carrasco Urgoiti, María Soledad, *El moro de Granada en la literatura (del siglo XV al XX)* (Madrid: Revista de Occidente, 1956)

Carreño, Antonio, 'Notas a la lírica sentenciosa de Lope de Vega', *Boletín de Filología*, 28 (1977), 275–385

——, *El romancero lírico de Lope de Vega* (Madrid: Gredos, 1979)

——, 'Los engaños de la escritura: las *Rimas de Tomé de Burguillos*, de Lope de Vega', en *Lope de Vega y los orígenes del teatro español*, ed. Manuel Criado de Val (Madrid: Edi-6, 1981), págs. 547–63

——, 'Figuración lírica y lúdica: el romance "Hortelano era Belardo" de Lope de Vega', *Hispanófila*, 76 (1982), 33–45

——, *La dialéctica de la identidad en la poesía contemporánea. La persona, la máscara. Unamuno, A. Machado, Fernando Pessoa, V. Aleixandre, J. L. Borges, Octavio Paz, Max Aub, Félix Grande* (Madrid: Gredos, 1982)

——, 'La otra *Arcadia* de Lope de Vega: *Pastores de Belén*', en *Homenaje al profesor Antonio Vilanova*, vol. 1, ed. Marta Cristina Carbonell (Barcelona: Universidad de Barcelona, 1989), págs. 137–57

——, 'Los mitos del yo lírico: *Rimas* (1609) de Lope de Vega', *Edad de Oro*, 14 (1995), 55–72

Carreño, Antonio, ' "De mi vida, Amarilis, os he escrito / lo que nunca pensé": la biografía lírica de Lope de Vega', *Anuario Lope de Vega*, 2 (1996), 25–44

——, 'Prólogo', en *Rimas humanas y otros versos*, de Lope de Vega, ed. Antonio Carreño (Barcelona: Crítica, 1998), págs. xxii–cv

——, 'Introducción', en *Lope de Vega. Poesía, I. La Dragontea. El Isidro. Fiestas de Denia. La hermosura de Angélica*, ed. Antonio Carreño (Madrid: Biblioteca Castro, 2002), págs. ix–lv

——, 'Introducción', en *Rimas humanas y divinas del licenciado Tomé de Burguillos y La Gatomaquia*, ed. Antonio Carreño (Salamanca: Almar, 2002), págs. 9–115

Castro, Américo, *De la edad conflictiva* (Madrid: Taurus, 1963)

Catálogo de la exposición bibliográfica Lope de Vega (Madrid: Biblioteca Nacional, 1935)

Chesterton, Gilbert Keith, *San Francisco de Asís*, trad. Marià Manent (Barcelona: Juventud, 1994)

Chevalier, Maxime, *L'Arioste en Espagne (1530–1650). Recherches sur l'influence du* Roland furieux (Burdeos: Institut d'Études Ibériques et Ibéro-Américaines de l'Université de Bordeaux, 1966)

Collard, Andrée, *Nueva poesía; conceptismo, culteranismo en la crítica española* (Madrid: Castalia, 1967)

Comparetti, Domenico, *Vergil in the Middle Ages*, trad. E. F. M. Benecke (Princeton: Princeton University Press, 1997)

Coolidge, John S., 'Great Things and Small: the Virgilian Progression', *Comparative Literature*, 17 (1965), 1–23

Cossío, José María de, *Fábulas mitológicas en España* (Madrid: Espasa-Calpe, 1952)

Criado de Val, Manuel (ed.), *Lope de Vega y los orígenes del teatro español. Actas del I Congreso Internacional sobre Lope de Vega* (Madrid: Edi-6, 1981)

Cuevas, Cristóbal, 'El tema sacro de la "Ronda del galán" (¿Fray Luis fuente de Lope?)', en *Fray Luis de León. Academia literaria renacentista*, ed. Víctor García de la Concha (Salamanca: Universidad de Salamanca, 1981), págs. 147–69

Curtius, Ernst Robert, *European Literature and the Latin Middle Ages*, trad. Willard R. Trask (Princeton: Princeton University Press, 1990)

Dane, Joseph A., 'Chaucer's *House of Fame* and the *Rota Virgiliana*', *Classical and Modern Literature*, 1 (1980), 57–75

Darst, David H., *Converting Fiction. Counter Reformation Closure in the Secular Literature of Golden Age Spain* (Chapel Hill: University of North Carolina Department of Modern Languages, 1998)

Dauvois, Nathalie, *Le sujet lyrique à la Renaissance* (París: Presses Universitaires de France, 2000)

Davis, Elizabeth B., *Myth and Identity in the Epic of Imperial Spain* (Columbia: University of Missouri Press, 2000)

Demetz, Peter, 'The Elm and the Vine: Notes Toward the History of a Marriage Topos', *PMLA*, 60 (1958), 521–32

den Boer, Harm, 'Configuración de la persona en la poesía religiosa del XVII: Lope de Vega y Miguel de Barrios', en *Teoría del poema: la enunciación lírica*, ed. Fernando Cabo Aseguinolaza y Germán Gullón (Amsterdam: Rodopi, 1998), págs. 247–65

Díez Borque, José María, '¿De qué vivía Lope de Vega? Actitud de un escritor en su vida y ante su obra', *Segismundo, Revista hispánica de teatro*, 8 (1975), 65–90

Dixon, Victor, 'La intervención de Lope en la publicación de sus comedias', *Anuario Lope de Vega*, 2 (1996), 45–63

Durling, Robert M., *The Figure of the Poet in Renaissance Epic* (Cambridge: Harvard University Press, 1965)

Egido, Aurora, 'Lope de Vega y Ravisio Textor', en *Fronteras de la poesía en el Barroco* (Barcelona: Crítica, 1989), págs. 198–215

——, 'Escritura y poesía. Lope al pie de la letra', *Edad de Oro*, 14 (1995), 121–49

——, 'La Fénix y el Fénix. En el nombre de Lope', en *'Otro Lope no ha de haber'. Atti del convegno internazionale su Lope de Vega. 10–13 febbraio 1999*, vol. 1, ed. Maria Grazia Profeti (Florencia: Alinea, 2000), págs. 11–49

Elliott, J. H., *El conde-duque de Olivares. El político en una época de decadencia*, trad. Teófilo de Lozoya (Barcelona: Mondadori, 1998)

Entrambasaguas, Joaquín de, *Estudios sobre Lope de Vega*, 3 vols. (Madrid: CSIC, 1946)

——, *Vivir y crear de Lope de Vega*, vol. 1 (Madrid: CSIC, 1946)

——, *Jerusalén conquistada. Epopeya trágica. Estudio crítico*, vol. 3 (Madrid: CSIC, 1954)

——, *Lope de Vega y su tiempo*, vol. 1 (Barcelona: Teide, 1961)

Ettinghausen, Henry, '¿Lope reportero?: su *Relación de las fiestas de san Isidro*', *Anuario Lope de Vega*, 5 (2000), 93–105

Fernández Álvarez, Manuel, *Carlos V, el César y el Hombre* (Madrid: Espasa-Calpe, 2000)

Fernández-Morera, Darío, *The Lyre and the Oaten Flute: Garcilaso and the Pastoral* (Londres: Tamesis, 1982)

Ferrán, Jaime, 'Lope, poeta', en *Lope de Vega y los orígenes del teatro español*, ed. Manuel Criado de Val (Madrid: Edi-6, 1981), págs. 513–22

Florit Durán, Francisco, 'La recepción de Lope en 1935: ideología y literatura', *Anuario Lope de Vega*, 5 (2000), 107–24

Foucault, Michel, *The Archaeology of Knowledge and the Discourse on Language*, trad. A. M. Sheridan Smith (Nueva York: Pantheon, 1972)

——, *The History of Sexuality*, trad. Robert Hurley, 3 vols. (Nueva York: Vintage, 1988–90)

——, *The Order of Things. An Archaeology of the Human Sciences* (Nueva York: Vintage, 1994)

——, *Discipline and Punish. The Birth of the Prison*, trad. Alan Sheridan (Nueva York: Vintage, 1995)

——, 'Technologies of the Self', en *Technologies of the Self*, ed. Luther H. Martin *et al.* (Amherst: University of Massachusetts Press, 1998), págs. 16–49

Foulché-Delbosc, R., 'Notes sur le sonnet *Superbi colli*', *Revue Hispanique*, 2 (1904), 225–43

Fox, Dian, *Refiguring the Hero. From Peasant to Noble in Lope de Vega and Calderón* (University Park: Pennsylvania State University Press, 1991)

Frenk Alatorre, Margit, 'Lope, poeta popular', *Anuario de Letras*, 3 (1963), 253–66

Fucilla, Joseph G., 'Notes sur le sonnet *Superbi colli* (rectificaciones y suplemento)', *Boletín de la Biblioteca Menéndez Pelayo*, 31 (1955), 51–93

Fucilla, Joseph G., *Estudios sobre el petrarquismo en España* (Madrid: CSIC, 1960)

Gabin, Rosalind J., 'Private Feeling and Public Story-Telling: Lope de Vega's Early Ballads', *Dieciocho: Spanish Enlightenment, Aesthetics, and Literary Theory*, 10 (1987), 33–40

Gallego Morell, Antonio, *Garcilaso de la Vega y sus comentaristas. Obras completas del poeta acompañadas de los textos íntegros de los comentarios de El Brocense, Fernando de Herrera, Tamayo de Vargas y Azara* (Granada: Universidad de Granada, 1966)

García Santo-Tomás, Enrique, *La creación del Fénix. Recepción crítica y formación canónica del teatro de Lope de Vega* (Madrid: Gredos, 2000)

Gaylord Randel, Mary, 'Proper Language and Language as Property: the Personal Poetics of Lope's *Rimas*', *MLN*, 101 (1986), 220–46

Ghiano, Juan Carlos, 'Lope y la autobiografía', en *Lope de Vega. Estudios reunidos en conmemoración del IV centenario de su nacimiento*, ed. Raúl H. Castagninio (La Plata: Universidad Nacional de la Plata, 1963), págs. 11–27

Giuliani, Luigi y Victoria Pineda (eds.), 'Baltasar Elisio de Medinilla. *El Vega de la poética española*', *Anuario Lope de Vega*, 3 (1997), 235–72

Glaser, Edward, *Estudios hispano-portugueses. Relaciones literarias del Siglo de Oro* (Valencia: Castalia, 1957)

González de Amezúa, Agustín, *Lope de Vega en sus cartas. Introducción al epistolario de Lope de Vega Carpio*, vol. I (Madrid: Real Academia Española, 1935)

Green, Otis H., '"Fingen los poetas". Notes on the Spanish Attitude Towards Pagan Mythology', en *Estudios dedicados a Menéndez Pidal*, vol. 1, ed. Ángel González Palencia (Madrid: CSIC, 1950), págs. 275–88

——, 'On the Attitude toward the *Vulgo* in the Spanish *Siglo de Oro*', *Studies in the Renaissance*, 4 (1957), 190–200

Greenblatt, Stephen, *Renaissance Self-Fashioning from More to Shakespeare* (Chicago: University of Chicago Press, 1980)

Greene, Thomas, 'The Flexibility of the Self in Renaissance Literature', en *The Disciplines of Criticism. Essays in Literary Theory, Interpretation, and History*, ed. Peter Demetz, Thomas Greene y Lowry Nelson Jr. (New Haven: Yale University Press, 1968), págs. 241–64

Grieve, Patricia E., 'Point and Counterpoint in Lope de Vega's *Rimas* and *Rimas sacras*', *Hispanic Review*, 60 (1992), 413–34

Guarner, Luis, *En torno a Lope de Vega* (Valencia: Bello, 1976)

Guillén, Claudio, 'Las epístolas de Lope de Vega', *Edad de Oro*, 14 (1995), 161–77

Haber, Judith, *Pastoral and the Poetics of Self-Contradiction. Theocritus to Marvell* (Cambridge: Cambridge University Press, 1994)

Haro Tecglen, Eduardo, *Vidas literarias. Lope de Vega* (Barcelona: Omega, 2001)

Hatzfeld, Helmut, *Estudios sobre el Barroco*, trad. Ángela Figuera, Carlos Clavería y M. Miniati (Madrid: Gredos, 1964)

Heiple, Daniel L., 'Lope's *Arte poética*', en *Renaissance and Golden Age Essays in Honor of D. W. McPheeters*, ed. Bruno M. Damiani (Potomac: Scripta Humanistica, 1986), págs. 106–19

——, *Garcilaso de la Vega and the Italian Renaissance* (University Park: Pennsylvania State University Press, 1994)

Helgerson, Richard, *Self-Crowned Laureates. Spenser, Jonson, Milton and the Literary System* (Berkeley: University of California Press, 1983)

Herrero García, Miguel, *Ideas de los españoles del siglo XVII* (Madrid: Voluntad, 1928)

——, *Estimaciones literarias del siglo XVII* (Madrid: Voluntad, 1930)

Householder, Fred, 'Paroidia', *Classical Philology*, 39 (1944), 1–9

Hoyo, Arturo del, 'El *Isidro*, poema castellano de Lope de Vega', en *Isidro*, de Lope de Vega (Madrid, 1935), sin paginación

Huarte, Amalio, 'Lope de Vega y Tomé de Burguillos', *Revista de Filología Española*, 9 (1922), 171–78

Hutcheon, Linda, *A Theory of Parody. The Teachings of Twentieth Century Art Forms* (Nueva York: Methuen, 1986)

Iglesias Laguna, Antonio, 'Bernardino de Albornoz y su antilopesco poema *La Gaticida famosa*', *Cuadernos hispanoamericanos (Homenaje a Lope de Vega)*, 161–62 (1963), 647–72

Jameson, A. K., 'The Sources of Lope de Vega's Erudition', *Hispanic Review*, 5 (1937), 124–39

Jiménez Belmonte, Javier, 'Lope por Lope en la *Epístola a Claudio*', *Calíope*, 7 (2002), 5–21

Kaplis-Hohwald, Laurie, 'La lírica sagrada de Lope de Vega y John Donne', *Anuario Lope de Vega*, 1 (1995), 59–74

La Barrera, Cayetano Alberto de, *Nueva biografía de Lope de Vega*, 1864, BAE 262–63, 2 vols. (Madrid: BAE, 1973–74)

Lapesa, Rafael, 'La *Jerusalén* del Tasso y la de Lope', en *De la Edad Media a nuestros días. Estudios de historia literaria* (Madrid: Gredos, 1967), págs. 264–85

Laplana Gil, José Enrique, 'Lope y los *Sucesos y prodigios de amor*, de Juan Pérez de Montalbán con una nota al *Orfeo en lengua castellana*', *Anuario Lope de Vega*, 2 (1996), 87–101

Lapuente, Felipe-Antonio, 'Más sobre los seudónimos de Lope de Vega', en *Lope de Vega y los orígenes del teatro español*, ed. Manuel Criado de Val (Madrid: Edi-6, 1981), págs. 657–69

Lara Garrido, José, 'Fusión novelesca y épica culta en Lope (de *La hermosura de Angélica* a la *Jerusalén conquistada*)', *Analecta Malacitana*, 4 (1981), 187–202

——, '*La hermosura de Angélica*, entre romanzo y cancionero', en *Los mejores plectros. Teoría y práctica de la épica culta en el Siglo de Oro* (Málaga: Analecta Malacitana, 1999), págs. 347–71

Lawler, Traugott, 'The *Aeneid*', en *Homer to Brecht. The European Epic and Dramatic Traditions*, ed. Michael Seidel y Edward Mendelson (New Haven: Yale University Press, 1977), págs. 53–75

Lázaro Carreter, Fernando, *Lope de Vega. Introducción a su vida y obra* (Salamanca: Anaya, 1966)

López Estrada, Francisco, *Los libros de pastores en la literatura española. La órbita previa* (Madrid: Gredos, 1974)

López Grigera, María Luisa, 'Teorías poéticas de Lope de Vega. Parte I', *Anuario Lope de Vega*, 4 (1998), 179–91

Loureiro, Ángel, 'Direcciones en la teoría de la autobiografía', en *Escritura autobiográfica. Actas del II Seminario Internacional del Instituto de Semiótica Literaria y Teatral* (Madrid: Visor, 1993), págs. 33–46

Manero Sorolla, María Pilar, *Introducción al estudio del petrarquismo en España* (Barcelona: Promociones y Publicaciones Universitarias, 1987)

Marín López, Nicolás, 'Introducción', en *Cartas*, de Lope de Vega Carpio, ed. Nicolás Marín López (Madrid: Castalia, 1985), págs. 7–51

Mariscal, George, *Contradictory Subjects. Quevedo, Cervantes, and Seventeenth-Century Spanish Culture* (Ithaca: Cornell University Press, 1991)

Márquez Villanueva, Francisco, *Lope: vida y valores* (Río Piedras: Universidad de Puerto Rico, 1988)

Marsá, María, *La imprenta en los Siglos de Oro (1520–1700)* (Madrid: Laberinto, 2001)

Martz, Louis, *The Poetry of Meditation. A Study in English Religious Literature of the Seventeenth Century* (New Haven: Yale University Press, 1954)

Mascia, Mark J., 'The Sonnet as Mirror: Metapoetry and Self-Referentiality in Lope de Vega's *Rimas*', *Calíope*, 7 (2001), 51–72

Mazzotta, Giuseppe, 'The *Canzoniere* and the Language of the Self', *Studies in Philology*, 75 (1978), 271–96

McCready, Warren T., *La heráldica en las obras de Lope de Vega y sus contemporáneos* (Toronto, 1962)

McKendrick, Melveena, *Playing the King. Lope de Vega and the Limits of Conformity* (Londres: Tamesis, 2000)

Menéndez Pidal, Ramón, 'El romancero nuevo', en *De primitiva lírica española y antigua épica* (Buenos Aires: Espasa-Calpe, 1949), págs. 73–112

——, *De Cervantes y Lope de Vega* (Madrid: Espasa-Calpe, 1958)

Millé Giménez, Juan, 'La juventud de Lope de Vega', *Nosotros*, 153 (1922), 3–36

Molho, Maurice, 'Teoría de los mansos: un triple soneto de Lope de Vega', *Bulletin Hispanique*, 93 (1991), 135–55

Montesinos, José F., 'Introducción', en Lope de Vega, *Poesías líricas, I*, ed. José F. Montesinos (Madrid: Espasa-Calpe, 1960), págs. vii–lvi

——, *Estudios sobre Lope de Vega* (Salamanca: Anaya, 1969)

——, 'Algunos problemas del "Romancero nuevo"', en *Ensayos y estudios de literatura española*, ed. Joseph H. Silverman (Madrid: Revista de Occidente, 1970), págs. 113–18

Montrose, Louis Adrian, 'The Elizabethan Subject and the Spenserian Text', en *Literary Theory / Renaissance Texts*, ed. Patricia Parker y David Quint (Baltimore: Johns Hopkins University Press, 1986), págs. 303–40

——, 'Professing the Renaissance: the Poetics and Politics of Culture', en *The New Historicism*, págs. 15–36

Morby, Edwin S., 'Persistence and Change in the Formation of *La Dorotea*', *Hispanic Review*, 18 (1950), 108–25; 195–217

Morley, S. Griswold, 'The Pseudonyms and Literary Disguises of Lope de Vega', *University of California Publications in Modern Philology*, 38 (1951), 421–84

——, 'A Pre-*Dorotea* in *El Isidro*', *Hispanic Review*, 21 (1953), 145–46

Morley, S. Griswold y Courtney Bruerton, *Cronología de las comedias de Lope de Vega. Con un examen de las atribuciones dudosas, basado todo ello en un estudio de su versificación estrófica*, trad. María Rosa Cartes (Madrid: Gredos, 1968)

Morros, Bienvenido (ed.), *Obra poética y textos en prosa*, de Garcilaso de la Vega (Barcelona: Crítica, 1995)

Neuse, Richard, 'Milton and Spenser: the Virgilian Triad Revisited', *ELH*, 45 (1978), 606–39

Novo, Yolanda, *Las* Rimas sacras *de Lope de Vega. Disposición y sentido* (Santiago de Compostela: Universidad de Santiago de Compostela, 1990)

——, '*Erlebnis* y *Poiesis* en la poesía de Lope de Vega: el ciclo del arrepentimiento y las *Rimas sacras* (1614)', *Boletín de la Biblioteca de Menéndez Pelayo*, 67 (1991), 35–74

——, 'Sobre el marbete *Rimas*. A propósito de Lope, y el estatuto de la poesía lírica en el Siglo de Oro', *Revista de literatura*, 107 (1992), 129–48

——, ' "Canté versos bucólicos / con pastoril zampoña, melancólicos": formas y géneros del bucolismo lopiano en torno a *Rimas* (1604)', *Anuario Lope de Vega*, 4 (1998), 253–81

Orozco Díaz, Emilio, *Lope y Góngora frente a frente* (Madrid: Gredos, 1975)

Osuna, Rafael, *La* Arcadia *de Lope de Vega: génesis, estructura y originalidad* (Madrid: Real Academia Española, 1972)

Palomo, María del Pilar, *La poesía en la Edad de Oro (Barroco)* (Madrid: Taurus, 1988)

Pamp, Diane J., *Lope de Vega ante el problema de la limpieza de sangre* (Northampton: Smith College, 1968)

Parker, Alexander A., 'Bandits and Saints in the Spanish Drama of the Golden Age', en *Pedro Calderón de la Barca. Comedias. vol. XIX. Critical Studies of Calderón's Comedias*, ed. John E. Varey (Westmead: Gregg International, 1973), págs. 151–68

——, *The Philosophy of Love in Spanish Literature, 1480–1680* (Edimburgo: Edinburgh University Press, 1985)

Parker, Jack H., 'Lope de Vega, the *Orfeo* and the *estilo llano*', *Romanic Review*, 44 (1953), 3–11

Pastor Comín, Juan José, 'Sobre el romancero musical de Lope de Vega', *Anuario Lope de Vega*, 4 (1998), 297–310

Pedraza Jiménez, Felipe B., 'El desengaño barroco en las *Rimas de Tomé de Burguillos*', *Anuario de Filología*, 4 (1978), 391–418

——, '*La Gatomaquia*, parodia del teatro de Lope', en *Lope de Vega y los orígenes del teatro español*, ed. Manuel Criado de Val (Madrid: Edi-6, 1981), págs. 564–89

——, 'Las primeras ediciones de las *Rimas* de Lope de Vega y sus circunstancias', *Edad de Oro*, 14 (1995), 235–45

——, (ed.), 'Poemas de Lope en el Ms. 4.117 de la BNM, algunos de ellos inéditos', *Anuario Lope de Vega*, 2 (1996), 245–57

——, 'Las *Rimas sacras* y su trasfondo', en '*Otro Lope no ha de haber*'. Atti del convegno internazionale su Lope de Vega. 10–13 febbraio 1999, ed. Maria Grazia Profeti, vol. 1 (Florencia: Alinea, 2000), págs. 51–83

——, *El universo poético de Lope de Vega* (Madrid: Laberinto, 2003)

Peers, E. Allison, 'Mysticism in the Poetry of Lope de Vega', en *Estudios dedicados a Menéndez Pidal*, vol. 1, ed. Ángel González Palencia (Madrid: CSIC, 1950), págs. 349–58

Pérez, Luis C. y Fernando Sánchez Escribano, *Afirmaciones de Lope de Vega sobre preceptiva dramática a base de cien comedias* (Madrid: CSIC, 1961)

Pérez Bowie, José Antonio, 'Pragmática de la lírica: enunciación en primera persona ajena en la poesía funeraria y mitológica de los Siglos de Oro', en *Estado actual de los estudios sobre el Siglo de Oro*, vol. 1 (Salamanca: Universidad de Salamanca, 1993), págs. 777–86

Pidal, Pedro José, '¿Tomé de Burguillos y Lope de Vega, son una misma persona?', en *Estudios literarios*, vol. 2 (Madrid: M. Tello, 1890), págs. 177–91

Pierce, Frank, 'The *Jerusalén conquistada* of Lope de Vega: a Reappraisal', *Bulletin of Hispanic Studies*, 20 (1943), 11–35

——, 'Some Themes and their Sources in the Heroic Poem of the Golden Age', *Hispanic Review*, 14 (1946), 95–103

——, 'The Literary Epic and Lope's *Jerusalén conquistada*', *Bulletin of Hispanic Studies*, 33 (1953), 93–98

——, *La poesía épica del Siglo de Oro*, trad. J. C. Cayol de Bethencourt (Madrid: Gredos, 1961)

Piqué Angordans, J., 'Una fiesta barroca: Lope de Vega y las *Relaciones de Fiestas*', *Crítica hispánica*, 12 (1990), 47–63

Porqueras Mayo, Alberto, 'Cervantes y la teoría poética', en *Actas del Segundo Coloquio Internacional de Asociación de Cervantistas*, ed. Asociación de Cervantistas (Barcelona: Anthropos, 1991), págs. 83–98

Prieto, Antonio, *La poesía española del siglo XVI*, 2 vols. (Madrid: Cátedra, 1984)

Profeti, Maria Grazia, 'La "Vega" di Lope', en *Varia Hispanica. Homenaje a Alberto Porqueras Mayo* (Kassel: Reichenberger, 1989), págs. 443–53

——, *Per una bibliografia di Lope de Vega. Opere non drammatiche a stampa* (Kassel: Reichenberger, 2002)

Rennert, Hugo A. y Américo Castro, *Vida de Lope de Vega (1562–1635)* (Salamanca: Anaya, 1968)

Ribbans, Geoffrey, 'Herostratus: Notes on the Cult of Fame in Cervantes', en *Cervantes for the 21st Century/Cervantes para el siglo XXI. Studies in Honor of Edward Dudley*, ed. Francisco La Rubia Prado (Newark: Juan de la Cuesta, 2000), págs. 185–98

Rico Verdú, José, 'Dos personalidades literarias enfrentadas: comentario a dos romances de Lope y Góngora', *Hispanística*, 1 (1993), 38–53

Rico-Avello, Carlos, *Lope de Vega (flaquezas y dolencias)* (Madrid: Aguilar, 1973)

Río Parra, Elena del, 'Dos notas sobre la recepción de Lope de Vega en justas poéticas', *Revista de Filología Española*, 80 (2000), 379–83

Rojo Orcajo, Timoteo, *El pajarillo en la enramada o algo inédito y desconocido de Lope de Vega Carpio* (Madrid: Tipografía católica, 1935)

Romera-Navarro, Miguel, *La preceptiva dramática de Lope de Vega y otros ensayos sobre el Fénix* (Madrid: Yunque, 1935)

Rosenberg, John R., *The Circular Pilgrimage. An Anatomy of Confessional Autobiography in Spain* (Nueva York: Peter Lang, 1994)

Roses Lozano, Joaquín, *Una poética de la oscuridad. La recepción crítica de las Soledades en el siglo XVII* (Madrid: Tamesis, 1994)

Rozas, Juan Manuel, *Estudios sobre Lope de Vega* (Madrid: Cátedra, 1990)

Rubinos, José, *Lope de Vega como poeta religioso. Estudio crítico de sus obras épicas y líricas religiosas* (La Habana: Habana Cultural, 1935)

Salomon, Noël, *Lo villano en el teatro de Lope de Vega*, trad. Beatriz Chenot (Madrid: Castalia, 1985)

Sánchez Jiménez, Antonio, 'Del *Quijote* al *Persiles*: *rota Virgilii, fortitudo et sapientia* y la trayectoria literaria de Cervantes', *Journal of Hispanic Philology*, en prensa

Sanz Hermida, Jacobo y María Isabel Toro Pascua, 'Los *Contemplativos discursos* de Lope de Vega: noticia de un pliego vallisoletano desconocido y edición crítica del texto', *Anuario Lope de Vega*, 5 (1999), 257–70

Savj-López, Paolo, 'La fortuna de Tansillo in Spagna', *Zeitschrift für romanische Philologie*, 22 (1898), 497–508

Schoenfeldt, Michael C., *Bodies and Selves in Early Modern England. Physiology and Inwardness in Spenser, Shakespeare, Herbert, and Milton* (Cambridge: Cambridge University Press, 1999)

Serés, Guillermo, 'Temas y composición de los *Soliloquios* de Lope', *Anuario Lope de Vega*, 1 (1995), 209–27

Seznec, Jean, *The Survival of the Pagan Gods. The Mythological Tradition and Its Place in Renaissance Humanism and Art*, trad. Barbara F. Sessions (Princeton: Princeton University Press, 1995)

Spingarn, Joel E., *Literary Criticism in the Renaissance*, 1899 (Nueva York: Harbinger, 1963)

Spitzer, Leo, *Die Literarisierung des Lebens in Lope's* La Dorotea (Bonn: Kölner Romanische Arbeiten, 1932)

Staël, Madame de, *De l'Allemagne* (París: Firmin Didot Frères, 1847)

Terry, Arthur, 'Lope de Vega, Rewriting a Life', en *Seventeenth-Century Spanish Poetry. The Power of Artifice* (Cambridge: Cambridge University Press, 1993), págs. 94–121

Ticknor, George, *History of Spanish Literature*, 1849, vol. 2 (Nueva York: Frederick Ungar, 1965)

Tomillo, Anastasio y Cristóbal Pérez Pastor, *Proceso de Lope de Vega por libelos contra unos cómicos* (Madrid: Fortanet, 1901)

Trabado Cabado, José Manuel, 'Poética y manierismo en *La Arcadia* de Lope de Vega', *Anuario Lope de Vega*, 4 (1998), 347–57

Trambaioli, Marcella, 'La dispositio y la técnica compositiva en *La hermosura de Angélica* de Lope', *Anuario Lope de Vega*, 4 (1998), 359–73

Trueblood, Alan S., *Experience and Artistic Expression in Lope de Vega. The Making of* La Dorotea (Cambridge: Harvard University Press, 1974)

——, *Letter and Spirit in Hispanic Writers. Renaissance to Civil War. Selected Essays* (Londres: Tamesis, 1986)

Turner, John H., *The Myth of Icarus in Spanish Renaissance Poetry* (Londres: Tamesis, 1976)

Valbuena Prat, Ángel, *De la imaginería sacra de Lope de Vega a la teología sistemática de Calderón. Discurso leído en la solemne apertura del curso académico de 1945–46* (Murcia: Universidad de Murcia, 1945)

——, *La religiosidad popular en Lope de Vega* (Madrid: Editora Nacional, 1963)

——, *Estudios de literatura religiosa española* (Madrid: Afrodisio Aguado, 1964)

Velardi, Roberto, *Enthousiasmòs. Possessione rituale e teoria della comunicazione poetica in Platone* (Roma: Ateneo, 1989)

Villar Amador, Pablo, *Estudio de las* Flores de poetas ilustres de España, *de Pedro de Espinosa* (Granada: Universidad de Granada, 1994)

Vossler, Karl, *Lope de Vega y su tiempo*, trad. Ramón Gómez de la Serna (Madrid: Revista de Occidente, 1940)

Walbridge, Earle, *Literary Characters Drawn from Life. 'Romans à Clef,' 'Drames à Clef,' Real People in Poetry, With Some Other Literary Diversions* (Nueva York: H. W. Wilson, 1936)

Wardropper, Bruce W. (ed.), *Spanish Poetry of the Golden Age* (Nueva York: Appleton-Century-Crofts, 1971)

Weiger, John G., 'Lope's Role in the Lope de Vega Myth', *Hispania*, 63 (1980), 658–65

Weinberg, Bernard, *A History of Literary Criticism in the Italian Renaissance*, vol. 1 (Chicago: University of Chicago Press, 1961)

Weiner, Jack, 'Lope de Vega, un puesto de cronista y *La hermosa Ester* (1610–1621)', en *Actas del VIII Congreso de la Asociación Internacional de Hispanistas. 22–27 agosto 1983. Brown University, Providence, Rhode Island*, vol. 2, ed. A. David Kossoff *et al.* (Madrid: Istmo, 1986), págs. 723–30

Wright, Elizabeth R., 'Virtuous Labor, Courtly Laborer: Canonization and a Literary Career in Lope de Vega's *Isidro*', *MLN*, 114.2 (1999), 223–40

——, 'Galleys to Glory: Lope de Vega's Paradoxical Itinerary of Authorship', *Explorations in Renaissance Culture*, 27 (2001), 31–59

——, *Pilgrimage to Patronage. Lope de Vega and the Court of Philip III, 1598–1621* (Lewisburg: Bucknell University Press, 2001)

Zamora Vicente, Alonso, *Lope de Vega. Su vida y su obra* (Madrid: Gredos, 1969)

ÍNDICE GENERAL